# 企业 IPO 审核会计税务问题案例精解

惠增强　路娜　编著

人民邮电出版社

北京

**图书在版编目（CIP）数据**

企业IPO审核会计税务问题案例精解 / 惠增强，路娜
编著． -- 北京：人民邮电出版社，2021.12（2024.2重印）
ISBN 978-7-115-57504-3

Ⅰ．①企… Ⅱ．①惠… ②路… Ⅲ．①上市公司－财
务管理－案例－中国②上市公司－税收管理－案例－中国
Ⅳ．①F275②F812.423

中国版本图书馆CIP数据核字(2021)第200834号

## 内 容 提 要

本书对近几年企业 IPO（首次公开募股）被否原因进行分析，总结出发行审核委员会主要关注的以下问题：财务问题、关联交易、持续盈利能力、毛利率问题、股权问题、合法合规问题、内部控制问题、独立性问题、客户依赖、供应商和客户集中度等。本书对这些问题进行深入解读，并结合 IPO 真实案例进行分析，内容丰富，实用性强，旨在让读者全面把握 IPO 会计与税务审核关键事项和实际操作方法。

本书适合企业 IPO 咨询人员和培训人员、会计师事务所人员、证券公司人员等阅读和使用。

◆ 编　著　惠增强　路　娜
　　责任编辑　李士振
　　责任印制　彭志环

◆ 人民邮电出版社出版发行　　北京市丰台区成寿寺路 11 号
　　邮编　100164　　电子邮件　315@ptpress.com.cn
　　网址　https://www.ptpress.com.cn
　　北京盛通印刷股份有限公司印刷

◆ 开本：700×1000　1/16
　　印张：22.75　　　　　　　　2021 年 12 月第 1 版
　　字数：488 千字　　　　　　 2024 年 2 月北京第 9 次印刷

定价：89.80 元

读者服务热线：(010)81055296　印装质量热线：(010)81055316
反盗版热线：(010)81055315
广告经营许可证：京东市监广登字 20170147 号

# 前言
## PREFACE

**本书写作目的**

按照公开透明、集体决策、分工制衡的要求，首次公开发行股票（以下简称"首发"）的审核工作流程分为受理、见面会、问核、反馈会、预先披露、初审会、发审会、封卷、会后事项、核准发行等主要环节。

据统计，2018年共有172家企业申请IPO（首次公开募股），其中111家通过，59家被否，还有2家暂缓表决（取消审核不计算在内，二次申请的按最后结果统计），通过率为64.53%。2019年共有155家企业申请IPO（首次公开募股）（不包括科创板），其中，16家被否，通过率为89.68%。总体来看，2019年IPO审核过会率高于2018年。

从已有案例来看，发行审核委员会（简称"发审委"）审核关注点较全面，包括财务问题、关联交易、持续盈利能力、毛利率问题、股权问题、合法合规问题、内部控制问题、独立性问题、客户依赖、供应商和客户集中度等。在这样的大背景下，企业了解IPO审核关注点，有助于成功申请IPO。

本书从发审委重点关注的问题出发，深入剖析企业IPO需要重点筹备的事项，并结合IPO真实案例进行分析，旨在让读者全面把握IPO会计与税务审核关键事项和实际操作方法。

**本书主要内容**

本书通过对企业申请IPO过程中发审委重点关注的问题进行讲解，并对实际案例进行分析，结合企业实际工作特点及《首次公开发行股票并上市管理办法》，全面介绍企业IPO需要重点关注的问题，深刻阐述发审委对不同问题的关注程度及该问题对企业上市的影响程度，使企业能够正确筹划，成功上市。

本书共14章，分别为：会计政策和会计估计问题、销售收入真实性问题、关联交易合规性问题、持续盈利能力问题、应收账款问题、成本费用问题、存货问题、毛利率问题、大额异常收支合理性问题、内部控制问题、信息披露问题、税款补缴问题、税收优惠依赖问题、IPO涉税风险问题补充。其中前11章为会计审核重点事项及案例，后3章为税务审核重点事项及案例。每个案例进一步分为案例介绍、证监会公告、监管逻辑分析、法律规定分析等。

## 本书主要特色

第一，全面系统。本书针对企业 IPO 会计与税务审核关键事项进行分析解读，坚持理论与实际相结合的原则，对案例的重点、难点问题进行深入解读，旨在帮助企业工作人员举一反三，融会贯通。

第二，实用性强。本书的会计与税务审核案例真实，且包含发审委重点审核关注的问题，有助于读者进行实践操作，具有非常强的实用性。

第三，与时俱进。《首次公开发行股票并上市管理办法》于 2020 年进行了修订，本书"法律规定分析"部分根据新修订的《首次公开发行股票并上市管理办法》编写，内容与时俱进，具有较强的可读性与可操作性。

## 本书适用对象

本书体系完整，内容全面。具有不同需求的读者通过阅读、查询本书，将会得到不同的收获。

企业工作人员：掌握发审委关注的会计与税务审核重点事项，特别是了解企业 IPO 被否原因，从中汲取教训，做好企业上市的具体筹备工作。

企业培训及咨询人员：了解企业上市的会计与税务审核重点事项，增加实务经验，提升业务能力。

会计师事务所、资产评估公司及证券公司从业人员：由于证监会对资产评估、审计报告、保荐机构的要求很严格，相关从业人员通过阅读本书可以提升业务能力，帮助有 IPO 意愿的公司成功上市。

## 本书主要作用

本书全面、有针对性地介绍了证监会对企业上市重点关注的会计与税务审核事项，并通过大量案例、引用现行有效的政策法规让读者轻松掌握企业 IPO 重点关注事项，力求成为企业 IPO 工作过程中的指导工具书。

在本书编写过程中，笔者得到了多位企业财务人员、国家机关工作人员的热情支持，在此一并表示感谢。由于笔者水平有限，书中疏漏在所难免，恳请广大读者批评指正。

编者

2021 年 10 月

# 目录
CONTENTS

# 第 1 章
# 会计政策和会计估计问题

## 1.1 会计政策和会计估计审核概述

### 1.1.1 会计政策

**1. 会计政策的概念**

会计政策，是指企业进行会计核算和编制会计报表时所采用的具体原则、方法和程序。只有在对同一经济业务所允许采用的会计处理方法存在多种选择时，对会计政策选择的讨论才具有实际意义。企业所选择的会计政策，是构成企业会计制度的一个重要方面。

**2. 选择会计政策应考虑的因素**

影响企业选择会计政策的主要因素包括以下几个方面。

（1）国家法规和经济政策。

企业必须在会计法规允许的范围内选择会计政策，同时要考虑诸如商法、税法、公司法、证券法、银行法等经济法规的影响，尤其要考虑会计政策对企业税负的影响。国家宏观经济政策也会影响企业的会计政策，如国家支持的新兴产业往往会享受一定的优惠政策，这将直接影响固定资产折旧政策、研究与开发费用会计政策的选择。

（2）经济形势与对外经贸往来。

宏观经济不景气、通货膨胀严重时，选择会计政策应考虑经营安全，谨慎从事，采取建立准备金或改变计价方法等抵御风险的会计政策；而经济形势一旦好转，市场趋旺，通货趋于稳定时，应避免选择过于保守的会计政策。对外经贸往来对会计政策的影响，集中体现在外币业务会计政策上。

（3）企业组织形式与资本结构。

企业组织形式主要有独资、合伙、公司制三种形式，其中公司制的上市公司被要求充分披露会计信息，独资、合伙企业的信息公开程度则低得多。因此，企业组织形式不同，选择的会计政策也不同，上市公司应该选择能充分披露会计信息的会计政策。企业资本结构不同，面临的财务风险也就不同。负债比率高的企业，财务风险大，应更多考虑债权人权益，倾向于选择稳健的会计政策；而负债比率低的企业，财务风险较小，企业所有者面临的风险大，倾向于选择保障投资者利益的会计政策。

（4）企业的经营特点和发展状况。

经营特点具体包括企业的经营范围、规模、经营方式、服务对象、产品结构等，这些特点对企业会计政策的内容和要求会产生直接影响。例如，高新技术产业有关研究与开发费用的会计政策与传统产业的不同；往来结算业务频繁的企业的坏账会计政策可能更稳妥。企业在不同发展阶段，其会计政策也会不同。如处于成长扩张期的企业，选择将某些递延费用予以资本化的会计政策，就比处于稳定期或衰退期的企业更为可行。

（5）惯例与会计理论研究水平。

企业选择会计政策，既要考虑会计理论的合理性，又要考虑实务中的可操作性，因而不可避免地要借鉴国际惯例和历史经验，并参照会计理论研究的最新成果。例如，财务会计的两种基本理论——实体论与业主权益论，反映到会计实务上，就是以损益表为中心的配比模式与以资产负债表为中心的计价模式，在两者之间做出选择，必然影响会计政策选择。目前，我国《企业会计准则》中采用的是配比模式，但随着会计环境的变化，计价模式极有可能成为新选择，进而影响企业的会计政策选择。

（6）教育状况和会计人员素质。

企业会计是一项专业技术性很强的工作，要求会计人员掌握有关会计专业知识和技能，并要求会计人员具有包括良好职业道德在内的优秀品质。企业拥有一支综合素质高的会计人员队伍，才能够制定出一套适合本企业的会计政策，并贯彻落实。

除此之外，社会文化传统、企业文化理念、会计人员的思想观念、会计核算工具的先进程度等，也是影响会计政策选择的因素。总之，企业只有在对各影响因素进行全面分析与权衡的基础上，从实际出发，才能最终制定出合理合法、切实可行的企业会计政策。

**3. 选择会计政策的原则**

企业会计政策的选择不是一个单纯的会计问题，它是与各利益集团处理经济关系、解决经济矛盾、分配经济利益的一项重要措施。企业恰当选择会计政策，对于保证会计信息的质量、促进企业健康发展，有着非常重要的意义。因此，企业在选择会计政策时，不能只考虑自身利益的最大化，还应当兼顾方方面面。所以，企业在进行会计政策选择时应同时遵循以下几项原则。

（1）合法性和相对独立性相结合的原则。

企业会计政策的选择应当在准则、制度规定的可供选择的会计原则、具体处理方法内进行取舍，这样才能保证所提供的会计信息具有可比性和可靠性。否则属于违法行为，企业应当承担法律责任。但是，当拟选用的会计政策与国家的税收法规不一致时，会计政策应当保持自身的相对独立性和稳定性，遵循会计核算本身固有的规律，而不必拘泥于国家税收法规、政策的规定及变化。

（2）一贯性原则。

企业选用的会计政策前后各期应当保持一致和连贯，不得随意变更。当然，在理解和执行一贯性原则时，不能机械地理解为不能变更会计政策。如果已经选用的会计政策使提供的会计信息不再具有相关性和可靠性，企业就不宜以该会计政策处理相关的经济业务或事项，而应从目前的经济环境和经营情况出发，重新选择最能恰当反映企业财务状况和经营成果的会计政策。企业应正确处理保持稳定和适时调整的关系。当然，企业对于会计政策的重新选择，应当按照企业会计准则、制度要求进行相应的账务处理，并在财务报表附注中加以说明，以使会计信息使用者能把握企业管理当局选择会计政策的出发点和具体影响，以正确理解会计信息的内涵。

（3）适用性原则。

企业选择会计政策时，应将本企业的生产经营特点、理财环境与会计政策相结合，即企业在选择会计政策时应考虑行业特点、企业生产经营规模、内部管理、企业经营业绩、现金流量、偿债能力等多种因素。会计政策的适用性是确保会计政策得到很好发挥的重要保证。会计政策的适用性还意味着随着企业生产经营状况以及理财环境的变化，企业要重新选择会计政策，以确保适用于新环境。对于适用性原则的理解，与一贯性原则有着相同的辩证关系。

（4）成本与效益相结合的原则。

企业在选择会计政策时应权衡提供会计信息的成本效益。在保证会计信息质量的基础上，企业应选择便于理解和实施的会计政策，并尽可能地降低操作成本。在操作成本大致相等时，企业应优先选择能使提供的会计信息更相关和可靠的会计政策。

（5）遵守职业道德原则。

遵守职业道德是会计人员上岗执业的必备条件。近年来，一些上市企业由于利益驱动，滥用会计政策进行会计操纵的现象时有发生。由于在会计信息的生成过程中，会计政策处于至关重要的地位，因此，会计政策领域的道德建设十分重要，亟待开展。

## 1.1.2　会计估计

### 1. 会计估计的概念

根据企业会计准则的定义，会计估计是指企业对其结果不确定的交易或事项以最近可利用的信息为基础所做的判断。

会计核算是对企业的经济往来业务进行记录，以反映企业实际的经营状况。但由于企业内部经济业务存在诸多的不确定性，以及会计分期假设和权责发生制原则、稳健性原则的运用，对于诸如收入、预计负债、固定资产折旧年限等的确认没有一个确切的结果，只有依靠会计人员运用职业判断进行估计。又因为企业是由众多的利益相关者通过契约组建的，所以作为受托人的经营管理者需要对委托人股东、债权人及社会公众报告企业真实的会计信息，如实反映企业的财务状况、资产质量情况，以使利益相关者能据此做出有效的决策。由于现实经济活动中存在信息不对称性、人们的行为有限理性等现象，资产减值的程度没有一个确切的可以衡量的标准，而不同的人对不同时期的不同公司的资产减值判断是有差别的，因此就需要会计人员运用自己的经验、知识进行估计。由于会计估计是以最近可利用的信息为基础的，而企业的相关财务信息是不断发展变化的，因此，如果赖以进行估计的基础发生了变化或者取得了新的信息、积累了更多的经验，就需要对原先的会计估计进行修订，即进行会计估计变更。

由以上分析可知，会计估计的存在是企业进行会计核算的客观要求。有效的会计估计能够较真实地反映企业的财务状况、经营成果、收益情况，能给相关投资者提供真实有用的决策信息，可以协调利益相关者的不同利益冲突，促进资本市场的完善。

### 2. 会计估计的特点

为提高会计估计的合理性，充分认识会计估计的特点是必要的。会计估计的特点如下。

（1）不可避免性。

在会计核算中，企业力求会计核算的准确性。但有些交易或事项本身具有不确定性，因而需要根据经验做出估计；同时，采用权责发生制、稳健原则对企业财务状况和经营成果进行确认、计量这一事项本身，也使得有必要充分估计未来交易或事项的影响。可以说，在会计核算和信息披露过程中，会计估计是不可避免的。

可以预见，随着经济发展和交易的不断创新，经济业务会越来越复杂，会计估计事项会越来越多，不确定性也会随之增大。会计人员应当正视会计估计存在的客观性，而不应当回避。

（2）影响因素的多样性和结果的相对合理性。

对结果不确定的交易或事项进行估计时，需要综合考虑多种因素的影响。这些因素中，有些是企业外部因素，有些是企业内部因素；有些是客观因素，有些是主观因素。例如，企业按备抵法计提坏账准备时，需要根据债务单位的财务状况、经营成果、现金流量、产品销售情况、市场前景、资信状况及以前与债务单位发生业务往来的经验等做出估计。再如，估计应计提折旧资产的使用寿命，除了考虑使用该资产的工作班次及企业维修保养计划等因素外，还应当考虑其他因素。例如，因技术革新或生产改进而造成的过时，因市场对产品或服务需求的变化而造成的过时，以及诸如租赁期满日的法律限制等。

此外，会计人员知识水平、业务素质、职业道德水平也会对会计估计的结果产生较大影响。因此，会计估计的结果只能是相对合理的。

（3）会计估计结果的可变性。

企业在进行会计估计时，应根据当时所掌握的情况和经验，以最近可利用的信息或资料为基础。但是，随着时间的推移、环境的变化，或由于取得了新的信息、积累了更多的经验，原来的估计数可能变得不合理，在此情况下，应对原先的估计进行复核，并对会计估计变更进行相应的账务处理。按照国际惯例，对会计估计变更通常采用未来适用法进行会计处理。

（4）合理估计的有用性。

进行合理的会计估计是会计核算中必不可少的部分。但会计估计是否会影响会计信息的质量和会计核算的可靠性呢？会计估计不是随意的，而是在掌握确凿证据的前提下，运用合理的假设、科学的程序和方法，以当时所掌握的可靠证据为基础做出的最佳估计。它不仅不会削弱会计核算的可靠性，反而有利于企业编制客观、公允的会计报表，保护投资者和债权人的利益，也有利于企业管理当局了解企业的真实情况，制订切合企业实际的经营政策。

**3．进行会计估计应遵循的原则**

影响会计估计结果的因素很多。会计估计结果的弹性较大，如何保证会计估计结果的相对合理性，是会计人员面临的一个重要问题。为保证会计估计结果的合理性，应当遵循以下原则。

（1）诚信原则。

会计估计往往涉及许多不确定性因素，因此，进行估计时，应遵循诚信原则，保证客观公正、不偏不倚。会计人员不应利用会计估计及其变更设置秘密准备、任意调节各期利润以及粉饰财务报表等，以免掩盖真相，误导信息使用者。

（2）适度稳健原则。

进行会计估计时，应当充分考虑企业面临的风险和不确定性。在对资产、负债、收益、费用的有关金额进行估计时，应尽可能不虚增资产和收益，客观合理地估算可能的负债和费用。

（3）科学性原则。

企业在对不确定性经济业务有关金额进行估计时，首先，应根据财务会计的目标和会计原则，选择适用的标准和科学的方法；然后，选择科学合理的会计估计程序。

（4）合适人员原则。

企业在进行会计估计时，应选择充分了解本企业，且具有丰富的专业知识和其他相关知识的专门人员开展工作。

（5）最佳信息原则。

企业在进行会计估计时，应当注意搜集合理可用的最佳信息，并且应当考虑资料的相关性、可靠性和适当性；同时，还应注意对搜集的资料进行去粗取精、去伪存真的再加工。分清关键因素和一般因素，以作为会计估计的基础。

（6）客观性原则。

客观性原则是指会计估计的结果应有充分的事实依据，应注意同质性，即会计估计的结果应与不确定性经济业务的真实情况保持一致。例如，固定资产折旧期限应尽量与固定资产的实际使用效能不产生明显矛盾。

（7）一致性原则。

在对某些交易或事项进行估计时，对同一类型的业务所采用的方法，前后应当保持一致，不能随意更改。

（8）充分披露原则。

对于重要的会计估计项目，企业应在报表附注中披露其会计估计的过程、方法、有关的未来事项情况（可能性大小、变化）等，以使报表使用者获得充分且有效的信息。

## 1.1.3　会计政策和会计估计审核

**1. 重点关注企业利用会计政策、会计估计变更操纵利润**

合理的会计政策、会计估计变更是为了更真实、公允地披露会计信息。然而，部分企业的管理当局进行会计政策、会计估计变更的主要目的并非公允反映，而是操纵财务利润。注册会计师在审核工作中，应关注并熟悉这些常用的舞弊手法。

（1）改变固定资产折旧政策。

延长固定资产的折旧年限、降低折旧率，以期达到降低当期成本费用与高估资产价值的目的。效益好的时候提高折旧率，效益差的时候降低折旧率。例如，厂房及建筑物的预计使用年限：鞍钢股份选用 10 ～ 20 年；宝钢股份选用 15 ～ 35 年；济南钢铁选用房屋 30 年，建筑物一律 15 年；包钢股份选用 10 ～ 40 年；新钢钒选用生产用房 35 年，非生产用房 40 年，建筑物 20 年。

（2）潜亏挂账。

一般情况下，三年以上的应收账款、其他应收款、预付账款、存货、在建工程、长期待摊费用等属于低效、不良资产，实质上构成了利润的抵减项。上市公司为了提高当期的经营业绩，往往不处理长期挂账资产（包括实际费用的其他应收款、潜亏长期挂账）、不充分计提减值准备，从而虚增资产和利润。

（3）将应费用化的支出资本化。

例如，按企业会计准则的规定，属于在建工程的资金利息应计入固定资产价值。某项固定资产已交付使用，即使未办理竣工决算手续，也应该停止利息资本化。但一些上市公司往往故意混淆收益性支出与资本性支出的界限，通过对已竣工工程的利息资本化而虚增资产价值和当期利润；或者通过混淆固定资产预定可使用状态的界限，不及时转为固定资产，以少提折旧。

（4）提前确认未来损失。

一些上市公司，特别是已连续亏损两年而被特别处理的上市公司，为免遭第三年亏损而被摘牌的厄运，往往提前确认以后会计期间发生的损失，以便减轻以后期间的盈利压力。

（5）利用坏账准备。

在应收账款占资产总额比重普遍较大的情况下，过低的坏账准备计提比例（包括人为调整账龄、人为对无法收回的应收账款只计提一部分坏账准备）可以平滑收益，既虚增了当期利润，也夸大了应收账款的可实现价值。

例如：宝钢股份，应收账款计提坏账准备，1 年以内计提 5%，1～2 年计提 30%，2～3 年计提 60%，3 年以上计提 100%；济南钢铁，应收账款计提坏账准备，1 年以内计提 5%，1～2 年计提 10%，2～3 年计提 15%，3 年以上计提 20%；鞍钢股份 2007 年半年度报告中，应收账款、其他应收款坏账准备为 0。从上述内容可知，不同企业的坏账准备计提比例是不同的，但注册会计师在审核中应注重同行业比较。

（6）改变存货计价方法。

企业期初存货计价如果过高或过低，其当期利润有可能因此相应减少或增多；期末存货计价的高低则与当期利润成正比例变动。存货计价方法的改变为上市公司操纵财务报表利润留下了较大的空间。

（7）收入的实现与确认。

尽管企业会计准则中明确了收入实现的前提条件，但上市公司在会计实务中提前确认收入或延迟确认收入的情况仍层出不穷，特别是在财务报表的截至日前后。

（8）长期股权投资的计价。

上市公司经常转换长期股权投资成本法与权益法，高估长期股权投资的价值以及虚增当期利润。

（9）合并财务报表范围的伸缩。

上市公司根据报告资产多寡和收益水平高低的需要，调节合并财务报表的编制范围，并在财务报表附注中故意对编制范围含糊其词。

**2．会计政策、会计估计变更审核注意事项**

（1）审核过程中，注册会计师要充分关注被审计单位选用会计政策的恰当性和做出会计估计的合理性。

企业会计准则规定可供选择运用的会计政策，应关注会计政策的恰当性。

会计估计通常是被审计单位在不确定情况下做出的，其准确程度取决于企业管理当局对不确定的交易或事项的结果做出的主观判断。由于会计估计的主观性、复杂性和不确定性，企业管理当局做出的会计估计发生重大错报的可能性较大。企业管理当局为达到预期结果，可能会利用会计估计的特征，误用、滥用会计估计，或者不恰当地调整会计估计所依据的假设及改变原先做出的判断。

（2）审核过程中，注册会计师应做好以下工作。

①全面掌握企业会计准则中有关会计估计、会计政策的要求。

②了解企业管理当局如何识别需要做出会计估计的交易、事项和情况。了解企业管理当局选择会计政策中的重大判断。

③了解企业管理当局做出会计估计的过程，包括做出会计估计依赖的假设、企业管理当局如何评价会计估计的不确定性造成的影响。

④复核前期财务报表中做出的会计估计的结果，或对其进行重新估计。

⑤对于资产质量，应密切关注减值迹象，特别是对亏损企业。

⑥复核能够证实会计估计合理性的期后事项。

注册会计师在审核上市公司时，应保持高度的职业谨慎。新企业会计准则和会计制度赋予了企业更多的变更会计估计和会计政策的权利，注册会计师往往难以找到有说服力的理由予以干涉，这使得对被审计单位财务报表进行再认定时的难度和风险加大了。因此，注册会计师在审核财务报表时，应当谨慎地复核和测试被审计单位管理当局赖以估计的假设、条件和处理过程，特别关注被审计单位可收回金额的估计是否适当，以此判断被审计单位计提减值准备的比例或数额是否适当和充分。必要时，可对会计估计的结果进行独立估计，以确定被审计单位会计估计事项对财务报表的影响。

目前，经济环境复杂，关于会计政策、会计估计合法性、合理性的认识较多；而且，在实际事务处理中，面临的问题不同会导致处理方法不同。因此，注册会计师一方面应该积极学习，另一方面在实际工作中应提高警惕和摸索、创新，面对日益复杂的审核实务工作，尽职尽责地履行自己的社会责任，合理地保障广大股东利益和自己的合法权益。

## 1.2　苏州 GHSJ 研究院案例分析

### 1.2.1　案例介绍

苏州 GHSJ 研究院股份有限公司（以下简称"GHSJ"）是 1995 年依照国外设计事务所运作模式创立的综合性甲级建筑设计研究院，是国家 CAD 应用示范企业、AAA 级江苏省信誉企业、ISO9001 质量体系认证企业和英国皇家认可委员会（UKAS）认证企业。

公司拥有多家分、子公司，员工人数达 700 余人，项目遍及全国 30 多个省市。同时，在江苏省勘察设计行业中，公司综合实力排名第二、经济指标名列前茅。

公司提供包括城市规划设计、前期咨询、建筑设计、室内设计、工程管理、景观设计、工程监理、工程总承包在内的专业技术服务，设计作品荣获多项国家级、部级、省级和市级工程设计奖，近年来多项设计同时荣获国家绿色星级及 LEED（高金奖）荣誉。

2019 年 4 月 11 日，中国证券监督管理委员会（简称"证监会"）第十八届发行审核委员会（简称"发审委"）2019 年第 16 次会议召开，有 3 家拟上市公司参与本次会议的首发审核，其中苏州 GHSJ 研究院股份有限公司（首发）未通过。

据披露，公司的主营业务为提供城乡规划、市政规划、交通规划、景观规划、建筑工程设计、市政工程设计、景观工程设计等规划设计和工程设计类服务。公司存在业务比较集中及地域制约性较强特点，是制约发展的命门。另外，公司两家子公司持续处于亏损状态，却没有实质性的营业收入，加上公司大量资金利用率不高，却上市募集资金，其意图备受质疑。

## 1.2.2 证监会公告

中国证券监督管理委员会第十八届发行审核委员会 2019 年第 16 次发审委会议于 2019 年 4 月 11 日召开，现将会议审核情况公告如下：

苏州 GHSJ 研究院股份有限公司（首发）未通过。

对于苏州 GHSJ 研究院股份有限公司，发审委会议提出询问的主要问题如下。

1. 发行人以规划和工程设计业务为主。请发行人代表：（1）说明房地产行业长期调控、政府机构改革、公共预算紧缩对公司业务、经营模式的影响，发行人的应对措施；（2）结合目前以区域性规划设计业务为主的态势，说明发行人和全国同行业相比的行业竞争优势和核心竞争力，区域外市场竞争可能面临的挑战和不足。请保荐代表人说明核查依据、过程并发表明确核查意见。

2. 发行人采用完工百分比法确认收入，在规划设计和工程设计中根据合同约定的结算金额确认分阶段收入。请发行人代表：

（1）结合规划设计和工程设计各阶段收入确认时点，说明报告期确认收入对应的前期已签合同量、当期新增合同量项下各收入确认节点分别对应的收入情况，各阶段收入波动与合同量是否匹配；

（2）结合报告期各期末实际工作量的情况，对比具体项目合同约定的结算比例，说明资金结算比例是否能够反映各阶段工作量的合理性，以及是否符合相关会计准则规定的依据；

（3）说明报告期各季度确认的收入情况，分析其波动情况及原因；

（4）说明相关合同是否均与客户约定有明确的分阶段结算比例，具体确定依据，不同客户约定的资金结算比例是否一致，约定的结算金额与完工进度是否存在一致性及其依据，是否存在利用结算金额进行收入和利润跨期调节的情形；

（5）说明相关合同收费情况在不同阶段差异较大的原因，与客户商定不同阶段收费标准的具体原则及是否存在一致性；

（6）说明报告期决算工时和预算工时是否存在差异，如存在差异，如何保证合同约定的结算金额与施工进度一致；

（7）说明发行人总体规划业务的获取方式，收入占比较高的原因，该业务是否具有持续性和稳定性。请保荐代表人说明核查依据、过程并发表明确核查意见。

3. 发行人报告期内毛利率持续上升，省外规划业务毛利率显著低于省内项目，可比上市公司毛利率持续下降，报告期建筑工程设计业务毛利率明显低于同行业平均水平。请发行人代表：（1）说明各类型规划设计项目单价，分析对应的收费标准来源及可比性，2017—2018 年总体规划类别单价异常的原因；（2）结合相同区域可比上市公司启迪设计业务类型、人均创收、人均薪酬、成本构成等差异情况，说明工程设计毛利率低于同行业的原因及合理性；（3）说明发行人主营业务的成本收入构成中人工成本占比数据的计算方式，成本较低的各项因素影响程度及其合理性，与其人均薪酬占人均创收比例的差异情况及原因；（4）结合同行业可比公司、市场竞争状况、行业地位等说明规划设计业务毛利率较高的原因及合理性，特别是显著高于同行业可比公司深圳新城市的原因及合理性；（5）说明总体规划、控制性详细规划、修建性详细规划的毛利率是否存在差异及原因，省外规划业务毛利率显著低于省内项目的原因；（6）结合2019 年一季度发行人收入规模、毛利率、净利润率情况，说明发行人在 2019年度是否存在业绩下滑的风险。请保荐代表人说明核查依据、过程并发表明确核查意见。

4. 改制为有限公司之前，发行人前身为苏州市 GH 局下属单位，报告期苏州市 GH 局及其下属单位为发行人第一大客户。请发行人代表说明：（1）报告期发行人参与招投标的具体情况，通过投标和直接委托获得项目的数量、占比和对应项目金额等情况，与同行业可比上市公司相比有无明显差异；（2）报告期发行人分别通过投标和直接委托获得苏州市 GH 局及其下属单位项目的数量、占比和对应项目金额等情况，占其对外发标项目数量和金额的比例情况；（3）发行人与苏州市 GH 局及其下属单位交易的定价机制和付款条款与非苏州市 GH 局及其下属单位相比是否存在重大差异，报告期内苏州市 GH 局及其下属单位是否均按照约定及时支付款项，是否存在推迟支付或者发行人放宽信用政策的情形；（4）发行人与苏州市 GH 局及其下属单位交易单价与报告期发行人报告期单价情况有无明显差异；（5）发行人对苏州市 GH 局及其下属单位是否存在重大依赖，其他客户的开拓方式和稳定性，是否存在影响发行人持续盈利能力的重大不利情形，发行人主要应对措施。请保荐代表人说明核查依据、过程并发表明确核查意见。

5. 报告期发行人存在应履行而未履行招投标程序的项目，且惠州分公司曾受到行政处罚。请发行人代表说明：（1）合同投标和中标过程中，是否发生与招投标相关的费用；（2）过往及正在履行的招标合同中存在招标程序瑕疵的业务合同，相关款项的回收期及回收情况，是否存在后续无法回收款项等情形；（3）客户未履行招投标程序或获得上级主管部门批准，发行人是否需承担相应责任，发行人是否涉及不正当竞争或其他不规范事项；（4）是否存在配合发包方通过分拆等形式规避招投标程序承接业务的情形；（5）未履行招投标程序签订的合同是否有被认定为无效的法律风险，是否存在合同被撤销风险，是否存在法律纠纷或潜在纠纷，相关内控机制是否健全并有效运行。请保荐代表人说明核查依据、过程并发表明确核查意见。

## 1.2.3　监管逻辑分析

### 1. 地域制约性较强，全资子公司持续亏损

2015—2017 年，发行人营业收入分别为 13 559.72 万元、17 348.11 万元、22 101.46 万元。其中来自江苏地区主营业务收入分别为 12 694.62 万元、14 344.31 万元、17 665.40 万元，占总主营业务收入比例分别为 93.62%、82.69%、79.93%。虽然占比呈下降趋势，但是总体占比非常高。

发行人全资子公司苏州 DSHJ 设计有限公司成立于 2013 年 7 月 11 日，注册资本为 3 000 万元；苏州市 CSJT 规划研究中心有限公司成立于 2009 年 4 月 10 日，注册资本为 108 万元。

报告期内，两家子公司没有开展营业，没有营业收入。两家子公司报告期内处于持续亏损状态。苏州 DSHJ 设计有限公司报告期内净利润分别为 − 52.89

万元、-0.43 万元、-42.05 万元，苏州市 CSJT 规划研究中心有限公司报告期内净利润分别为 0.24 万元、-0.31 万元、-0.05 万元。其中，从苏州市 CSJT规划研究中心有限公司净利润及营业收入情况来看，苏州市 CSJT 规划研究中心有限公司是一家名副其实的皮包公司。发行人财务报表相关资料如表 1-1 至表1-4 所示。

表 1-1　　　苏州市 CSJT 规划研究中心有限公司（资产负债表）

单位：万元

| 项目 | 2017-12-31 | 2016-12-31 | 2015-12-31 |
|---|---|---|---|
| 总资产 | 111.92 | 112.25 | 112.07 |
| 总负债 | 0.05 | 0.32 | -0.16 |
| 净资产 | 111.87 | 111.93 | 112.23 |

表 1-2　　　苏州市 CSJT 规划研究中心有限公司（利润表）

| 项目 | 2017 年度 | 2016 年度 | 2015 年度 |
|---|---|---|---|
| 营业收入 | 0.00 | 0.00 | 0.00 |
| 营业利润 | -0.05 | -0.31 | 0.24 |
| 净利润 | -0.05 | -0.31 | 0.24 |

表 1-3　　　苏州 DSHJ 设计有限公司（资产负债表）　　　单位：万元

| 项目 | 2017-12-31 | 2016-12-31 | 2015-12-31 |
|---|---|---|---|
| 总资产 | 2 907.43 | 2 951.03 | 2 947.97 |
| 总负债 | 1.95 | 3.50 | 0.00 |
| 净资产 | 2 905.48 | 2 947.53 | 2 947.97 |

表 1-4　　　苏州 DSHJ 设计有限公司（利润表）

| 项目 | 2017 年度 | 2016 年度 | 2015 年度 |
|---|---|---|---|
| 营业收入 | 0.00 | 0.00 | 0.00 |
| 营业利润 | -42.05 | -0.43 | -52.89 |
| 净利润 | -42.05 | -0.43 | -52.89 |

另外，社保缴纳人数不一致。天眼查显示，发行人 2017 年社保缴纳情况为199 人，2016 年为 197 人。而招股书披露的社保缴纳情况为 2017 年、2016 年分别为 317 人、297 人。天眼查显示社保缴纳情况如表 1-5 和表 1-6 所示。

表 1-5            2017 年社保缴纳情况

| 社保信息 | | | |
|---|---|---|---|
| 城镇职工基本养老保险 | 199 人 | 职工基本医疗保险 | 199 人 |
| 生育保险 | 199 人 | 失业保险 | 199 人 |
| 工伤保险 | 199 人 | | |

表 1-6            2016 年社保缴纳情况

| 社保信息 | | | |
|---|---|---|---|
| 城镇职工基本养老保险 | 197 人 | 职工基本医疗保险 | 197 人 |
| 生育保险 | 197 人 | 失业保险 | 197 人 |
| 工伤保险 | 197 人 | | |

**2. 货币资金充足，资金利用率不高**

发行人货币资金比较充足，2017 年期末发行人的银行存款高达 2 亿元，且此次募集资金共 2.7 亿元。按照发行人的盈利能力，发行人有能力将自有资金提前投入募投项目。

报告期内，发行人银行存款分别为 14 186.61 万元、15 957.43 万元、20 903.42 万元，净利润分别为 2 478.81 万元、2 548.42 万元、5 373.02 万元。2017 年之前，发行人净利润虽然不高，但是进行过多次分红。2015 年 6 月分红 3 300 万元，2016 年 6 月分红 720 万元，2017 年 6 月分红 858 万元。发行人的现金储备也比较稳定，逐年上升。

发行人 2007 年就已经与徐某华达成购房协议，发行人持有徐某华房屋所有权证、土地使用权证，但发行人在 2017 年 8 月 31 日才办理了土地使用权过户手续。发行人称在购买上述房地产后、办理权属变更手续之前，其土地上的房屋灭失，导致房产及土地无法办理过户手续。这一说法过于牵强。

**3. 应收账款坏账准备计提比例过高，市场调研费存疑**

2014—2017 年，发行人应收账款坏账准备余额分别为 2 773.73 万元、2 353.73 万元、2 374.95 万元、1 879.83 万元，发行人应收账款净值分别为 9 221.06 万元、7 767.12 万元、7 324.79 万元、8 029.52 万元，应收账款坏账准备余额分别占应收账款净值比例为 30.08%、30.30%、32.42%、23.41%。应收账款占比过高，涉嫌延迟信用期获取订单。

2014—2017 年，应收账款占营业收入比例分别为 99.25%、74.64%、57.64%、44.84%。另外，发行人 2015 年销售费用中仅有一笔市场调研费 90 万元，存在涉嫌商业行贿的可能。

## 1.2.4　法律规定分析

《首次公开发行股票并上市管理办法》（简称《首发办法》）第二十四条规定："发行人编制财务报表应以实际发生的交易或者事项为依据；在进行会计确认、计量和报告时应当保持应有的谨慎；对相同或者相似的经济业务，应选用一致的会计政策，不得随意变更。"发行人的应收账款坏账准备计提比例过高，市场调研费用途存疑，在进行会计确认、计量和报告时未保持应有的谨慎。应收账款占比过高，涉嫌延迟信用期获取订单。

招股说明书披露，发行人于 2016 年参与"HZGC 技术学校三期工程设计"项目招投标过程中，因惠州分公司经营团队及投标项目主要负责人未严格按照总公司招投标管理相关要求操作，未经批准修改投标文件内容，违反《中华人民共和国招标投标法》（简称《招标投标法》）及《中华人民共和国招标投标法实施条例》（简称《招标投标法实施条例》）的相关规定。惠州市城市管理行政执法局于 2016 年 9 月 21 日出具《行政处罚通知书》，依据《招标投标法》第五十四条及《招标投标法实施条例》第六十八条第一款的相关规定对发行人处以 51 371 元罚款的行政处罚。

发行人已就该处罚事项对相关责任人进行了处罚，督促惠州分公司加强招投标各环节审核并保留审核记录，各投标项目均需严格接受总公司市场经营管理部对投标文件的各项审核，并对惠州分公司经营团队及投标项目负责人处以罚款；同时要求各分、子公司严格遵守公司《分、子公司管理制度》的规定，维护公司利益，严格执行各项内部控制程序，杜绝类似事件再次发生。

发行人存在《首发办法》规定的其他可能对发行人持续盈利能力构成重大不利影响的情形。发行人报告期内毛利率持续上升，省外规划业务毛利率显著低于省内项目，可比上市公司毛利率持续下降，报告期建筑工程设计业务毛利率明显低于同行业平均水平。报告期内，两家子公司没有开展营业，没有营业收入，处于持续亏损状态。苏州 DSHJ 设计有限公司报告期内净利润分别为 -52.89 万元、-0.43 万元、-42.05 万元，苏州市 CSJT 规划研究中心有限公司报告期内净利润分别为 0.24 万元、-0.31 万元、-0.05 万元。综上所述，发行人的持续盈利能力存在隐患。

# 1.3　CCGD 数字传媒股份有限公司案例分析

## 1.3.1　案例介绍

CCGD 数字传媒股份有限公司（以下简称"CCGD"）成立于 2007 年 11 月，是重庆 GBDSJT（总台）旗下经营性广播电视产业的运营管理公司。

CCGD 是受文化产业振兴、三网融合和媒体融合等政策支持的新媒体企业，是经重庆 GBDSJT（总台）授权，独家运营重庆 IPTV 内容集成运营业务、网络广播电视台运营业务、手机电视内容集成运营业务和互联网电视内容服务等国家政策允许市场化运营的广电新媒体业务的企业。公司收入主要来源于 IPTV 内容集成运营业务和网络广播电视台运营业务。

重庆 GBDSCM 集团股份有限公司（以下简称"CGCM"）拥有 CCGD 68% 的股权，为其控股股东。重庆 GBDSJT（总台）持有 CGCM 85% 的股权，通过 CGCM 间接持有 CCGD68% 的股份，为 CCGD 的实际控制人。

CCGD 拟上深圳证券交易所（简称"深交所"）创业板，拟公开发行股票数量为不超过 1 500 万股，占发行后总股本的比例不低于 25%，发行后总股本不超过 6 000 万股。保荐机构为安信证券。

## 1.3.2　证监会公告

中国证券监督管理委员会第十七届发行审核委员会 2017 年第 56 次发审委会议于 2017 年 11 月 29 日召开，现将会议审核情况公告如下：

CCGD 数字传媒股份有限公司（首发）未通过。

发审委会议提出询问的主要问题如下。

1. 发行人不直接拥有信息网络传播视听节目许可证。经重庆 GBDSJT（总台）独家授权，发行人拥有重庆 IPTV 分平台牌照和重庆网络广播电视台牌照中有关经营性业务的运营权。报告期，发行人 IPTV 业务收入主要来源于基础业务，按照行业政策法规要求，基础业务主要由中央 IPTV 总平台提供的视听节目内容和公司采购或合作的视听节目内容等资源组成，IPTV 节目内容经重庆 IPTV 集成播控平台审查后传输给电信运营商。发行人的直接客户为电信运营商而非 IPTV 终端用户，CQDX 是发行人的第一大客户，报告期内各期营业收入占比均超过 50%。

请发行人代表说明：（1）资产是否完整、业务是否独立，是否拥有独立的市场运营能力；（2）是否对实际控制人构成重大依赖；（3）发行人如果无法获得重庆 GBDSJT（总台）的授权或独家授权，是否能够保证业务延续。请保荐代表人说明核查方法、依据，并发表明确核查意见。

2. 根据 CQYX 取得的信息网络传播视听节目许可证，CQYX 的业务类别包括电影、电视剧、娱乐等视听节目的汇集、播出服务。从终端用户看，发行人 IPTV 业务与其实际控制人下属的 CQYX 的有线电视业务的终端用户都是重庆区域的电视机终端用户；从提供的服务内容来看，均属于为终端用户提供视听节目服务，并基于终端用户的需求开发增值服务。

请发行人代表说明：（1）CQYX 互联网视听节目服务业务的开展情况；（2）CQYX 互联网视听节目服务业务与 IPTV 内容集成运营业务是否存在同业竞争；（3）发行人的关联方是否已取得宽带业务资格；如果取得该资格，是否会对发行人经营产生重大影响。请保荐代表人说明核查方法、依据，并发表明确核查意见。

3. 根据招股说明书，报告期内发行人广告运营业务包括传统广告和新媒体广告。

请发行人代表说明：（1）如何定义和区分传统广告和新媒体广告，报告期两类广告业务的运营模式、收入及毛利率情况；（2）报告期发行人实际控制人及其控制企业（除发行人）其他广告业务的运营方、运营模式及收入等情况；（3）发行人广告业务与实际控制人及其控制企业其他广告业务的异同，是否存在潜在同业竞争。请保荐代表人说明核查方法、依据，并发表明确核查意见。

4. 发行人 2014 年至 2016 年综合毛利率分别为 42.02%、57.39%、61.97%。请发行人代表说明毛利率与同行业公司存在差异的原因及合理性。请保荐代表人说明核查方法、依据，并发表明确核查意见。

5. 请发行人代表说明收购 IPTV 集成播控平台生产存储部分资产入账后具体折旧年限及残值率，对照向实际控制人以未收购的 IPTV 集成播控平台资产 7 年折旧、3% 残值率计算折旧支付播控费的合理性。

### 1.3.3　监管逻辑分析

**1. 资质问题**

CCGD 经重庆 GBDSJT（总台）独家授权，拥有重庆 IPTV 分平台牌照和重庆网络广播电视台牌照中有关经营性业务的运营权，且在报告期内，公司 IPTV 业务收入主要来源于基础业务。也就是说，CCGD 不直接拥有信息网络传播视听节目许可证，不直接拥有主营业务的牌照，只是授权取得。

**2. 业务问题**

CCGD 的基础业务由中央 IPTV 总平台提供的视听节目内容和公司采购或合作的视听节目内容等资源组成，IPTV 节目内容经重庆 IPTV 集成播控平台审查后传输给电信运营商。简而言之，CCGD 的直接客户为电信运营商而非 IPTV 终端用户，CQDX 是 CCGD 的第一大客户，报告期内各期营业收入占比均超过 50%。

（1）重庆 GBDSJT（总台）为 CCGD 的实际控制人，其采用排他性的授权方式将其本身取得的经营业务许可授予 CCGD，虽已经办理相关手续备案，但不确定其授权是否具有连续性；如果授权发生变更，CCGD 相关业务的正常开展将受到影响，存在授权变化影响公司业务开展的风险。毕竟，CCGD 以 IPTV 为绝对主营业务。

（2）逾九成营收依赖前五大客户。CCGD 与客户的营收资料如表 1 - 7 所示。

表 1 - 7　　　　　　　　CCGD 与客户的营收资料　　　　　单位：万元

| 客户名称 | 销售内容 | 2017 年 1—6 月 | | 2016 年度 | |
|---|---|---|---|---|---|
| | | 金额 | 占比/% | 金额 | 占比/% |
| CQDX | IPTV 内容集成运营业务 | 4 452.50 | 75.14 | 5 331.58 | 66.89 |
| CQLT | IPTV 内容集成运营业务 | 914.03 | 15.43 | 1 482.17 | 18.60 |
| JJCM | 网络广播电视台运营服务 | 229.72 | 3.88 | 616.04 | 7.73 |
| HRCM | 网络广播电视台运营服务 | 130.19 | 2.20 | 216.98 | 2.72 |
| HMSS | 频道推广服务 | 141.51 | 2.39 | 94.34 | 1.18 |
| 合计 | | 5 867.95 | 99.04 | 7 741.11 | 97.12 |

以 2016 年度及 2017 年上半年的数据为例，CCGD 前五大客户的销售收入占比分别为 97.12%、99.04%。前五大客户的销售收入占营业收入的比例较高，这说明 CCGD 过度依赖前五大客户，公司的生产经营有可能会受到不利影响。因此，我们要特别关注 CCGD 的第一大客户——CQDX。

如表 1 - 7 所示，我们可以看出：CQDX 作为 CCGD 的第一大客户，销售内容为 IPTV 内容集成运营业务，销售占比由 2014 年的 48.01% 快速增长至 2017 年上半年的 75.14%。CCGD 的最终客户是电信运营商而非 IPTV 终端用户，而 CQDX 与 CCGD 合作的前提是公司已取得信息网络传播视听节目许可证，一旦授权发生变更，公司主营业务是否能够持续开展，将会是一个严重的问题。

**3. 同业竞争问题**

（1）CCGD与CQYX的实际控制人相同，证监会要求CCGD解释两者在互联网视听节目服务业务与IPTV内容集成运营业务是否存在同业竞争、业务是否存在重合。从电视终端用户看，CQYX也取得信息网络传播视听节目许可证，提供的服务内容与CCGD存在部分重合，两者存在相互竞争的情况。

（2）广告属性及市场运营能力。证监会要求CCGD披露公司广告业务相关情况，关注公司的广告属性，因为CCGD招股说明书没有明确定义和区分传统广告和新媒体广告，以及报告期两类广告业务的运营模式、收入及毛利率情况。我们从披露的信息推测出，CCGD的传统广告主要是指重庆本地频道的广告代理业务。如果停止运营传统广告业务，将对CCGD的经营业绩产生影响。

**4. 财务指标——毛利率异常**

关于这点，我们先看CCGD在报告期内的几组财务数据。

（1）合并利润表中的主要财务数据，如表1-8所示。

表1-8　　　　　　合并利润表中的主要财务数据　　　　单位：万元

| 项目 | 2017年1—6月 | 2016年度 | 2015年度 | 2014年度 |
|---|---|---|---|---|
| 营业收入 | 5 925.38 | 7 970.29 | 5 365.44 | 3 670.31 |
| 营业利润 | 3 271.82 | 4 075.34 | 2 641.89 | 1 215.34 |
| 利润总额 | 3 272.32 | 4 216.48 | 2 682.26 | 1 215.51 |
| 归属于母公司股东的净利润 | 3 280.09 | 4 222.44 | 2 657.87 | 1 215.87 |
| 扣除非经常性损益后归属于母公司股东的净利润 | 3 259.59 | 4 081.30 | 2 622.25 | 1 215.79 |

（2）公司主营业务成本的构成及变动情况，如表1-9所示。

表1-9　　　　　公司主营业务成本的构成及变动情况　　　　单位：万元

| 项目 | 2017年1—6月 | | 2016年度 | | 2015年度 | | 2014年度 | |
|---|---|---|---|---|---|---|---|---|
| | 金额 | 比例/% | 金额 | 比例/% | 金额 | 比例/% | 金额 | 比例/% |
| 人工成本 | 820.60 | 36.70 | 1 310.30 | 43.23 | 966.13 | 42.26 | 752.89 | 35.38 |
| 技术及运行服务费 | 320.83 | 14.35 | 663.75 | 21.90 | 594.24 | 25.99 | 555.51 | 26.10 |
| 折旧及摊销 | 239.16 | 10.70 | 364.86 | 12.04 | 291.74 | 12.76 | 67.59 | 3.18 |
| 租赁费及物管费 | 28.20 | 1.26 | 58.22 | 1.92 | 59.31 | 2.59 | 59.31 | 2.79 |
| 节目费用 | 741.58 | 33.16 | 371.24 | 12.25 | 185.92 | 8.13 | 558.72 | 26.26 |

续表

| 项目 | 2017 年 1—6 月 | | 2016 年度 | | 2015 年度 | | 2014 年度 | |
|---|---|---|---|---|---|---|---|---|
| | 金额 | 比例/% | 金额 | 比例/% | 金额 | 比例/% | 金额 | 比例/% |
| 日常运营费用 | 85.57 | 3.83 | 262.54 | 8.66 | 189.14 | 8.27 | 133.95 | 6.29 |
| 主营业务成本小计 | 2 235.94 | 100.00 | 3 030.91 | 100.00 | 2 286.48 | 100.00 | 2 127.97 | 100.00 |
| 营业成本合计 | 2 235.94 | 100.00 | 3 030.91 | 100.00 | 2 286.48 | 100.00 | 2 127.97 | 100.00 |

从表 1-8 中可以看出：报告期内，2016 年 CCGD 净利润最高。CCGD 的主营业务由 IPTV 内容集成运营业务和网络广播电视台运营业务构成，IPTV 内容集成运营业务为 CCGD 的绝对主营业务。而 CCGD 的营业成本均为主营业务成本，主要由人工成本、技术及运行服务费、折旧及摊销和节目费用等构成。

2014—2016 年及 2017 年 1—6 月，CCGD 分别实现营业收入 3 670.31 万元、5 365.44 万元、7 970.29 万元和 5 925.38 万元，同期营业成本分别为 2 127.97 万元、2 286.48 万元、3 030.91 万元和 2 235.94 万元，净利润分别为 1 215.51 万元、2 682.26 万元、4 216.48 万元和 3 272.32 万元。CCGD 报告期内毛利率与上市公司的对比如表 1-10 所示。

表 1-10　　　　CCGD 报告期内毛利率与上市公司的对比

| 公司简称 | 2017 年 1—6 月 | 2016 年度 | 2015 年度 | 2014 年度 |
|---|---|---|---|---|
| DFMZ | 23.46% | 26.21% | 21.79% | 45.47% |
| 其中：IPTV 及 OTT 收入 | 56.66% | 48.93% | 50.25% | 50.43% |
| HSCM | 44.38% | 44.89% | 44.25% | 42.14% |
| DGCM | 22.89% | 27.43% | 31.20% | 32.29% |
| GHYX | 32.22% | 26.56% | 19.99% | 15.16% |
| 可比上市公司平均值 | 31.22% | 29.56% | 29.14% | 28.00% |
| CCGD | 62.27% | 61.97% | 57.39% | 42.02% |
| CCGD IPTV 内容集成运营业务 | 73.11% | 77.81% | 72.06% | 54.67% |

CCGD 2014—2016 年及 2017 年 1—6 月的综合毛利率分别为 42.02%、57.39%、61.97% 和 62.27%。通过比较，我们可以直接地看出 CCGD 在报告期内的毛利率远远高于上市公司的平均值。对此 CCGD 在招股说明书中并没有做出令人信服的解释。

### 1.3.4　法律规定分析

《首发办法》第三十条规定，发行人不得有其他可能对发行人持续盈利能力构成重大不利影响的情形。CCGD 的 IPTV 业务与其实际控制人下属的 CQYX 的有线电视业务的终端用户都是重庆区域的电视机终端用户；从提供的服务内容来看，均属于为终端用户提供视听节目服务，并基于终端用户的需求开发增值服务。CCGD 的 IPTV 业务客户与其实际控制人下属的 CQYX 的有线电视业务的终端用户都是重庆区域的电视机终端用户，同业竞争的问题对其持续盈利能力或造成重大不利影响。

CSCM 与 XSJ 均被认定为经营性文化企业转制企业，文化体制改革企业所得税免税政策延续至 2018 年 12 月 31 日。若该所得税免费政策到期后未能延续，根据《财政部　海关总署　国家税务总局关于深入实施西部大开发战略有关税收政策问题的通知》(财税〔2011〕58 号)，发行人还可享受西部大开发 15% 税率的所得税优惠政策。若未来国家和地方关于文化体制改革企业税收优惠政策发生变化，以及西部大开发税收优惠政策发生变化，将对 CCGD 的经营业绩产生一定影响。

广告属性及市场运营能力和资质问题均可能会对 CCGD 持续盈利能力造成不利影响。其中，CCGD 的传统广告主要是指重庆本地频道的广告代理业务。如果停止运营传统广告业务，将对 CCGD 的经营业绩产生影响；此外，CCGD 不直接拥有信息网络传播视听节目许可证，不直接拥有主营业务的牌照，只是授权取得。

## 1.4　北京 JGHJ 修复公司案例分析

### 1.4.1　案例介绍

北京 JGHJ 修复股份有限公司是国内最早从事土壤修复服务的高新技术企业之一，并以此为基础逐步拓展多种污染类型的土壤修复、水体（地表水、地下水）修复、生态修复业务领域，成为以土壤修复、水体（地表水、地下水）修复、生态修复为主营业务的环境修复咨询、设计、专业承包服务商。自 2007 年成立以来，公司累计完成代表性场地调查和修复工程项目 160 余例，市场占有率居行业前列。

## 1.4.2 证监会公告

中国证券监督管理委员会第十七届发行审核委员会 2018 年第 15 次发审委会议于 2018 年 1 月 16 日召开，现将会议审核情况公告如下：

北京 JGHJ 修复股份有限公司（首发）未通过。

发审委会议提出询问的主要问题如下。

1. 发行人报告期内采用完工百分比法确认建造合同收入，根据已经完成的合同工作量占合同预计总工作量的比例确定完工百分比。请发行人代表说明：（1）完工百分比未选用成本法的原因；（2）与工作量法比较，采用成本法对公司报告期经营业绩的影响，相关会计处理是否合理、谨慎。请保荐代表人说明核查方法、过程、依据，并发表明确核查意见。

2. 发行人 2016 年营业收入和净利润分别为 10.74 亿元和 6 981.50 万元，2017 年 1—6 月营业收入和净利润分别为 2.66 亿元和 1 303.27 万元，变化幅度较大。请发行人代表：（1）结合同行业可比公司、客户集中度较高等因素，说明 2016 年度业绩较以往年度大幅上升的原因及其合理性；（2）结合季度性波动、在手未结算订单、施工周期、收入确认方法等因素，说明 2017 年 1—6 月业绩下滑的原因，是否可能持续下滑，发行人采取的应对措施，相关风险是否充分披露。请保荐代表人说明核查方法、过程、依据，并发表明确核查意见。

3. 现场检查反映发行人在固定资产管理、分包合同管理、招投标管理、收入确认等方面存在薄弱环节。请发行人代表说明：（1）上述问题是否反映发行人会计基础薄弱、内部控制制度存在不完善和执行不到位等缺陷；（2）对上述检查发现问题的整改及完善内部控制制度的情况。请保荐代表人说明核查方法、过程、依据，并发表明确核查意见。

4. 发行人与 ZKDS 联合中标的北京焦化厂项目毛利率高达 87%，发行人和 ZKDS 按 2∶8 的比例划分收入。请发行人代表说明：（1）发行人与 ZKDS 是否存在关联关系或其他利益安排；（2）发行人与 ZKDS 按 2∶8 的比例划分收入的依据和合理性；（3）北京焦化厂项目毛利率与整体毛利率存在较大差异的原因。请保荐代表人说明核查方法、过程、依据，并发表明确核查意见。

5. 报告期内，发行人主营业务成本中，分包成本均为 50% 以上，部分已完工项目分包成本占比超过 90%，涉及分包商共 207 家。请发行人代表：（1）说明发行人分包项目中，原合同招标方对乙方资质是否有所要求，是否存在将原要求相关资质的招标合同分包给无资质方实施的情形；（2）对比同行业可比上市公司，说明发行人分包比例是否明显偏高及原因；（3）结合报告期各分包项目分包成本，说明分包项目采用总额法而未采用净额法核算的合理性；（4）说明相关工程分包是否符合相关法律法规的规定；（5）说明发行人是否建立严格的分包公司资质核查制度，发行人内部管理制度及内控制度是否健全并得以有效执行。请保荐代表人说明核查方法、过程、依据，并发表明确核查意见。

### 1.4.3　监管逻辑分析

（1）公司收入主要来自工程承包项目，建造合同形成的已完工未结算资产及应收账款的规模反映了公司工程承包项目的资金占用情况。报告期各期末公司建造合同形成的已完工未结算资产余额、应收账款余额如表 1-11 所示。

表 1-11　　　　　已完工未结算资产余额、应收账款余额　　　单位：万元

| 项目 | 2016-12-31 | | 2015-12-31 | | 2014-12-31 | |
| --- | --- | --- | --- | --- | --- | --- |
| | 金额 | 增长率/% | 金额 | 增长率/% | 金额 | 增长率/% |
| 建造合同形成的已完工未结算资产 | 54 751.19 | 20.83 | 45 312.63 | 50.79 | 30 050.86 | — |
| 应收账款 | 46 721.71 | 128.86 | 20 415.28 | 2.27 | 19 962.72 | — |
| 合计 | 101 472.90 | 54.38 | 65 727.91 | 31.42 | 50 013.58 | — |

报告期内，公司经营活动产生的现金流量净额分别为 -11 881.01 万元、-1 018.40 万元和 5 972.07 万元。

报告期内，公司来自前五大客户的销售额占同期营业收入的比重分别为82.96%、56.65% 和 64.98%。

（2）发行人是做工程项目的，按照建造合同的完工百分比法确认收入没有问题，但是具体用工作量法还是成本法还是存在一些争议。发行人是 2015 年 5 月 22 日申报的，2017 年 7 月 30 日发审会暂缓表决，暂缓表决的原因很可能还是收入确认的问题。隔了半年之后，发行人仍然因为这个重要的因素没有通过审核。发行人在招股说明书中并没有对收入确认的具体操作进行详细的说明，其采用成本法，可能是因为成本核算有难度。这里说的有难度既有行业特有的因素，也有发行人本身财务核算不规范的因素。

①合同预计总工程量的确定方式。

合同预计总工程量为施工合同、补充协议中约定的工程量，以及施工过程

中监理或业主方确认的洽商调整工程量。

②工程量（产值）的具体含义、工程量（产值）和投入成本的关系、各期完成工程量（产值）的确定方法及其客观性。

A. 工程量（产值）是指监理或业主方确认的本公司实际完成的污染物修复工作量及其他工作量对应的金额，其中其他工作量对应金额主要指措施费金额、土地平整数量和监测井数量等对应的金额。

B. 监理或业主方确认的工程量（产值）和投入成本存在一定的对应关系，但不完全正相关。监理或业主方按合同的约定条款，批复相应的工程量（产值），其与本公司完成的工作量的差异主要由以下因素产生。

由于资金计划等因素影响，个别业主方存在不完全按本公司实际完成工程量（产值）进行批复的情况。

由于不同项目的土壤修复工艺不同、具体合同条款约定不同，也会存在监理批复的工程量（产值）和本公司实际完成工程量（产值）不同的情况。例如，采用异位终端处置工艺的项目，合同分为清挖、外运、终端处置三部分，一般情况下合同中对这三部分约定一个综合单价，当公司完成清挖或外运时业主方会按综合单价批复产值，本公司在确认工程收入时按监理或业主方确认的污染物修复工作量及其他工作量对应的金额扣减异位终端处置未完成工序的工作量对应的金额后的差额确认为收入，对于异位终端处置未完成的部分不确认异位终端处置工序对应的工程量（产值）。

对同一工程采用多种处置工艺时，由于不同工艺的成本不同，实际发生的合同成本在整个项目的不同阶段不是均衡发生的，使得业主方确认的工程量对应的收入占预计总收入的比例与本公司自身完成的工作量对应的合同成本与预计总成本的比例不完全一致，进而会导致项目账面归集的成本与应结转利润表中的工程成本存在差异。

C. 因一般技术工艺下的土壤修复工程项目已经完成的污染物修复工作量及其他工作量比较容易确定，且需要监理或业主方进行书面确认，相对客观，所以本公司采用监理或业主方确认的合同工程量（产值），即监理或业主方确认的已经完成的污染物修复工作量及其他工作量对应的金额确认收入。

对于异位终端处置工艺的项目，合同分为清挖、外运、终端处置三部分，一般情况下合同中对这三部分约定一个综合单价，当本公司完成清挖或外运时业主方按照综合单价批复工程量（产值），本公司在确认工程收入时按监理或业主方确认的污染物修复工作量及其他工作量对应的金额扣减异位终端处置未完成工序的工作量对应的金额后的差额确认为收入，对于异位终端处置未完成的部分不确认异位终端处置工序对应的工程量（产值），具备客观性和谨慎性。

③报告期内，本公司和监理确认的已完成工程量（产值）是否存在重大差异及其解决机制。

对于异位终端处置的项目，本公司按照监理或业主方确认的已经完成的污染物修复工作量及其他工作量对应的金额，扣减异位终端处置未完成工序的工作量对应的金额后的差额确认为收入，对于异位终端处置未完成的部分不确认异位终端处置工序对应的工程量（产值）。本公司对监理或业主方确认的工程量（产值）进行调整后，收入确认中依据的工程量（产值）与本公司实际完成工程量（产值）不存在重大差异。

④分包部分工程量（产值）的确定方式及其客观性，与本公司工程量（产值）确认单中确认的工程量是否一致。

A. 本公司根据项目现场实施记录和分包方签认阶段性工程量（产值）单，再根据双方签认的该阶段性工程量（产值）单确认分包成本。本公司确认的分包部分工程量（产值）和分包成本均按客观实际的工作量为依据，具有客观性。

B. 对于采用异位终端处置的项目，本公司在确认工程收入时按自身已完成的工程量（产值）确认收入，对于异位终端处置未完成的部分不确认收入。本公司按照自身已完成的实际工作量确认与分包的工程量（产值），故分包工程量（产值）与本公司工程量（产值）确认单中确认的工程量（产值）可能不一致。

除上述存在异位终端处置工艺的工程项目外，其他工程项目本公司按照监理或业主方确认的已完成工程量（产值）确认收入，一般情况下本公司按项目实际完成情况与分包商确认工程量（产值），故分包工程量（产值）与本公司工程量（产值）确认单中确认的工程量（产值）可能不一致。

（3）行业不成熟，盈利能力不稳定。发行人 2017 年上半年的业绩是 2016 年的四分之一，净利润下降得更多，自然会让监管机构担心企业的未来盈利能力情况。发行人收入确认的方式也会对发行人的损益带来很大影响。另外，发行人因特定的业务模式导致大额的项目占款从而导致现金流一直非常紧张。种种迹象表明，发行人的生产经营存在比较大的风险，监管机构自然也会担忧。

（4）北京焦化厂项目毛利率与整体毛利率存在较大差异。

发行人在 2014 年和 2015 年几乎没有联合投标合同，而 2016 年突然增加了 3 亿元左右的联合投标合同，占全部签约合同金额的 15%。如果将联合投标的问题与发行人 2016 年业绩大幅增加的事实联系在一起，那么需要好好琢磨一下。

发行人进行联合投标，是为了符合甲方的要求还是因为发行人需要跟别人一起来开拓市场寻找客户呢？联合投标要给第三方一部分收益，那么收益该怎么分配呢？既然一部分利益分给了第三方，那么合同毛利率应该比独立投标的毛利率更低，但为什么有的合同毛利率远高于一般的合同毛利率呢？发行人是否可能通过联合投标的方式来规避自己不满足甲方要求的情形，是否属于违规行为呢？这些跟联合投标相关的问题，发行人并没有解释清楚。需要特别注意的是，发行人综合毛利率在 20% 左右，而与 ZKDS 联合投标项目的毛利率高达 87%，并且一半以上的收入来自技术服务。

报告期内，发行人联合投标项目合同金额占发行人全部签约合同金额的比例情况如表 1 - 12 所示。

**表 1 - 12　　　　发行人联合投标项目合同金额占发行人**
**全部签约合同金额的比例情况**　　　　单位：万元

| 项目 | 2016 年 | 2015 年 | 2014 年 | 合计 |
|---|---|---|---|---|
| 发行人联合投标项目合同金额 | 27 605.84 | 100.00 | — | 27 705.84 |
| 发行人签约合同总金额 | 182 963.22 | 109 042.51 | 59 097.68 | 351 103.41 |
| 联合投标项目合同金额比例 | 15.09% | 0.09% | | 7.89% |

报告期内，发行人联合投标项目收入占发行人各年度总收入的比例情况如表 1 - 13 所示。

**表 1 - 13　　　　　　发行人联合投标项目收入占发行人**
**各年度总收入的比例情况**　　　　单位：万元

| 项目 | 2016 年 | 2015 年 | 2014 年 | 合计 |
|---|---|---|---|---|
| 发行人联合投标项目收入 | 10 312.19 | 5 129.39 | 3 286.68 | 18 728.26 |
| 发行人总收入 | 107 444.35 | 44 549.92 | 41 629.51 | 193 623.78 |
| 联合投标项目收入占总收入比例 | 9.60% | 11.51% | 7.90% | 9.67% |

2016 年度，发行人综合销售毛利率为 18.90%，与 2015 年度相比降低了 8.79 个百分点，主要原因是毛利率较低的无锡制漆厂项目、福州东南电化项目、重庆紫光项目等项目于本期完成产值较大，对本期收入贡献较大。2016 年度，技术服务毛利率高主要原因是发行人与 ZKDS 联合投标北京焦化厂项目，由于发行人不仅提供技术服务与技术支持，而且利用热解析设备发明专利技术指导现场施工、联系污染土修复合格后土方接收场地及土方消纳工作、协调专家

评审等工作，因此该项目毛利率高达87%，该项目当期实现收入1 383.83万元，占当期技术服务收入的比例为51.63%。

### 1.4.4　法律规定分析

《首发办法》第二十二条规定："发行人的内部控制在所有重大方面是有效的，并由注册会计师出具了无保留结论的内部控制鉴证报告。"针对北京JGHJ修复公司，现场检查反映发行人在固定资产管理、分包合同管理、招投标管理、收入确认等方面存在薄弱环节。

《首发办法》第二十四条规定："发行人编制财务报表应以实际发生的交易或者事项为依据；在进行会计确认、计量和报告时应当保持应有的谨慎；对相同或者相似的经济业务，应选用一致的会计政策，不得随意变更"。发行人报告期内采用完工百分比法确认建造合同收入，根据已经完成的合同工作量占合同预计总工作量的比例确定完工百分比。应进一步调查发行人在确认完工收入时是否考虑了所应用会计方法的合理性。

发行人应完整披露关联方关系并按重要性原则恰当披露关联交易。关联交易价格公允，不存在通过关联交易操纵利润的情形。发行人与ZKDS联合投标的北京焦化厂项目毛利率高达87%，发行人和ZKDS按2∶8的比例划分收入。应进一步调查发行人与ZKDS的关系是否存在应披露而未披露的信息，是否存在对其盈利能力存在不利影响的情况。

## 1.5　温州KN医院案例分析

### 1.5.1　案例介绍

温州KN医院股份有限公司（以下简称"KN医院"）是一家以精神专科为主的连锁医院集团。公司成立于1996年2月，总部位于浙江省温州市。2015年11月20日，KN医院在香港联合交易所主板上市，股票简称"KN医院"。集团业务从已温州覆盖至全国。

KN医院之所以备受关注，主要是因为它是我国最大的民营"精神专科"医院之一。KN医院在香港联合交易所成功上市以后，试图建立"A+H"股的格局。2016年5月，KN医院就对外声称，正在考虑冲刺A股IPO。这个时候其实距离KN医院在香港联合交易所上市刚刚过去6个月。这之后KN医院的冲刺之路曾两度终止，直到 2017 年 12 月才重新启动。

## 1.5.2　证监会公告

中国证券监督管理委员会第十七届发行审核委员会 2018 年第 19 次发审委会议于 2018 年 1 月 23 日召开，现将会议审核情况公告如下：

温州 KN 医院股份有限公司（首发）未通过。

发审委会议提出询问的主要问题如下。

1. 发行人通过管理输出方式向多家精神专科医院、以精神康复为主的综合性医院和精神科科室提供管理服务。请发行人代表说明：（1）所管理医院未列入合并范围的原因，向其提供资金、收取管理服务费用是否属于分红的行为，是否符合会计准则的要求；（2）是否涉及科室承包、租赁，是否符合相关法律法规的规定；（3）将对 YJFR 医院等三家医院提供管理服务的合约权利确认为无形资产的依据，是否符合会计准则的规定，形成的无形资产有无减值的风险；（4）提供借款、代垫筹建款、垫付营运资金与管理输出之间的关系，是否为合同义务；（5）举办民办非企业单位的原因，与发行人业务协同和业务竞争情况，是否存在同业竞争情形，是否需要承担额外义务、连带责任。请保荐代表人说明核查过程和方法，并发表明确核查意见。

2. 北京 YN 医院在筹建阶段的款项部分由发行人垫付，该医院成立后，发行人为其提供管理服务。北京 YN 医院的法定代表人为管某立，为发行人实际控制人之一。请发行人代表说明：（1）借给北京 YN 医院部分资金用于日常营运支出的合理性和必要性，未向北京 YN 医院收取利息或资金占用费的原因；（2）是否应按照实质重于形式原则将北京 YN 医院纳入合并范围；（3）对北京 YN 医院的投资收益核算是否符合会计准则的规定；（4）结合对北京 YN 医院投资收益的会计差错更正情况，说明 2016 年发行人在确认杭州 HL 股权投资收益时的会计处理是否符合企业会计准则的规定。请保荐代表人说明核查过程和方法，并发表明确核查意见。

3. 报告期内，发行人与关联方存在关联交易情况，同时注销或转让了部分关联方。请发行人代表说明：（1）是否存在关联方替发行人承担成本、费用以及其他向发行人输送利益的情形；（2）对外转让关联方的原因、转让对价及其公允性；（3）DHWX、DHWS 股权转让与收购平阳 CG 医院之间的商业逻辑关系，转让后原转让方是否仍对平阳 CG 医院存在重大影响，发行人继续管理平阳 CG 医院精神科、确认管理服务收入远大于其固定效益基准的合理性，是否存在关联交易非关联化的情形；（4）关联方注销的原因，生产经营和注销过程的合规性，是否存在因重大违法违规而注销的情况。请保荐代表人说明核查过程和方法，并发表明确核查意见。

4．发行人自有和租赁的物业中存在临时改变规划用途的问题，自有物业和租赁物业均存在瑕疵。请发行人代表：（1）说明将工业用途的物业临时改变为医疗用途是否合法，期限届满后能否以医疗用途合法续期；（2）结合瑕疵房产的面积占比及相关经营单位的收入、利润指标占比情况，说明如未来不能重续租约，或政府部门对瑕疵房产要求整改，对发行人经营、盈利能力的影响，对发行人本次发行是否构成重大障碍。请保荐代表人说明核查过程和方法，并发表明确核查意见。

5．2016 年发行人涉及房地产开发业务，对投资性房地产采用公允价值模式进行后续计量。请发行人代表说明：（1）温州 GD 房地产业务是否涉及住宅开发，是否存在政策和法律风险；（2）温州 YK 大学资产经营有限公司承担温州 GD 相关税费及滞纳金的合理性；（3）对投资性房地产采用公允价值模式计量的原因及合理性，是否具备核算基础。请保荐代表人说明核查过程和方法，并发表明确核查意见。

### 1.5.3　监管逻辑分析

发审委对于 KN 医院关注的问题主要包括以下几个方面。

（1）发行人通过管理输出方式向多家精神专科医院、以精神康复为主的综合性医院和精神科科室提供管理服务。

（2）北京 YN 医院在筹建阶段的款项部分由发行人垫付，该医院成立后，发行人为其提供管理服务。北京 YN 医院的法定代表人为管某立，为发行人实际控制人之一。

（3）报告期内，发行人与关联方存在关联交易情况，同时注销或转让了部分关联方。

（4）发行人自有和租赁的物业中存在临时改变规划用途的问题，自有物业和租赁物业均存在瑕疵。

（5）2016 年发行人涉及房地产开发业务，对投资性房地产采用公允价值模式进行后续计量是否具备核算基础。

监管分析如下。

**1. 毛利率下滑，医务人才数量未匹配扩张速度**

2014 年至 2016 年及 2017 年 1—6 月，KN 医院的营业收入分别为 2.96 亿元、3.44 亿元、4.15 亿元和 2.83 亿元，同期净利润分别为 5 119.86 万元、5 162.19 万元、6 555.1 万元和 3 030.55 万元，综合毛利率分别为 38.98%、38.06%、34.51% 和 32.49%，呈下降趋势。此外，与此相对应的是，2014 年至 2016 年及 2017 年 1—6 月，KN 医院主治医师和副主任医师共占医务人员数量的比重分别为 2.36%、2.20%、2.18%、1.95%，高级医师呈现逐年下降的趋势，而规模扩张的同时无法配备充足的医务人才也一直是国内医院的一大风险，这一风险 KN 医院在招股说明书中作为重要风险进行了提示。

**2. 为关联方大量垫资**

2014 年至 2016 年及 2017 年 1—6 月，KN 医院经营活动产生的现金流量净额分别为 3 015.45 万元、-506.28 万元、4 986.69 万元、347.16 万元，2015 年为负数，其中，"支付其他与经营活动有关的现金"增长了 3 倍，其中 2 598.86 万元用于给关联方垫资。

另外，报告期内，KN 医院投资活动产生的现金流量净额全部为负数，分别为 -5 748.90 万元、-38 236.69 万元、-9 278.76 万元、-13 469.92 万元。

**3. 报告期医疗纠纷达 25 起，患者死亡的有 16 起**

另一个重大风险则来自医疗纠纷。根据《招股说明书》，2014 年、2015 年、2016 年和 2017 年上半年，KN 医院涉及经济纠纷的医疗事故分别为 8 件、7 件、5 件和 5 件，共计 25 件，其中 16 件事故的患者死亡。医疗纠纷不仅会导致 KN 医院直接的经济损失，还会导致其企业形象和声誉受损，进而影响企业业绩。

据统计，2014 年、2015 年、2016 年、2017 年上半年，KN 医院承担的赔偿支出分别为 121.8 万元、52.08 万元、40.68 万元和 57 万元。这只是 KN 医院本身因医患纠纷承担的赔偿支出，不包括其因管理输出医院出现的医患纠纷而承担的赔偿支出。KN 医院 2014 年承担的赔偿支出如表 1-14 所示。

表 1-14　　　　　　　KN 医院 2014 年承担的赔偿支出　　　　　单位：万元

| 序号 | 发生日期 | 事件 | 解决方式 | 发行人赔偿金额（含医药费减免） |
|---|---|---|---|---|
| 1 | 2014 年 1 月 | 某患者于 2013 年 12 月 30 日入住 KN 医院住院治疗，2014 年 1 月 5 日病情加重后转院治疗，经抢救无效死亡 | 调解 | 28.00 |
| 2 | 2014 年 2 月 | 某患者于 2014 年 2 月 23 日在 KN 医院住院部因睡眠窒息死亡 | 调解 | 12.00 |
| 3 | 2014 年 2 月 | 某患者于 2014 年 2 月 25 日因病情发作与另一名患者殴打，导致左侧多发肋骨骨折，口唇裂伤，牙齿损伤 | 调解 | 5.16 |

续表

| 序号 | 发生日期 | 事件 | 解决方式 | 发行人赔偿金额（含医药费减免） |
|---|---|---|---|---|
| 4 | 2012 年 6 月 | 某患者于 2012 年 6 月 8 日被误诊为"泌尿系结石"，治疗过程中意识丧失，心搏骤停，导致缺血缺氧性脑病，发生脑功能障碍 | 诉讼 | 23.85 |
| 5 | 2014 年 7 月 | 某产妇于 2014 年 7 月 15 日在 KN 医院进行剖宫产手术，新生儿于 2014 年 7 月 23 日因母亲喂奶不当死亡 | 调解 | 1.00 |
| 6 | 2014 年 7 月 | 某患者于 2014 年 7 月 11 日入住 KN 医院住院治疗，2014 年 7 月 23 日因脑血管意外，经抢救无效死亡 | 和解 | 13.50 |
| 7 | 2014 年 7 月 | 某患者于 2010 年 5 月被诊断为"精神分裂症"后入住 KN 医院住院治疗，2014 年 7 月 24 日跳楼自杀，经抢救无效死亡 | 调解 | 8.29 |
| 8 | 2014 年 10 月 | 某患者于 2014 年 10 月 4 日被诊断为焦虑障碍入住 KN 医院住院治疗，因心源性猝死经抢救无效死亡 | 调解 | 20.00 |
| 9 | — | 其他（包括以前年度发生的医疗事故或纠纷发行人在当年进行的赔偿等） | | 10.00 |
| 合计 | | — | | 121.80 |

**4. 管理输出模式存在问题**

什么是管理输出模式呢？简单来说，就是 KN 医院向别的医疗机构推荐医生、护士或者管理人员，并且对该项目进行经营管理，KN 医院向委托的医疗机构收取管理服务费。因此证监会怀疑其是否符合会计准则的要求。

在招股书上可以看到，KN 医院与部分医院签订的服务协议有些长达 30 年（如义乌 JW、淳安 HF 医院、浦江 HF 医院）。KN 医院与北京 YN 医院（其关联企业）也签订了服务协议，并收取了 2015 年 170 万元的管理服务费和 2016 年 340 万元的管理服务费。

管理输出模式除了可能涉及会计核算问题，还可能存在法律层面的问题。例如，KN 医院并不可能实际控制其输出医院，也就是说，KN 医院在经营管理的过程中可能承担一定的风险，而这种风险是不可控的，并且和其享受的权益是不匹配的。

## 1.5.4　法律规定分析

《首发办法》第十七条规定："发行人会计基础工作规范，财务报表的编制符合企业会计准则和相关会计制度的规定，在所有重大方面公允地反映了发行人的财务状况、经营成果和现金流量，并由注册会计师出具了无保留意见的审计报告。"但是，KN 医院存在以下问题：（1）所管理医院未列入合并范围，向其提供资金、收取管理服务费用是否符合会计准则的要求；（2）将对 YJFR 医院等三家医院提供管理服务的合约权利确认为无形资产的依据是否符合会计准则的规定。

发行人应完整披露关联方关系并按重要性原则恰当披露关联交易，关联交易价格公允，不存在通过关联交易操纵利润的情形。然而，报告期内，发行人与关联方存在关联交易情况，同时注销或转让了部分关联方。DHWX、DHWS 股权转让与收购平阳 CG 医院之间的商业逻辑关系，转让后原转让方是否仍对平阳 CG 医院存在重大影响，发行人继续管理平阳 CG 医院精神科、确认管理服务收入远大于其固定效益基准的合理性，是否存在关联交易非关联化的情形，这些都存在疑点，对其上市发行均有不利影响。

发行人自有和租赁的物业中存在临时改变规划用途的问题，自有物业和租赁物业均存在瑕疵。如未来不能重续租约，或政府部门对瑕疵房产要求整改，对发行人经营、盈利能力将会造成影响，可能对发行人本次发行构成重大障碍。

# 1.6 中国 RMCC 保险股份有限公司案例分析

## 1.6.1 案例介绍

中国 RMCC 保险股份有限公司（以下简称"中国 RMCC"）的前身是 1949 年 10 月 20 日成立的中国人民保险公司，总部设在北京，是国内历史悠久、业务规模大、综合实力强的大型国有财产保险公司，保费规模居全球财险市场前列。公司于 2003 年 11 月 6 日在香港联合交易所主板上市。2019 年，公司向高质量发展转型迈出坚实步伐，总保费收入突破 4 330 亿元，总资产突破 5 960 亿元。公司连续三年获得保险公司服务评价"AA"评级，穆迪投资者服务公司再次授予公司保险财务实力评级 A1（评级展望：稳定）。A1 是国内保险公司获得的最高评级。

2018 年 6 月 5 日，证监会发审委召开 2018 年第 85 次发审委会议，两家公司过会，一家公司被否。作为其中最受关注的机构，中国人民保险集团股份有限公司被证监会核发了 IPO 批文。这意味着，在断档了 6 年后，A 股终于迎来新的保险公司。自 2011 年新华保险上市后，A 股已 6 年多没有保险公司首发上市。

中国 RMCC 招股书申报稿披露，其不考虑超额配售的拟发行股数将达 45.99 亿股（A 股发行后总股本的 9.78%，不考虑超额配售），在 A 股历史上可以排到第八，这一发行量也创近 8 年来 A 股 IPO 纪录，保守估计募资规模达到百亿量级。

作为国内历史悠久的保险集团之一，中国 RMCC 历史可追溯到 1949 年成立的中国人民保险公司，也是资产达万亿级的 5 家保险集团之一。

## 1.6.2　证监会公告

中国证券监督管理委员会第十七届发行审核委员会 2018 年第 85 次发审委会议于 2018 年 6 月 5 日召开，现将会议审核情况公告如下：

中国 RMCC（首发）获通过。

发审委会议提出询问的主要问题如下。

1. 报告期内，发行人子公司 PICC 的 5 家支公司存在违法违规承担刑事责任的情形，发行人、子公司及其分支机构受到监管部门多起行政处罚。

请发行人代表说明：（1）部分支公司存在违法违规承担刑事责任对发行人的具体影响，是否存在公司及董事、监事、高管承担刑事责任的情形，是否对本次发行上市构成障碍；（2）是否取得了不属于重大违法违规的相关证明，是否对本次发行上市构成障碍；（3）董事会、管理层、经营层相应设计的合规风控部门、风控合规委员会及风险管理委员会、审计委员会之间如何分工，风险及合规事项的报告路径和处理安排是否合理；（4）消除前述缺陷的相关内部控制制度的具体建设与完善情况，相关制度是否得以持续、有效运行。请保荐代表人说明核查过程、依据，并发表明确核查意见。

2. 2017 年发行人对部分保险资产管理产品纳入合并财务报表范围，部分未进行并表核算；2016 年度对保险资产管理产品均未并表核算。请发行人代表说明：（1）报告期对结构化产品纳入合并财务报表范围的依据和标准，与同行业可比上市公司是否存在差异；（2）报告期各期，应合并未合并结构化产品的具体情况，各报告期合并与不合并是否采用了一致的标准，未合并的原因及合理性，是否符合企业会计准则的相关规定。请保荐代表人说明核查过程、依据，并发表明确核查意见。

3. 发行人 2017 年 12 月 31 日完善了未来保险利益不受对应资产组合投资收

益影响的保险合同的折现率假设，减少 2015 年度、2016 年度、2017 年度税前利润。请发行人代表说明：（1）上述事项作为会计估计变更的原因与合理性，与同行业可比上市公司是否存在重大差异；（2）上述会计估计变更是否履行了必要的审批程序，会计处理是否符合企业会计准则的相关规定，相关信息披露是否充分、恰当。请保荐代表人说明核查过程、依据，并发表明确核查意见。

4. 发行人对投资性房地产采用公允价值模式进行后续计量。请发行人代表说明：（1）分别采用收益法、市场比较法或加权法等不同评估方式进行公允价值估计的原因及合理性，是否符合行业惯例和评估准则的相关规定；（2）以公允价值模式进行投资性房地产的计量，是否与同行业可比上市公司一致，会计处理是否符合企业会计准则的规定；（3）报告期内对同一资产采用的评估方法是否一致，评估结果是否具有可比性；（4）该等计量方式的使用是否具有可持续性，相关信息披露和风险提示是否充分、恰当。请保荐代表人说明核查过程、依据，并发表明确核查意见。

5. 报告期发行人经营多种保险业务，同时经营资产管理业务。请发行人代表说明：（1）不同保险业务所沉淀的资金规模及投资分布情况，自营投资和委外投资的占比及效益，2016 年及之后发行人投资收益波动较大的原因；（2）寿险产品中期缴和趸交的比例，退保规模及占比情况，报告期寿险分部业绩大幅下降的原因；（3）"资管新规"对发行人分红险、万能险等产品及发行人资产管理业务的影响；（4）持有的 RMCC 资产管理产品是否存在"非标"产品投资，是否存在多层杠杆嵌套，是否实行第三方托管，信息披露是否充分。请保荐代表人说明核查过程、依据，并发表明确核查意见。

### 1.6.3 监管逻辑分析

**1. 法律层面监管分析**

PICC 的 5 家支公司存在违法违规承担刑事责任的情形，发行人、子公司及其分支机构受到监管部门多起行政处罚。对以下问题进行监管分析：（1）部分支公司存在违法违规承担刑事责任对发行人的具体影响，是否存在公司及董事、监事、高管承担刑事责任的情形，是否对本次发行上市构成障碍；（2）是否取得了不属于重大违法违规的相关证明，是否对本次发行上市构成障碍；（3）董事会、管理层、经营层相应设计的合规风控部门、风控合规委员会及风险管理委员会、审计委员会之间如何分工，风险及合规事项的报告路径和处理安排是否合理；（4）消除前述缺陷的相关内部控制制度的具体建设与完善情况，相关制度是否得以持续、有效运行。

**2. 会计政策与会计估计层面分析**

部分保险资产管理产品纳入合并财务报表范围，部分未进行并表核算；2016 年度对保险资产管理产品均未并表核算。对以下问题进行监管分析：（1）报告期对结构化产品纳入合并财务报表范围的依据和标准，与同行业可比上市公司是否存在差异；（2）报告期各期，应合并未合并结构化产品的具体情况，各报告期合并与不合并是否采用了一致的标准，未合并的原因及合理性，是否符合企业会计准则的相关规定。

发行人 2017 年 12 月 31 日完善了未来保险利益不受对应资产组合投资收益影响的保险合同的折现率假设，减少 2015 年度、2016 年度、2017 年度税前利润。针对以下问题进行监管分析：（1）上述事项作为会计估计变更的原因与合理性，与同行业可比上市公司是否存在重大差异；（2）上述会计估计变更是否履行了必要的审批程序，会计处理是否符合企业会计准则的相关规定，相关信息披露是否充分、恰当。

发行人对投资性房地产采用公允价值模式进行后续计量。针对以下问题进行监管分析：（1）分别采用收益法、市场比较法或加权法等不同评估方式进行公允价值估计的原因及合理性，是否符合行业惯例和评估准则的相关规定；（2）以公允价值模式进行投资性房地产的计量，是否与同行业可比上市公司一致，会计处理是否符合企业会计准则的规定；（3）报告期内对同一资产采用的评估方法是否一致，评估结果是否具有可比性；（4）该等计量方式的使用是否具有可持续性，相关信息披露和风险提示是否充分、恰当。

## 1.6.4 法律规定分析

《首发办法》规定，发行人不得有最近 36 个月内违反工商、税收、土地、环保、海关以及其他法律、行政法规，受到行政处罚，且情节严重的情形。尽管发行人子公司 PICC 的 5 家支公司存在违法违规承担刑事责任的情形，发行人、子公司及其分支机构受到监管部门多起行政处罚，但是对其上市并不构成实质上的障碍。

发行人的内部控制在所有重大方面是有效的。尽管发行人之前存在内部控制的缺陷，但是在整改期限内对前述缺陷的相关内部控制制度进行了建设与完善，相关制度得以持续、有效运行，消除了上市障碍。

发行人会计基础工作规范，财务报表的编制符合企业会计准则和相关会计制度的规定。2017 年发行人对部分保险资产管理产品纳入合并财务报表范围，部分未进行并表核算；2016 年度对保险资产管理产品均未并表核算。报告期对结构化产品纳入合并财务报表范围的依据和标准，与同行业可比上市公司之间不存在差异；报告期各期，应合并未合并结构化产品的具体情况，各报告期合并与不合并采用了一致的标准，其合并是合理的，符合企业会计准则的相关规定。

# 第 2 章
# 销售收入真实性问题

## 2.1 销售收入审核概述

审核销售收入时，要关注被审计单位是否少计或多计销售收入。

### 2.1.1 少计收入的途径

一般情况下，企业少计销售收入的途径有以下几条。

（1）将正常的销售收入反映在"应付账款"中，作为其他企业的暂存款处理，将记账联单独存放，造成当期收入减少，达到少缴税的目的。

（2）已实现的销售收入，不确认或延期确认。

（3）以"应收账款"或"银行存款"与"库存商品"相对应，直接抵减"库存商品"或"产成品"，少计收入。

（4）虚增销售退回，即销售退回仅用红字借记"应收账款"科目，贷记"主营业务收入""应交税费——应交增值税（销项税额）"科目，记账凭证后面没有红联销售发票、销售退回单、商品验收单等原始凭证。

### 2.1.2 多计收入的方法

企业多计销售收入的方法有以下几条。

（1）把没有实现的销售提前确认销售收入。

（2）虚构销售业务，次年进行退货处理，虚构收入等。

（3）母、子公司或关联企业之间在年底互开发票，虚构收入等。

注册会计师一般要实施顺查法或逆查法查证这些事项，并提请被审计单位予以纠正，若被审计单位存在上述事项却不纠正，发表保留意见或否定意见的审计报告。

## 2.2 TFJN 案例分析

### 2.2.1 案例介绍

河南 TFJN 板材科技股份有限公司（以下简称"TFJN"）是一家专业从事绿色节能板材设计、研发、生产和销售的高新技术企业，成立于 2007 年，位于新乡高新技术产业开发区，注册资本为 8 660 万元。公司拥有专业的研发设计团队，有雄厚的加工、生产能力和成熟的市场运作体系，具有幕墙设计施工一体化资质，是国内建筑节能板材及节点系统、集成房屋研发生产的龙头企业，是我国聚氨酯建筑节能应用推广领导小组唯一的板材生产企业。公司先后引进多条国际领先的连续生产线，采用先进的连续法生产工艺，在生产效率、质量性能指标、节点设计等方面均优于国内同类技术。

2012 年 4 月 12 日光大证券为 TFJN 报送了中小板 IPO 申报稿。2012 年末，证监会对在审的 IPO 企业发出《关于做好首次公开发行股票公司 2012 年度财务报告专项检查工作的通知》。4 月 3 日，证监会公布了抽查的 30 家企业名单，TFJN 赫然在列。证监会抽查企业的工作流程是核查组到银行打出被抽查企业的流水账，然后核对。

经审查发现，该公司存在虚增收入和资产、关联交易非关联化、关联交易未入账等违法违规行为，在报送的 IPO 申请文件及财务自查报告中存在虚假记载等问题。

### 2.2.2 证监会公告

经查明，TFJN 存在以下违法事实：

TFJN 在 2010 年至 2012 年，通过虚增销售收入、虚增固定资产、虚列付款等多种手段虚增利润且存在关联交易披露不完整等行为，导致报送的 IPO 申报文件（含《招股说明书》、相关财务报表等）及《河南 TFJN 板材科技股份有限公司关于报告期财务报告专项检查的说明》（以下简称《TFJN 检查说明》）存在虚假记载。

（一）虚增销售收入

2010 年至 2012 年，TFJN 通过虚构客户、虚构销售业务等手段虚增销售收入三年共计 92 560 597.15 元，其中：2010 年虚增 11 302 460.63 元，2011 年虚增 36 642 518.14 元，2012 年虚增 44 615 618.38 元，分别占当年账面销售收入的 10.22%、17.54%、16.43%。具体包括：虚构安徽 CYSL 工程有限公司等 74 家公司客户及其销售业务，虚增销售收入 58 232 201.59 元；虚构与广东 HY 工程有限公司等 14 家公司客户的销售业务，虚增销售收入 18 797 508.79 元；虚构与河南 HNJZ 装饰工程有限公司等 7 家公司客户的销售业务，虚增销售收入 8 361 386.46 元；虚构与湖北 TFJZ 安装工程有限公司等 2 家公司客户的销售业务，虚增销售收入 2 327 418.09 元；虚构李某斌等 6 个自然人客户的销售业务，虚增销售收入 4 842 082.22 元。

（二）虚增固定资产

TFJN 通过虚构固定资产采购和贷款利息支出资本化，2010 年至 2011 年累计虚增固定资产和在建工程 10 316 140.12 元，占 2011 年末公司资产总额的 3.08%；2010 年至 2012 年共计虚增固定资产和在建工程 27 923 990.26 元，占公司 2012 年末资产总额的 5.83%。具体包括：虚构向 HD 机械公司和 OMS 公司采购固定资产与在建工程 25 812 879.11 元，其中 2011 年虚增固定资产 9 595 120.94 元，2012 年虚增固定资产 8 738 985.04 元，2012 年虚增在建工程 7 478 773.13 元；通过 GJKF 银行河南省分行贷款利息支出资本化虚增在建工程 2 111 111.15 元，其中 2011 年虚增 721 019.18 元，2012 年虚增 1 390 091.97 元。

（三）虚增利润

2010 年至 2012 年，TFJN 虚增利润共计 34 390 224.35 元，其中：2010 年虚增利润 4 088 464.23 元，占当年利润总额的 14.11%；2011 年虚增利润 14 044 687.34 元，占当年利润总额的 23.46%；2012 年虚增利润 16 257 072.78 元，占当年利润总额的 22.94%。

（四）虚列付款

TFJN2010 年至 2012 年虚列向开封市 SLHG 物资贸易有限公司、上海 YY 实业有限公司、新乡市 TFJN 建材有限公司等 13 家供应商付款共计 29 441 438.62 元。其中：2011 年虚列付款 2 047 337.40 元，2012 年虚列付款 27 394 101.22 元。

（五）关联交易披露不完整

2010 年至 2012 年，TFJN 通过以下三种方式隐瞒关联交易，导致在《招股说明书》中关联交易披露不完整：

1. TFJN 采取先与无关联第三方签订买卖合同，再由第三方与 TFJN 关联方河南 TF 钢结构建设有限公司（以下简称"TF 建设"）等签订买卖合同的手段，将实质性关联交易转化为非关联交易，3 年规避关联交易金额合计

29 777 598.92 元。第三方公司包括安阳 HW 商贸有限公司、重庆 QJ 钢结构有限公司、新乡市 HX 商贸有限公司、武汉 AK 商贸有限公司、自贡 DFC 钢结构有限公司。

2. TFJN 将关联交易资金往来在财务记账时直接篡改为与非关联第三方往来，3 年共计 3 622 411.02 元，其中 2011 年为 747 953.25 元，2012 年为 2 874 457.77 元。

3. TFJN 与河南 TF 投资发展有限公司（以下简称"TF 投资"）、河南 TF 钢结构有限公司、TF 建设银行账户间存在大额资金拆借，未计入财务账，3 年合计 544 211 105.30 元。其中 2010 年为 97 630 000 元、2011 年为 437 581 105.30 元、2012 年为 9 000 000 元。

（六）账银不符，伪造银行对账单

TFJN《招股说明书》存在"母公司资产负债表中 2011 年 12 月 31 日货币资金余额为 65 499 487.33 元"的虚假记载，实际货币资金余额应为 35 499 487.33 元。

TFJN 明细账显示建设银行新乡牧野支行 3102 账户（以下简称"建行牧支 3102 账户"）2011 年 12 月 31 日的账面余额为 30 380 019.96 元，建设银行对账单显示，2011 年 12 月 31 日该银行账户余额为 380 019.96 元。

为了掩盖上述差异，TFJN 伪造了建行牧支 3102 账户 2011 年度银行对账单。此外，为了配合前述财务造假行为，TFJN 还伪造了新乡市区农村信用联合社 6012 账户等账户自 2010 年至 2012 年的全套对账单。

## 2.2.3 监管逻辑分析

### 1. 虚增销售收入

经过调查，TFJN 承认公司在 IPO 过程中存在财务信息虚假记载。根据 TFJN 申报材料，TFJN 涉嫌虚增收入及资产、关联交易未入账等，在报送申请文件及财务自查报告中虚假记载等违法违规问题。而且，TFJN 为了满足申报条件，篡改不符合条件科目的交易方和金额，尤其在关联方及其交易方面。TFJN 未在自身的财务账上记载，但是关联方的账本记录了与 TFJN 之间的全部资金往来，因而很容易被稽查人员发现。

为了达到上市目的，满足证监会对中小板上市企业盈利能力的要求，TFJN 在业绩未能满足盈利指标的情况下，通过虚增收入、虚构固定资产、虚列付款等手段操纵利润。根据 TFJN 所提供的会计凭证、应收账款明细账、银行对账单、客户外调结果、自查报告等综合分析后，确认 TFJN 的财务造假主要表现为虚增固定资产、销售收入、利润和付款。

**2. 虚增固定资产**

TFJN 虚增固定资产主要有两种手段：一是通过虚构固定资产采购增加固定资产，二是通过贷款利息支出资本化虚增在建工程。虚增固定资产、在建工程客户情况见表 2-1，虚构固定资产金额情况见表 2-2。

表 2-1　　　　　虚增固定资产、在建工程客户情况　　　　单位：元

| 年份 | GJKF 银行河南省分行 | HD 机械公司和 OMS 公司 | |
|---|---|---|---|
| 2011 | 721 019.18 | 9 595 120.94 | |
| 2012 | 1 390 091.97 | 8 738 985.04（固定资产） | 7 478 773.13（在建工程） |
| 合计 | 2 111 111.15 | 25 812 879.11 | |

表 2-2　　　　　　　虚构固定资产金额情况　　　　　单位：元

| 年份 | 虚构固定资产和在建工程 | 占年末公司资产总额比例 |
|---|---|---|
| 2010 年至 2011 年 | 10 316 140.12 | 3.08% |
| 2010 年至 2012 年 | 27 923 990.26 | 5.83% |

TFJN 2010 年销售收入为 1.1 亿元，2011 年为 2.08 亿元，2012 年为 2.71 亿元。这三年间虚增销售收入发生额多达 92 560 597.15 元，约占三年销售收入的 16%，主要通过虚构客户、虚构销售业务等手段实现。虚增销售收入金额汇总见表 2-3，虚增收入客户及收入明细见表 2-4。

表 2-3　　　　　　　　虚增销售收入金额汇总

| 年份 | 虚增销售收入/元 | 占当年账面销售收入/比例 |
|---|---|---|
| 2010 | 11 302 460.63 | 10.22% |
| 2011 | 36 642 518.14 | 17.54% |
| 2012 | 44 615 618.38 | 16.43% |
| 合计 | 92 560 597.15 | |

表 2-4　　　　　　　　虚增收入客户及收入明细　　　　单位：元

| 虚增收入客户名称 | 收入 |
|---|---|
| 湖北 TFJZ 安装工程有限公司等（2 家） | 2 327 418.09 |
| 广东 HY 工程有限公司等（14 家） | 18 797 508.79 |
| 安徽 CYSL 工程有限公司等（74 家） | 58 232 201.59 |
| 河南 HNJZ 装饰工程有限公司等（7 家） | 8 361 386.46 |
| 李某斌等（6 人） | 4 842 082.22 |

### 3．虚增利润

2010 年至 2012 年，TFJN 虚增利润共计 34 390 224.35 元。虚增利润金额汇总见表 2 - 5。

表 2 - 5　　　　　　　　　虚增利润金额汇总　　　　　　　　单位：元

| 年份 | 虚增利润 | 占当年利润总额比例 |
| --- | --- | --- |
| 2010 | 4 088 464.23 | 14.11% |
| 2011 | 14 044 687.34 | 23.46% |
| 2012 | 16 257 072.78 | 22.94% |
| 合计 | 34 390 224.35 | |

2010 年至 2012 年，TFJN 虚列付款共计 29 441 438.62 元，主要虚列付款对象为开封市 SLHG 物资贸易有限公司、上海 YY 实业有限公司、新乡市 TFJN 建材有限公司等 13 家供应商。虚列付款金额汇总见表 2 - 6。

表 2 - 6　　　　　　　　　虚列付款金额汇总　　　　　　　　单位：元

| 年份 | 虚列付款 |
| --- | --- |
| 2011 | 2 047 337.40 |
| 2012 | 27 394 101.22 |
| 合计 | 29 441 438.62 |

### 4．账银不符，伪造银行对账单

此外，TFJN 还存在伪造银行对账单、账银不符的情形。2011 年 12 月 31 日，TFJN 明细账中记载建行牧支 3102 账户的账面余额为 30 380 019.96 元，而建设银行对账单显示 2011 年末该银行账户余额为 380 019.96 元。为了掩盖高达 3 000 万元的差额，TFJN 伪造了建行牧支 3102 账户 2011 年度银行对账单。TFJN 还伪造了 2010 年至 2012 年新乡市区农村信用联合社 6012 账户等账户全套对账单。截止到 2011 年 12 月 31 日，母公司资产负债表中货币资金余额为 65 499 487.33 元，而其实际货币资金余额为 35 499 487.33 元。

### 5．内部控制存在缺陷

TFJN 未能成功上市的其他原因是内控制度不完善，财务不独立，独立性方面存在严重缺陷。这些问题具体表现在两个方面。一是 TFJN 的资金运营不独立。《招股说明书》中记载"本公司设置了独立的财务部门，建立了独立规范的会计核算体系和财务管理制度。公司根据有关会计制度的要求，依法独立进行财务决策"，实际情况却是由 TF 投资来统一管理 TFJN 的资金运转。这一情况同时也证实了"公司不存在货币资金或其他资产被控股股东、实际控制人及其控制的其他企业占用的情况"为虚假记载。自 2010 年 6 月至 2012 年底，TF 投资统一管理 TFJN 的所有资金运转，具体表现为开立账户和票据、资金收付、借款等。二是高级管理人员任职不独立。TFJN 财务总监孙某玲总体负责 TF 投资的财务工作，实际履行 TF 投资财务总监的职能。在《招股说明书》还虚假记载"公司财务会计人员未在控股股东、实际控制人及其控制的其他企业兼职"。

## 2.2.4　法律规定分析

TFJN 财务不独立，在独立性方面有严重缺陷，《招股说明书》中相关内容存在虚假记载。自 2010 年 6 月至 2012 年底，TFJN 的所有资金运转，包括银行账户开立、资金收付、票据开立、借款都是由 TF 投资统一管理。

《招股说明书》存在"本公司设置了独立的财务部门，建立了独立规范的会计核算体系和财务管理制度。公司根据有关会计制度的要求，依法独立进行财务决策""公司不存在货币资金或其他资产被控股股东、实际控制人及其控制的其他企业占用的情况"的虚假记载。

TFJN 财务总监孙某玲实际履行 TF 投资财务总监的职能，总体负责 TF 投资的财务工作。《招股说明书》存在"公司财务会计人员未在控股股东、实际控制人及其控制的其他企业兼职"的虚假记载。以上事实有 TFJN《招股说明书》、检查说明、财务账册、会计凭证、资金存取和划款凭证、工商登记资料、询问笔录、情况说明等证据证明，足以认定。

综上所述，TFJN 报送的 IPO 申请文件及《TFJN 检查说明》存在虚假记载，违反《中华人民共和国证券法》（以下简称《证券法》）第二十条第一款的规定，构成了《证券法》第一百九十三条第二款所述情形。李某禄、孙某玲是 TFJN 报送虚假发行申请文件直接负责的主管人员。张某军、刘某芳、王某立、王某康、贺某奇、张某、李某杰、郭某胜、张某、谢某飞、袁某、杨某杰、张某、杨某峰、赵某、李某壮等人签字承诺招股说明书及其摘要不存在虚假记载、误导性陈述或重大遗漏，并对其真实性、准确性、完整性承担个别和连带的法律责任，是其他直接责任人员。

当事人 TFJN 提出了陈述申辩理由：（1）借款利息资本化虚增固定资产与实际情况不符；（2）账银不符只是报表列示的错误行为；（3）不具有虚假上市的主观故意，尚未给投资者造成损失和危害，积极配合核查，勇于承担社会责任，对其处罚过重。

证监会认为：（1）企业会计准则对专门借款的性质和用途做出了明确规定，

只有专门用于"购建"或"生产"的借款利息才符合资本化条件。TFJN 将 GJKF 银行河南省分行获取的 5 200 万元贷款中 2 011 万元用于归还公司贷款和利息，未用于购建相关资产，并将不应资本化的借款利息予以资本化，导致虚增固定资产。TFJN 称占用一般借款进行固定资产投资的利息均未资本化，与本案认定事实没有关系。（2）TFJN《招股说明书》中 2011 年 12 月 31 日资产负债表货币资金余额存在虚假记载，并且存在伪造银行对账单的违法行为。（3）TFJN 实施了报送虚假申请文件的违法行为并具有明显的主观故意，在应证监会要求自查后，仍未停止申报虚假申请文件行为，情节恶劣，严重破坏证券市场诚信基础和投资者信心，造成了严重的社会影响。

当事人李某禄提出了陈述申辩理由：（1）认定其为"直接负责的主管人员"存在事实错误，其为技术型管理人员，对财务等方面知识存在欠缺，未参与公司财务管理和未实施清除和转移公司财务数据行为，主要行为由财务总监孙某玲实施。（2）TFJN 身份仅是申请人，并非被核准发行的发行人，不属于《证券法》第一百九十三条第二款的适用对象。（3）配合调查工作，主动消除违法行为的后果。（4）对其进行证券市场禁入措施违反法律规定。（5）承担了较多的社会责任，对国家做出了较大的贡献。

证监会认为：（1）李某禄作为 TFJN 董事长及法定代表人，对公司财务管理不存在不能履职的情形，同时又是公司发行上市的主要决策人，对公司的违法行为应承担最主要责任，但对公司财务相关情形的申辩意见部分予以接受。（2）TFJN 向证监会报送发行申请文件即已属于发行人身份，应当遵守《证券法》第二十条第一款规定，如有违反则应当依据《证券法》第一百九十三条第二款进行处罚。（3）李某禄在调查初期不接受我会调查，不接收《调查通知书》，未能要求公司配合调查。TFJN 未在自查阶段提出撤回请求，后期按照要求进行自查，出具了相关自查报告。李某禄提出的配合调查工作的说法存在片面性，不能完全成为减轻处罚的理由。（4）TFJN 的行为情节恶劣，严重扰乱证券市场秩序，李某禄应对公司违法行为承担相应的责任。（5）李某禄承担社会责任不能作为减轻其行政违法责任的依据。

当事人王某立提出了陈述申辩理由：（1）TFJN 仅是申请人，不是发行人，不属于《证券法》第一百九十三条第二款的适用对象。（2）"虚增销售收入"金额应以 TFJN《自查报告》中查明的数据为准。（3）不存在不配合调查、阻碍调查的情形。（4）适用法律错误，调查程序违反法律规定。

证监会认为：（1）违法事实认定"虚增销售收入"的数据是根据 TFJN 会计

凭证、应收账款明细账、银行对账单、客户外调结果、TFJN《自查报告》等综合分析后做出的确认。（2）王某立 4 月 23 日到达调查现场后，未按《证券法》要求接受调查询问，其后在被通知接受调查的情况下始终未与调查组联系，有相关证据证明。王某立对发行人认识存在错误，与其法律专业人士身份不符，其不配合调查的事实成立。王某立阻碍调查情节缺乏确凿证据证明，证监会不再予以认定。（3）TFJN 为《证券法》所规定的发行人，证监会对其立案调查时间距其终止申请行为未超过行政处罚时效，调查程序没有违反法律规定，王某立辩称的 2013 年 4 月 23 日对其调查行为没有法定依据的理由不能成立。

当事人 TFJN 独立董事王某康、贺某奇、张某提出了陈述申辩理由并提交了履职情况及材料，提出独立董事不应对 TFJN 的违法行为承担责任。独立董事张某还提出，从《证券法》第六十八条和第二十条的逻辑关系和规定来看，发行人报送的申请文件虚假记载的，独立董事不具有法定保证义务。

证监会认为，独立董事提交的材料无法证明其对 TFJN 报送的文件履行了勤勉尽责的义务，结合《证券法》第二十条规定的发行人的保证义务、第一百九十三条第二款关于责任人员的规定，以及《首发办法》第五十四条关于董事的保证义务的规定来看，独立董事应对本案违法行为的发生承担相应的责任。

根据当事人违法行为的事实、性质、情节与社会危害程度，依据《证券法》第一百九十三条第二款的规定，证监会决定：

一、对 TFJN 给予警告，并处以 60 万元罚款；

二、对李某禄、孙某玲给予警告，并分别处以 30 万元罚款；

三、对王某立给予警告，并处以 10 万元罚款；

四、对张某军、刘某芳、王某康、贺某奇、张某、李某杰、郭某胜、张某、谢某飞、袁某、杨某杰、张某、杨某峰、李某壮、赵某给予警告，并分别处以 5 万元罚款。

上述当事人应自收到本处罚决定书之日起 15 日内，将罚款汇交中国证券监督管理委员会，并将注有当事人名称的付款凭证复印件送中国证券监督管理委员会稽查局备案。当事人如果对本处罚决定不服，可在收到本处罚决定书之日起 60 日内向中国证券监督管理委员会申请行政复议，也可在收到本处罚决定书之日起 3 个月内直接向有管辖权的人民法院提起行政诉讼。复议和诉讼期间，上述决定不停止执行。

# 2.3 LDD 案例分析

## 2.3.1 案例介绍

云南省 LDD 生物科技股份有限公司（以下简称"LDD"）于 1996 年成立，2001 年完成了股份制改造，上市前每股净资产为 4.43 元。2006 年申请深交所上市失败，2007 年 12 月成功在深交所挂牌上市，其股票的发行价为 16.49 元/股，公司的主营业务为绿化工程和苗木销售。LDD 拥有 1.5 亿元人民币注册资本，拥有 2.9 万余亩（1 亩约为 666.67 平方米）自主苗木生产基地，是云南省最大的特色苗木生产企业，也是云南省第一家民营上市企业。LDD 作为国内绿化行业第一家上市企业，其股价曾飙升到 81.05 元/股。

2010 年 3 月 LDD 因涉嫌信息披露违规被立案稽查。证监会经过调查发现：LDD 存在"虚增资产、虚增收入、虚构现金流量"等多项违法违规行为。自 2008 年 10 月以来，LDD 三度更换财务总监、三度变更审计机构；2009 年度五度变更公司的业绩预告。2010 年 12 月，证监会冻结董事长何某葵持有的 4 325.8 万股股份，该事件造成连锁反应，致使公司市值在四个交易日内蒸发 12.2 亿元，绝大部分投资者损失惨重。2011 年 LDD 又擅自变更了会计估计。2011 年 3 月 17 日，LDD 董事长何某葵被公安机关以涉嫌欺诈发行股票罪逮捕，自此 LDD 的股价一路下跌，跌幅超过近八成。2011 年 12 月，云南省官渡区人民法院对 LDD 财务舞弊案做出一审判决。

## 2.3.2 专业分析

经查明，LDD 存在以下违法事实：

（一）虚增资产

LDD 2007 年上市时的招股说明书显示，截至 2007 年 6 月 30 日，LDD 的固定资产净额为 5 066.35 万元，该公司在昆明研发区内的办公楼等固定资产额为 942.59 万元，总共 26.5 亩土地，总部所在地除房屋、道路及庭前绿化外的"外地坪、沟道"，作价 107.66 万元。

另一处固定资产"马鸣基地"围墙的固定资产值为 686.9 万元，其招股说明书上显示的该基地 4 块地（原为荒山）共 3 500 亩。如果其围墙只围地块的周长，折算下来，每道围墙的价格高达 1 268.86 元。

此外，马鸣基地的 3 口深水井造价也很高，计入固定资产 216.83 万元，价值 72.27 万元。而该招股说明书上的另一口深井——金殿基地深水井却只值 8.13 万元，价格相差大。多项资产的实际价值存在疑问。

昆明市官渡区人民法院判定认为，2004 年 2 月，LDD 购买马龙县旧县村委会土地 960 亩，金额为 955 万元，虚增土地成本 900 万元；2005 年 4 月购买马龙县马鸣乡土地四宗计 3 500 亩，金额为 3 360 万元，虚增土地成本 3 190 万元；截至 2007 年 6 月 30 日，LDD 在马龙县马鸣基地灌溉系统、灌溉管网价值虚增 797 万元；2007 年 1—3 月，LDD 对马鸣基地土壤改良价值虚增 2 124 万元。

另外，LDD 2010 年 6 月 17 日发布的《关于 2010 年一季度报表更正差异的专项说明》显示，其 2010 年一季度的固定资产多计 5 983.67 万元。LDD 对此的解释是，固定资产的差异原因在于"工作失误"，北京分公司的固定资产已包含在本部报表中，又将其列入合并报表，即计算两次，造成该项目虚增。

（二）虚增收入

为达到上市目的，被告人赵某丽、赵某艳等注册了一批 LDD 公司实际控制的关联公司，采用伪造合同、发票等手段虚构交易业务，虚增资产、收入。

LDD 的苗木采购大户订单在 2004 年 1 月—2007 年 6 月为公司增加营业收入、净利润做出重要贡献。根据 LDD 招股书，2004 年至 2006 年及 2007 年上半年，LDD 的前五大销售客户分别有昆明 XJ 园艺工程有限公司、昆明 RL 园艺有限公司、昆明 DWH 园艺有限公司、昆明 ZYKJ 园艺有限公司、昆明 THHH 有限公司等一大批昆明企业，以吸引部分成都、北京企业。

但上市后一些曾经的采购大户陆续注销。北京 DFP 花卉有限公司 2006 年 12 月 25 日被吊销了营业执照；昆明 TL 园艺有限公司 2008 年 4 月 15 日被吊销了营业执照；昆明 XJ 园艺工程有限公司于 2010 年 2 月 3 日在昆明市办理了工商注销手续；昆明 ZYKJ 园艺有限公司于 2010 年 3 月 18 日办理了工商注销手续；成都 BY 园艺有限公司与成都 WD 园艺有限公司同时在 2008 年 6 月 5 日进行了工商注销，两公司均成立于 2005 年 11 月 15 日。

2009 年到 2010 年，突然出现金额巨大的销售退回。2010 年 4 月 30 日披露确认 2008 年苗木销售退回 2 348 万元；与此同时，LDD 确认 2009 年苗木销售退回金额高达 1.58 亿元。

昆明市官渡区人民法院判定认为，LDD 招股说明书披露 2004 年至 2006 年及 2007 年 1—6 月累计收入为 6.26 亿元，虚增收入 2.96 亿元；2007 年 LDD 披露的营业收入为 2.57 亿元，经鉴定确认其中虚增收入 9 660 万元；2008 年虚增收入 8 565 万元；2009 年虚增收入 6 856 万元。

（三）虚增利润

2009 年 10 月 30 日，LDD 发布 2009 年三季报称，预计 2009 年度净利润同比增长 20%～50%（其 2008 年度净利润为 8 677 万元）；2010 年 1 月 30 日，LDD 发布 2009 年度业绩预告修正公告称，将 2009 年净利润增幅修正为较上年下降 30%；随后，LDD 于 2010 年 2 月 27 日第三次发布 2009 年度业绩快报时，预计净利润却又变为 6 212 万元。三天后，LDD 又发布 2009 年度业绩预亏及持续旱灾的重大风险提示公告，预计公司 2009 年度经营业绩可能出现亏损。2010 年 4 月 28 日，LDD 又发布 2009 年度业绩快报修正公告，将净利润修正为亏损 1.279 6 亿元。2010 年 4 月 30 日正式公布 2009 年年度报告时，LDD 2009 年净利润为亏损 1.512 3 亿元；同一天，LDD 发布第一季度报告，每股收益只有 0.1 元，比上年同期暴跌。LDD2010 年 6 月 17 日发布的《关于 2010 年一季度报表更正差异的专项说明》显示，其原一季报的营业收入少计 10 万元，营业利润多计 67.57 万元，净利润多计 52.57 万元。

LDD 公布的报告中，差错不断。其 2010 年一季报中仅合并现金流量项目就有多达 26 项差错，其中有 8 项差错金额为几千万元，上亿元的差错多达 12 项。2010 年 4 月 30 日，LDD 发布关于前期会计差错更正情况的专项说明称，公司对 2008 年因销售退回未进行账务处理，本期对该项前期差错进行更正，追溯调整减少 2008 年度合并及公司营业收入 23 485 195.00 元，追溯调整减少 2008 年度合并及公司营业成本 11 947 362.81 元，追溯调整增加 2008 年度合并及公司应付账款 11 537 832.19 元，调减合并及公司年初未分配利润 10 384 048.97 元，调减合并及母公司年初盈余公积 1 153 783.22 元。

## 2.3.3　监管逻辑分析

LDD 主要经营绿化苗木种植及销售、绿化工程设计及施工业务，共有 12 个具体经营的业务，经营范围较广。

首先就公司 2007 年上市而言，公司在准备上市前，连续稳定的销售量以及市场对苗木庞大的需求量使其逐年稳步发展。LDD 希望通过公司上市以募集更多的资金做大做强企业。公司为成功上市，于 2004 年至 2007 年 6 月，先后斥资获得马龙县旧县村委会 960 亩荒山使用权、马龙县马鸣乡 3 500 亩荒山使用权，同时对马鸣基地围墙、灌溉系统、土壤实行改良等工程，使公司的营业收入和利润总额激增，增长率平均可达 25%。上市以后，公司也没有停止继续扩张的脚步。2007 年至 2009 年，公司又斥资 2.88 亿元分别在马龙县和文山州取得 21 380 亩土地使用权，并斥资实施月望基地土壤改良及灌溉系统工程，使得公司营业收入及利润在 2007 年至 2009 年以超过 40% 的速度增加。

公司首次公开发行股票，需要满足三年连续盈利的条件。因此，LDD 为了能成功上市，实施大规模扩大苗圃的战略，这种战略极有可能收购不良资产或是虚增资产。公司不断扩大其种植规模，利润增长率连续处于较高水平，公司有很大的虚增资产和虚增利润的嫌疑。

LDD 的良好盈利性来源于多个苗木采购大户的订单，为公司的主营业务收入以及净利润等方面做出了非常突出的贡献。LDD 在上市前发布招股书显示，2004 年及其随后的三年中，LDD 的主要下游购货商分别有昆明 WHHH 经贸公司、昆明 ZYKJ 园艺有限责任公司、昆明 DWH 园艺有限公司、昆明 TL 园艺有限公司、昆明 XY 旅游开发有限公司、昆明 XJ 园艺工程有限公司等众多来自昆明、北京以及成都的园林公司。

但自从 LDD 成功上市后，曾经的大客户们接连进行了工商注销（详见表 2-7）。成都 BY 园艺有限公司与成都 WD 园艺有限公司两家来自成都的企业，均成立于 2005 年 11 月 15 日，并且同时在 2008 年 6 月 5 日办理了注销手续。北京 DFP 花卉有限公司以及昆明 TL 园艺有限公司分别于 2006 年 12 月 25 日和 2008 年 4 月 15 日被工商机关吊销了营业执照；昆明 XY 旅游开发有限公司于 2007 年 8 月进行了工商注销；昆明 XJ 园艺工程有限公司于 2010 年 2 月 3 日在昆明市办理了工商注销手续。从表 2-7 中可以看到，原同 LDD 来往密切的客户均在不久后就进行了工商注销。这让人不得不对这些公司存在的真实性产生怀疑。

表 2-7　　　　　LDD 历年大客户交易与注册情况

| 客户名称 | 交易时间 | 交易额（万元） | 注册资本（万元） | 注册地 | 成立时间 | 注销时间 |
|---|---|---|---|---|---|---|
| 1. 昆明 WHHH 经贸公司 | 2004 年 | 2 025.43 | 100 | 昆明 | 2005 年 2 月 | 2008 年 12 月 |
| | 2005 年 | 1 639.15 | | | | |
| | 2006 年 | 1 111.75 | | | | |
| | 2007 年 1—6 月 | 748.28 | | | | |
| | 共计 | 5 524.61 | | | | |

| 客户名称 | 交易时间 | 交易额（万元） | 注册资本（万元） | 注册地 | 成立时间 | 注销时间 |
|---|---|---|---|---|---|---|
| 2. 昆明 ZYKJ 园艺有限公司 | 2004 年 | 2 066.06 | 500 | 昆明 | 2002 年 11 月 | 2010 年 3 月 |
| | 2006 年 | 1 098.76 | | | | |
| | 2007 年 1—6 月 | 660.68 | | | | |
| | 共计 | 3 825.5 | | | | |
| 3. 昆明 DWH 园艺有限公司 | 2004 年 | 876.71 | 100 | 昆明 | 2004 年 3 月 | — |
| | 2006 年 | 981.41 | | | | |
| | 2007 年 1—6 月 | 672.48 | | | | |
| | 共计 | 2 530.6 | | | | |
| 4. 昆明 TL 园艺有限公司 | 2004 年 | 2 190.56 | 200 | 昆明 | 1995 年 1 月 | 2008 年 4 月 |
| | 2005 年 | 1 107.54 | | | | |
| | 共计 | 3 298.1 | | | | |
| 5. 昆明 XY 旅游开发有限公司 | 2004 年 | 1 345.19 | 140 | 昆明 | 1995 年 1 月 | 2007 年 8 月 |
| 6. 成都 WD 园艺有限公司 | 2006 年 | 374.77 | 100 | 成都 | 2005 年 11 月 | 2008 年 6 月 |
| 7. 成都 BY 园艺有限公司 | 2006 年 | 1 011.35 | 100 | 成都 | 2005 年 11 月 | 2008 年 6 月 |
| | 2007 年 1—6 月 | 658.43 | | | | |
| | 共计 | 1 669.78 | | | | |
| 8. 昆明 XJ 园艺工程有限公司 | 2005 | 1 424.01 | 100 | 昆明 | 2004 年 7 月 | 2010 年 2 月 |
| | 2006 | 1 077.89 | | | | |
| | 2007 年 1—6 月 | 754.71 | | | | |
| | 共计 | 3 256.61 | | | | |
| 9. 昆明 QK 花卉有限公司 | 2005 年 | 1 526.33 | 100 | 昆明 | 2004 年 9 月 | — |
| 10. 北京 DFP 花卉有限公司 | 2005 年 | 1 152.11 | 100 | 北京 | 2004 年 1 月 | 2006 年 12 月 |

自 2009 年起，LDD 出现了巨额销售退回事件。LDD 在 2010 年 4 月 30 日的信息披露中，确认了 2008 年主营业务退款额为 2 348 万元，2009 年退款额则高达 1.58 亿元，几乎覆盖了当年全部主营业务收入。

LDD 在招股说明书中披露 2004 年至 2006 年及 2007 年上半年营业收入合计为 6.26 亿元，这其中属于虚假收入的有约 2.96 亿元；而 2007 年的营业收入为 2.57 亿元，其中属于虚假收入的金额有 9 660 万元；2008 年和 2009 年的虚假收入分别高达 8 565 万元和 6 856 万元。

2009 年 10 月 30 日 LDD 发布的 2009 年三季报表明，预期 2009 年度净利润同比增长 20% ~ 50%；2010 年 1 月 30 日，LDD 发布了 2009 年度业绩预告修正通知，将 2009 年净利润增幅更正为较上年下降 30%。2010 年 2 月 27 日，也是 LDD 第三次更正上一年年度业绩，其净利润修正为 6 212 万元。发布业绩快报后的第三天，也就是 3 月 2 日，LDD 再一次公告了上一年度业绩预亏及持续旱灾的重大风险提示，提示预期上一年度净利润极有概率发生亏损。2010 年 4 月 28 日，LDD 的 2009 年度业绩快报修正公告正式将上一年度净利润更正为 - 1.3 亿元，财务：数据发生了惊人的转变。LDD 历年财务报表摘要如表 2 - 8 所示。

表 2 - 8　　　　　　　　　　LDD 历年财务报表摘要

| 年份 | 营业收入（元） | 净利润（元） | 经营活动产生的现金流量净额（元） | 每股收益（元/股） |
|---|---|---|---|---|
| 2004 年 | 146 735 851 | 33 421 190 | 19 937 291 | 0.6 |
| 2005 年 | 157 791 810 | 37 236 398 | 3 348 890 | 0.67 |
| 2006 年 | 190 544 531 | 47 070 881 | 47 517 183 | 0.84 |
| 2007 年 1—6 月 | 132 745 372 | 33 410 014 | - 27 233 564 | 0.53 |
| 2007 年 | 257 468 464 | 64 414 719 | - 45 309 790 | 1.01 |
| 2008 年 | 341 947 611 | 86 767 924 | 44 023 206 | 1.03 |
| 2009 年 | 493 485 934 | - 151 233 832 | - 8 042 233 | - 1 |
| 2010 年 | 359 059 511 | 14 477 858 | - 5 853 819 | 0.1 |

LDD 于 2010 年 4 月 30 日正式发布了 2009 年年报，年报显示 LDD 2009 年净利润为 - 1.5 亿元，每股收益为 - 1 元。同日发布的第一季度报告显示，每股收益只有 0.1 元，环比暴跌。从表 2 - 8 中可以很清晰地看到，LDD 2009 年发生的亏损几乎吞噬了其之前几年的利润。

LDD 所披露的一系列报告，充满了各种错误。之前发布的季报之中的营业收入比实际营业收入少计 10 万元，折算后的净利润多计 52 万余元。其 2010 年一季报中合并现金流量项目共计错误 26 项，其中，有 8 项错误金额高达上千万元，更有 12 项错误金额高达上亿元。

## 2.3.4　法律规定分析

经查明，LDD 存在以下违法事实：

一、在招股说明书中虚增资产、虚增业务收入

司法机关在相关刑事判决中认定，LDD 在招股说明书中虚增资产 70 114 000 元，虚增 2004 年至 2006 年及 2007 年 1—6 月的业务收入 296 102 891.70 元。

LDD 在招股说明书中虚增资产、虚增业务收入的行为违反了《证券法》第十三条关于公司公开发行新股，应当"具有持续盈利能力，财务状况良好"和"最近三年财务会计文件无虚假记载"的规定；违反了《证券法》第十九条关于"发行人报送的证券发行申请文件，应当充分披露投资者作出价值判断和投资决策所必需的信息，内容应当真实、准确、完整"的规定，构成了《证券法》第二百零三条所述的"提交虚假证明文件或者采取其他欺诈手段骗取证券公司设立许可、业务许可或者重大事项变更核准"的行为。

对 LDD 在招股说明书中虚增资产、虚增业务收入的其他直接责任人员为在 LDD 招股说明书上签名并确认招股说明书不存在虚假记载、误导性陈述或重大遗漏的时任副董事长赵某权，时任董事胡某、黎某、钟某富，时任独立董事普某、谭某珠、罗某银，时任总经理毛某明。

二、LDD 在 2007 年、2008 年、2009 年年度报告中虚增资产、虚增业务收入

司法机关在相关刑事判决中认定，LDD 在 2007 年年度报告中虚增资产 21 240 000 元，虚增收入 96 599 026.78 元；在 2008 年年度报告中虚增资产 163 353 150 元，虚增收入 85 646 822.39 元；在 2009 年年度报告中虚增资产 104 070 550 元，虚增收入 68 560 911.94 元。

LDD 在 2007 年、2008 年、2009 年年度报告中虚增资产、虚增业务收入的行为违反了《证券法》第七十八条关于"信息披露义务人披露的信息、应当真实、准确、完整、简明清晰、通俗易懂，不得有虚假记载、误导性陈述或者重大遗漏"的规定，构成了《证券法》第一百九十七条所述的上市公司"报送的报告或者披露的信息有虚假记载、误导性陈述或者重大遗漏"的行为。

对 LDD 在 2007 年年度报告中虚增资产、虚增业务收入其他直接责任人员为参加审议 LDD 2007 年年度报告董事会会议并同意 2007 年年度报告的时任副董事长赵某权，时任董事胡某、黎某、钟某富，时任独立董事普某、谭某珠、罗某银，时任总经理毛某明，时任副总经理陈某生。

对 LDD 在 2008 年年度报告中虚增资产、虚增业务收入的其他直接责任人员为参加审议 LDD 2008 年年度报告董事会会议并同意 2008 年年度报告的时任副董事长赵某权，时任董事胡某、黎某、钟某富，时任独立董事普某、谭某珠、

罗某银，时任副总经理陈某生。

对 LDD 在 2009 年年度报告中虚增资产、虚增业务收入其他直接责任人员为参加审议 LDD 2009 年年度报告董事会会议并同意 2009 年年度报告的时任董事胡某、钟某富，时任独立董事谭某珠、郑某光，时任总经理徐某葵，时任副总经理陈某生。

以上违法事实，有司法机关刑事判决书，LDD 招股说明书，LDD 2007 年、2008 年、2009 年年度报告，LDD 相关董事会决议，相关人员谈话笔录等证据证明，足以认定。

普某在听证会上及陈述和申辩意见中称，其按时参加董事会会议，推动 LDD 建立健全内部管理制度，督促 LDD 完善治理结构，LDD 虚增资产、虚增业务收入隐蔽性强、不易察觉。赵某权在陈述、申辩意见中提出，对招股说明书、年度报告的决定主要依赖中介机构，作为非财务专业人员难以发现造假情况。胡某在陈述、申辩意见中提出，其担任董事是由于委派，后果应由委托人承担，其勤勉尽责地履行了董事职责。黎某在陈述、申辩意见中提出，其担任董事是由于委派，其已在力所能及的范围内履行了董事职责。罗某银在陈述、申辩意见中提出，其勤勉尽责地履行了董事职责。郑某光在陈述、申辩意见中提出，其按时参加董事会会议，勤勉尽责地履行了董事职责。上述人员要求证监会不认定其责任或减轻处罚。

根据相关事实和证据，证监会认为，现有证据不足以证明上述人员忠实、勤勉地履行了职责，上述人员在陈述、申辩意见中没有提出忠实、勤勉地履行职责的证据。按照《中华人民共和国公司法》及证监会的相关规定，上市公司董事应当根据公司和全体股东的最大利益，忠实、勤勉地履行职责，遵守有关法律、法规、规章及公司章程的规定，保证公开披露的文件内容没有虚假记载、误导性陈述或重大遗漏。上市公司董事应当对董事会的决议负责，保证上市公司定期报告的真实、准确和完整，还应当对提供给中介机构进行审计的上市公司相关财务报表的真实、准确和完整负责。因此，证监会对于赵某权、胡某、黎某、普某、罗某银、郑某光未勤勉尽责的认定事实清楚、证据充分，证监会对赵某权、胡某、黎某、普某、罗某银、郑某光的申辩意见不予采纳。

毛某明在陈述、申辩意见中提出，其不知晓 LDD 的造假情况。徐某葵在陈述、申辩意见中提出，其没有参与造假的主观故意。陈某生在陈述、申辩意见中提出，其没有参与造假的主观故意，不知晓 LDD 的造假情况。

根据相关事实和证据，证监会认为，按照《中华人民共和国公司法》及证监会的相关规定，上市公司的高级管理人员负有了解公司重大决策等各项职责，应当保证所披露的信息真实、准确和完整，现有证据不足以证明上述人员忠实、勤勉地履行了职责，上述人员在陈述、申辩意见中没有提出其忠实、勤勉地履行职责的证据。因此，证监会对于毛某明、徐某葵、陈某生未勤勉尽责的认定事实清楚、证据充分，证监会对毛某明、徐某葵、陈某生的申辩意见不予采纳。

根据当事人违法行为的事实、性质、情节与社会危害程度，依据《证券法》第一百八十九条、第一百九十三条的规定，证监会决定：

（一）对 LDD 在 2007 年、2008 年、2009 年年度报告中虚增资产、虚增业务收入的行为，责令 LDD 改正，给予警告，并处以 60 万元罚款。

由于司法机关已对 LDD 在招股说明书中虚增资产、虚增业务收入的行为予以刑事处罚，不再予以行政处罚。

（二）对赵某权、胡某、黎某、钟某富、普某、罗某银、谭某珠、毛某明、徐某葵、陈某生给予警告，并分别处以 30 万元罚款。

（三）对郑某光给予警告，并处以 10 万元罚款。

上述当事人应自收到本处罚决定书之日起 15 日内，将罚款汇交中国证券监督管理委员会，并将注有当事人名称的付款凭证复印件送中国证券监督管理委员会稽查局备案。当事人如果对本处罚决定不服，可在收到本处罚决定书之日起 60 日内向中国证券监督管理委员会申请行政复议，也可在收到本处罚决定书之日起 3 个月内直接向有管辖权的人民法院提起行政诉讼。复议和诉讼期间，上述决定不停止执行。

# 2.4 XDD 案例分析

## 2.4.1 案例介绍

广东 XDD 生物科技股份有限公司（以下简称"XDD"）成立于 2004 年 6 月 11 日，主营业务包括：茶皂素系列产品研发及山茶油加工、油茶苗培植及油茶基地开发；洗发护发产品、沐浴液、化妆品及生物有机肥生产、销售；货物进出口。

公司 2010 年启动创业板 IPO，保荐机构为 NJ 证券。2012 年 4 月 24 日，公司通过证监会发行审核委员会审核，正式发布招股说明书，登陆创业板。2012 年 5 月 18 日公司成功过会（创业板发审委 2012 年第 36 次会议），成为"茶油第一股"。

2012 年 6 月 28 日，有关媒体报道了 XDD 涉嫌欺诈上市的事件，7 月 3 日，XDD 及其保荐机构 NJ 证券向证监会提交终止发行上市申请。10 月 9 日，证监会向社会公开通报了对 XDD 立案稽查的有关情况。2013 年 5 月 31 日，证监会通报对 XDD 查处结果，拟对其进行行政处罚（已进入行政处罚事先告知阶段；下一步，证监会将依照法定程序，做出正式处罚决定）。XDD 也成为创业板首家过会后，因媒体质疑财务造假而终止 IPO 的公司。

## 2.4.2　证监会公告

依据《证券法》的有关规定，证监会对 XDD 违法违规行为进行了立案调查、审理，并依法向当事人告知了做出行政处罚的事实、理由、依据及当事人依法享有的权利。所有当事人均要求陈述、申辩和举行听证会。据此，证监会于 2013 年 7 月 23 日举行听证会，听取了其陈述、申辩。本案现已调查、审理终结。

经查明，XDD 在 2012 年 4 月 12 日预披露的招股说明书申报稿以及上会稿中存在重大遗漏，且在 2009 年至 2011 年年度报告中虚假记载。具体事实如下：

一、XDD 通过多种手段虚增 2011 年利润总额 1 521.07 万元，占当年利润总额的 36.13%

（一）XDD 2011 年财务账册多记向梅州市 XDD 超市连锁有限公司（以下简称 "XDD 超市"）、平远县 NYJ、梅州市 LYJ、深圳市 TH 生态环境股份有限公司、深圳 ZJ 药业有限公司、平远县 FL 实业有限公司 FL 超市（以下简称 "FL 超市"）、平远县 LYJ、平远县 JL 贸易有限公司（以下简称 "平远 JL"）、平远县 CZJ 等 9 家客户的商品销售，共计虚增 2011 年营业收入 2 246 928.38 元，虚增营业成本 1 169 434.58 元，虚增利润总额 1 077 493.8 元。

（二）XDD 2011 年财务账册多记向梅州市梅江区 FH 综合商行、平远县 JJ 土特产（以下简称 "JJ 土特产"）、平远县 TH 自选商场（以下简称 "TH 自选商场"）、五华县 CH 燃气发展有限公司县城总经销等 4 家客户的商品销售，多记部分的销售回款资金来源于 XDD 或其控制使用的公司及个人银行账户，共计虚增 2011 年营业收入 850 544.3 元，虚增营业成本 529 016.74 元，虚增利润总额 321 527.56 元。

（三）XDD 利用黄某江向吴某平的借款，及其子黄某斌获得的贷款资金，从出借方账户直接转入 XDD 账户，或经 XDD 控制使用的账户转账至客户，并最终转入

XDD，XDD 据此确认销售回款 917.94 万元，虚增 2011 年营业收入 8 001 161.81 元，虚增营业成本 3 828 530.1 元，虚增利润总额 4 172 631.71 元。

（四）2011 年 6 月，XDD 转款 135.2 万元至其他账户，其中部分资金再转入 XDD 控制使用的平远县 YY 农副产品销售部（以下简称"YY 农副"）账户，随即分别转款至梅塘西路 HD 建材经营部等 5 家单位，该 5 家单位于收款当日转出等额资金至 XDD；12 月，XDD 转款 40 万元至 XDD 控制使用的账户，其中 23.44 万元再转入梅州市 JZ 贸易有限公司（以下简称"JZ 贸易"），JZ 贸易于收款当日转出等额资金至 XDD；12 月，XDD 向其董事黄某露邮政储蓄银行账户存入资金 200 100 元，黄某露于当日向广州市越秀区 JY 贸易商行（以下简称"JY 贸易"）转账 200 050 元（另付转账手续费 50 元），JY 贸易于收款当日转款 20 万元至 XDD。上述最终划回 XDD 账户的资金被确认为销售回款，虚增 2011 年营业收入 1 170 541.4 元，虚增营业成本 524 813.19 元，虚增利润总额 645 728.21 元。

（五）2011 年 11 月，XDD 将五华县 CZJ 应拨付其的政府补贴款 100 万元，经 XDD 控制使用的梅州 WY 新农业发展有限公司（以下简称"WY 新农业"，原名 XDD 油茶发展有限公司）账户转款 45 万元至 JZ 贸易，JZ 贸易于收款当日转出等额资金至 XDD，XDD 据此确认销售回款，虚增 2011 年营业收入 387 584.53 元，虚增营业成本 123 204.7 元，虚增利润总额 264 379.83 元。

（六）2011 年 12 月，凌某兰向天津 JF 股权投资基金合伙企业（以下简称"天津 JF"）转让 XDD 股份应收的股权转让款 300 万元，经 XDD 控制使用的梅州 ZL 实业有限公司（以下简称"梅州 ZL"）账户，分别转款 30 万元、23.19 万元和 20.44 万元至梅州市梅江区 WM 商行、梅州市 HL 实业有限公司和 JY 贸易，以上 3 家公司于收款当日转出等额资金至 XDD。XDD 据此确认销售回款，虚增 2011 年营业收入 646 920.66 元，虚增营业成本 341 016.8 元，虚增利润总额 305 903.86 元。

（七）2011 年，由 XDD 提供的资金，经 XDD 的关联方梅州市 MTSL 山茶油专卖店（以下简称"MTSL"）、梅州 ZL 账户等最终回到 XDD，虚增 2011 年营业收入 3 920 221.5 元，虚增营业成本 2 383 143.75 元，虚增利润总额 1 537 077.75 元。

（八）2011 年 3 月至 5 月、11 月、12 月、2012 年 6 月，由 XDD 提供资金，经梅州 ZL、XDD 关联方梅州市 SX 有限公司（以下简称"梅州 SX"）、YY 农副账户转款至梅州市 KZJ 农业科技发展有限公司（以下简称"KZJ"）账户，再转入 XDD；

此外以 KZJ 名义向 XDD 存入现金，以上共转入或存入 XDD 资金 2 919 500 元，由 XDD 确认为销售回款，虚增 2011 年营业收入 2 342 035.4 元，虚增营业成本 1 643 835.32 元，虚增利润总额 698 200.08 元。

（九）2011 年 3 月，XDD 从 WY 新农业账户转出资金，经 WS 农工贸发展有限公司（以下简称"WS 农工贸"）转入 XDD；4、5 月和 10 月，XDD 将其自有资金及平远县人民政府办公室拨付其的资金，通过 WY 新农业、梅州 ZL、梅州 SX、YY 农副等账户，经 WS 农工贸转入 XDD；12 月，XDD 将来源于黄某江向吴某平的借款资金，经 WS 农工贸转入 XDD。以上共转入 XDD 资金 3 225 840 元，XDD 据此确认为销售回款，虚增 2011 年营业收入 2 827 970.59 元，虚增营业成本 1 793 117.77 元，虚增利润总额 1 034 852.82 元。

（十）2011 年 11 月、12 月，XDD 以采购货物、支付劳务费名义向其控制使用的个人账户转入资金，之后全额或部分取出，同时从 YY 农副等其他账户（资金最终来源为 XDD 获取的财政补贴款，黄某江、凌某兰及其子黄某斌的借款或 XDD 股权转让款）取现，并先后于取现当日以 178 个客户销售回款的名义存入 XDD 银行账户。共有 14 天存在上述存取款业务在同一天、同一银行网点由 XDD 同一经办人办理，存取金额全部或基本相同的情形，合计确认销售回款 9 112 794 元，虚增 2011 年营业收入 7 996 270.6 元，虚增营业成本 4 979 457.29 元，虚增利润总额 3 016 813.31 元。

（十一）2011 年 2 月、6 月至 8 月，XDD 将获取的财政补贴款等多项资金，转入 XDD 控制使用的账户后，以采购货物，支付差旅费、备用金名义取现，并先后于取现当日以 52 个客户销售回款的名义直接存入 XDD。共有 6 天存在上述存取款业务在同一天、同一银行网点由 XDD 同一经办人办理，存取金额全部或基本相同的情形，合计确认销售回款 2 557 495 元，虚增 2011 年营业收入 2 260 328.3 元，虚增营业成本 1 425 691.55 元，虚增利润总额 834 636.75 元。

（十二）2011 年 1 月至 6 月、9 月、11 月、12 月，XDD 将获取的财政补贴款等多项资金，转入梅州 SX、梅州 ZL 银行账户后，再转入 YY 农副账户或 XDD 关联方凌某平、黄某燕等个人账户后取现，并先后于取现当日以 129 个客户销售回款的名义直接存入 XDD。共有 19 天存在上述存取款业务在同一天、同一银行网点由 XDD 同一经办人办理，存取金额全部或基本相同的情形，合计确认销售回款 10 150 723 元，虚增 2011 年营业收入 8 909 015.58 元，虚增营业成本 5 268 758.14 元，虚增利润总额 3 640 257.44 元。

上述第（一）项至（十二）项存在重复计算的虚增营业收入 6 150 129.86

元、虚增营业成本 3 811 340.55 元、虚增利润总额 2 338 789.31 元，在合并计算时已予以剔除。

二、XDD 通过多种手段虚增 2010 年利润总额 289.15 万元，占当年利润总额的 10.89%

（一）XDD2010 年财务账册多记向 XDD 超市、平远县 NYJ、梅州市 LYJ、FL 超市、平远 JL 和平远县 CZJ 等 6 家客户的销售业务，虚增 2010 年营业收入 1 297 533.83 元，虚增营业成本 625 420.2 元，虚增利润总额 672 113.63 元。

（二）XDD2010 年财务账册多记向 JJ 土特产、TH 自选商场两家客户的商品销售，多记部分的销售回款资金来源于 XDD 的关联方梅州市 LK 农副产品经营部（以下简称"梅州 LK"）账户和凌某平账户，共计虚增 2010 年营业收入 55 574.18 元，虚增营业成本 29 180.21 元，虚增利润总额 26 393.97 元。

（三）2010 年 5 月、8 月、11 月，XDD 关联方陈某、梅州 SX 转款至 XDD 控制使用的银行账户，随即分别转款 11 万元、8.2 万元和 19.9 万元至 XDD 账户，XDD 确认为销售回款，虚增 2010 年营业收入 344 792.45 元，虚增营业成本 206 768.91 元，虚增利润总额 138 023.54 元。

（四）2010 年 6 月，XDD 经其他账户转款至其控制使用的平远县 LF 农业科技发展有限公司（以下简称"LF 农业"）账户、梅州 LK 账户，最终从 MTSL 转款 25 万元回到 XDD；2010 年，XDD 关联方凌某平和梅州市 HD 装饰有限公司（以下简称"HD 装饰"）分 6 次转款合计 644 787 元至 MTSL，MTSL 随即转入 XDD，合计转入 651 947 元。XDD 将以上收到的资金确认为销售回款，虚增 2010 年营业收入 791 882.86 元，虚增营业成本 393 847.8 元，虚增利润总额 398 035.06 元。

（五）2010 年 3 月至 12 月，XDD 从凌某兰、凌某平个人银行账户提取现金，并先后于取现当日以 163 个客户销售回款的名义存入 XDD。共有 16 天存在上述存取款业务在同一天、同一银行网点由 XDD 同一经办人办理，存取金额全部或基本相同的情形，合计确认销售回款 2 557 900 元，虚增 2010 年营业收入 2 251 792.90 元，虚增营业成本 1 491 888.25 元，虚增利润总额 759 904.65 元。

（六）2010 年 6 月至 11 月，XDD 自有资金、XDD 获取的专项资金或 HD 装饰账户的资金，通过往来款等名义转出至平远县 EQ 建筑工程公司（以下简称"平远 EQ"）、梅州 SX 账户，再经 LF 农业、梅州 LK 账户多次转账并取现后，以客户名义存入 XDD。共有 15 天存在上述存取款业务在同一天、同一银行网点由 XDD 同一经办人办理，存取金额全部或基本相同的情形，合计确认销售回款 2 919 000 元，虚增 2010 年营业收入 2 573 223.65 元，虚增营业成本 1 509 565.34 元，虚增利润总额 1 063 658.31 元。

上述第（一）项至第（六）项存在重复计算的虚增营业收入 320 748.49 元、虚增营业成本 154 075.59 元、虚增利润总额 166 672.90 元，在合并计算时已予以剔除。

三、XDD 通过多种手段虚增 2009 年利润总额 251.9 万元，占当年利润总额的 14.87%

（一）XDD 2009 年财务账册多记向 XDD 超市、梅州市 LYJ、平远 JL 和平远县 CZJ 等 4 家客户的销售业务，虚增 2009 年营业收入 405 310.92 元，虚增营业成本 194 131.97 元，虚增利润总额 211 178.95 元。

（二）2009 年 5 月，HD 装饰及梅州 SX 账户转款至梅州 LK，5 月、6 月、7 月梅州 LK 分别向 XDD 转款 2.2 万元、15.93 万元、5.3 万元，XDD 确认为销售回款，虚增 2009 年营业收入 207 345.12 元，虚增营业成本 76 713.01 元，虚增利润总额 130 632.11 元。

（三）XDD 通过其控制的账户及 MTSL 虚增 2009 年营业收入 2 929 538.99 元，虚增营业成本 952 265.95 元，虚增利润总额 1 977 273.04 元。

（四）2008 年，XDD 与立信会计师事务所有限公司签订《业务约定书》，约定分期支付中介服务费用，XDD 将已支付的 20 万元中介服务费用记录为预付账款，少计 2009 年管理费用 20 万元，多计预付账款 20 万元。

四、XDD 2009 年至 2011 年虚增固定资产

XDD 2009 年至 2011 年以支付工程款的名义划款至平远 EQ，由此形成在建工程，并最终计入固定资产项下，而平远 EQ 并未为其实施工程建造，由此，XDD 2009 年虚增固定资产 227.68 万元，2010 年虚增固定资产 648.73 万元，2011 年虚增固定资产 264.5 万元。

五、XDD 在 2012 年 4 月 12 日预披露的招股说明书申报稿以及上会稿中遗漏关联方关系及其交易

（一）由于 MTSL 及其经营者与 XDD 及其实际控制人之间存在特殊关系，以及 XDD 可能或已经为 MTSL 及其经营者提供了利益倾斜，XDD 报告期前十大客户之一的 MTSL 为 XDD 的关联方。2009 年至 2011 年，XDD 与 MTSL 交易金额分别为 19.89 万元、122.13 万元和 104.31 万元。该关联方关系及其交易均未在招股说明书申报稿以及上会稿中披露。

（二）HD 装饰法定代表人黄某光于 2009 年至 2011 年担任 XDD 监事，且黄

某光是黄某江的弟弟，HD 装饰为 XDD 的关联方。2009 年 XDD 与 HD 装饰交易金额为 23.41 万元。该关联方关系及其交易未在招股说明书申报稿以及上会稿中披露。

（三）梅州 LK 经营者陈某系凌某之妻，凌某系凌某兰的哥哥，凌某于 2009 年至 2010 年 10 月任 XDD 监事，2010 年 10 月任 XDD 财务总监，梅州 LK 为 XDD 的关联方。2009 年、2010 年 XDD 与梅州 LK 交易金额分别为 38.86 万元和 23.88 万元。该关联方关系及其交易均未在招股说明书申报稿以及上会稿中披露。

六、XDD 在 2012 年 4 月 12 日预披露的招股说明书申报稿以及上会稿中遗漏控股股东股份转让情况

2011 年 12 月 20 日，凌某兰与天津 JF 和广东 FS 投资管理有限公司签订股份转让合同，将其持有的 300 万股 XDD 股份以 2 100 万元转让给上述两家公司，该重大事项未在招股说明书申报稿以及上会稿中披露。

以上事实有 XDD 招股说明书，XDD2009 年至 2011 年年度财务报告，相关会议决议，财务账册，会计凭证，银行开销户资料，资金存取和划款凭证，工商登记资料，相关合同、文件和协议，询问笔录，情况说明等证据证明，足以认定。

XDD 上述行为违反了《证券法》第十二条、第十九条第一款、第七十八条第二款的规定，构成了《证券法》第一百九十七条"信息披露义务人报送的报告或者披露的信息有虚假记载、误导性陈述或者重大遗漏的"的行为。上述违法行为直接负责的主管人员是黄某江和凌某兰，其他直接责任人员是凌某、黄某露、赵某、樊某平、邱某鸿、支某强、何某胜、奚某春、马某华、陈某湘、林某华、李某、何某。

当事人 XDD 主要申辩理由：一、资金循环过程中的 WY 新农业、梅州 ZL 等账户并非如告知书所述为 XDD 所控制使用；二、资金循环中部分资金源头如 KZJ、WS 农工贸并非来自 XDD，而是其他人向黄某江的借款，或是其自有资金；三、从 XDD 账户同时取现再存现，是由于之前占用了销售款去支付采购款，因此将 XDD 自有资金从账户取出，再以客户名义存回 XDD 账户以还原之前被占用的销售款；四、拟做出处罚过重，XDD 系主动撤回首次发行申请文件，具有从轻、减轻情节。

经证监会复核，从工商登记信息、相关账户的大额资金转出控制、对账业务控制及账户实际使用等因素综合判断，XDD 控制使用 WY 新农业、梅州 ZL 等

银行账户可以认定；XDD 通过其控制使用的银行账户，将其自有资金或其可以调度的外部资金，经过转账、直接存入现金或同时在不同账户取现再存现，最终以客户销售回款的名义转回 XDD。上述资金循环路径清晰，并有对客户的抽访、销售业务合理性的分析等证据予以佐证。证监会认为，当事人提交的证据不能支持其申辩意见，上述违法事实可以认定，相关申辩意见不予采纳。

证监会认为，XDD 主动撤回首发申请文件，只能表明从形式上看是其自主做出的行为，但并不属于其反省自己的违法行为、为减轻危害后果而主动中止的行为，不具有法定从轻、减轻情节。XDD 具有报送、预披露有虚假记载、重大遗漏报告的主观故意，情节十分恶劣，相关申辩意见不予采纳。

当事人黄某江、凌某兰、凌某等人的申辩意见与 XDD 基本相同。其他当事人辩称，自己的工作岗位不涉及原材料采购、销售、财务和控股股东股份转让工作，对 XDD2009 年至 2011 年虚增利润情况及 XDD 在 2012 年 4 月 12 日预披露招股说明书申报稿以及上会稿中遗漏控股股东股份转让情况事实不知情，也未参与上述事实；不认为 XDD 与 MTSL 构成关联关系及对梅州 LK 与 XDD 构成关联关系不知情具有合理理由；认为 XDD 主动提交终止发行上市申请，应从轻、减轻或免除处罚，拟定处罚过重。此外，当事人黄某露还辩称其曾协助出纳做过存取款工作，但对款项来源和去向并不知情。

经证监会复核，与 XDD 相同申辩意见不予采纳。对董事、监事、高级管理人员的处罚已考虑不同情节，并区别认定直接负责的主管人员和其他直接责任人员，上述人员在招股说明书等申报材料中签字，做出了承诺招股说明书不存在虚假记载、误导性陈述或重大遗漏，并对其真实性、准确性、完整性承担个别和连带的法律责任的声明，根据法律规定，应当承担法律责任。黄某露经办过 XDD 用于资金周转的梅州 ZL、MTSL 等多个公司或个人银行账户的开销户、转账或存取款业务，是 XDD 虚增收入事项的直接参与人员。相关申辩意见不予采纳。

根据当事人违法行为的事实、性质、情节与社会危害程度，依据《证券法》第一百九十三条第一款、第二款规定，证监会决定：

一、对 XDD 给予警告，并处以 60 万元罚款；

二、对黄某江、凌某兰给予警告，并分别处以 30 万元罚款；

三、对凌某、黄某露、赵某给予警告，并分别处以 20 万元罚款；

四、对樊某平、邱某鸿、支某强、何某胜、奚某春、马某华、陈某湘、林某华、李某、何某给予警告，并分别处以 15 万元罚款。

　　上述当事人应自收到本处罚决定书之日起 15 日内，将罚款汇交中国证券监督管理委员会，并将注有当事人名称的付款凭证复印件送中国证券监督管理委员会稽查局备案。当事人如果对本处罚决定不服，可在收到本处罚决定书之日起 60 日内向中国证券监督管理委员会申请行政复议，也可在收到本处罚决定书之日起 3 个月内直接向有管辖权的人民法院提起行政诉讼。复议和诉讼期间，上述决定不停止执行。

## 2.4.3　监管逻辑分析

### 1. 经营发展趋势与行业格局不符

　　国家林业局 2009 年 7 月发布的《全国油茶产业发展规划（2009—2020 年）》显示，"全国油茶适宜栽培区域分布表"中将广东省梅州市列为"较适宜栽培区"，排在"最适宜栽培区"及"适宜栽培区"之后。有超过 183 个地市的栽培适宜度超过梅州，在前面的 183 个地市均无一家油茶上市公司。《全国油茶产业发展规划（2009—2020 年）》中对全国油茶主产区油茶加工企业进行了统计，截至 2009 年，广东仅有 3 家企业，年产值仅 1 亿元，同期湖南有 111 家企业，总年产值近 50 亿元。在此背景下，油茶大省湖南尚无一家油茶企业上市，广东 XDD 异军突起，成为有名的"油茶第一股"，其业绩的真实性遭到怀疑。

　　同时，XDD 招股说明书显示，其综合毛利率在 2009 年至 2011 年分别为 38.15%、34.70%、41.00%，远高于同期其他食用油企业的销售毛利率。在高毛利率下，XDD 的存货周转率却很低，三年间仅有 1.69、1.74、1.57。但是，同期具有代表性的食用油企业存货周转率均在 4 以上，部分甚至达到了 7 或 8。毛利率情况与存货周转率情况严重不符，应引起审计人员的高度重视，识别并评估可能存在的收入舞弊风险。除此之外，统计期全国规模以上油茶加工企业的平均毛利率在 20%~25%，而同期 XDD 茶油销售毛利率却高过 35%，综合销售毛利率也几乎均在 35% 以上，这与行业水平严重不符。

### 2. 股权结构不合理，可能存在管理层凌驾于控制之上的风险

　　根据 XDD 招股说明书中披露的公司股权结构，黄某江、凌某兰夫妇控股比例高达 64.99%，拥有 XDD 绝对控制权。根据上述情况，可以判断 XDD 的控制环境已不足以支持内部控制的有效运行。

### 3. 企业关键财务指标与行业平均指标不符

　　XDD 招股说明书显示，2009 年至 2011 年，"茶油、茶粕"业务销售收入占总收入比重分别为 75.77%、80.53%、88.29%，是销售收入的主要来源。根据国家

统计局网站提供的数据划分标准，"油茶籽产量"归属于"主要林产品产量"类别。考虑到 XDD 主营业务是茶油生产及茶油茶粕销售，与油茶种植及油茶籽销售有本质区别，因此选择"营业收入""营业利润""扣除非经常性损益后的净利润""存货周转率"四个指标作为分析对象。希望通过分析，了解 XDD 所在行业销售收入的整体变动趋势，并分析 XDD 销售收入的变动是否与整体变动趋势一致。

行业内的东凌粮油、西王食品在 2009 年至 2011 年，销售收入呈波动趋势，营业利润、扣除非经常性损益后的净利润也不稳定。但 XDD 在 2009 年至 2011 年，营业收入、营业利润、扣除非经常性损益后的净利润保持稳定高速增长；而且，西王食品在 2009 年至 2011 年，食用油销售毛利率不超过 21%，且年均增长状况也不稳定。相比之下，东凌粮油及金健米业粮油领域的销售毛利率均不超过 8%。这说明食用油行业可能竞争激烈且趋于饱和。然而，XDD 三年间销售毛利率均高于 35%，甚至在 2009 年达到 60.66%。高毛利率与行业平均水平不符。

**4. 存在舞弊动机及压力**

2009 年至 2011 年，XDD 所处油茶行业进入调整期。XDD 招股说明书显示，该期间我国油茶籽产量、茶油总产量、茶粕总产量呈下降趋势。在行业环境呈下行趋势的情形下，XDD 此时选择 IPO 存在为了实现成功上市而人为操纵会计数据以达到上市财务指标的舞弊动机和压力。

管理层和治理层在被审计单位中拥有重大经济利益。XDD 实际控制人黄某江、凌某兰拥有公司 64.99% 的股权，财务业绩的好坏直接影响公司的股价，进而影响大股东个人财产的增减变化。

上述现象可能表明，XDD 存在实施舞弊的动机和压力，利用虚增收入方式给市场营造经营状况良好的虚假景象。

## 2.4.4 法律规定分析

**1. XDD 在此次财务造假事件中主要违反的法律规定**

经查，XDD 通过资金循环、虚构销售业务、虚构固定资产等手段，在 2009—2011 年年度报告中虚假记载。在 2012 年 4 月 12 日预披露的招股说明书申报稿及上会稿中有重大遗漏。XDD 上述行为违反了《证券法》等法律法规的规定，构成了《证券法》第一百九十三条所述行为。

**2. 中介服务机构违法违规情况**

经查，发行保荐机构 NJ 证券在 XDDIPO 项目工作中，未执行充分适当的尽职调查工作程序，没有保持足够的职业谨慎，未对相关事项真实性进行审慎核查，出具了含有虚假记载的发行保荐书及核查报告等文件，违反了《证券法》等法律法规的规定，构成了《证券法》第一百九十二条、第二百三十三条所述情形。证监会拟决定：（1）对 NJ 证券给予警告；（2）对 NJ 证券责令改正并实施公开谴责的监管措施，限其在 6 个月内对内部控制制度、尽职调查制度等方面存在的问题进行整改，整改完成后向监管部门提交书面报告，监管部门将检查验收；（3）对保荐代表人胡某和廖某华给予警告，分别处以 15 万元罚款，并分别采取终身证券市场禁入措施。

审计机构 DH 所在 XDD IPO 项目审计过程中，未保持适当的职业审慎，未勤勉尽责、实施必要的审计程序，未取得充分适当的审计证据，其所出具的审计报告、专项说明、核查意见等文件存在虚假记载，违反了《证券法》等法律法规的规定，构成《证券法》第二百二十三条、第二百三十三条所述情形。证监会拟决定：（1）没收 DH 所业务收入 110 万元，并罚款 220 万元；（2）对 DH 所责令改正；（3）对签字会计师王某滨和刘某奎给予警告，分别处以 10 万元、5 万元罚款，并分别采取终身证券市场禁入措施。

法律服务机构 DC 所未按行业执业标准履行勤勉尽责义务，出具法律意见时未审慎尽责，其所出具的文件有虚假记载，违反了《证券法》等法律法规的规定，构成《证券法》第二百二十三条、第二百三十三条所述情形。证监会拟决定：（1）没收 DC 所业务收入 50 万元，并罚款 100 万元；（2）对签字律师丘某良、申某平、刘某甲、刘某乙给予警告，并对丘某良、刘某甲分别处以 10 万元罚款，对申某平、刘某乙分别处以 5 万元罚款；此外，对刘某乙采取 5 年证券市场禁入措施。

# 2.5　ZLTC 案例分析

## 2.5.1　案例介绍

辽宁 ZLTC 股份有限公司（以下简称"ZLTC"）成立于 2000 年 10 月，经营范围为农副产品生产、加工、销售等，拟在深交所上市，2013 年至 2015 年向证监会陆续报送过 4 次招股说明书，2014 年 4 月 23 日在证监会网站预先披露。

2015 年 6 月，证监会 IPO 专项财务检查发现，ZLTC 存在存货大量盘亏等异常情况，涉嫌虚假陈述。2015 年 7 月，证监会对 ZLTC 信息披露违法违规案立案调查。

2016 年 9 月，证监会依法对拟上市公司 ZLTC 财务造假、虚假报送行为做出行政处罚，ZLTC 被处以 60 万元顶格罚款，董事长黄某等人分别被处以 8～10 年市场禁入。同时决定没收其保荐机构 XD 证券、律师事务所 ZY 律师事务所的业务收入，分别处以 320 万元罚款、120 万元罚款。虽然 ZLTC 主动撤回了 IPO 申请，但其造假行为已扰乱了资本市场秩序，证监会仍予以顶格处罚。

## 2.5.2　证监会公告

依据《证券法》有关规定，证监会对 ZLTC 违反证券法律法规行为进行了立案调查、审理，并依法向当事人告知了做出行政处罚的事实、理由、依据及当事人依法享有的权利。当事人 ZLTC、黄某提出陈述和申辩意见，但未要求听证。当事人曹某、何某波提出陈述和申辩意见并要求听证。证监会举行听证会，听取了曹某、何某波的陈述、申辩。本案现已调查、审理终结。

经查，ZLTC 存在以下违法事实：

2013 年至 2015 年 ZLTC 向证监会报送过 4 次招股说明书，2014 年 4 月 23 日将招股说明书申报稿在证监会网站预先披露。该 4 份招股说明书均存在虚假记载。

一、2012 年至 2014 年虚增销售收入和利润

2012 年至 2014 年，ZLTC 以虚增合同销售单价的方式累计虚增出口销售收入 8 268.51 万元。其中，2012 年、2013 年、2014 年分别虚增收入 662.04 万元、1 813.51 万元、5 792.96 万元，并相应虚增各年利润，虚增利润金额分别占 ZLTC 当年账面利润总额的 8.61%、20.81%、67.33%。ZLTC 在虚增收入的同时虚增应收账款，并通过第三方公司回款或用其他外销客户回款进行冲抵的方式调节应收账款的账龄。

二、2012 年至 2014 年虚增存货少结转销售成本，虚增利润

2012 年至 2014 年，ZLTC 分别通过调节出成率、调低原材料采购单价方式少结转销售成本，以及未在账面确认已处理霉变存货损失的方式虚增利润，累计虚增利润 7 616.18 万元，虚增存货数量 3 254.13 吨，金额 7 631.24 万元。其中，2012 年少结转销售成本 1 962.43 万元，虚增利润 1 962.43 万元，虚增存货数量 568.57 吨，金额 1 962.43 万元；2013 年少结转销售成本 2 863.19 万元，虚增利润 2 863.19 万元，虚增存货数量 1 328.96 吨，金额 2 979.23 万元；2014 年少结转销售成本 2 790.56 万元，虚增利润 2 790.56 万元，虚增存货数

量 1 356.6 吨，金额 2 689.58 万元。

综上，ZLTC 通过虚增合同销售单价、调节出成率、调低原材料采购单价、未在账面确认已处理霉变存货损失的方式虚增利润，虚增利润金额分别占 2012 年、2013 年、2014 年利润总额的 34.13%、53.66%、99.76%。

三、虚假披露主营业务情况

ZLTC 绝大部分成品松籽仁、南瓜籽仁是通过直接采购"仁"加工出来的，而在账面上却虚构了由采购的"籽"加工为"仁"的整个过程；大部分开心果未经加工直接销售，而在账面上却虚构了由原料开心果加工为成品开心果的整个过程，故招股说明书披露的与主营业务相关的工艺流程、采购原材料种类、生产模式和产品产量以及与产量相关的产能利用率等各项重要内容均存在虚假。

以上事实，有 ZLTC2013 年至 2015 年报送的招股说明书、自查报告、情况说明、补充说明、销售及生产统计表、相关合同、财务报表及相关凭证、相关人员询问笔录、执法笔录、存货盘点情况说明及相关的底稿、相关会议纪要等证据证明，足以认定。

ZLTC 的上述行为违反了《证券法》第二十条、第六十三条的规定，构成《证券法》第一百九十三条第一款、第二款所述情形，其中黄某、王某霞为直接负责的主管人员。在上述招股说明书中签字的董事吴某、黄某琴、孙某群、何某波、罗某涛、黄某、曹某、丘某和监事王某良、王某君、王某以及高级管理人员黄某天、舒某智、朱某明、朱某、蓝某为其他直接责任人员。

ZLTC 在陈述、申辩意见中提出，其主动撤回 IPO 申请，事实上未对中小投资者权益造成损害，请求对其减轻行政处罚。

证监会认为，ZLTC 在证监会发现其 IPO 申请材料存在虚假之后撤回 IPO 申请，并非主动撤回。ZLTC 通过虚增合同销售单价，调节出成率、调低原材料采购单价、未在账面确认已处理霉变存货损失的方式虚增利润，虚增利润金额分别占 2012 年、2013 年、2014 年利润总额的 34.13%、53.66%、99.76%，行为恶劣，严重扰乱证券市场秩序，情节较为严重，对其申辩意见不予采纳。

曹某、何某波在听证及陈述、申辩意见中提出，二人履职期间已尽到勤勉尽责的义务，本案所涉违法事实为 ZLTC 故意造假且手段隐蔽，作为独立董事难以发现，请求对其二人从轻或不予行政处罚。

证监会认为，曹某所提供的证据材料不足以证明其当时已经勤勉尽责，何某波未能提供证明其勤勉尽责的证据材料，二人相关申辩意见不予采纳。

黄某在陈述、申辩意见中提出，鉴于农业企业的行业特点，作为公司外部董事难以发现企业造假行为，请求对其不予行政处罚。

证监会认为，黄某未能提供证明其勤勉尽责的证据材料，其相关申辩意见不予采纳。

根据当事人违法行为的事实、性质、情节与社会危害程度，依据《证券法》第一百九十三条第一款的规定，证监会决定：

一、对 ZLTC 给予警告，并处以 60 万元罚款；

二、对黄某给予警告，并处以 30 万元罚款；

三、对王某霞给予警告，并处以 20 万元罚款；

四、对舒某智、朱某明给予警告，并分别处以 10 万元罚款；

五、对黄某天、黄某琴、吴某、黄某、孙某群、丘某、曹某、何某波、罗某涛、王某良、王某、王某君、蓝某、朱某给予警告，并分别处以 5 万元罚款。

上述当事人应自收到本处罚决定书之日起 15 日内，将罚款汇交中国证券监督管理委员会，并将注有当事人名称的付款凭证复印件送中国证券监督管理委员会稽查局备案。当事人如果对本处罚决定不服，可在收到本处罚决定书之日起 60 日内向中国证券监督管理委员会申请行政复议，也可在收到本处罚决定书之日起 6 个月内直接向有管辖权的人民法院提起行政诉讼。复议和诉讼期间，上述决定不停止执行。

## 2.5.3　监管逻辑分析

### 1. 农业类公司的行业特殊性

（1）采购交易对象分散。

随着科学技术的不断发展，大多数企业采用银行转账等交易方式结算账务，在这个过程中，银行回单等原始凭证保证了交易的真实性，并且银行也起到了很大的监控作用，有效防范了财务造假等行为。但是在 ZLTC 这种农业类公司中，其采购环节具有特殊性，采购交易对象分散，多是从单个农民处收购原材料。与农户之间签订合同进行银行交易是有一定条件限制的，且交易的数量和质量没有固定数额。销售合同、银行存单的缺失，为 ZLTC 财务造假提供了便利，也为审计人员验证交易的真实性带来了众多困难。同时，交易对象的分散化、交易数据小而多的特性，都给审计人员实施函证程序带来了困难。

（2）生物性资产风险大。

生物性资产具有风险大、监盘困难的问题，尤其是以生物性资产作为主要存货的农业类公司。一方面，审计过程中，审计人员很难获取生物性资产的数量和质量方面的有效数据，比如生存在水底或者大山深处的一些原材料，在专业设施不足和技术水平不到位的情况下，审计人员很难发现被审计单位是否存在造假等问题。另一方面，生物性资产容易受到自然灾害的影响，农作物的产量和质量也深受天气、温度等的影响。因此自然灾害对生物性资产带来的损失也是很难衡量的。除此之外，生物性资产的存储也是一大问题。很多产品难以长久存放，容易霉烂变质，甚至为了存储要支付高额的存储费用。以上种种问题，都给审计人员有效实施审计程序带来了困扰。

（3）农业类公司维持上市公司的地位较困难。

根据我国证券法规定，公司上市要符合一定的财务条件，如公司须连续盈利三年，且这三年公司的净利润总额不得低于 3 000 万元等，有公开增发股票需求的，还须保持最近三年加权平均资产收益率不低于 6%。农业类公司想要维持上市公司的地位，是有一定难度的。一方面，农业类公司的利润率并不像互联网公司那样高，大多数农业类公司需要依赖政府的补贴才能持续经营。另一方面，农业类公司以农产品为原材料，而农产品作为一种生物性资产，极其容易受到自然灾害的影响。一旦发生严重的自然灾害，原材料供应不足，农业类公司的持续经营会受到很大影响，甚至难以为继。基于以上两方面原因，农业类上市公司为了维持自己的上市地位，很有可能会利用财务造假来粉饰财务报表，这也加大了农业类上市公司财务报告的重大错报风险。

**2. 造假手段分析**

ZLTC 财务造假特点突出、手法隐蔽。一是公司利用销售客户分布海外不易调查的特点，虚构销售合同，虚增合同销售单价以虚增出口销售收入和利润。二是公司通过调节产品出成率、调低原材料采购单价、增加原材料入库数量、未在账面确认已处理霉变存货损失等方式虚增存货和利润。三是公司虚假披露主营业务模式，通过虚构生产过程的方法进行财务造假，导致招股说明书披露的与主营业务相关的采购原材料种类、工艺流程、生产模式、产品产量和产能利用率等各项重要内容存在虚假。通过上述方式，公司 2012 年、2013 年、2014 年分别虚增利润 1 962.43 万元、2 863.19 万元、2 790.56 万元，分别各占当年利润总额的 34.13%、53.66%、99.76%。

**3. 注册会计师未能保持职业怀疑，风险评估不到位**

在实施审计程序之前，注册会计师首先要做的就是风险识别和评估，了解被审计单位及其环境，这是进行审计风险控制的开端。注册会计师需要在此基础之上进行职业判断，如果风险评估不到位，将会对实施进一步审计程序产生很大影响。对 ZLTC 实施审计过程中，注册会计师由于在风险评估阶段对被审计单位及其环境了解不充分，所以进一步审计程序也受到了影响。

注册会计师在审计过程中虽然对 ZLTC 实施了基本审计程序——询问、检查、重新计算、分析等，但未进行深入分析，特别是对于 ZLTC 的生产过程和销售方面，未进行详细询问以及实施有效的分析程序。注册会计师忽视了存在重大风险的销售环节，从而导致审计失败。

在实施风险评估程序时，注册会计师未对 ZLTC 的实际情况进行实地走访和观察，听信 ZLTC 的一面之词，导致未能发现实际的生产规模与招股说明书中情况不符、虚构产品生产加工工艺流程、虚增出成率、虚增出仁率等生产指标等事实。招股说明书显示，ZLTC 在 2000 年就已经完成建设南瓜籽仁生产线，生产成本大幅降低，出仁率得到提高；但是实际情况是，ZLTC 未建设生产线，而是直接收购成品的籽仁，也不存在对籽仁脱壳的加工过程。而审计项目组在审计过程中，未能保持职业怀疑，风险评估工作不到位，并未发现这些虚假情况。

**4．相关审计法规和行业标准欠缺**

目前，我国缺乏完善的审计相关法律法规，法律监管力度不大，审计方面的制度仍有很多不足之处。虽然我国一直强调并支持现代风险导向审计，但是我国依然尚未全面建立该体系，在审计过程中，也没有完全运用该体系来指导审计工作，理论与实践没有做到真正融合。近年来，我国农产品数量不断增加，品种也日渐丰富，产品逐渐升级。但是随着农业的不断发展，我国仍没有建立健全的农产品加工标准体系，产品加工标准不统一，且针对性不强，没有明确规范，为农业类公司造假提供了可乘之机。因此，要稳步推进农业类公司的发展，完善农产品加工标准体系建设势在必行。

**5．监管措施繁杂**

目前，我国农业类公司大多建立在三、四线城市，一方面方便采购原材料，另一方面因为三、四线城市的土地租金和劳动力低廉，可以节省成本。但是，三、四线城市的公司注册、审核程序监督力度有限，再加上一些地方政府的工作人员职业技能可能不过关，对农业类公司了解不全面，很难发现农业类公司存在的问题。如近些年影响较大的 LDD 关联交易财务造假事件，其虚假注册的 35 家公司，一半以上来自三、四线城市。另外，一些地方政府和证券监管机构监管措施繁杂，实用性和效率性不强。

### 2.5.4 法律规定分析

**1. ZLTC 违规情况**

ZLTC 于 2013 年至 2015 年向证监会申报的 4 份招股说明书存在虚假记载。在证监会对 ZLTC 进行专项财务检查发现异常情况后，2015 年 6 月 10 日 ZLTC 撤回 IPO 申请。

ZLTC 的上述行为违反了《证券法》第二十条、第六十三条规定，构成信息披露违法。依据《证券法》第一百九十三条第一款、第二款、第二百三十三条和《证券市场禁入规定》（证监会令第 33 号）第五条规定，证监会决定对 ZLTC 给予警告，并处以 60 万元罚款。

对直接负责的主管人员黄某（时任 ZLTC 董事长）给予警告，并处以 30 万元罚款，同时对黄某采取 10 年证券市场禁入措施；对王某霞（时任 ZLTC 董事）给予警告，并处以 20 万元罚款，同时对王某霞采取 8 年证券市场禁入措施；对舒某智（时任 ZLTC 副总经理）等其他 16 名责任人员给予警告，并分别处以 5 万元至 10 万元的罚款。

**2. 审计机构违规情况**

RH 所作为 ZLTCIPO 审计机构，对 ZLTC2012 年、2013 年及 2014 年财务报表进行审计并出具了标准无保留意见的审计报告，审计收费 130 万元。RH 所在审计过程中未勤勉尽责，其所出具的审计报告存在虚假记载。

处罚决定书显示，2012 年至 2014 年，ZLTC 出口收入分别占各年主营业务收入的 73.25%、84.4%、85.27%。经查，ZLTC 以虚增出口销售单价方式虚增利润，虚增各年利润金额分别占当年利润总额的 8.61%、20.81%、67.33%。

2012 年至 2014 年，ZLTC 各年末存货余额分别占资产总额的 44%、39% 及 26%。经查，ZLTC 分别通过调节出成率、调低原材料采购单价以及未在账面确认已处理霉变存货损失的方式虚增利润和存货。虚增利润金额分别占当年利润总额的 25.52%、32.85% 及 32.43%；虚增存货金额分别占各年末资产总额的 3.11%、6.51% 及 7.26%。

证监会表示，RH 所对 ZLTC2012 年至 2014 年与营业收入和存货相关的项目进行审计时未勤勉尽责，违反了《证券法》第一百七十三条有关"证券服务机构为证券的发行、上市、交易等证券业务活动制作、出具审计报告、资产评估报告、财务顾问报告、资信评级报告或者法律意见书等文件，应当勤勉尽责，对所依据的文件资料内容的真实性、准确性、完整性进行核查和验证"的规定，也违反了《证券法》第二十条第二款"为证券发行出具有关文件的证券服务机构和人员，必须严格履行法定职责，保证其所出具文件的真实性、准确性和完整性"的规定，构成《证券法》第二百二十三条所述"证券服务机构未勤勉尽责，所制作、出具的文件有虚假记载、误导性陈述或者重大遗漏"的行为。签字注册会计师侯某勋、肖某为直接负责的主管人员。

依据《证券法》第二百二十三条的规定，证监会决定：一、责令 RH 所改正违法行为，没收业务收入 130 万元，并处以 260 万元罚款；二、对侯某勋、肖某给予警告，并分别处以 10 万元罚款。

**3．保荐机构违规情况**

（1）XD 证券未审慎核查 ZLTC 与主要客户销售情况。

XD 证券在核查 ZLTC 销售情况时，未按照《保荐人尽职调查工作准则》（以下简称《保荐准则》）第四条、第五条、第六条和第二十二条的规定执行销售情况尽职调查，导致未能发现 ZLTC 虚增销售收入和利润的情况。

在 ZLTC 产品大量出口的情况下，XD 证券对境外客户的销售收入未执行独立函证程序，其保荐工作底稿中的函证文件均取自会计师，且未审慎核查会计师的函证，未尽到应有的注意义务，未发现会计师的询证函是由 ZLTC 寄发这一明显的程序瑕疵。在走访海关时，XD 证券未能从海关等机构确定发行人销售的真实性。

XD 证券对 ZLTC 境外客户走访不充分，仅在 2011 年 11 月至 12 月期间现场走访了荷兰的 HCH 公司、QF 公司、SC 公司、MEN 公司，德国的 AGA 公司、KG 公司、SP 公司，丹麦的 DLG 公司等共 8 家客户，这 8 家客户销售额合计占 ZLTC2012 年外销收入的 28.12%、2013 年外销收入的 22.47%、2014 年外销收入的 22.32%。XD 证券在对境外客户走访中未调取销售合同等相关凭证，在访谈境外客户时未聘请第三方翻译，访谈内容的真实性存疑。访谈记录的制作程序存在明显瑕疵，境外访谈仅聘请律师参与见证了访谈尽职调查整个过程，未取得境外客户对访谈记录的确认签字，并在回国后制作与境外客户的访谈记录，记录里的销售数量和金额是回国后根据财务资料补充的，访谈记录的法律效力待定。2012 年至 2014 年 XD 证券未对境外客户进行实地访谈。此外，XD 证券没有关注境外客户销售合同格式存在前后不一致的情况。

（2）XD 证券未审慎核查 ZLTC 生产情况。

XD 证券在核查 ZLTC 生产情况时，未按照《保荐准则》第四条、第五条、第六条和第二十一条的规定执行生产情况尽职调查，导致未能发现 ZLTC 招股说明书虚假披露主营业务相关的工艺流程、生产模式等情况。

XD 证券在执行生产情况尽职调查程序时，对 ZLTC 产能利用率超过 100%、出仁率逐年上升、副料异常减少、用电量异常等情况未能保持足够关注。在对 ZLTC 生产工艺、技术进行分析评价的尽职调查过程中，未能发现 ZLTC 直接采购南瓜籽仁、松籽仁进行加工，没有经过所谓破壳加工工序生产，开心果大部分未加工生产而是采购后直接销售产品的情形。同时，XD 证券未能合理分析南瓜籽仁生产环节是否存在瓶颈制约情况，未能对南瓜籽仁产能利用率超过 100% 的情况进行有效分析。

（3）XD 证券未审慎核查 ZLTC 存货情况。

XD 证券在核查 ZLTC 存货情况时，未按照《保荐准则》第四条、第五条、第六条、第四十一条和第五十二条的规定执行存货情况尽职调查，报告期内未勤勉尽责地实地抽盘大额存货，相关材料全部引用了会计师的存货盘点文件。同时，未对会计师存货盘点工作的合理性、准确性、完整性进行审慎核查和独立判断，进而未能发现 ZLTC 账实不符、虚增存货、虚增利润的情况。

ZLTC 的存货南瓜籽仁、松籽仁、开心果出现大额亏空，2012 年至 2014 年共虚增存货 7 631.24 万元。其中，2012 年亏空存货数量为 568.57 吨，金额为 1 962.43 万元；2012 年、2013 年共亏空存货数量为 1 897.53 吨，金额为 4 941.66 万元；2012 年、2013 年、2014 年共亏空存货数量为 3 254.13 吨，金额为 7 631.24 万元。此外，ZLTC 2012 年至 2014 年存放在天津代工厂的存货未纳入盘点范围。

截至证监会调查日，XD 证券从 ZLTC 收取各项费用总计 200 万元。

根据当事人违法行为的事实、性质、情节与社会危害程度，依据《证券法》第一百九十二条的规定，证监会决定：

一、没收 XD 证券业务收入 160 万元，并处以 320 万元罚款。

二、对寻某、李某涛给予警告，并分别处以 30 万元罚款。

**4．律所违规情况**

ZY 律所是 ZLTC IPO 项目的法律服务机构，在 ZLTC 首次公开发行并上市的执业过程中没有恪尽职守，主要包括在进行核查和验证前没有制作查验计划、工作底稿不完整、出具法律意见书前未恪尽职守。

2016 年 9 月 1 日，证监会依法对 ZY 律所出具的文件中有虚假记载及违反业务规则的行为做出没收其营业收入 60 万元并罚款 120 万元的处罚，对涉案直接负责人给予警告处分，并罚款 19 万元。

# 第 3 章
# 关联交易合规性问题

## 3.1　关联交易审核概述

　　与其他造假手段相比，关联交易比较容易操作，发现难、监管难。特别是有些行业的产业链条比较长，上下游企业数目较多，企业之间联系紧密，更为利用关联交易造假提供了条件。因此，关联交易也成为许多发行人常使用的调节利润的手法之一，也是注册会计师审计的重点之一。通常情况下，比较常见的关联交易审计风险主要有：不公允的交易价格、利用关联虚增收入和利润、通过关联方虚减成本和费用、利用关联方虚增资金及不易察觉的关联方。统计 IPO 审计失败的案例可以看出，利用关联交易造假的案例不在少数。YGX 利用关联交易虚增利润 4 355.44 万元；LDD 管理层利用其亲属注册 35 家公司进行关联交易；XDD 披露的前十大客户中有 7 家存在关联交易却被隐瞒。因为关联方与企业之间的利益关系密切，仅实施函证程序无法保证其交易的真实性、公允性，所以关联交易审核是 IPO 审核的关键点之一。

### 3.1.1　关联交易的内容

　　根据《深圳证券交易所股票上市规则》第 10.1.1 条的规定，上市公司的关联交易，是指上市公司或者其控股子公司与上市公司关联人之间发生的转移资源或者义务的事项，包括：（1）购买或者出售资产；（2）对外投资（含委托理财、委托贷款、对子公司投资等）；（3）提供财务资助；（4）提供担保；（5）租入或者租出资产；（6）签订管理方面的合同（含委托经营、受托经营等）；（7）赠与或者受赠资产；（8）债权或者债务重组；（9）研究与开发项目的转移；（10）签订许可协议；（11）购买原材料、燃料、动力；（12）销售产品、商品；（13）提供或者接受劳务；（14）委托或者受托销售；（15）关联双方共同投资；（16）其他通过约定可能造成资源或者义务转移的事项。

可见，几乎所有的商业合作、往来都有可能构成关联交易（增资在本质上属于关联交易，但是无须按照关联交易标准披露和履行批准和表决程序）。关联交易具有两面性：从消极的角度看，其可能导致利润转移、粉饰业绩、侵害中小股东权益、影响公司独立性；从积极角度看，其具有高效、优质、持续和稳定的优点。因此，上市审核标准中对同业竞争和关联交易持有不同的态度，对前者是"禁止"，对后者是"规范"。

关联交易规范的核心三要点是：（1）在实体上必须市场化定价和运作；（2）在程序上必须严格遵循公司章程和相应制度的规定；（3）在数量和质量上不能影响公司的独立性。总的来说，要尽可能发挥其积极作用，避免其消极作用。

## 3.1.2 关联方的范围

图 3-1 中，第一级关系人为狭义关联人，第二级和第三级关系人为类关联人。

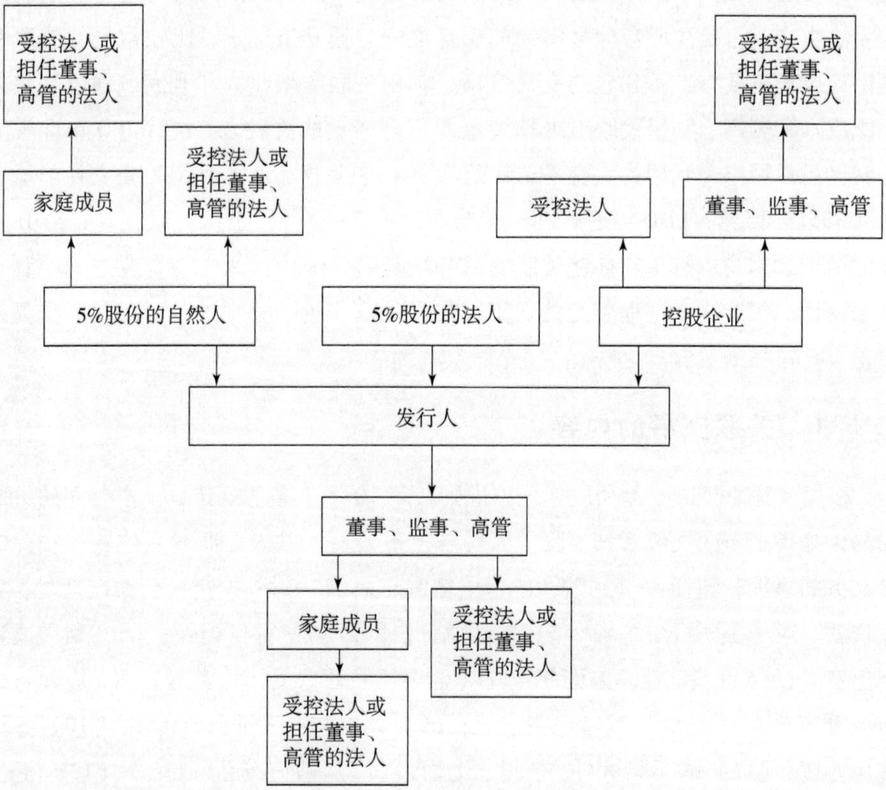

图 3-1 关联方示意

### 3.1.3　关联交易的信息披露要求

30% 的关联交易比例限制已经取消，这并不意味着关联交易不再是审核重点，作为替代监管手段，信息披露的要求更加严格。

（1）发行人应根据交易的性质和频率，按照经常性和偶发性因素，分类披露关联交易及关联交易对其财务状况和经营成果的影响。

①购销商品、提供劳务等经常性的关联交易，应分别披露最近三年及一期关联交易方名称、交易内容、交易金额、交易价格的确定方法、占当期营业收入或营业成本的比重、占当期同类型交易的比重以及关联交易增减变化的趋势，与交易相关应收、应付款项的余额及增减变化的原因，以及上述关联交易是否仍将持续进行。

②偶发性的关联交易，应披露关联交易方的名称、交易时间、交易内容、交易金额、交易价格的确定方法、资金的结算情况、交易产生利润及对发行人当期经营成果的影响、交易对公司主营业务的影响。

（2）发行人应披露是否在章程中对关联交易决策权力与程序做出规定。公司章程是否规定了关联股东或利益冲突的董事在关联交易表决中的回避制度或有必要的公允声明。

（3）发行人应披露最近三年及一期发生的关联交易是否履行了公司章程规定的程序，以及独立董事对关联交易履行的审议程序是否合法及交易价格是否公允的意见。

（4）关联交易应当分别关联方以及交易类型予以披露，类型相似的关联交易，在不影响财务报表阅读者正确理解关联交易对财务报表影响的情况下，可以合并披露。

（5）企业只有在提供确凿证据的情况下，才能披露关联交易是公平交易。

（6）发行人应披露拟采取的减少关联交易的措施。

## 3.2　深圳 MGMT 案例分析

### 3.2.1　案例介绍

深圳 MGMT 电气股份有限公司（以下简称"MGMT"）成立于 2003 年，是一家以电力电子及工业控制技术为核心的电气控制与节能领域的方案提供者，业务涵盖智能家电、工业自动化、定制电源三大领域，产品广泛应用于平板显示器、智能家电、医疗、通信、IT、电力、交通、节能照明、工业自动化、新能源汽车等行业。

MGMT 的 IPO 之路相对波折，MGMT 之前 IPO 申报、被否、申报、核准及最终上市的时间轴，历时五年之久，而阻碍其 IPO 的最大问题便是与"T 系"的关联交易。2012 年 4 月 18 日，MGMT 在证监会给出审核意见后便对自身关联方进行大力整改，最终于 2017 年 1 月获准通过并于同年 3 月成功登陆深交所中小板。

### 3.2.2　证监会公告

2012 年 5 月 7 日，证监会发布了《关于不予核准深圳 MGMT 电气股份有限公司首次公开发行股票申请的决定》，文件就不予核准的内容进行了说明，主要涉及大股东供应商化、大股东客户化、关联交易价格公允性存疑等问题，文件内容如下。T 为你公司第二股东，合计持有公司 17.84% 股份。报告期内你公司向 T 采购原材料并向其销售平板电视等定制电源，其中向 T 销售产品的金额分别为 1 683.38 万元、2 709.02 万元和 1 856.34 万元，其销售价格比销售给第三方的同类产品价格分别高 3.25%、14.11% 和 16.29%。T 采购你公司大尺寸平板电视定制电源与向第三方采购类似产品价格相比，2009 年高 12.78% ~ 11.29%，2010 年高 10.31% ~ 8.86%，2011 年不存在可比产品。此外，你公司客户中 ZCGF、KGJS 和珠海 JP 电器均为向 T 提供贴牌电视产品的生产商，报告期内你公司对三家企业销售额的合计占比分别为 28.45%、27.17% 和 9.36%。你公司在申报材料和现场聆讯中未就上述交易的定价依据及其公允性做出合理说明。

### 3.2.3　监管逻辑分析

在梳理异常关联交易之前，首先需要了解的两个问题是"T 系"各公司与 MGMT 的关联关系是怎样的，以及"T 系"是如何成为 MGMT 第二大股东的。

根据 MGMT 首次 IPO 招股说明书（申报稿）和 T 集团 2011 年度半年报"T 系"各公司与 MGMT 的关联关系如表 3 - 1 所示。

表 3 - 1　　　　　MGMT 与 "T 系" 各公司关联关系汇总

| 与 T 集团的关系 | T 集团子公司（100%） | T 集团子公司（51%） | T 集团子公司（100%） | T 集团子公司（65%） | T 集团子公司（100%） | T 集团孙公司（52%） | T 集团子公司（55%） | 贴牌代加工 | 贴牌代加工 | 贴牌代加工 |
|---|---|---|---|---|---|---|---|---|---|---|
| 与 MGMT 的 关 联 关 系 | 股东（15.25%） | 股东（2.59%） | 供应商 | 供应商 | 供应商客户 | 客户 | 受托加工 | 客户 | 客户 | 客户 |

资料来源：深圳 MGMT 电气股份有限公司首次公开发行股票招股说明书（申报稿）。

此外，XGMGMT 成立于 2005 年 3 月 21 日，是 MGMT 在 2009 年至 2010 年的经销商，MGMT 通过 XGMGMT 进行定制电源产品的海外销售，同时 XG MGMT 99% 左右的销售收入也来源于 MGMT 的产品。2006 年，XG MGMT 进行股权转让，童某胜（MGMT 第一大股东和实际控制人）成为 XG MGMT 的唯一股东和董事。

深圳 MGMT 电气股份有限公司的前身系成立于 2003 年 7 月的深圳市 MGMT 电气技术有限公司，其于 2010 年 9 月以整体变更方式设立深圳 MGMT 电气股份有限公司。表 3 - 2 是 MGMT 在 2017 年 2 月 21 日签署的招股说明书中披露的 IPO 前发起设立、不同轮次增资以及股权转让的情况。

表 3 - 2　　　　　　　　MGMT 历史沿革

| 股本形成及变化 | 发生日期 | 发起人/投资方/受让方 | 转让方 | 出资形式 | 交易金额（万元） | 交易股权比例（%） |
|---|---|---|---|---|---|---|
| 发起设立 | 2003 - 07 - 06 | 2 名自然人 | — | 货币 | 50 | 100 |
| 第一次增资 | 2005 - 07 - 02 | 2 名自然人 | — | 货币 | 260 | 83.87 |
| 第二次增资 | 2005 - 08 - 02 | 5 名自然人 | — | 货币 | 190 | 38.00 |
| 第一次股权转让 | 2006 - 11 - 11 | 3 名自然人 | 1 名自然人 | 货币 | 50 | 10.00 |
| 第二次股权转让 | 2009 - 03 - 23 | 1 名自然人 | 1 名自然人 | 货币 | 600 | 10.00 |
| 第三次增资 | 2010 - 03 - 25 | 惠州 T 创投 | — | 货币 | 6 000 | 10.60 |
| 第三次股权转让 | 2010 - 06 - 02 | 37 名员工 | 9 名自然人 | 货币 | 1 054 | 8.71 |
| 第四次增资 | 2010 - 11 - 19 | 惠州 T 创投 | — | 货币 | 4 000 | 5.83 |
| 第五次增资 | 2010 - 11 - 19 | 无锡 T 创投 | — | 货币 | 2 000 | 2.61 |
| 第六次增资 | 2011 - 03 - 08 | 14 名员工 | — | 货币 | 283.80 | — |
| 第四次股权转让 | 2012 - 09 - 17 | FXCH、JLHR、HXTZ、JSTZ 等 | 新疆 T 投资（原惠州 T 创投）、无锡 T 创投 | 货币 | 29 000 | 17.84 |

资料来源：深圳 MGMT 电气股份有限公司首次公开发行股票招股说明书（申报稿）。

表 3 - 2 中，2003 年 7 月 6 日至 2010 年 6 月 2 日为有限公司阶段发起设立股本变动情况，2010 年 11 月 19 日至 2012 年 9 月 17 日为股份公司阶段股本变动情况。

截至 MGMT 首次递交 IPO 申请，惠州 T 创投以及无锡 T 创投共计持有 MGMT17.84% 的股份，是 MGMT 第二大股东。MGMT 在证监会的核准意见发布 5 个月之后，便对自身的关联交易问题进行整改，将相关大股东进行清理，调整自身的股权结构。

MGMT 主要与"T 系"在采购业务、销售业务、委托代工业务以及其他偶发性业务方面发生关联交易。整体来看，MGMT 的关联交易特点是：一是交易事件繁多，二是交易价格不够公允，三是信息披露不够完善。

MGMT 所处的行业为定制电源制造业。定制电源产业链主要可分为三个部分：上游为半导体器件、大规模集成电路、磁性元件及电容、电阻等电子元器件行业；MGMT 处于产业链中游，设计生产的电源产品是各类生产设备、生活设施等应用产品的重要部件；下游行业是一些应用领域的行业，如家用电器、通信、信息技术、新能源汽车等行业。MGMT 所在行业产业链如图 3 - 2 所示。

定制电源产业链

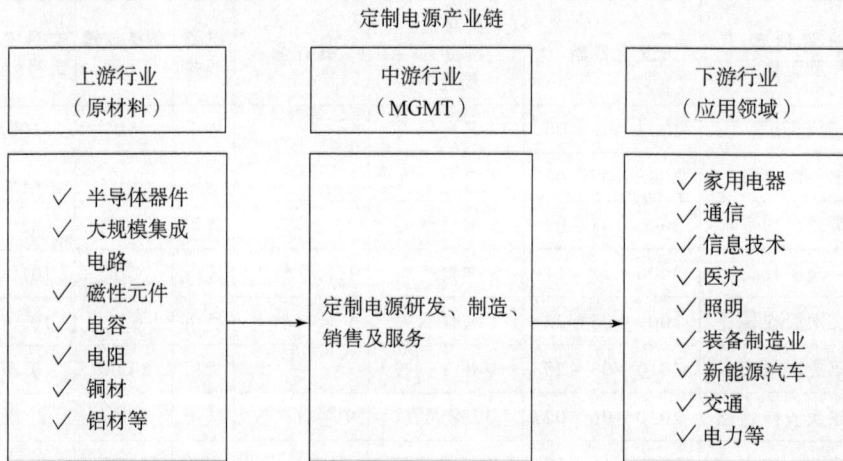

图 3 - 2　MGMT 所在行业产业链

（1）采购方面。

前面已经梳理了 MGMT 与 T 集团的关联关系，根据 MGMT 首次申报的招股书来看，2009 年至 2011 年，T 集团下属部分公司连续三年位列 MGMT 前五大供应商。2009 年，惠州市 SH 工业有限公司（以下简称"SH"）是 MGMT 第三大供应商，采购金额为 1 553.61 万元，占主要原材料采购总额的 5.56%；2010

年，TH 电路科技（惠州）有限公司（以下简称"TH"）是 MGMT 第四大供应商，采购金额为 1 712.10 万元，占主要原材料采购总额的 4.92%；2011 年，TH 是 MGMT 第五大供应商，采购金额为 1 623.49 万元，占主要原材料采购总额的 3.31%。需要注意的是，根据 T 集团 2011 年度披露的半年报，鉴于 SH、TH 是 T 集团持有控股表决权的公司，MGMT 合并计算了 2010 年 SH、TH 的采购金额，同时合并计算了 2011 年 SH、TH、T 王牌电器（惠州）有限公司（以下简称"T 王牌"）三家公司的采购金额。

可以看出，2009 年至 2011 年，"T 系"与 MGMT 的关联采购交易占比逐年下降，总金额在 2010 年出现大幅增长后下降，但依然超过 2009 年水平。表 3 - 3 至表 3 - 5 是 MGMT 在 2009 年至 2011 年的前五大供应商资料。

表 3 - 3　　　　　　　　2009 年 MGMT 前五大供应商

| 序号 | 供应商 | 采购金额（万元） | 占主要原材料采购总额比例（%） |
|---|---|---|---|
| 1 | YRD 有限公司 | 2 246.00 | 8.04 |
| 2 | KPS 贸易（深圳）有限公司 | 2 231.51 | 7.99 |
| 3 | 惠州市 SH 工业有限公司 | 1 553.61 | 5.60 |
| 4 | 深圳市 CSFE 电子有限公司 | 1 495.21 | 5.36 |
| 5 | 深圳市 YMX 电子有限公司 | 1 458.62 | 5.22 |
| | 合计 | 8 984.95 | 32.21 |

资料来源：深圳 MGMT 电气股份有限公司首次公开发行股票招股说明书（申报稿）。

表 3 - 4　　　　　　　　2010 年 MGMT 前五大供应商

| 序号 | 供应商 | 采购金额（万元） | 占主要原材料采购总额比例（%） |
|---|---|---|---|
| 1 | YRD 有限公司 | 3 417.88 | 9.82 |
| 2 | 深圳市 JYCX 电子有限公司 | 2 266.64 | 6.51 |
| 3 | KPS 贸易（深圳）有限公司 | 1 981.11 | 5.69 |
| 4 | TH 电路科技（惠州）有限公司 | 1 712.10 | 4.92 |
| 5 | WYL 电子（香港）有限公司 | 1 447.98 | 4.16 |
| | 合计 | 10 825.71 | 31.10 |

资料来源：深圳 MGMT 电气股份有限公司首次公开发行股票招股说明书（申报稿）。

表 3 - 5　　　　　　　　2011 年 MGMT 前五大供应商

| 序号 | 供应商 | 采购金额（万元） | 占主要原材料采购总额比例（%） |
|---|---|---|---|
| 1 | YRD 有限公司 | 3 853.19 | 7.85 |
| 2 | KPS 贸易（深圳）有限公司 | 2 204.76 | 4.49 |

续表

| 序号 | 供应商 | 采购金额<br>（万元） | 占主要原材料<br>采购总额比例（%） |
|---|---|---|---|
| 3 | 深圳市 YMX 电子有限公司 | 2 059.73 | 4.20 |
| 4 | 深圳市 JYCX 电子有限公司 | 1 920.41 | 3.91 |
| 5 | TH 电路科技（惠州）有限公司 | 1 623.49 | 3.31 |
| | 合计 | 11 661.58 | 23.76 |

资料来源：深圳 MGMT 电气股份有限公司首次公开发行股票招股说明书（申报稿）。

SH 主要从事各类电子产品的结构设计、模具开发、注塑、金属冲压与加工、电子产品的组装等，是珠三角地区电子配件、模具等产品研产销一体化的企业。TH 主要从事液晶显示类高精密单层、多层、柔性及软硬结合电路板的制造和销售。MGMT 主要向 SH 及 TH 采购 PCB 板等原材料。

从原材料采购来看，2009 年至 2011 年，MGMT 前五位供应商中均出现了 SH 或者 TH，尽管所占比例连续下降，但是考虑到 MGMT 所需的 PCB 板材料主要来自这两家供应商，并且 PCB 板在整个定制电源制造过程中成本不多，故而 3.31% ~ 5.60% 的占比并不能排除关联交易对成本影响程度较大的可能性。

2009 年至 2011 年，MGMT 采购 PCB 板交易情况和 PCB 板成本情况分别如表 3-6 和表 3-7 所示。

**表 3-6　　2009 年至 2011 年 MGMT 采购 PCB 板交易情况**

| 项目 | 2009 年 | | 2010 年 | | 2011 年 | |
|---|---|---|---|---|---|---|
| | 采购额<br>（万元） | 单价<br>（元/cm²） | 采购额<br>（万元） | 单价<br>（元/cm²） | 采购额<br>（万元） | 单价<br>（元/cm²） |
| SH/TH | 1 553.61 | 0.014 06 | 1 712.10 | 0.014 05 | 1 623.49 | 0.014 54 |
| 第三方 | 31.96 | 0.013 73 | 576.96 | 0.013 97 | 1 676.57 | 0.014 10 |
| 倍数/差异率 | 48.61 | 2.40% | 2.97 | 0.57% | 0.97 | 3.12% |

资料来源：深圳 MGMT 电气股份有限公司首次公开发行股票招股说明书（申报稿）。

**表 3-7　　　　　2009 年至 2011 年 PCB 板成本情况**

| 项目 | 2009 年 | | 2010 年 | | 2011 年 | |
|---|---|---|---|---|---|---|
| | 金额<br>（亿元） | 占比<br>（%） | 金额<br>（亿元） | 占比<br>（%） | 金额<br>（亿元） | 占比<br>（%） |
| 原材料成本 | 2.19 | | 3.17 | | 4.56 | |
| PCB 板 | 0.18 | 8.22 | 0.26 | 8.20 | 0.38 | 8.33 |

资料来源：深圳 MGMT 电气股份有限公司首次公开发行股票招股说明书（申报稿）。

结合 MGMTPCB 板采购情况，2009 年至 2011 年，MGMT 在 SH、TH 的采购

量占比下跌，但是 2011 年交易单价高于前两年，同时与第三方的差异率拉大，很可能意图进行利益输送。

图 3 – 3 所示为 2009 年至 2011 年 MGMT 关联采购交易情况。

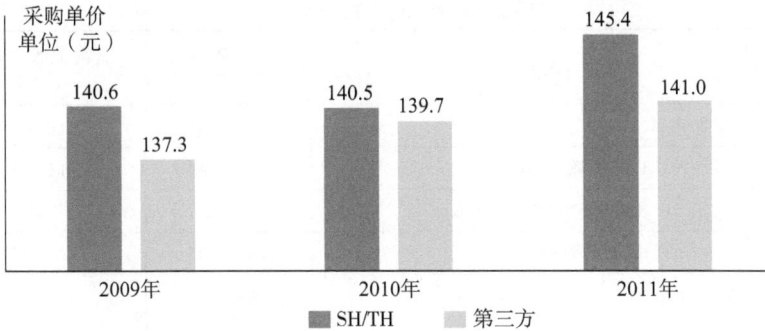

图 3 – 3　2009 年至 2011 年 MGMT 关联采购交易情况

MGMT 在关联采购交易中采购价格明显不够公允。一方面由于在 2009 年至 2011 年，关联交易方 SH 和 TH 的采购单价均比其他第三方高，尤其是在 2011 年，差异率高达 3.12%。然而，MGMT 在当年首次申报 IPO 时并没有将该部分披露清楚，且认为自身关联交易价格公允，其信息披露的准确性和真实性令人生疑。

（2）销售方面。

2009 年，T 王牌是 MGMT 第五大客户，销售收入为 1 683.63 万元，占营业收入总额的 4.61%；2010 年，T 王牌是 MGMT 第四大客户，销售收入为 2 790.02 万元，占营业收入总额的 5.23%。2011 年，尽管 T 王牌未能成为前五大客户，但是 1 856.34 万元的关联收入依然不低。

需要注意的是，根据 T 集团 2011 年度披露的半年报，鉴于 T 光电科技（惠州）有限公司（以下简称"T 光电"）与 T 王牌实际控制人一致，MGMT 合并计算了 2010 年 T 王牌、T 光电的销售金额。另外，深圳市 KGJS 有限公司（以下简称"KGJS"）、深圳市 ZCGF 有限公司（以下简称"ZCGF"）、珠海经济特区 JP 电器有限公司既是 MGMT 的大客户（其中前两家是 MGMT 的前两大客户），又是 T 集团的贴牌代工生产商，与 T 集团业务往来频繁。2009 年，ZCGF 是 MGMT 第一大客户，销售收入为 6 128.89 万元，占营业收入总额的 16.80%，KGJS 是 MGMT 第二大客户，销售收入为 4 250.62 万元，占营业收入总额的 11.65%；2010 年，ZCGF 和 KGJS 的排位不变，销售收入分别为 6 293.64 万元、5 901.42 万元，占营业收入比例分别为 12.14%、11.38%。可以看出，

2009 年、2010 年，"T 系"与 MGMT 的关联销售交易占比下降，但是总金额在 2010 年出现大幅增长，远超 2009 年水平。表 3 - 8 至表 3 - 9 为 MGMT 在 2009 年至 2010 年的前五大客户。

表 3 - 8　　　　　　　　2009 年 MGMT 前五大客户

| 序号 | 大客户 | 销售收入（万元） | 占营业收入比例（%） |
|---|---|---|---|
| 1 | 深圳市 ZCGF 有限公司 | 6 128.89 | 16.80 |
| 2 | 深圳市 KGJS 有限公司 | 4 250.62 | 11.65 |
| 3 | 沈阳 TF 多媒体科技有限公司 | 2 753.57 | 7.55 |
| 4 | 广东 CH 电子有限公司 | 2 537.05 | 6.95 |
| 5 | T 王牌电器（惠州）有限公司 | 1 683.38 | 4.61 |
| | 合计 | 17 353.51 | 47.56 |

资料来源：深圳 MGMT 电气股份有限公司首次公开发行股票招股说明书（申报稿）。

表 3 - 9　　　　　　　　2010 年 MGMT 前五大客户

| 序号 | 大客户 | 销售收入（万元） | 占营业收入比例（%） |
|---|---|---|---|
| 1 | 深圳市 ZCGF 有限公司 | 6 293.64 | 12.14 |
| 2 | 深圳市 KGJS 有限公司 | 5 901.42 | 11.38 |
| 3 | 沈阳 TF 多媒体科技有限公司 | 3 079.14 | 5.94 |
| 4 | T 王牌电器（惠州）有限公司 | 2 709.02 | 5.23 |
| 5 | 广东 CH 电子有限公司 | 2 594.71 | 5.01 |
| | 合计 | 20 577.93 | 39.70 |

资料来源：深圳 MGMT 电气股份有限公司首次公开发行股票招股说明书（申报稿）。

T 王牌成立于 1994 年 9 月 8 日，是 T 集团下属最大的生产基地，有先进的彩电生产设备，产品主要有 T 王牌 CRT 彩电、LCD、PDP 等。2009 年至 2011 年，MGMT 主要向 T 王牌销售定制电源系列产品以及电源控制组件系列产品。表 3 - 10 为 2009 年至 2011 年 MGMT 关联销售情况。

表 3 - 10　　　　2009 年至 2011 年 MGMT 关联销售情况

| 项目 | | 2009 年 | | 2010 年 | | 2011 年 | |
|---|---|---|---|---|---|---|---|
| | | 销售额（万元） | 单价（元/台） | 销售额（万元） | 单价（元/台） | 销售额（万元） | 单价（元/台） |
| 大尺寸平板电视定制电源 | T 王牌 | 1 560.79 | 107.38 | 1 746.00 | 104.02 | 365.48 | 98.82 |
| | 第三方 | 4 189.27 | 104.01 | 5 325.78 | 91.15 | 1 490.22 | 84.98 |
| | 差异率 | — | 3.24% | — | 14.12% | — | 16.29% |

| 项目 | | 2009 年 | | 2010 年 | | 2011 年 | |
|---|---|---|---|---|---|---|---|
| | | 销售额（万元） | 单价（元/台） | 销售额（万元） | 单价（元/台） | 销售额（万元） | 单价（元/台） |
| 小尺寸平板电视外置电源 | T 王牌 | — | — | 375.98 | 42.33 | 286.89 | 41.03 |
| | 第三方 | — | — | 0.02 | 47.01 | — | — |
| | 差异率 | — | | — | −9.96% | — | |
| 电源控制组件 | T 王牌 | 122.59 | 8.50 | 587.04 | 8.00 | 450.33 | 8.01 |
| | 第三方 | — | | 141.74 | 9.11 | 388.88 | 7.87 |
| | 差异率 | — | | — | −12.18% | — | 1.78% |

资料来源：深圳 MGMT 电气股份有限公司首次公开发行股票招股说明书（申报稿）。

从销售方面来看，2009 年至 2011 年，MGMT 在关联销售交易上的价格有失公允。根据表 3-10 数据，MGMT 与 T 王牌的销售交易在单价上与第三方有明显差别。2009 年，MGMT 向 T 王牌销售合计 1 683.38 万元产品，其中大尺寸平板电视定制电源的销售单价比向第三方销售的单价高 3.24%；2010 年，MGMT 向 T 王牌销售合计 2 709.02 万元产品，其中大尺寸平板电视定制电源的销售单价比向第三方销售的单价高 14.12%；2011 年，MGMT 向 T 王牌销售合计 1 856.34万元产品，其中大尺寸平板电视定制电源的销售单价比向第三方销售的单价高 16.29%。此外，2010 年，在销售小尺寸平板电视外置电源和电源控制组件交易中，MGMT 对 T 王牌的销售单价均低于对第三方的销售单价，差异率分别为 −9.96%、−12.18%。

关联交易价格的公允性一直是 IPO 审核的重点部分。许多拟上市公司 IPO 被否的原因就在于其交易价格不够公允，与市场交易价格偏差过大。这种情况下很有可能存在关联交易舞弊，拟上市公司由于各种动机，操纵关联交易价格，进行利益输送或利益抽逃。MGMT 首次申报被否的一个因素就是关联交易定价依据及其公允性未能详细披露，被发审委质疑。此外，根据 ZCGF 发布的招股书来看，2008 年至 2009 年 ZCGF 的第一大销售客户均为 TCL 王牌，其中 2008 年销售金额高达 1.17 亿元。MGMT 在其首次申请 IPO 的招股书中并未将 ZCGF 的销售金额并入"T 系"，但实际上，二者关系颇为紧密，这也说明了 MGMT 披露的与 T 的关联销售金额不够准确、真实和全面，存在过低估计之嫌。

总而言之，MGMTIPO 被否原因主要为存在关联交易舞弊行为，具体表现在关联交易庞杂、交易价格有失公允、关联交易金额低估、信息披露不够真实准确等情况。作为大股东的"T 系"通过上下游使得 MGMT 与其他关联方交易，进行利益输送等。实际控制人控制经销商公司有可能存在制造关联交易虚增收入等情况。

## 3.2.4　法律规定分析

在我国 A 股市场上，拟上市公司关联交易异常导致 IPO 被否的核心原因有两点，即由业务独立性缺陷导致的公司独立持续盈利能力存疑，以及存在关联交易舞弊之嫌。具体来说可分为四种情况，包括关联交易可能导致独立性缺陷、通过关联交易有意操纵业绩、隐匿关联关系及隐性关联交易舞弊、关联交易非关联化，后三种属于关联交易舞弊的范畴。其具体问题表现为关联交易占比逐年上升、定价合理性存疑、关联交易产生的毛利率高于第三方的合理性、怀疑存在隐性关联方、关联交易的非必要性、与关联方的资金往来等。

若拟上市公司的关联交易导致自身业务独立性缺陷，则其 IPO 申请很大可能会被监管部门否决。本案例中，MGMT 被大股东"T 系"操控，很难说 MGMT 具备业务独立性。上市的基本要求是要有完整的业务体系和管理结构，具有直接面向市场独立经营的能力，这就是常说的资产独立、机构独立、财务独立、人员独立、业务独立五大独立。但是，关联交易和独立性是直接相冲突的，尤其是在业务独立上，关联交易价格的公允性往往难以判断，影响企业利润的真实性。所以发审委对关联交易的要求是：有完整的业务流程规范，证明其必要性及公允性，报告期内关联交易总体呈下降的趋势。

若拟上市公司意图通过关联交易操纵业绩，则会被监管部门否决。关联交易价格的公允性一直是 IPO 审核的重点部分，MGMT IPO 被否的原因为其交易价格不够公允，与市场交易价格偏差过大。这种情况下很有可能存在关联交易舞弊，拟上市公司由于各种动机，操纵关联交易价格，进行利益输送或利益抽逃。监管部门出于对投资者和规范资本市场运作管理考虑，对于意图通过关联交易舞弊操纵业绩的行为明令禁止，坚决杜绝操纵业绩欺骗投资者及其他利益相关者的行为发生。

另外，若拟上市公司存在隐性关联交易舞弊，则其 IPO 申请会被监管部门否决。为了能够顺利融资，一些业绩不佳且急于融资的公司便通过复杂、隐匿的关联交易进行利润操控。隐性关联交易带来的直接结果就是拟上市公司向投资者及其他利益相关者营造了一个外表光鲜亮丽的壳，而其真实经营状况、财务状况等不能被投资者及其他利益相关者知道。在信息不对称的情况下，投资者及其他利益相关者无法得知拟上市公司真实全貌，影响其投资决策。一旦这种公司上市，对于中小投资者来说便存在很大的投资风险，也不利于资本市场的良性发展。

此外，若拟上市公司关联交易非关联化整改不彻底，其 IPO 申请很大可能会被监管部门否决。为达到操控利润的目的，拟上市公司可能通过关联交易非关联化的手段规避现行规范的约束。随着关联交易非关联化的问题日益明显，证监会明确规定"不得通过关联交易非关联化，掩盖实质上的关联方关系及交易，逃避关联方关系及交易的披露，调节利润"。

## 3.3　上海 YR 光电子科技公司案例分析

### 3.3.1　案例介绍

上海 YR 光电子科技股份有限公司（以下简称"YR"）是我国的一家高科技公司，专注于医疗器械及辅助设备的技术开发、生产与设备的销售。YR 生产的数字化 X 线探测器覆盖医疗、齿科、放疗、兽用和工业等诸多应用领域，产品研发能力和生产制造实力均处于行业龙头地位。公司创立于 2011 年，总部位于上海金桥生态园区，生产基地位于上海浦东及江苏太仓。目前产品远销美国、欧洲等全球 70 多个国家和地区，产品装机总量超 50 000 台，已逐渐发展成为中国平板探测器制造的代表企业。通过技术吸收和自主创新，YR 已成为全球为数不多同时掌握非晶硅、氧化物、柔性基底、CMOS 技术路线的探测器公司，并可提供硬件、软件及完整的影像链综合解决方案，满足客户多样化的需求。

YR 在 2018 年 5 月正式向证监会提交申报材料，于 2018 年 10 月 30 日再次报送创业板 IPO 招股说明书申报稿，拟在创业板公开发行不超过 1 820 万股股份，本次公开发行数量不低于发行后公司总股本的 25%，拟募集资金 4.78 亿元，其中 2.17 亿元用于"数字化 X 线探测器生产基地建设项目"、1.16 亿元用于"研发中心建设项目"、8 000 万元用于"补充流动资金项目"、6 469.26 万元用于"直线加速器加速管建设项目"。保荐机构为 GF 证券，但其 IPO 申请于 2019 年 6 月 27 日被否决。

### 3.3.2　证监会公告

中国证券监督管理委员会第十八届发行审核委员会 2019 年第 67 次发审委会议于 2019 年 6 月 27 日召开，现将会议审核情况公告如下：

一、审核结果

（一）深圳 JYZN 科技股份有限公司（首发）未通过。

（二）上海 YR 光电子科技股份有限公司（首发）未通过。

二、发审委会议提出询问的主要问题

（一）深圳 JYZN 科技股份有限公司

略。

（二）上海 YR 光电子科技股份有限公司

1. 请发行人代表：（1）说明 MLWY、SY、LJ、FS 等 4 家关联方与发行人是否存在同业竞争，报告期内持续亏损的原因及合理性，与发行人在采购、销售或研发上是否存在资产、人员混同或为发行人分担成本、费用情形；（2）说明主要股东与主要客户 LY 实业及关联方发生资金往来的原因及合理性；（3）结合 LY 实业自身经营和重组情况，说明与 LY 实业交易的真实性、合理性，交易价格公允性，是否存在利益输送；（4）说明发行人对 LY 实业采取 100% 预收款结算方式的原因，LY 实业曾经存在大额应收账款长期未收回的情况下仍继续进行交易的原因及合理性。请保荐代表人说明核查依据、过程并发表明确核查意见。

2. 发行人 2018 年扣非后净利润下降，报告期内主营业务毛利率存在波动。请发行人代表说明：（1）各种产品毛利率变动的原因及合理性；结合上海 LY 发展情况说明对其销售毛利率较低的原因和合理性，是否具有稳定性和可持续性；（2）报告期内主要产品单价持续大幅下降的原因及合理性，主要产品的生命周期，未来的产品储备和应对措施，主要产品未来价格的变动趋势及对发行人未来经营效益是否构成重大不利影响；（3）2018 年扣非后净利润下降的主要原因，结合 2019 年 1 季度业绩及 2019 年上半年业绩预测，说明相关不利因素是否已经消除，未来是否存在持续下滑的可能性。请保荐代表人说明核查依据、过程并发表明确核查意见。

3. 请发行人代表说明：（1）向 STM 独家采购 TFT SENSOR 的必要性、合理性，是否符合行业惯例，采购价格的公允性，是否存在利益输送等；（2）与 STM 合作的稳定性和可持续性，是否对 STM 构成重大依赖，对发行人持续盈利能力是否构成重大不确定性，发行人的应对措施。请保荐代表人说明核查依据、过程并发表明确核查意见。

4. 报告期内，发行人对美国销售收入占比较高。请发行人代表：（1）说明关税加征后至今，出口美国产品的价格、关税、销售收入、净利润、毛利率的变化情况，主要客户及销售量的变化情况，对经营业绩的影响程度；（2）说明发行人与美国主要客户沟通协商的具体情况，包括是否转移关税成本等，相关做法是否符合两国法律法规的规定；（3）结合 2019 年在手订单、主要客户沟通情况、与美国市场同类产品的竞争情况等，说明未来对美国产品出口的趋势和可能发生的重大变化。请保荐代表人说明核查依据、过程并发表明确核查意见。

5. 请发行人代表说明：（1）申报前一年新增股东上海 KW、上海 CD、苏州 CZ 的出资人及合伙事务管理人情况，与发行人大股东、董监高、供应商及客户等是否存在关联关系或其他利益关系；（2）同时间、同批次入股但入股价格不一致的原因及合理性，2015 年两次股权激励价格差异较大的原因及合理性。请保荐代表人说明核查依据、过程并发表明确核查意见。

### 3.3.3　监管逻辑分析

关联交易一直是市场关注焦点。LY 实业成立于 2009 年，主要从事医学影像设备和医院信息化管理系统的研发、生产和销售，是发行人的客户之一。2017 年和 2018 年，YR 向 LY 实业取得的销售收入分别为 2 168.71 万元和 2 418.92 万元，2019 年，公司还将 Venu 1717X 产品以低于均价 20.18% 的价格出售给 LY 实业。值得注意的是，公司对 LY 实业的坏账计提累计高达 550.40 万元。根据发行人 2018 年创业板招股书，该 550.40 万元的坏账由三笔构成，其中 21 万元来自 2016 年，269.40 万元来自 2015 年，260 万元来自 2014 年。这意味着，从 2014 年开始 LY 实业就未偿还借款，而 YR 仍继续与 LY 实业交易的原因可能在于高管的履职经历。杨某振曾于 2000—2011 年就职于 LY 实业，历任研发工程师、研发总监，在 LY 实业有长达 11 年的履职经历，2011 年开始就职 YR。此外，公司财务总监郭某也于 2010—2011 年就职于 LY 实业，担任集团财务经理，2011 年加入 YR。LY 实业未偿还借款，还能与发行人保持业务关系，而且能以低于均价 20.18% 的价格拿货，杨某振、郭某等高管或许在其中发挥了很大的作用。

招股书披露，iR 是公司报告期内的关联企业，同时也是公司的大客户，但公司向 iR 销售的产品毛利率明显低于同类产品的综合毛利率，或有利益输送之嫌。招股书披露，2013 年因业务发展需要，公司与 P、G、C 三家企业共同出资设立 iR，注册地点为德国斯图加特，公司持有 iR51% 股权。但是根据《公司章程》和《股东投资协议》约定，iR 董事会由 3 名董事组成，三方股东各选派 1 名董事，所有重大事项需董事会过半数通过后方能执行，任何一方均不能单独控制 iR。因此，报告期内认定 iR 为公司合营企业，三方股东对 iR 实施共同控制，即 iR 为公司报告期内的重要关联方。

iR 是公司在欧洲的销售平台与客服中心。2015 年至 2017 年，公司向 iR 销售 Venu 1417C、Venu 1717M、Mars 1417V 三种型号的探测器，销售收入分别为 581.37 万元、1 541.65 万元、2 431.75 万元，占当期营业收入比例分别为 2.73%、6.03%、6.84%，金额与比例都在逐年上涨，如表 3-11 所示。

表 3-11　　　　2015 年至 2017 年 YR 关联销售情况　　　　单位：万元

| 关联方 | 关联交易内容 | 2017 年度 | | 2016 年度 | | 2015 年度 | |
|---|---|---|---|---|---|---|---|
| | | 金额 | 占比 | 金额 | 占比 | 金额 | 占比 |
| iR | 销售商品 | 2 431.75 | 6.84% | 1 541.65 | 6.03% | 581.37 | 2.73% |

据披露，公司 2015 年至 2017 年向 iR 销售的 Mars 1417V 型号的探测器的毛利率分别为 14.57%、21.57%、10.75%，同期向 iR 销售的 Venu 1717M 型号的探测器的毛利率分别为 25.41%、18.68%、12.50%，可见报告期内上述两款产品卖给 iR 的毛利率在 10.75%~25.41%。

通过公司的招股书发现，上述 Mars 1417V 型号的产品属于普放无线系列产品，报告期内公司普放无线系列产品的毛利率分别为 50.02%、52.92%、53.82%，毛利率一直高于 50%，而卖给关联方 iR 的最高毛利率不足无关联第三方销售毛利率的一半。另一款 Venu 1717M 型号的产品属于普放有线系列产品，报告期内公司普放有线系列产品的综合毛利率分别为 48.80%、46.85%、47.33%，也都接近 50%，而卖给 iR 的销售毛利率最高为 25.41%，相差 20 多个百分点，报告期内最近两年的毛利率更是悬殊。可见，公司与关联方或有利益输送之嫌。

对此，公司做出如下解释："2015 和 2016 年，公司对 iR 销售价格较对其他客户销售均价低，主要原因系 2015 年和 2016 年 iR 正处于市场开拓期，公司希望通过性价比优势尽快打开欧洲市场，因此销售价格有一定优惠。2017 年，公司与 iR 交易价格较与其他非关联客户销售均价差异小。总体上看，报告期内公司向 iR 销售收入占比较小，交易价格较为公允，不存在利益输送的情形。"

依据上述解释，2015 年、2016 年公司向关联方 iR 销售的价格偏低的理由是否成立暂且放一边。而 2017 年公司向 iR 销售的毛利率不仅没有回升，反而相差越来越大，与上述表述"2017 年，公司与 iR 交易价格较与其他非关联客户销售均价差异小"不太匹配。其招股书披露："报告期内，iR 探测器销售具有合理的毛利率水平，不存在利益输送的情形。"这种表述可能还有待市场进一步验证。

　　除了让价，YR 还对 iR 不断放宽信用，这可能也是一种利益输送行为。报告期内，公司来源于关联方 iR 的应收账款分别为 467.36 万元、1 226.02 万元、1 198.84 万元，占到了当期应收账款金额的 14.15%、21.38%、14.01%。由此可见，关联方应收账款占比较高，其信用期限也足够长，只拿货不付款迹象明显。招股书披露："2016 年应收账款相比 2015 年增长 71.48%，主要是因为 iR 发展速度较快，但其业务仍处于市场开拓阶段，规模总量相对较小。因此，公司在销售回款方面给予 iR 一定的政策支持与便利。"表 3 - 12 所示为 YR 在 2015 年至 2017 年期末的应收账款情况。

表 3 - 12　　　2015 年至 2017 年期末 YR 应收账款情况　　单位：万元

| 期末 | 客户名称 | 金额 | 占应收账款比例 |
|---|---|---|---|
| 2017 - 12 - 31 | iR | 1 198.84 | 14.01% |
| | 深圳市 ST 医学影像设备有限公司 | 939.50 | 10.98% |
| | 深圳 AK 高技术股份有限公司 | 916.20 | 10.70% |
| | 北京 WD 医疗科技股份有限公司 | 583.95 | 6.82% |
| | LY 实业 | 550.40 | 6.43% |
| | 合计 | 4 188.89 | 48.94% |
| 2016 - 12 - 31 | K | 1 251.57 | 21.82% |
| | iR | 1 226.02 | 21.38% |
| | LY 实业 | 550.40 | 9.59% |
| | 北京 WD 医疗科技股份有限公司 | 396.90 | 6.92% |
| | 深圳市 BSD 医疗股份有限公司 | 245.00 | 4.27% |
| | 合计 | 3 669.89 | 63.98% |
| 2015 - 12 - 31 | 深圳 QMXH 科技发展有限公司 | 600.05 | 18.16% |
| | LY 实业 | 529.40 | 16.02% |
| | iR | 467.36 | 14.15% |
| | K | 386.36 | 11.69% |
| | 深圳 SN 医疗设备股份有限公司 | 230.00 | 6.96% |
| | 合计 | 2 213.17 | 66.98% |

### 3.3.4　法律规定分析

　　《公司法》第一百四十七条规定：董事、监事、高级管理人员应当遵守法律、行政法规和公司章程，对公司负有忠实义务和勤勉义务。董事、监事、高级管理人员不得利用职权收受贿赂或者其他非法收入，不得侵占公司的财产。

《公司法》第一百四十八条规定，董事、高级管理人员不得有下列行为：（1）挪用公司资金；（2）将公司资金以其个人名义或者以其他个人名义开立账户存储；（3）违反公司章程的规定，未经股东会、股东大会或者董事会同意，将公司资金借贷给他人或者以公司财产为他人提供担保；（4）违反公司章程的规定或者未经股东会、股东大会同意，与本公司订立合同或者进行交易；（5）未经股东会或者股东大会同意，利用职务便利为自己或者他人谋取属于公司的商业机会，自营或者为他人经营与所任职公司同类的业务；（6）接受他人与公司交易的佣金归为己有；（7）擅自披露公司秘密；（8）违反对公司忠实义务的其他行为。董事、高级管理人员违反前款规定所得的收入应当归公司所有。

证监会反馈意见指出：

（1）实际控制人之一、发行人董事长曹某光 2006—2009 年担任北京国药 HRML 信息技术公司副董事长、总经理；2010—2015 年担任 T 医疗放射技术（北京）公司副董事长、首席科学家，2012—2017 年，历任上海 YR 光电子科技有限公司董事、董事长，在 T 医疗放射技术（北京）公司任职期间与在发行人处任职期间存在四年的重合。说明曹某光在 T 医疗放射技术（北京）公司任职的主要情况，自 T 医疗放射技术（北京）公司辞职后就职于发行人的背景，结合曹某光历史任职情况并披露其在所任职单位的持股变动情况，说明曹某光是否与北京国药 HRML 信息技术公司、T 医疗放射技术（北京）公司签署保密协议、竞业禁止协议，是否存在违反前述协议的情形，是否存在纠纷或潜在纠纷。曹某光在发行人、T 医疗放射技术（北京）公司任职时间存在重合、发行人与 T 医疗放射技术（北京）公司存在交易的情形，及目前兼职的情况是否违反《公司法》第一百四十七条、一百四十八条规定。是否因前述情况造成发行人损失。前述情况是否构成本次发行上市的法律障碍。

（2）发行人实际控制人之一 Gu，2006—2014 年任上海 TM 微电子有限公司董事、总经理；实际控制人之一 Cheng，2008—2010 年任上海 TM 微电子有限公司研发部资深经理。上海 TM 微电子有限公司系发行人报告期内前五大供应商之一，发行人向上海 TM 微电子有限公司及其关联方采购占比为 22%～27%。说明 Gu、Cheng 在上海 TM 微电子有限公司任职的主要情况，自上海 TM 微电子有限公司辞职后入职发行人的背景，上海 TM 微电子有限公司的基本情况，历史上及目前股东、实际控制人与 Gu、Cheng 及关系密切的家庭成员、发行人其他实际控制人的关系，是否为发行人的关联方，该公司实际从事的主营业务及与发行人主营业务的关系，该公司在技术、资产、人员等方面与发行人的关系，该公司的主要财务情况，发行人采购占其销售的比重；披露发行人与其交易的内容（是否为发行人产品的核心部件）、数量、价格、金额，定价依据，比照市场价格说明交易的公允性，是否存在为发行人承担成本费用、利益输送等情形。Gu、Cheng 与上海 TM 微电子有限公司或其他曾任职公司是否签署保密协议、竞业禁止协议，是否存在违反前述协议的情形，是否存在纠纷或潜在纠纷。

（3）实际控制人之一杨某振，2000—2011 年任 LY 实业的研发工程师、研发总监，担任江苏 LY 凯泰医疗设备公司的监事。发行人财务总监郭某 2010—2011 年担任 LY 实业集团财务经理。LY 实业系发行人报告期内前五大客户之一，发行人向 LY 实业及关联方销售占比为 4% ~ 6%。说明杨某振在 LY 实业任职的主要情况，自 LY 实业辞职后入职发行人的背景，LY 实业的基本情况，历任股东、实际控制人与杨某振及关系密切的家庭成员、发行人其他实际控制人的关系，是否为发行人的关联方，该公司实际从事的主营业务及与发行人主营业务的关系，该公司在技术、资产、人员等方面与发行人的关系，该公司的主要财务情况，发行人销售占其采购的比重，发行人与其交易的内容、数量、价格、金额，定价依据，比照市场价格说明交易的公允性，是否存在为发行人承担成本费用、利益输送等情形。杨某振与 LY 实业或其他曾任职公司是否签署保密协议、竞业禁止协议，是否存在违反前述协议的情形，是否存在纠纷或潜在纠纷。

## 3.4　江苏 YR 公司案例分析

### 3.4.1　案例介绍

江苏 YR 新型材料股份有限公司（以下简称"江苏 YR"）坐落于仙城工业园区，成立于 2006 年，其主营业务为食品饮料金属包装涂料的研发、生产和销售，主要产品包括三片罐涂料、二片罐涂料和易拉盖涂料等，最终应用于包括红牛、养元、露露、旺旺、娃哈哈、银鹭、加多宝、王老吉、雪花啤酒、百事可乐等知名饮料、啤酒、食品的金属包装。江苏 YR 是国内金属包装涂料行业唯一实现大品牌认证的高新技术企业。公司主要服务对象为红牛、六个核桃、王老吉、加多宝、雪花啤酒等国内知名品牌。2016 上半年，江苏 YR 开票销售同比增长 14.3%，成为行业明星，其在 2016 年初启动上市工作，2017 年 11 月正式向证监会提交申报材料。证监会网站 2018 年 7 月 26 日发布的信息显示，江苏 YR 于 2018 年 7 月 13 日再次报送创业板 IPO 招股说明书申报稿，拟在创业板公开发行不超过 1 200 万股股份，发行后总股本不超过 4 800 万股，保荐机构为 ZJ 公司，但其 IPO 申请于 2019 年 7 月 28 日被否决。

## 3.4.2 证监会公告

中国证券监督管理委员会第十八届发行审核委员会 2019 年第 84 次发审委会议于 2019 年 7 月 18 日召开，现将会议审核情况公告如下：

一、审核结果

（一）深圳市 ZFT 文化建筑建设股份有限公司（首发）未通过。

（二）江苏 YR 新型材料股份有限公司（首发）未通过。

二、发审委会议提出询问的主要问题

（一）深圳市 ZFT 文化建筑建设股份有限公司

略。

（二）江苏 YR 新型材料股份有限公司

1. 报告期发行人对第一大客户 ARJ 销售占比较高，2016 年 ARJ 通过间接持股 100% 的子公司 HHXC 受让发行人 4.9% 的股份，目前 ARJ 第一大客户 ZGHN 股东因经营期限纠纷发生诉讼。请发行人代表说明：（1）ARJ 通过子公司 HHXC 入股发行人的商业合理性，入股价格是否公允，是否存在故意规避关联方认定的情形，是否存在其他利益安排；（2）发行人的业务获取方式，罗某因身份关系由方某明和薛某代持 CJHG 股权的合理性，2014 年至 2016 年发行人通过 CJHG/SZZM 将粉末涂料销售给 ARJ 以此进入 HN 罐供应商体系的商业合理性，是否违反相关规定，是否存在潜在风险；（3）2016 年 9 月 ARJ 入股后不再通过 CJHG 向 ARJ 销售粉末涂料而改为直销模式，且入股后销售占比提高的原因及合理性，是否存在潜在纠纷；（4）报告期各期对 ARJ 销售定价，部分产品发行人向其他客户的销售单价与 ARJ 差异较大原因及合理性，发行人向 ARJ 销售 HN 罐用涂料价格高于向其他客户销售同类涂料产品价格的原因及合理性；（5）报告期内发行人及其子公司、发行人实际控制人的企业与 ARJ 及 YL 投资发生的大额资金拆借、商品销售以及资产出售等事项的必要性、合理性及其公允性；（6）发行人实际控制人收购 FJDS 境内外资产后，短期内又拟向 ARJ 拆分其中境外资产的商业合理性，前后两次交易价格的定价依据，转让价格的公允性，是否涉及利益输送；（7）截至目前 ZGHN 及 ARJ 的涉诉事宜进展情况，ARJ 涉诉事宜是否对发行人的持续盈利能力造成重大不利影响，应对可能的诉讼不利后果所采取的应对措施及其有效性；（8）发行人与 ARJ 报告期各期销售占比较高且不断提升是否符合行业经营特点，发行人与 ARJ 之间的交易是否具有可持续性和稳定性，是否对 ARJ 存在重大依赖，相关的应对措施，相关风险揭示是否充分；（9）发行人主要客户 2018 年业绩大幅下滑的原因及其合理性，是否对发行人持续盈利能力构成重大不利影响；（10）对发行人、董事、监事、高管、实际控制人、主要股东及关联方与 ARJ、董事、监事、高管、ARJ 的控股股东、实际控制人及关联方资金往来的专项核查情况。请保荐代表人说明核查依据、过程并发表明确核查意见。

2. 发行人实际控制人陈某曾在发行人竞争对手苏州 PPG 任职十余年，2012年 1 月陈某从苏州 PPG 离职。请发行人代表说明：（1）发行人实际控制人在苏州 PPG 任职期间，于 2006 年投资设立与苏州 PPG 存在相似业务的发行人前身，是否符合发行人与 PPG 公司的相关约定，原任职单位是否知悉并同意陈某的投资行为；（2）2007 年陈某股份由其弟媳代持的原因及商业合理性；（3）发行人业务发展过程，与实际控制人曾任职单位是否存在相关性，是否利用职务便利给予发行人利益，是否存在损害所任职单位利益的情形；（4）发行人核心技术的形成、发展过程，现有各项核心技术的研发人员，发行人核心竞争优势的具体体现。请保荐代表人说明核查依据、过程并发表明确核查意见。

3. 发行人实际控制人陈某控制的众多公司从事金属易拉盖、铝片的研发、生产和销售，报告期内与发行人存在关联交易，同时与发行人存在客户重叠情形。请发行人代表说明：（1）发行人未将产业链上的金属易拉盖、铝片加工业务整合进入发行人业务实现整体上市的原因及合理性，是否符合行业惯例；（2）关联方向发行人的共同客户销售易拉盖等产品的定价依据；（3）山东 BRT 经营情况。向其销售涂料价格高于其他主要客户销售同款涂料价格的原因；（4）报告期关联方资金拆借的原因、履行的内部程序，对山东 BRT 的资金拆出于 2017 年11 月才进行清偿的原因，是否满足首发相关规定。请保荐代表人说明核查依据、过程并发表明确核查意见。

4. 报告期 SX 集团为发行人前五大客户之一，报告期内发行人存在向 SX 昆明、SX 北京、SX 山东采购涂料的情形。请发行人代表说明：（1）SX 集团的基本情况，SX 集团不被认定为发行人的关联方依据是否充分，是否符合实际情况；（2）发行人与 SX 集团的交易内容、交易金额及交易必要性，交易定价依据及公允性；（3）2016 年和 2017 年发行人向 SX 集团销售的粉末涂料相比其他供应商价格较高的原因和合理性；（4）2018 年发行人对 SX 集团粉末涂料的销售价格下调，而向非关联客户销售价格没有一同下调的原因；（5）除对 SX 集团和 ARJ 涂料销售返利外，发行人对其他客户无销售返利及折让等优惠安排的原因和商业合理性；（6）与包括 SX 集团等主要客户部分采用第三方回款的原因。请保荐代表人说明核查依据、过程并发表明确核查意见。

5. 报告期发行人综合毛利率较高，2018 年度下降明显。请发行人代表说明：（1）2018 年毛利率下降的原因及其合理性，导致毛利率下降的因素是否持续或已消除，毛利率是否存在持续下降的风险；（2）整体综合毛利率明显高于同行业公司的原因及其合理性。请保荐代表人说明核查依据、过程并发表明确核查意见。

### 3.4.3 监管逻辑分析

表 3－13 为江苏 YR 2014—2017 年业绩情况。从表 3－13 可以看出，江苏 YR 2014 年至 2017 年营业收入、净利润虽然都持续增长，但增长率水平不高。

表 3－13　　　　江苏 YR 2014—2017 年业绩情况　　　　单位：万元

| 项目 | 2017 年 | 2016 年 | 2015 年 | 2014 年 |
|---|---|---|---|---|
| 营业收入 | 26 484 | 24 189 | 21 505 | 17 362 |
| 净利润 | 7 355 | 6 632 | 5 474 | 3 639 |
| 归母净利润 | 7 215 | 6 445 | 5 251 | 3 498 |
| 扣非归母净利润 | 6 992 | 5 982 | 4 364 | 3 088 |
| 经营活动产生的现金流量净额 | 3 518 | 5 405 | 2 839 | 3 963 |

**1. 在苏州 PPG 任职期间，投资设立江苏 YR**

江苏 YR 的实际控制人为陈某，持有江苏 YR 60.10%的股份。陈某 1968 年 1 月出生，1989 年 7 月毕业于青岛化工学院，本科学历，高分子材料系橡胶工程专业。1998 年 11 月进入苏州 PPG 包装涂料有限公司（简称"苏州 PPG"）工作，2006 年 4 月起任苏州 PPG 销售总监，2008 年至 2012 年 1 月任苏州 PPG 中国区市场总监、后担任江苏 YR 法定代表人、董事长兼总经理。

江苏 YR 的《关于公司设立以来股本演变情况的说明及其董事、监事、高级管理人员的确认意见》（以下简称《确认意见》），清楚地展示了陈某在苏州 PPG 工作时从实名投资创业到委托弟媳持股，待辞职后恢复控股股东身份的过程。

2006 年 6 月 30 日，陈某、钱某虎、姚某兴、方某明、胡某吉 5 人签署公司章程，约定共同出资人民币 330 万元设立江苏 YR。陈某以 29.50% 的股权比例成为第一大股东；第二大股东方某明，现任江苏 YR 董事、副总经理兼研发总监，也曾在苏州 PPG 工作过。

江苏 YR 设立时的出资情况如表 3 - 14 所示。

表 3 - 14 　　　　　　　江苏 YR 设立时的出资情况

| 序号 | 股东名称 | 出资额（万元） | 持股比例 |
|------|----------|----------------|----------|
| 1 | 陈某 | 97.35 | 29.50% |
| 2 | 方某明 | 66.00 | 20.00% |
| 3 | 胡某吉 | 62.70 | 19.00% |
| 4 | 姚某兴 | 54.45 | 16.50% |
| 5 | 钱某虎 | 49.50 | 15.00% |
| 合计 | | 330.00 | 100.00% |

2007 年 3 月 10 日，陈某与弟媳王某签署《股权转让协议》，将所持江苏 YR 29.5% 的股权全部转让给王某，王某并未就该次股权转让向陈某支付任何股权转让对价。方某明与妻子戈某芳签署《股权转让协议》，将所持江苏 YR 20% 的股权全部转让给戈某芳，戈某芳并未就该次股权转让向方某明支付任何股权转让对价。

2012 年 1 月，陈某从苏州 PPG 辞职。

2012 年 6 月 5 日，王某与陈某签署《股权转让协议》，将所持江苏 YR 34.5% 的股权全部转让给陈某；戈某芳与方某明签署《股权转让协议》，将所持江苏 YR 12% 的股权全部转让给方某明。

《确认意见》明确认定，本次股权转让系王某与陈某、戈某芳与方某明之间股权代持的还原。

经查验，本次股权转让系王某与陈某、戈某芳与方某明之间股权代持的还原，因此陈某与方某明并未就该次股权代持的还原支付对价。自本次股权转让完成后，王某与陈某、戈某芳与方某明的股权代持关系已经解除，相关方已经共同就股权代持及代持关系解除等事宜进行了确认，所代持的股权权属清晰，不存在纠纷或潜在的纠纷。

招股书披露了一起诉讼案件，苏州 PPG 起诉陈某违反保密和竞业禁止义务，从事不正当竞争。

2014 年 3 月 14 日，苏州 PPG 作为原告向苏州市虎丘区人民法院提起诉讼。因发行人实际控制人陈某从 1998 年 11 月至 2012 年 1 月期间一直受雇于原告

（并从 2008 年起担任原告中国区市场总监），2007 年 1 月陈某与原告签署了有关保密和竞业禁止的相关条款，但陈某 2006 年 7 月作为发起人之一参与设立了江苏 YR，被告江苏 YR 的业务和产品与原告相同或近似，因此原告认为陈某为江苏 YR 谋取了属于原告的商业机会，构成不正当竞争，请求人民法院判令江苏 YR 及陈某立即停止不正当竞争行为，并向原告赔偿损失人民币 50 万元。

后经苏州市虎丘区人民法院多次开庭审理后，原告终向人民法院提出撤诉申请。2015 年 6 月 18 日，苏州市虎丘区人民法院出具《民事裁定书》准予原告苏州 PPG 撤回起诉。

苏州 PPG 撤回起诉的原因不得而知，但从招股书、《确认意见》披露资料来看，陈某在苏州 PPG 任职期间，投资设立江苏 YR 的事实是无疑的。

**2. 提供借款 7 725 万元，再让第一大客户成为股东，终止与中间商合作**

江苏 YR 的第一大客户是 ARJ。ARJ 主营食品饮料金属包装产品的研发、设计、生产和销售，2012 年 10 月 11 日登陆深交所中小板。ARJ 已是国内金属包装行业龙头企业。2015 年、2016 年、2017 年，江苏 YR 来自 ARJ 的收入分别占总收入的 23.5%、28.81%、45.03%。可以说，ARJ 对江苏 YR 至关重要。

报告期内，江苏 YR 的前五大客户（按同一控制下合并计算）情况如表 3-15 所示。

表 3-15　　　　江苏 YR 的前五大客户　　　　单位：万元

| 时间 | 排名 | 客户名称 | 销售额 | 占营业收入比重 |
|---|---|---|---|---|
| 2017 年度 | 1 | ARJ | 11 925.30 | 45.03% |
| | 2 | BGBZ | 4 194.54 | 15.84% |
| | 3 | SX 集团 | 2 352.05 | 8.88% |
| | 4 | HYKG | 1 525.22 | 5.76% |
| | 5 | ZLBZ | 1 088.51 | 4.11% |
| | 合计 | | 21 085.62 | 79.62% |
| 2016 年度 | 1 | ARJ | 6 969.20 | 28.81% |
| | 2 | BGBZ | 3 184.78 | 13.17% |
| | 3 | SZZM | 2 707.89 | 11.19% |
| | 4 | SX 集团 | 2 389.15 | 9.88% |
| | 5 | JM 集团 | 1 822.74 | 7.54% |
| | 合计 | | 17 073.76 | 70.59% |

续表

| 时间 | 排名 | 客户名称 | 销售额 | 占营业收入比重 |
|---|---|---|---|---|
| 2015 年度 | 1 | ARJ | 5 052.81 | 23.50% |
| | 2 | BGBZ | 3 106.90 | 14.45% |
| | 3 | CJHG | 2 924.35 | 13.60% |
| | 4 | JM 集团 | 1 829.64 | 8.51% |
| | 5 | SX 集团 | 1 513.98 | 7.04% |
| | 合计 | | 14 427.68 | 67.10% |

注：SZZM 于 2015 年 12 月 25 日成立，与 CJHG 同属无关联第三方控制。

2015 年、2016 年，ARJ 占江苏 YR 收入的比例分别为 23.50%、28.81%，2017 年 ARJ 的占比较 2016 年大幅上升 16.22 个百分点，达到 45.03%。

招股书披露，2015 年和 2016 年，江苏 YR 通过 CJHG/SZZM 向 ARJ 销售粉末涂料，2017 年起江苏 YR 终止与 CJHG/SZZM 合作，直接向 ARJ 销售粉末涂料，因此 2017 年江苏 YR 对 ARJ 的销售金额及占江苏 YR 当期销售收入比重上升较多。

自 2009 年起江苏 YR 的经销商 CJHG 的实际控制人为罗某，罗某曾担任从事电阻焊接机业务的跨国公司 SDLNK（远东）有限公司（以下简称"SDLNK"）的总经理。

由于 SDLNK 是国内金属包装生产线的主要设备供应商，与国内食品饮料金属包装企业联系紧密，因此，当时粉末涂料的主要供应商 Valspar 在国内主要通过 SDLNK 向下游食品饮料金属包装厂商销售粉末涂料。

虽然 ARJ 自 2006 年起便成为江苏 YR 的客户，但早期江苏 YR 销售给 ARJ 的产品主要为食品罐和杂罐涂料，江苏 YR 不具备将生产 HN 饮料罐所用核心涂料粉末涂料直接销售并应用于 ARJ 核心产品体系的能力。2009 年，江苏 YR 研发成功并向市场推出粉末涂料，此时罗某已不在 SDLNK 任职。鉴于罗某在金属包装行业长期积累的销售渠道和能力，江苏 YR 开始全部通过罗某向 ARJ 销售粉末涂料，经销价格系结合江苏 YR 生产成本、参考竞争对手（Valspar）的售价，在给予 CJHG 合理的毛利空间基础上，由双方协商一致确认的。

自 2009 年由罗某代理向 ARJ 销售粉末涂料开始，江苏 YR 对 ARJ 的产品销售具有实质性的进展。但鉴于罗某在金属包装行业内的影响力和其自身在金属包装生产设备领域的发展意愿，江苏 YR 尚不具备招揽罗某为江苏 YR 从事销售工作的企业实力。因此，江苏 YR 向 CJHG/SZZM 销售粉末涂料，再由 CJHG/SZZM 向 ARJ 销售，具有合理性。

招股书显示，自 2009 年由罗某代理向 ARJ 销售粉末涂料开始，江苏 YR 对 ARJ 的产品销售具有实质性的进展。

那么，江苏 YR 又是用什么办法终止了与中间商罗某的合作，而直接向 ARJ 销售呢？

（1）给 ARJ 实际控制人及其他股东、董事提供 7 725 万元的借款。

ARJ 的控股股东为上海 YL 投资控股（集团）有限公司（以下简称"上海 YL"），周某杰、魏某、赵某晖 3 人为上海 YL 的股东，其中周某杰为上海 YL 的控股股东，也是 ARJ 的实际控制人、董事长。魏某为 ARJ 董事，赵某晖时任 ARJ 董事、副总经理。

发行人关联方山东 BRT 于 2016 年 4 月 27 日至 28 日经由发行人子公司扬州 BR 账户借予 YL 投资的自然人股东周某杰、魏某、赵某晖 5 500 万元，同时扬州 BR 以自有资金 2 225 万元借予上述三人用于偿还其对 YL 投资的欠款，周某杰、魏某、赵某晖于 2016 年 5 月 5 日将上述资金连同利息一并归还扬州 BR，由扬州 BR 于 2016 年 5 月 5 日至 6 日将 5 500 万元转给山东 BRT。上述资金往来发生时，扬州 BR 并非发行人子公司。就山东 BRT 与周某杰、赵某晖、魏某之间的 5 500 万元借款及还款事项，扬州 BR 仅进行转款，发行人与山东 BRT 之间未发生资金拆借或者形成债权债务关系，亦无其他特殊利益安排。就扬州 BR 以自有资金 2 225 万元借予上述三人的事项，为扬州 BR 与周某杰、赵某晖、魏某之间的 5 500 万元借款及还款事项，扬州 BR 仅进行转款，发行人与山东 BRT 之间未发生资金拆借或者形成债权债务关系，亦无其他特殊利益安排。就扬州 BR 以自有资金 2 225 万元借予上述三人的事项，为扬州 BR 与周某杰、赵某晖、魏某之间的资金拆借。

（2）让 ARJ 成为江苏 YR 的股东。

DLHH 新材料科技有限公司（以下简称"DLHH"）成立于 2016 年 5 月 20 日，注册资本为 1 000 万元，是 ARJ 全资子公司北京 ARJ 包装容器有限公司的全资子公司。

DLHH 成立后 4 个月，2016 年 9 月，江苏 YR 实际控制人陈某将所持江苏 YR 4.9% 的股权（对应人民币 58.749 万元的注册资本）以 3 822 万元的对价转让给 DLHH。DLHH 就此成为江苏 YR 第四大股东。图 3-4 所示为江苏 YR 股权结构。

本次转让后，江苏 YR 进行股改并于 2016 年 12 月整体变更为股份公司。

DLHH 成为江苏 YR 的股东后，江苏 YR 就终止了与 CJHG/SZZM 的合作，直

| 陈某<br>60.1% | 郑某珍<br>18.2% | 方某明<br>7.5% | 朱某元<br>3.3% | 钱某虎<br>3% | 胡某吉<br>3% | DLHH<br>4.9% |
| --- | --- | --- | --- | --- | --- | --- |

江苏YR新型材料股份有限公司（注册资本为3 600万元）

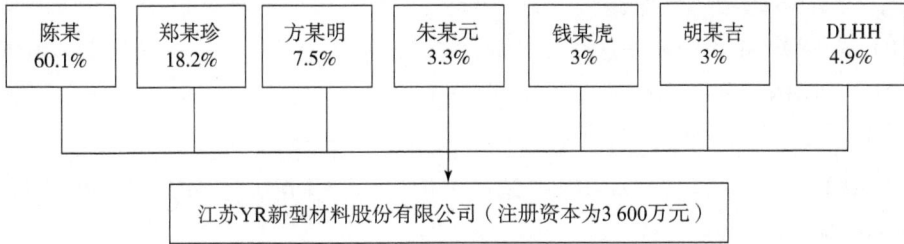

**图 3 - 4　江苏 YR 股权结构**

接向 ARJ 销售产品了。2017 年度，江苏 YR 向 ARJ 销售金额为 11 925 万元，ARJ 成为占比 45.03% 的第一大客户，占比从 2016 年度的 28.81% 大幅上升了 16.22 个百分点。

报告期内，发行人向 ARJ 及其子公司销售涂料的具体情况如表 3 - 16 所示。

表 3 - 16　　发行人向 ARJ 及其子公司销售涂料的具体情况　单位：万元

| 项目 | 交易内容 | 2017 年度 | 2016 年度 | 2015 年度 |
| --- | --- | --- | --- | --- |
| ARJ 及其子公司 | 涂料销售 | 11 925.30 | 6 969.20 | 5 052.81 |
| 占当期销售收入的比重 | | 45.03% | 28.81% | 23.50% |

2015 年和 2016 年，发行人通过 CJHG/SZZM 向 ARJ 销售粉末涂料；2017 年起发行人终止与 CJHG/SZZM 合作，直接向 ARJ 销售粉末涂料。因此，2017 年发行人对 ARJ 的销售金额及占发行人对 ARJ 的销售金额及占发行人当期销售收入比重上升较多。

**3. 第一大客户 2018 年净利润比 2016 年下降 88.48%，面临巨大挑战**

ARJ 的净利润在 2017 年、2018 年连续大幅下降。

2016 年、2017 年、2018 年，ARJ 分别实现营业收入 75.99 亿元、73.42 亿元、81.75 亿元，但扣非归母净利润呈大幅下降趋势。2016 年创下净利润 10.76 亿元的高点后，2017 年净利润只有 5.97 亿元，同比下降 44.52%；2018 年净利润只有 1.24 亿元，同比下降 79.23%，2018 年的净利润相比 2016 年度，下降了 88.48%。

ARJ 简要概括了自身面临的巨大挑战：下游消费市场增速普遍放缓，主要生产原材料价格屡创新高，核心客户处于复杂法律纠纷解决过程中，融资形势严峻，公司和控股股东面临大额短期到期债务需要偿还，资金压力增大。

江苏 YR 招股书也披露了 ARJ 及其第一大客户 ZGHN 身陷诉讼纠纷的风险。

ARJ 于 2017 年 7 月 11 日发布公告称，收到北京市东城区人民法院的通知，泰国 TS 医药保健有限公司向 ARJ 及其子公司提起民事诉讼，事项涉及 ARJ 与 HNWTM 饮料有限公司的合作事宜，该案件尚处于中止诉讼状态。由于 ARJ 对 ZGHN 的销售达到 ARJ 总收入的 60% 以上，ZGHN 对 ARJ 业务具有重大影响。

ARJ 及其第一大客户 ZGHN 身陷跨国诉讼，一旦判决对 ARJ、ZGHN 不利，势必拖累江苏 YR 的业绩。

2018 年末，ARJ 资产负债率为 58.22%，短期借款为 17.54 亿元，应付票据及应付账款为 16.61 亿元，应交税费为 1.41 亿元，其他应付款为 2.77 亿元，长期借款为 8.45 亿元。短期借款是长期借款的约 2 倍，这对于净利润只有 1.24 亿元的公司来说，资金链断裂的风险是相当高的。

根据 2019 年一季报，ARJ 控股股东已将 65.89% 的股份质押，这也从侧面印证了控股股东资金压力增大的事实。

另外，2018 年，ARJ 还因环保问题被处罚 5 次并被责令整改，共计罚款 26 万元。

**4. 实际控制人控制的实体多，关联交易甚多，利益输送嫌疑大**

公司实际控制人陈某除江苏 YR 以外还控制了 15 家企业，其中不少公司是江苏 YR 的下游客户。江苏 YR 第二大股东的配偶、兄妹控制的公司也是江苏 YR 的客户，关联交易众多。

（1）山东 BRT 系公司实际控制人陈某 100% 持股的企业，成立于 2011 年 10 月 17 日，主营业务为金属易拉盖的研发、生产和销售。山东 BRT 2015 年、2016 年、2017 年的收入分别为 4.14 亿元、4.50 亿元、5.05 亿元，公司规模相当大。陈某投资关系脉络如图 3-5 所示，山东 BRT 2015—2017 年度关联收入情况如表 3-17 所示。

表 3-17　　山东 BRT 2015—2017 年度关联收入情况　　单位：万元

| 项目 | 关联交易内容 | 2017 年度 | 2016 年度 | 2015 年度 |
|---|---|---|---|---|
| 山东 BRT | 涂料销售 | 77.81 | 706.73 | 923.14 |
| 山东 BRT 收入规模 | | 50 498.64 | 44 975.61 | 41 355.81 |
| 发行人对山东 BRT 的销售额/山东 BRT 当期收入规模 | | 0.15% | 1.57% | 2.23% |

注：山东 BRT 财务数据未经审计。

2015 年、2016 年、2017 年，江苏 YR 向山东 BRT 销售金额分别为 923.14 万元、706.73 万元、77.81 万元。

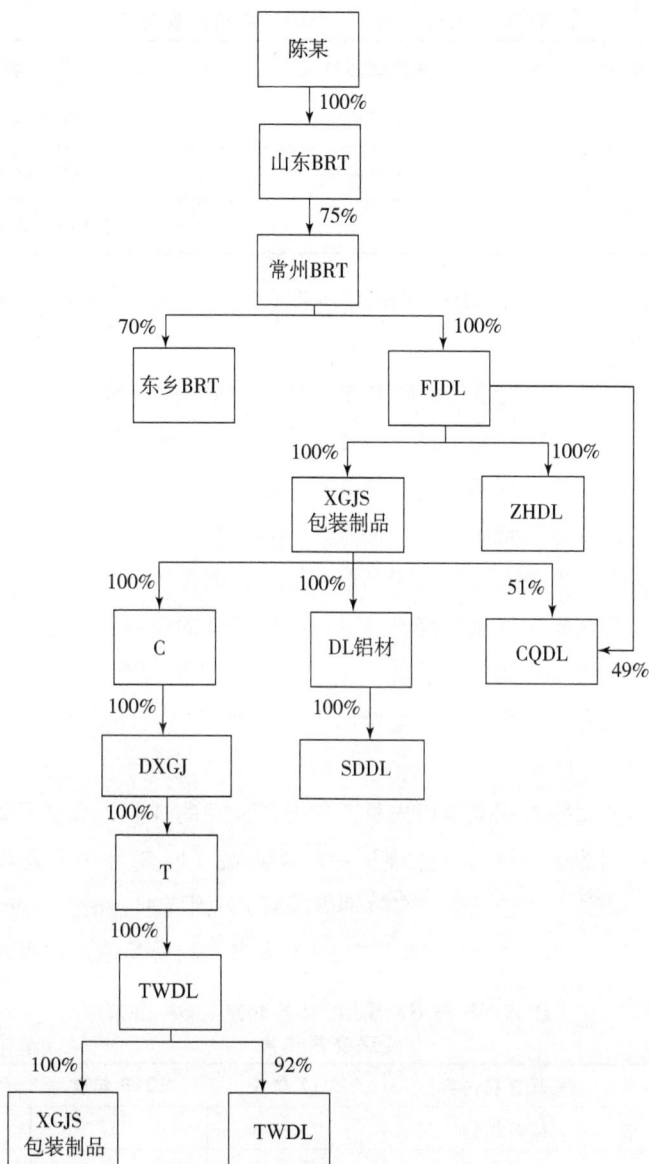

图 3 - 5　陈某投资关系脉络

（2）公司向 FJDS、ZHDL 销售涂料。

2018 年 2 月 13 日，公司实际控制人陈某控制的常州 BRT 完成了对 FJDS 及其子公司 ZHDL 的收购，并完成了工商变更登记，成为公司新增关联方。

公司与 FJDS、ZHDL 关联交易信息如表 3 - 18 所示。

**表 3 - 18          江苏 YR 与 FJDS、ZHDL 关联交易信息          单位：元**

| 关联方 | 关联交易内容 | 2017 年度 |
|---|---|---|
| FJDS | 涂料销售 | 360 944.44 |
| ZHDL | 涂料销售 | 1 996 358.97 |
| 合计 | | 2 357 303.41 |

2017 年，江苏 YR 向 FJDS、ZHDL 分别实现销售 36.09 万元、199.64 万元，合计 235.73 万元。

（3）公司向第二大股东的关联方 SX 昆明、SX 北京、SX 山东销售涂料。

郑某珍系江苏 YR 第二大股东，持股比例为 18.2% 。

SX 昆明系公司股东郑某珍丈夫陈某担任总经理的企业，成立于 2014 年 9 月 11 日，经营范围为各类粮油食品、果蔬、饮料奶粉、日化品等内容物的金属包装制品（厚度为 0.3 毫米以下）的制造、加工；销售本公司自产产品。

SX 北京系公司股东郑某珍姐夫林某伶担任经理的企业，成立于 2005 年 7 月 13 日，经营范围为加工用于包装各类粮油食品、果蔬、饮料、日化产品等内容物的金属包装制品（厚度为 0.3 毫米以下）及制品的内外壁印涂加工；销售自产产品。

SX 山东系公司股东郑某珍姐夫林某伶担任经理的企业，成立于 2010 年 1 月 27 日，经营范围为生产马口铁空罐及马口铁底盖（厚度为 0.3 毫米以下）；包装装潢印刷品印刷（凭许可证在有效期内经营）；销售本公司自产产品。

报告期内公司与 SX 昆明、SX 北京、SX 山东关联交易信息如表 3 - 19 所示。

**表 3 - 19          江苏 YR 与 SX 昆明、SX 北京、SX 山东**
**关联交易信息          单位：万元**

| 关联方 | 关联交易内容 | 2017 年度 | 2016 年度 | 2015 年度 |
|---|---|---|---|---|
| SX 昆明 | 涂料销售 | 31.82 | 35.77 | 23.95 |
| SX 北京 | 涂料销售 | 577.83 | 726.35 | 177.25 |
| SX 山东 | 涂料销售 | 627.63 | 969.37 | 848.71 |
| 合计 | | 1 237.28 | 1 731.49 | 1 049.91 |
| SX 集团收入规模 | | 205 678.27 | 215 907.69 | 204 025.93 |
| 发行人对 SX 北京、SX 昆明、SX 山东的销售额合计/SX 集团当期收入规模 | | 0.60% | 0.80% | 0.51% |

注：SX 集团各年收入规模数据来源于其年报信息披露。

2015 年、2016 年、2017 年，江苏 YR 向上述 3 家公司分别销售 1 049.91 万

元、1 731.49 万元、1 237.28 万元。

除江苏 YR 之外，实际控制人还有 15 个实体、第二大股东有 3 个关联方是江苏 YR 的客户，而且公司第一大客户 ARJ 是江苏 YR 的关联方。因此，虽然招股书认定关联交易定价都是公允的，但不能消除江苏 YR 关联交易存在利益输送的嫌疑。

**5. 毛利率、净利率远高于同行，应收账款周转率、存货周转率又远低于同行，呈相反的变动趋势**

（1）毛利率、净利率远高于同行。

2015 年、2016 年、2017 年，江苏 YR 综合毛利率分别为 46.45%、48.46%、48.52%，而这三年同行业可比上市公司的平均毛利率分别为 32.51%、32.94%、29.88%，江苏 YR 每一年都比同行业平均高出十几个百分点。特别是 2017 年度，同行业上市公司平均毛利率比 2016 年下降约 3 个百分点，而江苏 YR 的毛利率不仅没有下降，反而还略有上升，与行业呈现相反的变动趋势。

报告期内，江苏 YR 的综合毛利率与可比公司比较如表 3 - 20 所示。

表 3 - 20　　　　江苏 YR 的综合毛利率与可比公司比较

| 公司简称 | 2017 年度 | 2016 年度 | 2015 年度 |
|---|---|---|---|
| GMXC | 25.97% | 32.69% | 33.49% |
| WHHX | 39.70% | 31.08% | 30.13% |
| KDXC | 26.45% | 35.12% | 34.35% |
| HTXC | 27.26% | 33.59% | 32.84% |
| FLGF | 30.02% | 32.20% | 31.76% |
| 江苏 YR | 48.52% | 48.46% | 46.45% |
| 可比公司平均 | 29.88% | 32.94% | 32.51% |

数据来源：根据 Wind 咨询数据计算。

在净利润率方面，江苏 YR 也远高于可比公司。2015 年、2016 年、2017 年，江苏 YR 净利润率分别为 25.46%、27.42%、27.77%，而可比公司平均净利润分别为 12.42%、12.59%、11.34%，江苏 YR 净利润是可比公司平均净利润率的 2 倍多。

报告期内，江苏 YR 的净利润率与可比公司比较如表 3 - 21 所示。

表 3 - 21　　　　　江苏 YR 的净利润率与可比公司比较

| 公司简称 | 2017 年度 | 2016 年度 | 2015 年度 |
|---|---|---|---|
| GMXC | 5.08% | 10.77% | 10.96% |
| WHHX | 25.05% | 15.11% | 11.69% |
| KDXC | 7.90% | 13.91% | 15.48% |
| HTXC | 7.32% | 8.53% | 8.56% |
| FLGF | 11.36% | 14.63% | 15.39% |
| 江苏 YR | 27.77% | 27.42% | 25.46% |
| 可比公司平均 | 11.34% | 12.59% | 12.42% |

数据来源：根据 Wind 咨询数据计算。

（2）应收账款周转率、存货周转率持续下降且与行业呈现相反变动趋势。

在应收账款周转率方面，江苏 YR 从 2015 年的 3.62 下降到 2016 年的 3.38，再下降到 2017 年的 2.91。但同行业可比公司平均应收账款周转率却持续上升，2015 年为 5.15、2016 年为 6.07、2017 年为 6.91。江苏 YR 与可比公司在应收账款周转率方面呈相反变动趋势。

报告期内，江苏 YR 与可比公司的应收账款周转率比较如表 3 - 22 所示。

表 3 - 22　　　　江苏 YR 与可比公司的应收账款周转率比较　　　　单位：次

| 公司简称 | 2017 年 12 月 31 日 | 2016 年 12 月 31 日 | 2015 年 12 月 31 日 |
|---|---|---|---|
| GMXC | 4.08 | 3.14 | 3.07 |
| WHHX | 23.36 | 20.55 | 15.26 |
| KDXC | 2.25 | 2.40 | 3.22 |
| HTXC | 3.55 | 2.84 | 2.74 |
| FLGF | 1.33 | 1.44 | 1.44 |
| 江苏 YR | 2.91 | 3.38 | 3.62 |
| 可比公司平均 | 6.91 | 6.07 | 5.15 |

数据来源：根据 Wind 咨询数据计算。

在存货周转率方面，江苏 YR 从 2015 年的 4.95 下降到 2016 年的 4.14，再下降到 2017 年的 3.60。但同行业可比公司平均存货周转率持续上升，2015 年为 4.49，2016 年为 4.78，2017 年上升到 5.39。江苏 YR 与可比公司在存货周转率方面呈现相反变动趋势。

报告期内，江苏 YR 存货周转率和可比公司比较如表 3 - 23 所示。

表 3－23　　　　江苏 YR 存货周转率和可比公司比较　　　　单位：次

| 公司简称 | 2017 年 12 月 31 日 | 2016 年 12 月 31 日 | 2015 年 12 月 31 日 |
|---|---|---|---|
| GMXC | 6.79 | 5.11 | 4.53 |
| WHHX | 5.65 | 4.86 | 3.78 |
| KDXC | 4.90 | 4.67 | 6.13 |
| HTXC | 5.00 | 4.21 | 3.65 |
| FLGF | 4.63 | 5.07 | 4.35 |
| 江苏 YR | 3.60 | 4.14 | 4.95 |
| 可比公司平均 | 5.39 | 4.78 | 4.49 |

数据来源：根据 Wind 咨询数据计算。

（3）应收账款占营业收入的比例持续上升，扩信用保营收。

2015 年末、2016 年末、2017 年末，江苏 YR 应收账款账面价值分别为 6 448.76 万元、7 843.51 万元、1 0367.17 万元，占当期营业收入的比例分别为 29.99%、32.43%、39.15%，占比持续上升，反映公司在激烈的竞争市场中不断给客户扩信用、保营收。江苏 YR 应收账款占营业收入情况如表 3－24 所示。

表 3－24　　　　江苏 YR 应收账款占营业收入情况　　　　单位：万元

| 项目 | 2017 年 | 2016 年 | 2015 年 |
|---|---|---|---|
| 应收账款账面价值 | 10 367.17 | 7 843.51 | 6 448.76 |
| 营业收入 | 26 484 | 24 189 | 21 505 |
| 占比 | 39.15% | 32.43% | 29.99% |

### 6. 高新技术企业头衔是否名不副实

江苏 YR 为高新技术企业，企业所得税税率为 15%。

反映制造业科技含量的一个重要指标是机器设备数量。2017 年末江苏 YR 机器设备的账面原值约为 1 425.86 万元，扣除累计折旧后，账面价值只有约 722.31 万元。累计折旧和账面价值情况如表 3－25 所示。

表 3－25　　　　　　累计折旧和账面价值情况　　　　单位：元

| 项目 | 账面原值 | 累计折旧 | 账面价值 |
|---|---|---|---|
| 房屋及建筑物 | 13 360 207.55 | 4 539 575.34 | 8 820 632.21 |
| 机器设备 | 14 258 567.64 | 7 035 494.42 | 7 223 073.22 |
| 运输工具 | 1 415 589.71 | 1 244 552.17 | 171 037.54 |
| 电子设备 | 2 709 987.03 | 1 827 286.28 | 882 700.75 |
| 办公设备 | 3 279 285.44 | 2 066 673.75 | 1 212 611.69 |
| 合计 | 35 023 637.37 | 16 713 581.96 | 18 310 055.41 |

反映制造业科技含量的另一个指标是专利。江苏 YR 发明专利只有 6 项，而且专利申请日都是 2015 年 11 月 20 日。

截至本招股说明书签署日，发行人目前已获得 6 项国家发明专利并取得证书，已取得专利证书的 6 项专利均为发行人自主研发。自主研发专利情况具体如表 3 - 26 所示。

表 3 - 26 自主研发专利情况

| 序号 | 专利名称 | 专利号 | 专利类型 | 专利申请日 | 取得方式 |
|---|---|---|---|---|---|
| 1 | 涂料过滤器 | 20152093×××0X | 实用新型 | 2015 - 11 - 20 | 原始取得 |
| 2 | 涂料过滤系统 | 20152093×××05 | 实用新型 | 2015 - 11 - 20 | 原始取得 |
| 3 | 含漆污水处置装置 | 20152093×××76 | 实用新型 | 2015 - 11 - 20 | 原始取得 |
| 4 | 喷漆废气处置装置 | 20152093×××94 | 实用新型 | 2015 - 11 - 20 | 原始取得 |
| 5 | 新型污水处理装置 | 20152093×××29 | 实用新型 | 2015 - 11 - 20 | 原始取得 |
| 6 | 搅拌轴的底支撑装置 | 20152093×××14 | 实用新型 | 2015 - 11 - 20 | 原始取得 |

从这两个重要指标来看，投资者有理由怀疑，江苏 YR 的高新技术企业头衔名不副实。

实际控制人控制的实体多，发生的关联交易多，有利益输送的嫌疑。产品毛利率、净利润、应收账款周转率、存货周转率与可比公司相距甚远甚至反向变动，表现异常。

实际控制人在苏州 PPG 任职期间私自创业，又用借款、股权等利益输送方式捆绑第一大客户，抛开为公司做出实质贡献的中间商，直接与第一大客户合作。

### 3.4.4 法律规定分析

关联交易的弊端主要有以下几点。

（1）上市公司独立运营能力差，抵御外来风险能力薄弱。如上市公司与控股公司之间存在大量交易，上市公司向控股公司销售产品、提供劳务，对控股公司依赖性较强，则其市场竞争力相对较弱。如果控股公司因自身经营问题陷入低谷，则进一步使得上市公司难以正常营运。

（2）常见的弊端包括：上市公司的控股公司或控股股东向上市公司高价出售原料、低价购买产品，抢占投资项目，挪用上市公司公开募集的资金或无偿拖欠上市公司贷款，要求上市公司提供担保。如果上市公司存在摘牌风险，控股公司则会低价出售优质资产，高价收购上市公司产品，进而通过注资，保全上市公司的壳，对资本市场健康发展造成影响。

从关联交易的弊端可以看出，证监会是绝不允许上市公司与关联方存在利益输送的。证监会在审核关联交易时，会重点审核以下几个方面。

（1）全面核查关联方与关联交易披露。

审核高度关注关联方的认定是否合规，披露是否完整，是否存在隐瞒关联方的情况。要求根据《公司法》《企业会计准则》《上市公司信息披露管理办法》以及证券交易所颁布的相关业务规则的规定，准确、完整披露关联方及关联关系。关联关系的界定主要关注是否可能导致发行人利益转移，而不限于是否存在股权关系、人事关系、管理关系等。也就是说，保荐机构在关联方的尽职调查中，依据要全面，要遵循实质重于形式原则，只要可能存在利益输送就可能被确认为关联方。

（2）对重要客户、供应商关联身份及交易真实性的核查。

对未披露为关联方和关联交易的核查，核心是发现有无遗漏或者故意隐瞒关联关系的情况。从审核实践来看，部分 IPO 拟申报企业存在利用未披露的关联关系来进行财务粉饰，甚至财务舞弊的情况，证监会对此历来也高度重视。重要客户、供应商隐瞒关联关系向发行人输送利润（例如抬高销售价格、压低供应价格、代为承担费用等）是明显的财务粉饰行为。重要客户隐瞒关联关系与发行人之间进行并未实现最终销售的交易则是明显的财务舞弊行为（所谓"假"的真交易）。

一般此类财务粉饰和财务舞弊行为都是发行人管理层故意安排与实施的行为，难以通过内部控制机制发现，需要保荐机构通过充分获取外部证据的方式以应对这种内部舞弊。所以，必须对重要客户、供应商的身份进行尽职核查。常见的方式包括两种。

①从主体出发。通过对客户、供应商进行实地走访、信息比对，发现主要客户、供应商是否存在隐瞒关联关系的可能。例如，详细核查发行人的所有关联方（包括发行人引入的 PE 股东及其出资人）及职工（含离职员工）、发行人的董事、监事、高管及其他核心人员（包括与其关系密切的家庭成员）是否在发行人的客户或供应商（或与上述客户或供应商存在关联关系的单位、上下级单位或上下级公司）任职或担任股东。

②从交易出发。对于报告期内重大异常、不合理交易（例如，明显不符合商业逻辑、报告期最后一期突然新出现的大客户等），应当予以充分关注和核查。因此，应当对交易的真实性、交易对方是否为未披露的关联方等进行核查。

《关于进一步规范股票首次发行上市有关工作的通知》（证监发行字〔2003〕116 号）规定：最近一年和最近一期，发行人与控股股东（或实际控制人）及其全资或控股企业，在产品（或服务）销售或原材料（或服务）采购方面的交易额，占发行人主营业务收入或外购原材料（或服务）金额的比例，均不超过 30%；具有完整的业务体系，最近一年和最近一期，发行人委托控股股东（或实际控制人）及其全资或控股企业，进行产品（或服务）销售或原材料（或服务）采购的金额，占发行人主营业务收入或外购原材料（或服务）金额的比例，均不超过 30%；具有开展生产经营所必备的资产，最近一年和最近一期，以承包、委托经营、租赁或其他类似方式，依赖控股股东（或实际控制人）及其全资或控股企业的资产进行生产经营所产生的收入，均不超过其主营业务收入的 30%。这是所谓关联交易占比不超过 30% 要求的政策来源。该规定已经于 2006 年被废止。

之所以放弃数量定量要求，是因为由于商业模式与行业及自身股权结构、历史沿革不同，不同企业的关联交易情况对其独立性、持续经营能力和经营业绩的影响较为复杂，不宜以简单的数量标准一刀切，而是应该基于实质性判断和多因素综合考量的审核理念，对不同企业的具体情况具体分析。

所以，尽管 30% 仍然可以作为参考指标，但实际上更重要的是结合发行人自身的情况，看交易实质，在尽职调查中做实质性判断。例如要看关联交易对发行人业务链的完整性的影响。又如，不仅要看关联交易占发行人同类业务的比例，也要看该项关联交易占交易对方同类业务的比例。

江苏 YR IPO 被否决比较符合预期，其存在的主要问题主要有以下几个。第一，实际控制人陈某在苏州 PPG 任职期间与他人共同创立江苏 YR，业务与苏州 PPG 相似。江苏 YR 成立半年后陈某委托弟媳持股，从苏州 PPG 辞职后半年又解除委托持股，成为实际控制人。第二，江苏 YR 第一大客户是上市公司 ARJ，公司原本是通过中间商罗某向 ARJ 销售产品的。招股书披露，2009 年罗某成为代理人后，公司对 ARJ 的产品销售有了实质性的进展。江苏 YR2016 年 4—5 月向 ARJ 的实际控制人及其他 2 名董事提供借款 7 725 万元用于周转，2016 年 9 月再让 ARJ 的全资子公司成为江苏 YR 的第四大股东，就终止了与做出重大贡献的中间商合作。2017 年来自 ARJ 的销售收入占总收入的比例达到 45.03%，比 2016 年度的 28.81% 大幅上升了 16.22 个百分点。第三，第一大客户 ARJ 2018 年净利润比 2016 年下降 88%，面临巨大挑战，可能拖累江苏 YR。第四，实际控制人控制的实体多，关联交易甚多，利益输送嫌疑大。第五，江苏 YR 毛利率、净利率远高于同行，应收账款周转率、存货周转率又远低于同行，呈相反的变动趋势。第六，江苏 YR 机器设备少、专利少，高新技术企业头衔可能名不副实。

## 3.5　XARL 公司案例分析

### 3.5.1　案例介绍

XARL 新材料股份有限公司（以下简称"XARL"）成立于 1999 年 4 月 15 日，注册地位于西安市高新区，法定代表人为刘某春。经营范围包括液晶显示材料、有机电致发光显示材料、医药中间体（不含药品）、农药中间体以及其他精细化学品（不含危险、监控、易制毒化学品）的研制、开发、生产、销售；化学品加工（不含危险、监控、易制毒化学品）；化工机械加工、设备安装；化学试剂及化学原材料（不含危险、监控、易制毒化学品）的销售；化工技术咨询，技术服务（以上不含易燃易爆危险品），光电原材料、电子元器件及机电产品的生产与销售。

### 3.5.2　证监会公告

中国证券监督管理委员会第十八届发行审核委员会 2019 年第 50 次发审委会议于 2019 年 6 月 6 日召开，现将会议审核情况公告如下：

一、审核结果

（一）ZX 出版集团股份有限公司（首发）获通过。

（二）XARL 新材料股份有限公司（首发）未通过。

（三）成都 TY 电气股份有限公司（首发）获通过。

二、发审委会议提出询问的主要问题

（一）ZX 出版集团股份有限公司

略。

（二）XARL 新材料股份有限公司

1. 发行人曾向江苏 YZ 房地产开发有限公司提供借款，并通过供应商向控股股东关联方 BXD 拆出资金。请发行人代表说明：（1）发行人向江苏 YZ 提供借款的原因及合理性；（2）发行人通过供应商向 BXD 拆出资金的原因及合理性，是否履行相应的审批程序；（3）发行人资金管理制度是否完整，发行人财务是否独立，相关内控是否健全并有效运行。请保荐代表人说明核查依据、过程并明确发表核查意见。

2. 发行人报告期内综合毛利率整体水平高于同行业可比上市公司，除液晶材料以外的其他产品毛利率各期波动较大。请发行人代表：（1）对比同行业可比上市公司同类产品毛利率情况，结合产品定价、客户、产品结构、原材料价格波动及成本构成等方面，说明毛利率高于同行业可比上市公司的原因、合理性及可持续性；结合期间费用占收入比重，分析说明净利率与同行业可比上市公司的差异、原因及合理性；（2）说明在主要产品显示材料价格总体呈下降趋势的态势下，OLED 材料毛利率自 2017 年快速上升的原因及合理性；（3）说明电子化学品 2018 年度毛利率低于 2016 年度和 2017 年度的原因及合理性；（4）结合行业发展趋势、技术更新、竞争对手情况、发行人技术及竞争优势等，说明发行人未来业务发展及盈利能力的可持续性；（5）说明 2019 年上半年业绩预计情况，2019 年一季度医药中间体产品 PA0045 销量、毛利率大幅提升的原因及合理性。请保荐代表人说明核查依据、过程并明确发表核查意见。

3. 发行人报告期内销售方式包括贸易商模式和直销模式，存在通过市场拓展服务机构拓展业务并支付相关费用的情形。请发行人代表说明：（1）贸易商模式下各产品销售毛利率显著高于生产企业直销毛利率的商业合理性，贸易商合理贸易利润的体现方式和依据；（2）贸易商类客户是否专门销售发行人产品，主要贸易商是否与发行人及其大股东、关联方、董事、监事、高管存在关联关系；（3）市场拓展咨询服务机构所提供服务的主要内容，相关费用计提的依据，与相关产品销售收入是否匹配；报告期部分服务机构未持续提供服务的原因及商业合理性；通过市场拓展咨询服务机构拓展业务的必要性，其所支付的咨询服务费比例与同行业可比公司相比是否存在差异。请保荐代表人说明核查依据、过程并明确发表核查意见。

（三）成都 TY 电气股份有限公司

略。

### 3.5.3 监管逻辑分析

报告期内，发行人营业收入按照产品类别构成情况如表 3 - 27 所示。

表 3 - 27　　　　　　　营业收入按照产品类别构成情况

| 项目 | | 2017 年度 | | 2016 年度 | | 2015 年度 | |
|---|---|---|---|---|---|---|---|
| | | 金额<br>（万元） | 比例<br>（%） | 金额<br>（万元） | 比例<br>（%） | 金额<br>（万元） | 比例<br>（%） |
| 显示材料 | 液晶材料 | 37 828.22 | 52.63 | 34 505.77 | 61.92 | 33 200.25 | 66.68 |
| | OLED 材料 | 18 790.20 | 26.14 | 8 864.24 | 15.90 | 8 663.26 | 17.40 |
| 其他专用<br>材料 | 医药中间体 | 12 798.75 | 17.81 | 10 875.32 | 19.51 | 6 355.40 | 12.77 |
| | 电子化学品及其他 | 2 455.74 | 3.42 | 1 490.65 | 2.67 | 1 568.36 | 3.15 |
| 合计 | | 71 872.91 | 100.00 | 55 735.98 | 100.00 | 49 787.27 | 100.00 |

报告期内，发行人实现的收入和净利润情况如表 3 - 28 所示。

表 3 - 28　　　　　　　　收入和净利润情况　　　　　　单位：万元

| 项目 | 2017 年度 | 2016 年度 | 2015 年度 |
|---|---|---|---|
| 营业收入 | 71 910.41 | 55 766.06 | 49 945.42 |
| 营业利润 | 9 022.19 | 6 404.83 | 2 850.20 |
| 利润总额 | 9 030.39 | 6 878.72 | 3 017.32 |
| 净利润 | 7 800.87 | 5 638.17 | 2 261.00 |
| 其中：归属于母公司股东净利润 | 7 800.87 | 5 638.17 | 2 261.00 |
| 扣除非经常性损益后归属于母公司股东净利润 | 7 533.88 | 4 184.44 | 2 930.60 |

从行业来说，发行人是液晶显示面板的上游配套材料供应商，客户主要是日本的一些重要客户，日本作为液晶显示技术的第一梯队，发行人与日本客户进行稳定合作符合基本逻辑。发行人 2015 年至 2017 年的综合毛利率分别为 33.58%、37.95% 和 37.54%，毛利率水平基本上符合行业水平并且保持稳定增长趋势，也间接说明了发行人的行业地位和竞争优势。

从业绩规模的角度来说，发行人在 2015 年营业收入达近 5 亿元且毛利率超过 30% 的情况下，实现的净利润只有 2 000 多万元是有些偏低的，而主要原因是管理费用每年都会超过 1 亿元。发行人 2015 年至 2017 年不论是收入还是净利润都保持了稳定的增长趋势，如果 2018 年还能保持增长趋势，那么 2018 年业绩接近 1 亿元水平是可能的，这样的业绩规模在创业板上市是符合要求的。

发审会问询了以下几个问题：

1. 发行人实际控制人之一刘某春曾担任中国 RL 及其关联方深圳 RL、宁波 YD 的董事及高管，并曾持有深圳 RL 股权。请发行人代表：（1）说明 2015 年发行人核销深圳市 YFT 科技发展有限公司 676.06 万元应收账款的合理性，是否损害发行人及其他股东利益；（2）说明 2015 年 5 月刘某春转让所持深圳 RL 股权时的原因、转让真实性；（3）结合刘某春的收入来源及债权债务情况，说明偿还 2 958 万元补偿款的资金来源，是否具有偿债能力，是否会影响实际控制人的稳定性。请保荐代表人说明核查依据、过程并明确发表核查意见。

刘某春尽管持有发行人 8% 的股份，但却是持有股份比例最大的自然人，并且担任发行人的法定代表人，在这种情况下，刘某春就是发行人非常重要的自然人关联方。对于实际控制人来说，历史上有一些关联企业需要处理。有一些资金往来需要杜绝、有一些业务往来需要禁止，都是可以理解并且允许的，这也是企业规范以及完善内部控制的一个有效途径。但是，这些技术处理都需要有一个前提，那就是关联方的处置是真实的、合理的。

（1）无实际控制人。

报告期内，发行人股权结构稳定，持股较为分散，无实际控制人，前五大股东 ZSHH、GFYY、刘某春、程某兵和 ZJHL 持股比例分别为 26.02%、16.62%、8.59%、6.56% 和 4.97%。依据公司制度性文件的规定，无任何单一股东可以控制股东会决议、决定董事会多数席位。

（2）关联方其他应收款的核销情况。

发行人与深圳 TD（后更名为"深圳市 YFT 科技发展有限公司"）的应收账款和其他应收款余额分别为 2010 年及之前形成的销售货款和资金往来。深圳 TD 已于 2016 年 5 月 26 日注销，由于深圳 TD 已无资产清偿欠款，发行人于 2014 年之前对上述款项全额计提了坏账准备。发行人在 2015 年度召开股东会对 676.06 万元的应收账款核销进行了审议，在 2016 年度召开的总经理办公会议对 5.00 万元的其他应收款核销进行了审批。

2. SXYN 等 11 家企业为发行人的外协厂商和原材料供应商，部分未取得相关资质。请发行人代表说明：（1）发行人选择 SXYN 提供外协加工服务的原因及必要性，是否符合商业逻辑；（2）外协供应商定价存在差异的原因及合理性，是否存在关联关系，是否存在为发行人分担成本费用的情形；（3）SXYN 股权转让的真实性，未将 SXYN 纳入发行人体系的原因及合理性，是否存在股份代持安排，是否存在关联交易非关联化情形；（4）SDRC 2017 年 9 月收购 SXYN 的价格，主要资产构成，短期内两次转让定价存在重大差异的原因及合理性，采购后向 SDRC 采购金额快速增长的原因及合理性，是否存在关联关系，是否存在利益输送；（5）发行人是否存在利用外协采购规避环保风险和安全生产风险的情形。请保荐代表人说明核查依据、过程并明确发表核查意见。

外协加工是常见的一种业务模式，包括通过关联方采购或者销售的关联交易也不是就一定不能接受，但是发行人的处理确实会引起很大的非议。

①委托加工模式首先要关注的就是加工方的资质、是否存在关联交易、定价是否公允，连外协厂商都是发行人的关联方，实在是不常见。

②为了解决关联交易问题，委托加工方将股权对外转让给第三方，这样敏感的股权转让，不知道发行人是否能够解释的清楚。

③关联方被收购，发行人与收购方的业务往来和交易金额却是大幅增加，这样会让别人怎么想呢？

很多情况下，发行人做的每一个方案都看起来没有问题，也不构成直接的证据对财务数据带来影响和损害，但是众多的间接证据也是形成一个证据链，一旦这个证据链被证实了，那么对某些问题的定性也是决定性的。

### 3.5.4　法律规定分析

证监会公告中提出了一个问题，发行人曾向江苏 YZ 房地产开发有限公司（以下简称"江苏 YZ"）提供借款，并通过供应商向控股股东关联方 BXD 拆出资金。请发行人代表说明：（1）发行人向江苏 YZ 提供借款的原因及合理性；（2）发行人通过供应商向 BXD 拆出资金的原因及合理性，是否履行相应的审批程序；（3）发行人资金管理制度是否完整，发行人财务是否独立，相关内控是否健全并有效运行。请保荐代表人说明核查依据、过程并明确发表核查意见。

资金拆借问题属于典型的内部控制问题，也是发行人或多或少会存在的问题。只要能够及时解决，制定相关措施，那么不会构成 IPO 审核的实质性障碍。但是，需要注意的是，发行人不仅要彻底解决问题，还要关注资金拆借的合理性以及基本的商业逻辑，不然也容易产生问题。常见的资金拆借发生在发行人与控股股东或者关联方，或者发行人与供应商、客户等之间，如果金额、频率以及性质都可控，那么基本上认为是合理的。在本案例中，发行人与房地产开发公司有一笔 1.5 亿元的资金拆借，这样的拆借规模与发行人本身的业绩规模是不匹配的；而且，发行人与某个股东的企业发生资金拆借，是非常规的拆借。

**1. 发行人与北京 BXD 投资管理有限公司的资金拆借**

截至招股书签署之日，ZSHH 除持有发行人股份外，不存在持有其他企业股份的情况，ZSHH 实际控制人为吕某平、李某凝夫妇。李某凝持股 100.00％ 的企业基本情况如表 3 − 29 所示。

**表 3 - 29　　　　　北京 BXD 投资管理有限公司基本情况**

| 项目 | 内容 | |
|---|---|---|
| 成立时间 | 2009 - 8 - 19 | |
| 注册资本及实收资本 | 300 万元 | |
| 注册地/主要生产经营地 | 北京市东城区 DSB 大街 69 号 1 幢 430 室 | |
| 经营范围 | 投资管理 | |
| 主营业务及与发行人主营业务的关系 | 与发行人主营业务不存在相似或相同的情况 | |
| 2017 - 12 - 31/2017 年 | 总资产（万元） | 3 900.98 |
| | 净资产（万元） | 290.93 |
| | 净利润（万元） | 0.19 |

注：以上财务数据未经审计。

2015 年，发行人存在向关联方拆出资金的情况，具体情况如表 3 - 30 所示。

**表 3 - 30　　　　　　　向关联方拆出资金的情况　　　　　　单位：万元**

| 资金拆出方 | 资金拆入方 | 2015 年初余额 | 本期增加额 | 本期减少额 | 2015 年末余额 |
|---|---|---|---|---|---|
| 发形人 | 北京 BXD 投资管理有限公司 | 3 000.00 | — | 3 000.00 | — |

（1）关联资金往来背景及审议程序。

2013 年下半年开始，发行人营业收入逐步提升；同时，2014 年 4 月增资 10 688.56 万元（其中新增注册资本 756.25 万元），由于重大建设项目的投资尚未启动，账面存在较大金额的暂时闲置资金。为提高闲置资金回报率，同时保障资金安全，经发行人股东审议通过，且关联股东 ZS 有限回避表决，发行人同意将暂时闲置资金以借款形式，委托从事投资管理业务的关联方北京 BXD 投资管理有限公司（以下简称"BXD"）进行投资管理，并由 ZS 合伙及其关联方提供借款本息的担保。

（2）关联资金往来的定价及清理情况。

截至 2015 年 6 月 24 日，BXD 向发行人拆借资金已经全部偿还，按照协议约定的年化利率 8.748% 进行计息。2015 年发行人确认和收到借款利息金额为 790 687.67 元。

上述关联资金拆借的利息参考同期同类银行贷款利率协商确定，关联借款的资金利率公允，且全部拆借资金的本金和利息已于发行人整体变更设立股份公司之前全部收回，不存在因关联方资金拆借行为损害发行人及其股东利益的情况。从 2015 年 6 月 30 日至公告日期间，发行人不存在资金被关联方占用的情况。

**2. 发行人向江苏 YZ 直接提供贷款和委托贷款**

2015 年末，发行人其他流动资产余额为 17 998.84 万元，主要为委托贷款。

2015 年 1 月至 2015 年 6 月，发行人直接向江苏 YZ 提供资金借款，最高额度不超过 1.5 亿元。2015 年 6 月，发行人收回了上述贷款并通过西安银行向江苏 YZ 发放委托贷款，贷款金额总计 1.5 亿元。发行人分别于 2016 年 6 月 22 日和 2016 年 10 月 28 日收到江苏 YZ 偿还的 3 000 万元和 12 000 万元的贷款本金，并按照 11% 平均年利率结清了相应贷款利息。截至 2016 年 10 月 28 日，发行人已经结清上述委托贷款，上述交易不存在损害发行人和发行人股东利益的情况。

（1）发行人向江苏 YZ 直接提供贷款和委托贷款的原因。

2014 年度发行人完成增资后，拟用增资款投资 PCHT 和原料药项目，但后续发行人资本性支出项目进度出现延期。为了提高自身资金的使用效率，发行人决定向江苏 YZ 提供贷款，后续为了规范直接贷款的行为，加强对外借款的风险管理，发行人通过西安银行向江苏 YZ 提供委托贷款。

（2）报告期各期的利息金额、1.5 亿元贷款各批次的具体利率。

报告期各期的利息金额、1.5 亿元贷款各批次的具体利率如表 3 - 31 所示。

表 3 - 31　　　　　　　贷款利率和利息情况　　　　　　单位：万元

| 投资收益 | 2016 年度 | 2015 年度 | 利率 |
| --- | --- | --- | --- |
| 直接贷款利息 | — | 566.69 | 11% |
| 委托贷款利息 | 1 224.82 | 995.11 | 11% |
| 小计 | 1 224.82 | 1 561.80 | — |

（3）发行人向江苏 YZ 直接提供贷款和委托贷款的决策程序符合公司章程的规定。

①发行人直接向江苏 YZ 提供贷款。

2014 年 12 月，发行人召开股东会审议发行人将资金出借给江苏 YZ 的事项，累计最高额度不超过 15 000 万元，借款期限为 2015 年 1 月 1 日至 2015 年 6 月 30 日。上述事项的决议经股东会审议通过，符合发行人其时有效的公司章程的规定，内部履行程序当属有效。

②发行人通过西安银行向江苏 YZ 提供贷款及展期。

2015 年 6 月，发行人股东会审议通过了《关于委托西安银行股份有限公司钟楼支行向江苏 YZ 房地产开发有限公司提供委托贷款的议案》，同意发行人通过西安银行钟楼支行向江苏 YZ 提供委托贷款，贷款总金额为 15 000 万元，分次发放，具体金额、期限和利率等事项以委托贷款合同为准。

2016 年 6 月，发行人第一届董事会 2016 年第四次临时会议审议通过了《关于委托贷款申请展期的议案》，将对江苏 YZ 总金额为 1.2 亿元的委托贷款展期

3 个月；2016 年 7 月，发行人召开 2016 年第四次临时股东大会审议通过了上述议案。

2016 年 9 月，发行人第一届董事会 2016 年第六次临时会议审议通过了《关于委托贷款申请展期的议案》，将对江苏 YZ 总金额为 1.2 亿元的委托贷款展期 6 个月；2016 年 10 月，发行人召开 2016 年第六次临时股东大会审议通过了上述议案。

发行人公司章程规定，董事会做出决议，必须经全体董事的过半数通过；股东大会做出普通决议，应当由出席股东大会的股东（包括股东代理人）所持表决权的二分之一以上通过。上述委托贷款及展期事项经董事会和股东大会审议通过，内部履行程序当属有效。

（4）上述直接提供贷款和委托贷款是否符合《最高人民法院关于审理民间借贷案件适用法律若干问题的规定》。

根据《最高人民法院关于审理民间借贷案件适用法律若干问题的规定》（2015 年 9 月 1 日起施行）的相关规定，"第十四条 具有下列情形之一，人民法院应当认定民间借贷合同无效：（一）套取金融机构信贷资金又以高利转贷给借款人，且借款人事先知道或者应当知道的；……"

发行人不存在《最高人民法院关于审理民间借贷案件适用法律若干问题的规定》第十四条列示的情形，故发行人向江苏 YZ 直接提供贷款和委托贷款的民间借贷合同有效。

"第二十六条 借贷双方约定的利率未超过年利率 24%，出借人请求借款人按照约定的利率支付利息的，人民法院应予支持。借贷双方约定的利率超过年利率 36%，超过部分的利息约定无效。借款人请求出借人返还已支付的超过年利率 36% 部分的利息的，人民法院应予支持。"

发行人与江苏 YZ 之间直接提供贷款和委托贷款约定的年利率为 11%，未超过第二十六条规定的年利率 24% 的规定，因此发行人向江苏 YZ 直接提供贷款和委托贷款的利率符合第二十六条的规定。

"第二十九条 借贷双方对逾期利率有约定的，从其约定，但以不超过年利率 24% 为限。未约定逾期利率或者约定不明的，人民法院可以区分不同情况处理：（一）既未约定借期内的利率，也未约定逾期利率，出借人主张借款人自逾期还款之日起按照年利率 6% 支付资金占用期间利息的，人民法院应予支持；（二）约定了借期内的利率但未约定逾期利率，出借人主张借款人自逾期还款之日起按照借期内的利率支付资金占用期间利息的，人民法院应予支持。"

"第三十条　出借人与借款人既约定了逾期利率，又约定了违约金或者其他费用，出借人可以选择主张逾期利息、违约金或者其他费用，也可以一并主张，但总计超过年利率 24% 的部分，人民法院不予支持。"

发行人与江苏 YZ 之间委托贷款到期后，发行人主动履行了程序予以展期，展期后约定的年利率仍为 11%，不存在逾期的情况，不适用第二十九条和第三十条的规定。

综上所述，发行人向江苏 YZ 提供的各批次直接贷款或通过西安银行提供委托贷款的行为符合《最高人民法院关于审理民间借贷案件适用法律若干问题的规定》的相关规定。

（5）发行人对江苏 YZ 的信用评价方法、过程、结论及相关依据。

①发行人对江苏 YZ 进行了现场尽职调查。

发行人向江苏 YZ 发放贷款前，安排人员在 2014 年末对江苏 YZ 进行了现场尽职调查并与其实际控制人进行了沟通，反馈结果为江苏 YZ 系为单一楼盘开发而成立的房地产公司。公司主持开发的楼盘为无锡市锡山区鹅湖镇的 FYHT，该楼盘分为两期，一期项目于 2014 年获得预售证，并于当年 10 月开盘；二期项目正在建设中。

经发行人总经理办公会商议，认为江苏 YZ 作为开发单一楼盘的房地产公司，除 FYHT 外无其他在建工程，FYHT 一期楼盘已经开售，且销售情况良好，二期楼盘正在建设中，不存在因工程无法完工或工期滞后导致无法交房的风险；江苏 YZ 作为债务方，相关楼盘开发已经部分完工，随着一期楼盘的销售进展加快具备按时偿债的能力，且所需借款为结清工程款的需要，整体风险可控。

因此，发行人总经理办公会通过决议并报发行人董事会审议。

②发行人获取了在建房产作为抵押。

发行人向江苏 YZ 发放贷款前，2015 年 1 月与江苏 YZ 签订了抵押权设立协议。江苏 YZ 以取得预售许可证的在建房屋作为抵押，向发行人拆借累计最高额不超过 1.5 亿元的贷款。

抵押房屋为江苏省无锡市锡山区 FYHT 的 100 套楼盘，包含商铺、别墅及住宅，合计面积为 18 423.25 平方米。发行人实地考察，以该地区在售各类型房屋价格计算，测算认定抵押物价值为 3 亿元，抵押率不超过 50%；根据约定的最高额 1.5 亿元借款金额及抵押物的面积，抵押房屋的折算价格不超过 8 141.89 元/m$^2$。2015 年 2 月，双方已在无锡市住房保障和房产管理局办理了无锡市在建工程抵押登记证明，对上述 100 套在建房屋进行了抵押登记。

③发行人调查了同类贷款的市场利率。

发行人获取了江苏地区同期同类债券的情况，2014 年至 2015 年发行的地产及基建类债券年利率在 9% ~ 10% 。

发行人根据同期江苏地区房地产及基建公司发放债券的利率，与江苏 YZ 约定贷款年利率为 11% 。发行人认为该利率与同类贷款的市场利率一致，与向江苏 YZ 拆借资金的风险相匹配。

综上所述，发行人通过现场尽职调查等手段对江苏 YZ 进行了信用评价，并在内部的总经理办公会上进行了讨论；与江苏 YZ 办理了相应的在建房屋贷款抵押，保证了相关贷款的安全性；调查了同类型贷款的市场利率，认为拆借资金的收益与风险相匹配。

（6）报告期内发行人对该贷款的风险管理方法和过程。

①持续跟踪江苏 YZ 的经营情况。

自 2015 年 1 月至 2016 年 10 月发行人向江苏 YZ 发放贷款期间，每隔三个月发行人会安排相应人员去无锡调研江苏 YZ 的楼盘销售情况及偿债能力。

②直接贷款转换成委托贷款。

2015 年 1 月发行人直接向江苏 YZ 发放贷款后，为了规范直接贷款的行为，加强对外借款的风险管理，发行人通过西安银行向江苏 YZ 提供委托贷款。根据《西安银行委托贷款业务管理办法》，西安银行协助发行人对江苏 YZ 的委托贷款加强了风险管理：西安银行的客户经理负责委托贷款的受理工作并对贷款进行尽职调查；江苏 YZ 在西安银行开立结算账户，西安银行加强对委托贷款用途的真实性调查；西安银行协助收回委托贷款本息，并及时划付到发行人指定的账户，并通报发行人知晓。

③持续关注本金及利息的收回情况。

发行人向江苏 YZ 拆借资金后，江苏 YZ 能够按期支付委托贷款利息。根据发行人与江苏 YZ 的约定，江苏 YZ 根据实际借款天数按月结息，不存在到期无法偿还利息的情况。2016 年 10 月 28 日，江苏 YZ 向发行人归还了委托贷款 1.2 亿元，并结清相应利息，自此江苏 YZ 与发行人再无资金往来。

综上所述，在发放贷款期间，发行人持续关注江苏 YZ 的经营情况，并且通过直接贷款转换成委托贷款的形式提高了发放贷款的安全性。在江苏 YZ 能够按时偿还贷款利息的前提下，发行人认为报告期内该贷款无法归还的可能性较低，风险得到有效控制及管理。

# 第 4 章
# 持续盈利能力问题

　　盈利能力通常是指企业在一定时期内赚取利润的能力。盈利能力的大小是一个相对的概念，即利润是相对于一定的资源投入、收入而言的。利润率越高，盈利能力越强；利润率越低，盈利能力越差。企业经营业绩的好坏最终可通过企业的盈利能力来反映。无论是企业的管理人员、债权人，还是股东（投资者），都非常关心企业的盈利能力，并重视对利润率及其变动趋势的分析与预测。

　　从企业的角度来看，企业从事经营活动，其直接目的是最大限度地赚取利润并持续稳定地经营和发展。持续稳定地经营和发展是获取利润的基础，而最大限度地获取利润又是企业持续稳定发展的目标和保障。对于债权人来讲，利润是企业偿债的重要来源，特别是对长期债务而言。企业举债时，债权人会重点关注企业的偿债能力，而偿债能力的强弱最终取决于企业的盈利能力。因此，分析企业的盈利能力对债权人非常重要。对于股东（投资者）而言，企业盈利能力的强弱至关重要。股东的直接目的就是获得更多的利润，对于信用相同或相近的企业，投资者几乎总是将资金投向盈利能力强的企业，而股利与企业的盈利能力紧密相关；此外，企业盈利能力提升还会使股票价格上升，从而使股东获得资本收益。因此，企业盈利能力分析十分重要。

## 4.1　持续盈利能力审核概述

　　企业若想上市，需要符合一定的法律要求。上市的条件和标准不是随意和无规律可循的，其存在着核心的判断标准，符合标准的即为上市成功的积极因素，不符合标准的即为上市成功的阻碍因素。核心标准包括两个方面：保护投资者的合法权益和社会公共利益。具体而言，保护投资者的合法权益，即要求发行人具有持续盈利能力；保护社会公共利益，即要求发行人运营合法。监管理念强调信息披露（可以称为第三个方面），但实际上仅从审核结果来看，并未见对盈利能力（特别是报告期内历史盈利能力）大幅降低标准。"盈利能力交给市场判断"的说法并不等于"在审核阶段不判断盈利能力"。

作为股票市场管理的第一道门槛，股票发行制度的"晴雨表"作用越来越受到重视。股票发行制度执行效率的高低决定了其对整个市场上市公司质量把关能力的强弱。我国新股发行核准制度自 2001 年 3 月施行以来，监管层便根据其实施效果和资本市场变化情况，对其核心内容与形式进行制度建设，并不断补充和完善相关的法律法规。2011 年证监会首度在其网站上披露了 2010 年部分拟上市公司被否的具体原因。此后，越来越多的 IPO 审核反馈意见和被否具体原因被公众知悉。

从企业的角度来看，行业地位、技术先进性、规范运行等问题都是可以解释和说明的，而持续且稳定的盈利能力是企业上市的基础和根本条件。企业谋求上市，应当具备有效的持续盈利之道。从审核机构的角度来看，小的违规行为、一些程序上的不完整和不规范通过一些处理措施和承诺都是可以认可的，但财务数据真实和盈利能力稳定是硬性要求。

企业 IPO 被否理由的披露揭示了各种影响持续盈利能力的风险情形，这无论是对那些 IPO 被否的企业，还是对排队等待 IPO 审核的企业，都具有警示作用。在当前拟上市企业多而市场容量有限的情况下，让一个真正具备持续盈利能力的企业上市才符合优中选优的机制。随着新股发行体制改革的深入，IPO 法律法规正不断完善，审核工作也进一步透明化。只有靠发行人、中介机构和监管方共同强化责任，保障企业上市质量，才能真正保护投资者利益并促进证券市场健康发展。

### 4.1.1　持续盈利能力：IPO 第一道障碍

根据对历年 IPO 被否企业的问题统计发现，无论是在主板、中小板，还是在创业板，成功上市的关键就是盈利能力。从 2009 年到 2011 年，因"持续盈利能力存疑"被否的企业分别占全部未通过企业的 53.33%、68% 和 81.82%。主板、中小板被否企业主要是违反了《首发办法》第三十七条规定，而创业板被否企业则主要是违反了《首次公开发行股票并在创业板上市管理暂行办法》（以下简称《创业板首发办法》）第十四条规定。

发审委对被否企业持续盈利能力存疑的具体理由描述各异。例如，"目前阶段抗风险能力较弱，未来持续盈利能力存在重大不确定性""售价和成本波动较大、收入和利润成反向波动""所处行业竞争激烈、大部分子（分）公司亏损"
"产量下降""收入增长不明显或大幅下降""对单一业务和重大订单存在依赖
而该订单取得具有偶然性""未来稳定获得客户具有不确定性"等。除了"持
续盈利能力存疑"，"募投项目的不确定性""资产完整性""信息披露"等问题
也一并出现在被否原因里。

随着中介机构对企业历史问题及独立性等非财务性审核问题日益关注，拟
上市企业该类问题出现得越来越少。然而，持续盈利能力由企业实质的生产经
营状况而定，且直接反映在财务数据上，难以弥补。

## 4.1.2　把握企业持续盈利能力的法律依据

发审委将企业的持续盈利能力作为 IPO 审核之重点的思路非常明确，导向性
也非常鲜明。相关监管部门曾多次在保荐代表人培训会议上强调要重视企业持
续盈利能力审核，并逐渐将持续盈利能力作为对拟上市企业质量把关的关键考
核要素。即便如此，诸多 IPO 过关的企业上市后还是频频出现业绩下滑的情况。
那究竟是审核失准还是中介机构的巧妙包装骗过了发审委呢？这就使得如何把
握 IPO 企业的持续盈利能力成为一个可深入探讨的实务性问题。

对 IPO 中介机构来说，如何把握企业的持续盈利能力和怎样对其进行描述直
接影响企业是否能实现上市。那么把握企业持续盈利能力的法律依据究竟是什
么？首先是《首发办法》及《创业板首发办法》中的风险情形限制要求，即从
风险的整体性上把握企业上市合规性。其次出于审慎性原则，开展全面深入的
尽职调查是对拟上市企业成长性和持续盈利能力进行风险预测的重要基础。其
法律依据是《保荐人尽职调查工作准则》中关于"风险因素及其他重要事项调
查"的规定。最后，完善相关的风险信息披露是相当关键的，其主要的法律依
据是《公开发行证券的公司信息披露内容与格式准则第 1 号——招股说明书》
及《公开发行证券的公司信息披露内容与格式准则第 28 号——创业板公司招股
说明书》。在具体实务操作中，IPO 失败企业被出具的被否理由也是很好的法律
借鉴。

说到底，对企业持续盈利能力的把握不同于对企业业绩进行优劣分析，持
续盈利能力分析是全方位的、动态的、前瞻性的，是基于目前企业各方面真实
情况的综合预期。要准确把握企业持续盈利能力，一方面要求信息必须真实且
具有时效性，所以信息披露的质量是前提；另一方面要求从企业的方方面面识
别出很可能对企业持续盈利能力产生重大影响的风险因素。

### 4.1.3 我国法律对持续盈利能力的总体规定

《证券法》明确指出，上市公司公开发行新股，须具有持续盈利能力，财务状况良好。不管是创业板还是中小板，都强调持续盈利能力。根据证监会《股票发行审核标准备忘录第 15 号——关于最近三年内连续盈利及业绩连续计算问题的审核指引》，"盈利"是指发行人扣除非经常性损益和不能合并会计报表的投资收益前后的净利润均为正数。而"持续"是指企业在满足报告期内基本盈利要求的基础上，上市后的盈利状况。对持续盈利能力的判断更多是基于企业自身在特定时间段内经营状况的比较。

不同行业千差万别，企业的盈利能力与模式也各不相同。从监管者的角度来看，法律法规很难从正面对持续盈利能力做出明确的具体要求。我国 IPO 法规的制定及实践思路是防范对发行人持续盈利造成不利影响的重大风险。《创业板首发办法》第十条就对可能对持续盈利能力产生重大不利影响的六项情形做出了禁止性规定。

总体来看，发行人出现以下情形将被认定为影响持续盈利能力：一是发行人的经营模式、产品或服务的品种结构已经或者将发生重大变化；二是发行人的行业地位或发行人所处行业的经营环境已经或者将发生重大变化；三是发行人最近 1 个会计年度的营业收入或净利润对关联方或者存在重大不确定性的客户存在重大依赖；四是发行人最近 1 个会计年度的净利润主要来自合并财务报表范围以外的投资收益；五是发行人在商标、专利、专有技术以及特许经营权等重要资产或技术的取得或使用上存在重大不利变化的风险；六是其他可能对发行人持续盈利能力构成重大不利影响的情形。

以上是监管部门判断拟上市企业是否符合"具有持续盈利能力"的主要法律依据。但对中介机构及企业而言，还应特别关注与企业生产经营密切相关的其他法律法规、行业政策等。有人认为只要违法事项不构成"重大不利影响"即可，却忽略了其对生产经营某环节产生不利影响从而导致企业持续盈利风险的可能。企业合规运营是基础也是保障。约束企业生产经营的法律体系庞杂，是对判断企业盈利可持续性的法律补充。

### 4.1.4 我国法律对创业板 IPO 成长性的特殊要求

从证监会发审委披露的被否理由和反馈意见来看，创业板 IPO 被否理由中持续盈利能力存疑往往与成长性问题一并出现。监管部门对于拟登陆创业板的企业在关注持续盈利能力的同时，也将其成长性纳入关注要点。证监会发审委对主板上市企业并没有针对成长性给出明确要求，很大程度上将其并入"持续盈利"之中；但对创业板上市企业将成长性要求单列出来，《创业板首发办法》第二十四条明确规定保荐人"应当对发行人的成长性进行尽职调查和审慎判断并出具专项意见"。

对于影响持续盈利能力情形的规定，创业板与主板并无区别，只是由于有成长性的要求，因此创业板对盈利能力的审核也就更加严格。监管部门曾在保荐人培训会议中专门做出具体要求：对于最近一期净利润存在明显下滑（最近半年净利润不足上年度净利润 50%，或前三季度净利润不足上年度净利润 75%）的情形，发行人应当提供经审计证明其保持增长的财报，或做盈利预测。在创业板审核实践中，监管部门会专门要求发行人对对持续盈利能力构成重大不利影响的情形在成长性专项意见中加以综合分析。对于监管部门要求重点关注的部分，保荐机构还需要出具补充意见。

此外，由于募集资金运用对企业未来持续盈利能力与成长性相关，因此也备受关注。发审委重点关注与辨别募投项目在产品注册、经营资质上的合规风险，募投项目在市场开拓方面是否存在不确定性的效益风险，以及募投项目与现有生产规模和技术水平是否不相适应的匹配风险。由此，与募集资金相关的 IPO 法律要求和信息披露要求也被作为判断企业持续盈利能力的法律依据。

## 4.1.5　我国法律对企业 IPO 的信息披露要求

《公开发行证券的公司信息披露内容与格式准则第 1 号——招股说明书》及《公开发行证券的公司信息披露内容与格式准则第 28 号——创业板公司招股说明书》中关于"风险因素"的披露规定：发行人应当遵循重要性原则，按顺序披露可能直接或间接对发行人生产经营状况、财务状况和持续盈利能力产生重大不利影响的所有因素。有关风险因素可能对发行人生产经营状况、财务状况和持续盈利能力有严重不利影响的，应作"重大事项提示"。风险因素可能涉及但不限于下列内容：（1）产品或服务的市场风险；（2）业务模式风险；（3）经营业绩风险；（4）资产质量或资产结构风险；（5）债务风险；（6）技术风险；（7）投资项目风险；（8）内部管理风险；（9）控制（权）风险；（10）行业风险；（11）其他法律、法规、政策变化的风险；（12）自然灾害、安全生产、外贸环境及其他可能严重影响公司持续经营的风险因素。该项信息披露的规定恰与《首发办法》和《创业板首发办法》中关于企业不得出现对持续盈利能力产生重大不利影响的风险情形相呼应。由此,招股说明书中"风险因素"与"重大事项提示"章节所披露的信息成为审核部门判断企业是否出现 IPO 法律禁止事项的重要依据。

# 4.2 广东 TEK 医药公司案例分析

## 4.2.1 案例介绍

广东 TEK 医药股份有限公司(以下简称"TEK")成立于 1999 年,是一家新三板挂牌企业。公司旗下有 6 家全资子公司——广东 TEK 制药厂有限公司、汕头市 TEK 医用器材厂有限公司、汕头市 TEK 医用设备有限公司、广东 TEK 科技实业有限公司、安徽 TEK 制药有限公司、广州 TEK 电子商务有限公司和两家控股子公司——山东 HBKS 生物科技有限公司、武汉 WK 药品有限责任公司(以下简称"武汉 WK"),在全国 28 个省级区域设立了运营网点,形成了覆盖上千家医院以及约七万家药店的销售渠道网络和销售队伍。

公司主营业务为代理运营国内外极具竞争力的医药产品、医疗器械及研发、生产和销售自主品牌的中成药、外用药、医疗器械及卫生材料等产品。

公司是国内领先的医药产品代理运营服务商,提供从市场需求分析、营销策略筹划到产品销售、渠道拓展直至终端管理、客户关系维护等一站式服务。公司自 1999 年起代理运营"和胃整肠丸"和"卵磷脂络合碘片(沃丽汀)",全权负责其中国市场的报关、报检、市场推广、经销商选择、销售定价等工作,并分别将其运营推广成为我国肠胃用药与眼科用药领域的知名产品。此外,公司代理运营的产品还包括"保心安油"、"左炔诺孕酮滴丸(新斯诺)"及吻合器、缝线等强生医疗器械。通过成功运营上述产品,公司积累了丰富的医药产品运营推广经验,并逐步形成了从产品筛选到市场策划再到持续维护的完善市场推广体系。

公司把握医药行业发展趋势,综合自身实际情况,建设完善全国营销网络的同时,抓住机遇,切入医药生产行业、研发领域,逐步实现"研、产、销"一体化企业发展布局。在医药行业竞争激烈的经济环境中,公司积极探索经营创新,实现了快速发展。

2019 年 8 月 22 日,创业板拟上市公司 TEK 上会被否。招股书显示,TEK 每年的营收中有超过 7 成来自代理运营,而自产产品收入占总营收的比重保持在

20% 以上但未超过 30%，医药技术服务的占比却常年保持在 1% 以下。从营收结构来看，TEK 最大的问题在于过度依赖代理，核心技术全靠外部并购，自身缺乏核心技术。另外在财务方面，TEK 存在大量应收账款。2015 年至 2018 年的应收账款净额分别为 12 125.24 万元、12 779.72 万元、13 500.07 万元和 17 508.3 万元，占各期末流动资产的比例分别为 34.41%、36.81%、39.2% 和 42.08%。

而被否的 TEK，可能因为其主营业务或对三种药品的代理形成依赖，导致经营的稳定性、可持续性存疑，"一致性评价""带量采购""两票制"等政策因素或对收入有影响，HBKS 技术服务收入或存不确定性，以及收购 TFK 和武汉 WK 股权的巨额商誉可能有减值风险等，而未能顺利过会。

## 4.2.2　证监会公告

中国证券监督管理委员会第十八届发行审核委员会 2019 年第 103 次发审委会议于 2019 年 8 月 22 日召开，现将会议审核情况公告如下：

一、审核结果

广东 TEK 医药股份有限公司（首发）未通过。

二、发审委会议提出询问的主要问题

1. 报告期内，发行人以代理业务收入为主。请发行人代表：（1）结合核心代理产品的市场竞争力、授权厂商代理合同期限及续期条件、进口药品注册证书再注册等因素，说明发行人核心代理产品授权的稳定性、代理业务的可持续性；（2）说明报告期内核心代理产品的销售收入及变化情况；（3）结合代理与自产产品的业务结构、自产产品的销售情况与市场前景、在研项目储备等，说明发行人的核心竞争力及竞争优势，未来业务发展重点及可持续性。请保荐代表人说明核查依据、过程并发表明确核查意见。

2. 请发行人代表：（1）结合其仿制药销售情况，说明"一致性评价"政策对发行人未来业绩的影响及应对措施；（2）结合报告期内处方药销售客户的构成情况，说明"带量采购"政策对发行人生产经营的具体影响，发行人代理的核心原研药未来被替代或大幅降价的风险；（3）说明"两票制"政策实施后，发行人经销商（配送商）模式、产品售价、毛利率、信用政策、市场推广等方面的变化情况，是否对发行人未来财务状况和经营成果构成重大不利影响；（4）结合"两票制"政策的影响，说明收购第一大经销商武汉 WK 股权的原因及合理性，经销商推广服务的内容及必要性，是否存在商业贿赂或者其他利益输送的情形。请保荐代表人说明核查依据、过程并发表明确核查意见。

3. 报告期内，发行人控股子公司 HBKS 按完工百分比法确认技术服务收入，按"里程碑"条款分期确认技术转让收入。请发行人代表：（1）结合技术服务合同的内容及执行情况，说明合同约定的结算比例与实际工作量是否匹配，合同完工进度的确认依据是否准确，技术服务收入的确认方法、时点是否谨慎、合理；（2）说明与上海 KM 技术转让合同中双方的权利义务是否对等，是否具备商业合理性，技术转让的定价依据及公允性，未来取得销售提成收入的不确定性是否充分披露；（3）结合具体合同条款、同行业可比公司情况等，说明技术转让收入的确认方法、时点是否谨慎、合理，是否符合企业会计准则的规定。请保荐代表人说明核查依据、过程并发表明确核查意见。

4. 发行人因收购 TFK、武汉 WK 股权形成大额商誉。2019 年，发行人调整 TFK 2018 年末的盈利预测，对 2018 年年报进行会计差错更正，计提商誉减值准备 1 230.94 万元。请发行人代表说明：（1）收购 TFK、武汉 WK 形成商誉的确认情况，收购完成后 TFK、武汉 WK 的经营情况；（2）TFK 资产组商誉减值测试前期预测数据与实现数差异较大的原因，2015 年末、2016 年末和 2017 年末未对 TFK 资产组计提商誉减值的合理性，2018 年末对 TFK 资产组商誉减值测试调整的依据及具体情况，上述会计差错更正的具体影响；（3）与武汉 WK 内部交易的定价原则及公允性，2016 年至 2018 年武汉 WK 实现业绩与承诺业绩基本接近的原因及合理性，是否通过内部转移定价达成业绩承诺，对各期末武汉 WK 资产组商誉减值测试的影响，商誉减值计提是否准确、充分。请保荐代表人说明核查依据、过程并发表明确核查意见。

### 4.2.3 监管逻辑分析

TEK 首次公开发行股票被否可能与主营业务依赖三种药物的代理权，以及业务受政策影响明显等多种不确定性导致的可持续性经营风险有关。

**1. 以三种代理药品为核心业务，稳定性、可持续性存疑**

TEK 招股书披露，从 2015 年到 2017 年的三年报告期内，TEK 分别有 72.18%、76.20% 和 75.07% 的主营业务收入来自代理运营业务。换句话说，医药代理业务是报告期内 TEK 的核心业务。

三年报告期内，TEK 的代理业务收入中，又有占比分别高达 81.71%、78.71% 和 84.87% 的销售收入来自代理"和胃整肠丸""沃丽汀""新斯诺"等三款药物的销售。作为上述三款药物在中国地区的唯一总代理和总经销商，TEK 代理上述三款药物的销售收入占当期主营业务收入总额之比分别为

58.98%、59.97% 和 63.71%，占比持续高于 50%，且逐年增加，或已对此形成依赖。

虽然在 TEK 与上述三款药物的授权厂商签署的代理合同中，已经包含了优先续约和自动续约的条款，但是如果授权厂商与代理销售的 TEK 之间发生利益冲突，导致授权方最终取消 TEK 的代理资格，那么很可能对 TEK 的经营造成重创。因此，在本次发审委会议上，TEK 被问及的第一大问题，就是"结合核心代理产品的市场竞争力、授权厂商代理合同期限及续期条件、进口药品注册证书再注册等因素，说明 TEK 核心代理产品授权的稳定性、代理业务的可持续性。"这体现了发审委对 TEK 经营可持续性风险的高度关注。

**2. 政策对 TEK 业绩的影响**

三年报告期内，作为国内知名药企，TEK 的经营业绩难免受到多项政策变动的影响。

譬如，TEK 的仿制药销售，需要经过"一致性评价"；其处方药和代理的核心原研药的售价，可能会受到"带量采购"的挤压；而"两票制"（药品从药厂卖到一级经销商开一次发票，经销商卖到医院再开一次发票）实施之后，TEK 的经销商模式、产品售价、毛利率、信用政策、市场推广等方面都将受到影响。

报告期内，TEK 收购了第一大经销商武汉 WK 55% 的股权。可是武汉 WK 经销的产品仅有"沃丽汀"一款，仅为了一种代理药品的销售便利，就斥资 3 300 万元收购了一家经销商，其行为是否具有商业合理性值得关注。

本次发审委会议审核结果公告披露，TEK 被发审委询问的第二大问题，就包括了上述情况，问询了"一致性评价""带量采购""两票制"对公司未来财务状况和经营成果是否构成重大不利影响，而且武汉 WK 的收购案，也被质疑是否存在商业贿赂或者其他利益输送的情形。

除了上述经营可持续性风险和政策对经营业绩的影响之外，在本次发审委会议上，TEK 还被发审委追问下属子公司山东 HBKS 生物科技有限公司技术服务收入的确认是否谨慎、合理，定价是否公允，业务开展是否具备商业合理性等。

**3. 对未来盈利能力的担忧**

（1）应收账款占比大。

招股书显示，2015 年至 2017 年期末，公司应收账款净额分别为 1.21 亿元、1.28 亿元和 1.35 亿元，占各期末流动资产比例分别为 34.41%、36.81% 和

39.20%。招股书显示,公司向外公开坦言风险,虽然公司报告期内各期末账龄1年以内的应收账款余额占应收账款总额的比例均在90%以上,但是应收账款金额较大,将影响公司的资金周转能力和经营活动的现金流量,给公司造成一定的资金压力。

公司对此表示,目前公司的主要客户信誉良好,未出现拖欠货款行为,但仍不能排除因应收账款无法收回而造成公司损失的情形。

公司2017年公布应收账款前十名客户名单数据显示,汕头市 ZX 医院、汕头 DX 医学院第一附属医院、深圳市 MY 实业有限公司的应收账款余额占当期销售额(不含税)的比例(以下简称"销售比")均超过了100%;广州市 LM 医药有限公司、汕头 DX 医学院附属肿瘤医院、汕头 DX 医学院第二附属医院的销售比超过了60%。前十名应收账款客户在2017年末的应收账款余额合计为6 844万元,销售比为47.37%。

(2)盈利能力受质疑。

表4-1所示为发行人2015—2017年财务情况。

表4-1 发行人2015—2017年财务情况

| 分类 | 2017 年 | | 2016 年 | | 2015 年 | |
| --- | --- | --- | --- | --- | --- | --- |
| | 金额(万元) | 占比 | 金额(万元) | 占比 | 金额(万元) | 占比 |
| 代理经营 | 33 695.05 | 75% | 27 796.47 | 76% | 26 705.58 | 72% |
| 自产产品 | 10 757.18 | 24% | 8 645.46 | 24% | 10 197.70 | 28% |
| 医药技术服务 | 430.00 | 1% | 37.74 | 0% | 92.92 | 0% |
| 总计 | 44 882.24 | 100% | 36 479.67 | 100% | 36 996.20 | 100% |

表4-1显示,2017年发行人自产药品的销售收入不到25%,而代理药品的销售收入达到了75%,且报告期内自产药品收入的占总收入的比例呈下降趋势。而药品代理受制于药品生产单位对经销商的选择、销售政策、被代理药品的质量等事项,这些重要不确定事项对发行人生产经营具有比较大的不确定性;就外部而言,发行人还受"带量采购""一致性评价"等政策影响。因此,发审委担忧发行人的未来盈利能力,并对发行人的核心竞争力及竞争优势信心不足。

**4. 上市过程中的并购已经形成了大额商誉减值**

招股书显示,截至2017年12月31日,发行人存在6 441.24万元的商誉,占发行人2017年末资产总额的9.91%。该部分商誉系2015年其收购 TFK 100%股权和2016年收购武汉 WK 55%股权所形成的。2019年,发行人调整了

TFK 2018 年末的盈利预测，对 2018 年年报进行了会计差错更正，计提商誉减值准备 1 230.94 万元。对于发行人的盈利规模而言，1 230.94 万元属于巨额商誉减值。发审委重点关注了 TFK 资产组商誉减值测试前期预测数据与实现数差异较大事项，质疑了发行人的内控。

因此，发行人首次公开发行股票被否可能的主要原因是未来持续盈利能力存疑。

## 4.2.4　法律规定分析

《首发办法》规定："发行人最近 1 个会计年度的营业收入或净利润对关联方或者存在重大不确定性的客户存在重大依赖"（创业板为最近 1 年），即被认定为"影响持续盈利能力的情形"。这里出现了两个"重大"：前者是指重点客户的可信度及稳定性是否存在某些方面不确定的程度，开展尽职调查可以帮助更全面地获取其信息；后者是指对客户依赖的程度，主要可从销售相关的财务指标中分析得出。在审核收入持续性时应重点进行客户分析，对客户的集中程度、单个部门的依赖性、市场在地理上的分散程度等进行考量。

此外，商标、专利、专有技术以及特许经营权等重要资产或技术的取得或者使用存在重大不利变化的风险。商标、专利、专有技术以及特许经营权等作为企业具有战略意义的重要无形资产，对经营发展起着至关重要的作用，对科技型的企业来说更是如此。这种类型企业的核心竞争力主要体现为所拥有的无形资产，无形资产的形式无论是自有、受让还是特许，都有一定的寿命，即有效的使用期限。无形资产若长期内有效，问题还不大；否则就要考虑到期或失效后，由什么样的新技术、新优势来替代原先无形资产所发挥的作用并加以延续。

就发行人而言，其每年的营收中有超过 7 成来自代理运营，自产产品收入占总营收的比重保持在 20% 以上但未超过 30%，而医药技术服务的占比常年保持在 1% 以下。从营收结构来看，发行人过度依赖代理，核心技术全靠外部并购，自身缺乏核心技术。这对其经营发展的稳定性产生重大不利影响。另外在财务方面，发行人存在大量应收账款。在这些构成盈利能力的重要元素上的独立性缺陷，导致发审委质疑发行人持续盈利能力无可厚非。

## 4.3 MJ 风云科技公司案例分析

### 4.3.1 案例介绍

北京 MJ 风云科技股份有限公司（以下简称"MJ 科技"）成立于 2010 年 3 月 18 日，总部位于北京。公司经营范围包括技术开发、技术转让、技术咨询、技术服务，计算机系统服务等；主营业务为基于移动互联网平台的气象信息服务和广告信息服务；主要产品为查询气象信息的移动应用程序——MJ 天气 App。

导致 MJ 科技上市失败的原因如下。第一，发行人运营的网站、MJ 天气 App，存在未经其许可违规发布互联网新闻信息，被责令限期整改的情形。发行人在取得互联网药品信息服务资格证书之前，存在发布药品广告的情形。发行人现有的 App 存在视频节目与游戏节目，以及发布医院广告。第二，发行人通过自主收集及第三方途径获取用户数据及标签，并利用数据进行商业化变现。发行人于 2019 年 7 月 16 日收到 App 专项治理工作组发出的《关于 App 收集使用个人信息相关问题的通知》，App 专项治理工作组要求发行人就收集使用个人信息中存在的问题进行整改。

### 4.3.2 证监会公告

中国证券监督管理委员会第十八届发行审核委员会 2019 年第 142 次发审委会议于 2019 年 10 月 11 日召开，现将会议审核情况公告如下：

一、审核结果

北京 MJ 风云科技股份有限公司（首发）未通过。

二、发审委会议提出询问的主要问题

1. 发行人运营的网站、MJ 天气 App 存在未经其许可违规发布互联网新闻信息，被责令限期整改的情形；发行人存在在取得互联网药品信息服务资格证书之前，发布药品广告的情形。发行人现有的 App 存在视频节目与游戏节目，以及发布医院广告。请发行人代表：（1）说明报告期内发行人所从事的全部业务是否已取得当时有效的法律法规规定的全部资质，是否已履行了必要的审批或备案程序，是否存在取得相关资质、许可证书前未合规经营的情形，是否存在后续被要求整改或行政处罚等影响业务持续运行的风险；（2）说明发行人经营视频节目是否需要办理信息网络传播视听节目许可证或履行备案程序，视频节目跳转是否应明确标识；（3）说明发行人经营网络游戏节目是否向文化部门办理了游戏运营备案手续，是否在运营网站指定位置及游戏内显著位置标明备案编号电子标签，是否需要获得网络出版服务许可证，网络游戏上网出版前是否获得了国家新闻出版部门的审批；（4）说明报告期内广告业务是否符合《广告法》及《互联网广告管理暂行办法》等法律法规及行业监管政策的规定，是否受到过行政处罚；发布医院或医疗广告是否已获得相关许可；品牌广告与效果广告二者合法性审核的区别与联系；（5）说明发行人确保业务合规运行的相关内控制度，是否与同行业一致，内控执行是否健全有效，是否构成发行障碍。请保荐代表人说明核查依据、过程并发表明确核查意见。

2.发行人通过自主收集及第三方途径获取用户数据及标签，并利用数据进行商业化变现，发行人于 2019 年 7 月 16 日收到 App 专项治理工作组发出的《关于 App 收集使用个人信息相关问题的通知》，App 专项治理工作组要求发行人就收集使用个人信息中存在的问题进行整改。请发行人代表说明：（1）发行人获取用户数据及标签的过程及方法，是否对用户有明示提示，用户授权在法律上是否完备，是否明确告知收集信息的范围及使用用途，发行人获取用户数据的手段及方式是否合法合规；（2）发行人使用用户数据是否合法合规，尤其是商业化变现的合规性，结合相关媒体报道的 MJ 天气上传用户隐私等情况，对照《网络安全法》《关于办理侵犯公民个人信息刑事案件适用法律若干问题的解释》等法规和司法解释，说明报告期发行人是否存在侵犯用户隐私或数据的情况，是否存在法律风险或潜在法律风险；（3）数据获取、使用、处理等过程的内部控制制度及执行情况，对数据安全和个人隐私的保护措施与手段，是否出现过个人信息、隐私泄露事件，是否存在纠纷或潜在纠纷；（4）日益加强的数据行业监管及个人隐私保护政策对发行人业务的影响及相关应对措施；（5）发行人针对 App 专项治理工作组通知指出问题的整改情况及整改效果，是否获得主管部门的认可，是否面临被处罚的风险。请保荐代表人说明核查依据、过程并发表明确核查意见。

3.报告期内发行人互联网广告信息服务收入占比超过 95%。请发行人代表：（1）结合报告期内累计装机用户、新增装机用户、月均活跃用户、日均活跃用户、填充率、单价、单个用户日均使用时长等数据及变化趋势，说明终端广告主客户及其交易金额的稳定性、成长性及其与 App 价值关键评估指标的匹配性，营业收入及其增长率与 App 价值关键评估指标的相关性；（2）说明发行人广告投放价值是否发生变化，发行人报告期内收入的增长速度远高于月均活跃用户数的原因及商业合理性，营业收入增长的原因及其与同行业公司的一致性、合理性，营业收入增幅与净利润增幅不匹配的原因；（3）说明主营业务增长和高毛利率的合理性和可持续性，未来发行人是否存在收入和净利润下降的风险；（4）说明报告期推广下载或激活平台的具体情况，该等载体如 HW 等是否已经具备自行开发的气象软件，发行人是否存在未来无法获得稳定持续下载量或者激活量的风险；（5）针对广告代理商的返点政策及返点结算情况，说明相关返点费用反映是否充分、足额；（6）说明自 2017 年开始品牌广告业务模式发生变化、大量外采广告设计制作，发行人与广告代理商的合同中未明确外采广告设计制作权利义务条款的情形，是否符合行业惯例、是否具有商业合理性。请保荐代表人说明核查依据、过程并发表明确核查意见。

4. 报告期内与发行人存在直接或间接股权关系的客户（AL、SN、TX，以下称"股权相关方"）直接或间接贡献收入金额及占比较大。请发行人代表：（1）结合发行人与上述股权相关方业务的具体内容，说明业务的背景、真实性、必要性及商业合理性，发行人获得相关业务是否与股权相关方投资发行人存在直接关系，是否存在免费利用上述直接或间接股权关系的股东及关联方获客渠道或资源的情形，是否符合行业惯例；（2）对比发行人向第三方销售同类服务的价格、相关方采购第三方同类服务的价格等情况，说明交易价格的公允性，是否存在相关方为发行人代垫费用、支付成本或其他利益输送情形；（3）说明发行人与上述股权相关方的业务合作是否具有稳定性、可持续性，是否存在重大不确定性风险，是否影响发行人持续盈利能力，以及发行人在市场开拓方面的应对措施。请保荐代表人说明核查依据、过程并发表明确核查意见。

### 4.3.3 监管逻辑分析

#### 1. 合规性

证监会给出的发行失败的理由基本集中在合规性方面，具体可细分为三类问题。

（1）牌照问题。

就 MJ 科技现有的经营资质而言，手机客户端业务气象信息服务的授权书、利用信息网络经营游戏产品的网络维护经营许可证均已过期。MJ 天气 App 的视频栏目，需要信息网络传播视听节目许可证才可运营，但 MJ 科技未取得该许可证。

（2）广告内容低俗。

为了增加用户黏性及广告投放，MJ 天气 App 新增了旅游、生活资讯等板块，这些板块都嵌入了广告。无处不在的广告拉低了用户体验，应用商店、微博、贴吧有许多"广告太多""广告关不掉"等负面评论。在 2019 年 4 月，南方都市报的记者报道，MJ 天气 App 有很多减肥、丰胸类广告。中国广告协会法律委员会常务委员朱巍向南方都市报记者表示：这些低俗内容，利用情色引流推送非法广告，不仅违反《广告法》，还涉嫌传播淫秽色情，甚至构成犯罪。

（3）个人信息安全。

MJ 天气 App 违规收集用户信息，被官方屡次点名。2019 年 7 月，中央网信办等多部门联合发布的《关于督促 40 款存在收集使用个人信息问题的 App 运营者尽快整改的通知》，MJ 天气 App 被列入整改名单。2019 年 9 月，在由公安部网络安全保卫局等多部门共同主办的"2019 年网络安全专题发布会"上，MJ 天气 App 因存在"超范围采集公民个人隐私"，而被直接点名。

目前，个人信息的保护越来越受到重视，配套法规也越来越完善。2019 年 10 月 25 日，最高人民法院发文，明确非法利用信息网络罪的入罪标准。搜索引擎、即时通信、网购、直播等造成用户信息泄露的，企业都可能因此承担刑事责任。

**2. 盈利能力**

表 4 - 2 所示为 MJ 科技盈利能力情况。

表 4 - 2　　　　　　　MJ 科技盈利能力情况　　　　单位：万元

| 项目 | 2017 年 1—9 月 | 2016 年 | 2015 年 | 2014 年 |
|---|---|---|---|---|
| 营业收入 | 22 330.49 | 21 042.81 | 12 670.44 | 4 473.45 |
| 营业利润 | 5 392.09 | 2 597.65 | 2 542.67 | 343.86 |
| 利润总额 | 5 405.50 | 2 082.89 | 2 492.76 | 345.54 |
| 净利润 | 4 729.32 | 2 053.89 | 2 499.49 | 192.90 |
| 归属于母公司所有者净利润 | 4 729.32 | 2 053.89 | 2 499.49 | 192.90 |
| 扣非后归属于母公司所有者净利润 | 4 562.10 | 2 188.67 | 2 460.96 | 115.28 |

MJ 科技 IPO 失败的主要原因在于业务模式单一，主要依靠广告收入。招股书统计，2014—2017 年，每年营收的 95% 以上都来自广告业务。但互联网广告存在虚假、低俗等问题，而且 App 充斥着大量广告也会影响用户体验，致使活跃用户量下降。另外，MJ 科技基于互联网人口红利的广告收入并不稳定。

### 4.3.4 法律规定分析

《首发办法》中规定："发行人最近 1 个会计年度的净利润主要来自合并财务报表范围以外的投资收益"（创业板为最近 1 年），即被认定为"影响持续盈利能力的情形"。这里的"投资收益"应理解为非经常性损益的一种。所谓非经常就是不能经常获得，也就是与业务无关。现在企业通过闲置资金进行金融投资是一种常态，相关收益的取得却存在很多风险。关注上市公司年报，可发现诸多存在投资收益占比很高的情况，但这不利于企业通过 IPO 审核。对于一般工业、商业企业，投资收益并非真正意义上的经营利润，不仅无益于展示企业利润来源的连续性和稳定性，而且在一定程度上掩盖了企业的真实盈利水平。当然，在现有信息披露制度的规范下，企业终究会暴露出持续盈利能力的问题。

就 MJ 科技来说，其业务模式单一，主要依靠广告收入。但互联网广告存在许多风险，用户一旦对广告产生厌烦情绪就极易流失。另外，MJ 科技基于互联网人口红利的广告收入并不稳定，据其招股书统计，2014—2017 年，每年营收的 95% 以上都来自广告业务。MJ 科技利润来源的连续性和稳定性不强，对持续经营能力产生一定消极影响。

# 4.4 上海 AR 软件公司案例分析

## 4.4.1 案例介绍

上海 AR 软件股份有限公司（以下简称"AR 软件"）是一家软件公司，总部位于上海。其主要为我国国内的银行等大型金融机构提供互联网金融的软件技术。AR 软件产品包括：互联网金融电子商务平台、企业互联网资金管理软件、第三方支付平台、企业级即时通信平台等。

AR 软件是第一家在我国新三板挂牌的金融软件公司。其产品应用于银行总行，如中国工商银行、中国建设银行、交通银行、中信银行、华夏银行、上海银行、上海农商银行、广州农商银行等。AR 软件是我国优秀的互联网金融基础设施供应商，并于 2011 年、2012 年、2013 年多次获得金融电子化杂志、赛迪等颁发的中国优秀软件供应商及优秀软件奖项。

2014 年，AR 软件成为第一家在新三板挂牌的互联网金融应用软件领域的企业，后来转投 A 股。2017 年 5 月，AR 软件便已经完成了 IPO 预先披露，等待了

2 年才被证监会安排进行 IPO 预先披露更新，然而从披露招股书开始，公司因毛利率偏高等因素屡受质疑。

从 IPO 招股书内容来看，AR 软件由 ZD 证券承保，拟在深交所创业板市场公开发行 1 684.50 万股股份，占发行后总股本的 25%，募资 2.50 亿元用于发展金融电子商务平台系统新建项目、直销银行平台系统新建项目、对公客户互联网金融服务平台系统新建项目等六大项目。

2016—2018 年，AR 软件分别实现营业收入 1.19 亿元、1.40 亿元、1.69 亿元，期间对应的归属于母公司所有者的净利润分别为 0.26 亿元、0.39 亿元、0.54 亿元，实现了营业收入和净利润的连年同比增长，不过企业的经营业绩规模在拟上市公司中偏小。

报告期内的公司综合毛利率分别为 49.38%、52.69% 和 55.25%，也表现出稳步扩张的趋势。对比同行的 A 股上市公司 CL 科技、GWD、AS 信息、KL 软件等期间综合毛利率平均值的 34.91%、34.87%、33.38%，显然 AR 软件的综合毛利率水平过高，由此也引起了质疑。在本次 IPO 上会中，AR 软件遇到的第一个问题便是"报告期内，发行人综合毛利率、净利润率均高于同行业可比上市公司水平"，不过从最终结果来看，AR 软件的答复并未让监管机构信服，从而首发未通过。

## 4.4.2　证监会公告

中国证券监督管理委员会第十八届发行审核委员会 2019 年第 90 次发审委会议于 2019 年 7 月 25 日召开，现将会议审核情况公告如下：

一、审核结果

上海 AR 软件股份有限公司（首发）未通过。

二、发审委会议提出询问的主要问题

1. 报告期内，发行人综合毛利率、净利率均高于同行业可比上市公司水平。请发行人代表说明：（1）报告期内综合毛利率、净利率显著高于同行业可比上市公司的原因及合理性；（2）发行人与客户约定人月单价的确定依据，不同客户人月单价差异较大的原因及合理性，部分项目人月单价高于同行业可比公司水平的原因及合理性，是否符合行业惯例；（3）各期有效人月工作量的确认依据，发行人获取额外工作量奖励的确定依据及合理性，在持续性项目中通过调整人员结构控制成本支出而客户未调整支付对价的合理性；（4）发行人人均薪酬、技术及研究人员人均成本低于同行业可比上市公司的原因及合理性；

（5）研发资源人员级别的划分标准，与同行业可比公司是否一致，报告期内发行人研发资源人员级别变动情况。请保荐代表人说明核查依据、过程并发表明确核查意见。

2. 发行人报告期前五大客户收入占比较高。请发行人代表：（1）说明主要客户占比较高是否属于行业惯例，发行人对主要客户是否存在重大依赖；（2）结合行业竞争、市场情况、与主要客户的合作历史、订单获取方式等，说明发行人的核心竞争力、市场开拓能力、与主要客户的稳定性及可持续性；（3）说明订单获取过程是否合法合规，是否存在商业贿赂或不正当竞争等情形。请保荐代表人说明核查依据、过程并发表明确核查意见。

3. 发行人实际控制人为吴某、张某，控制的企业较多，部分员工为关联方QXS（北京）、QXS（上海）等公司办理辅助性的行政事务并在其报销费用。请发行人代表说明：（1）共同控制人吴某与张某意见不一致情形下的解决机制，是否能确保实际控制人对发行人的有效控制以及发行人公司治理的规范性、有效性；（2）关联公司报告期内实际从事的业务情况及主要财务数据，与发行人是否存在同业竞争，在资产、人员、办公场地、技术、客户、供应商方面与发行人的关系，是否存在与发行人共同采购、销售的情形，是否存在为发行人分担成本、费用等情形；（3）发行人员工为关联方办理事务并由关联方报销费用的原因、具体情况、整改措施及效果。请保荐代表人说明核查依据、过程并发表明确核查意见。

4. 报告期，发行人子公司上海 YQ 与公安部第一研究所进行居民身份证认证业务合作。请发行人代表说明：（1）上海 YQ 与公安部及其下属机构的合作具体内容、收益分成安排、合作期限以及期限届满后续期是否存在障碍；（2）公安部第一研究所及发行人进行有偿身份认证业务的合法合规性，上海 YQ 对所获得的身份信息的保密制度及相关安排，是否存在纠纷及潜在纠纷。请保荐代表人说明核查依据、过程并发表明确核查意见。

### 4.4.3 监管逻辑分析

AR 软件 2016—2018 年度财务数据如表 4-3 所示。

表 4-3　　　AR 软件 2016—2018 年度财务数据　　　单位：万元

| 项目 | 2018 年度 | 2017 年度 | 2016 年度 |
|---|---|---|---|
| 营业收入 | 16 927.88 | 14 041.63 | 11 919.13 |
| 营业利润 | 5 842.89 | 4 008.49 | 2 661.55 |

续表

| 项目 | 2018 年度 | 2017 年度 | 2016 年度 |
| --- | --- | --- | --- |
| 利润总额 | 6 160.89 | 4 381.90 | 2 913.16 |
| 净利润 | 5 434.40 | 3 871.05 | 2 557.08 |
| 归属于母公司所有者的净利润 | 5 379.81 | 3 865.42 | 2 588.29 |
| 扣除非经常性损益后归属于母公司所有者的净利润 | 5 105.23 | 3 528.12 | 2 423.91 |

从财务数据看，AR 软件的净利润水平不高。除了在 2018 年净利润达到了 5 434.40 万元，2016—2017 年均未超过 5 000 万元。

**1. 销售增长情况分析**

AR 软件 2016—2018 年度销售增长情况如表 4-4 所示。

表 4-4　　　AR 软件 2016—2018 年度销售增长情况　　　单位：万元

| 项目 | 2018 年度 | 2017 年度 | 2016 年度 |
| --- | --- | --- | --- |
| 销售收入 | 16 927.88 | 14 041.64 | 11 919.13 |
| 增长率 | 20.55% | 17.81% | |

从表 4-4 可以看出每年的增长率在 20% 左右，说明 AR 软件具有发展潜力，但是销售收入不是太高。AR 软件为互联网金融领域的金融 IT 解决方案供应商，此类企业的销售水平一般不会太高，而且 IT 行业很少存在薄利多销或者促销的情况。表 4-5 显示了 AR 软件 2016—2018 年客户情况。

表 4-5　　　　　AR 软件 2016—2018 年客户情况

| 项目 | 2018 年 | 2017 年 | 2016 年 |
| --- | --- | --- | --- |
| 客户个数（个） | 31 | 24 | 16 |
| 营业收入（万元） | 16 927.88 | 14 041.63 | 11 919.13 |
| 单个客户平均收入（万元） | 546.06 | 585.07 | 744.95 |

2018 年，AR 软件有 31 个客户。报告期内，公司对前五大客户的收入占营业总收入的比重较高，分别为 76.90%、76.12% 和 72.98%。报告期内，公司对第一大客户的收入占营业总收入的比重较高，分别为 25.02%、23.72% 和 21.99%。公司对前五大客户的依赖性非常强，如果流失前五大客户，AR 软件就面临着经营风险，持续经营能力存疑。

**2. 利润增长情况分析**

表 4-6 所示为 AR 软件 2016—2018 年利润增长情况。

表 4 - 6 　　　　　AR 软件 2016—2018 年利润增长情况 　　　　单位：万元

| 项目 | 2018 年 | 2017 年 | 2016 年 |
|---|---|---|---|
| 净利润（万元） | 5 434.4 | 3 871.05 | 2 557.08 |
| 增长率 | 40.39% | 51.39% | |
| 扣非后净利润（万元） | 5 105.23 | 3 528.12 | 2 423.91 |
| 增长率 | 44.70% | 45.55% | |

由表 4 - 6 可知，AR 软件在销售增长率为 20% 左右的情况下，净利润增长率达到了 40% ~ 52%，由此可以看出销售收入的增长速度远远超出了成本的增长速度，成本费用相对稳定。监管往往会重点关注这一问题。AR 软件 2016—2018 年人员增长情况如表 4 - 7 所示。

表 4 - 7 　　　　　AR 软件 2016—2018 年人员增长情况

| 项目 | 2018 年 12 月 | 2017 年 12 月 | 2016 年 12 月 |
|---|---|---|---|
| 养老保险 | 574 | 563 | 462 |
| 医疗保险 | 574 | 563 | 462 |
| 工伤保险 | 574 | 563 | 462 |
| 生育保险 | 574 | 563 | 462 |
| 失业保险 | 574 | 563 | 462 |
| 住房公积金 | 574 | 563 | 461 |
| 员工人数 | 574 | 563 | 471 |

由表 4 - 7 可以看到，2016 年到 2017 年人员增加较多，2017 年到 2018 年人员几乎没有增加。那么，AR 软件可能会受到监管机构的质疑，原因如下。

第一，2017 年销售增长率为 17.81%，员工人数增加了约 100 个人。2018 年销售增长率达到了 20.55%，员工人数却只增加了 11 个人。销售收入的增长和人员的增长不相匹配，在销售收入增长的同时并未实现成本的匹配。

第二，公司人员工资的平均数低于行业平均数。上海 AR 软件与可比公司 2016—2018 年人员工资情况如表 4 - 8 所示。

表 4 - 8 　　　AR 软件与可比公司 2016—2018 年人员工资情况 　单位：万元

| 公司 | 2018 年 | 2017 年 | 2016 年 |
|---|---|---|---|
| CL 科技 | 16.03 | 15.96 | 14.80 |
| GWD | 18.72 | 17.63 | 14.34 |
| AS 信息 | 19.76 | 17.59 | 14.28 |
| XJ 数通 | 16.08 | 16.24 | 16.19 |

续表

| 公司 | 2018 年 | 2017 年 | 2016 年 |
|---|---|---|---|
| KL 软件 | 20.76 | 17.48 | 17.45 |
| YX 科技 | 16.85 | 16.18 | 14.48 |
| 平均值 | 18.03 | 16.85 | 15.26 |
| AR 软件 | 16.92 | 15.44 | 15.20 |

### 3. 毛利率分析

表 4-9 所示为 AR 软件 2016—2018 年毛利率情况。

表 4-9　　　　　AR 软件 2016—2018 年毛利率情况

| 业务类型 | 2018 年 | 2017 年 | 2016 年 |
|---|---|---|---|
| 技术开发 | 54.70% | 52.38% | 49.44% |
| 技术服务 | 78.21% | 75.46% | 67.51% |
| 其他 | 20.77% | 34.93% | 4.62% |
| 综合毛利率 | 55.25% | 52.69% | 49.38% |

一般通过对比同行业可比公司的毛利率分析拟上市公司的毛利率水平。如果拟上市公司的毛利率高于同行业可比上市公司太多，则说明对客户有重大依赖嫌疑，财务真实性存疑。AR 软件所在行业 2016—2018 年毛利率情况如表 4-10 所示。

表 4-10　　　　AR 软件所在行业 2016—2018 年毛利率情况

| 公司 | 2018 年 | | 2017 年 | | 2016 年 | |
|---|---|---|---|---|---|---|
| | 综合毛利率 | 软件细分毛利率 | 综合毛利率 | 软件细分毛利率 | 综合毛利率 | 软件细分毛利率 |
| CL 科技 | 50.75% | 50.75% | 53.16% | 53.16% | 52.35% | 52.35% |
| GWD | 22.88% | 34.25% | 23.11% | 34.08% | 24.15% | 38.36% |
| AS 信息 | 36.86% | 36.86% | 35.16% | 35.16% | 34.30% | 34.30% |
| XJ 数通 | 15.87% | 45.44% | 18.46% | 41.40% | 19.69% | 40.70% |
| KL 软件 | 41.17% | 41.17% | 41.16% | 41.16% | 41.95% | 41.95% |
| YX 科技 | 32.74% | 37.85% | 38.19% | 40.47% | 37.03% | 41.76% |
| 平均值 | 33.38% | 41.05% | 34.87% | 40.91% | 34.91% | 41.57% |
| AR 软件 | 55.25% | | 52.69% | | 49.38% | |

从表 4-10 可以看出，AR 软件公司规模虽然不大，但是毛利率比同行业高出了不少。因此，监管机构对其毛利率的合理性存疑。

### 4.4.4　法律规定分析

前文已经提到过，在《首发办法》中规定："发行人最近 1 个会计年度的营业收入或净利润对关联方或者存在重大不确定性的客户存在重大依赖"（创业板为最近 1 年），即被认定为"影响持续盈利能力的情形"。在审核收入持续性时应重点进行客户分析，对客户的集中程度、单个部门的依赖性、市场在地理上的分散程度等进行考量。

从 AR 软件当前财务状况来看，报告期内，公司对第一大客户的收入占营业总收入的比重较高，分别为 25.02%、23.72% 和 21.99%。公司对前五大客户的依赖性非常强，如果流失前五大客户，AR 软件就面临经营风险，持续经营能力存疑。

异常、波动的财务数据会引发质疑，企业若没有合理的解释或措施，就可能被归为《首发办法》第三十条第六项的情形。如：中标和签订合同金额存在较大波动；业绩大幅增长的合理性和持续性没有解释清楚；主要产品售价下降幅度高于采购价格下降幅度但毛利率持续上升，没有合理理由解释；规模远小于可比上市公司但毛利率远高于可比上市公司，没有合理理由解释；毛利率高于行业毛利率且与行业变动趋势不一致，没有合理理由解释。还有的企业与同行业相比规模过小，同时存在多种风险，共同构成对持续盈利能力的重大不利影响。

AR 软件公司规模虽然不大，但是毛利率比同行业高出了不少，并且其人工成本的合理性不足，毛利率的合理性也存在多重疑问，因此 IPO 很难成功。

## 4.5　深圳 JY 智能科技公司案例分析

### 4.5.1　案例介绍

深圳 JY 智能科技股份有限公司（以下简称"JY 智能"）成立于 2010 年，是一家软件及信息技术服务业类公司。其主营业务是提供智能执法装备及执法信息化整体解决方案，旗下产品有执法记录仪、电子证据管理平台软件以及采集工具站等。

JY 智能自成立以来，一直高度重视研发及品质工作，拥有深圳市软件产业基地、深圳湾科技生态园两处研发基地，建立了 IPD 集成研发管理体系，通过了软件能力成熟度模型集成（CMMI3）等多项认证，形成了完善的研发体系和质量管理体系，并以公安部行业标准和相关国家标准为基础，围绕光学影像、视频存储、视频分析与处理、产品可靠性保障 4 个核心技术专项，聚焦资源，持续投入，积累了多项原创性核心技术，逐步建立了业内相对领先的研发技术优势。公司每年对研发的投入持续增长，研发人员占比 30% 以上，未来将继续加大研发方面的投入，以进一步丰富技术储备，增强自主创新能力，加速技术转换，以保持技术领先地位。

此次 JY 智能 IPO 失败疑与其销售模式不稳定和智能技术服务费高有关。

其招股书显示，JY 智能采用"经销＋直销"销售模式，在披露的报告期内公司经销商销售收入占主营业务收入分别达到 87.59%、80.84%、65.80%、73.68%。由此可见，JY 智能的收入的依赖性较高。但是招股书显示，报告期内经销商变化较大且销量浮动较大，因此发行人的销售收入的稳定性方面存在巨大的不确定性。对此，发审委也对此问题提出了质疑。

## 4.5.2　证监会公告

中国证券监督管理委员会第十八届发行审核委员会 2019 年第 67 次发审委会议于 2019 年 6 月 27 日召开，现将会议审核情况公告如下：

一、审核结果

深圳 JY 智能科技股份有限公司（首发）未通过。

二、发审委会议提出询问的主要问题

1. 报告期发行人经销收入占比较高，经销商变化较大。请发行人代表结合行业特征和行业可比公司，说明发行人经销占比较高及经销商销售大幅波动的合理性与可比性，年度新增和退出数量较大的原因与合理性，前十大经销商大比例变化的原因及合理性，是否对发行人销售的稳定性带来重大不利影响。请保荐代表人说明核查依据、过程并发表明确核查意见。

2. 报告期内，发行人技术服务费占直销收入比重约为三分之一。请发行人代表说明：（1）技术服务的主要内容，直销方式下采用外购技术服务模式的合理性及必要性，是否属于行业惯例；（2）技术服务定价的依据及公允性，相同类型技术服务定价是否存在不一致的情形及原因；（3）技术服务费的增长幅度超过直销收入增长幅度的原因及合理性，是否存在跨期确认的情形；（4）与技术服务商相关的内控制度和防范商业贿赂、不正当竞争所采取的措施，相关制度是否健全并有效执行，是否存在违反相关规定而被给予行政处罚的情形。请保荐代表人说明核查依据、过程并发表明确核查意见。

3. 发行人主要采用外协和 ODM 整机采购方式组织生产。请发行人代表说明：（1）采用较大比例外协和 ODM 整机采购的必要性、合理性，是否为行业惯例，发行人的生产经营和业务链条是否完整、独立，是否对外协或 ODM 整机采购商存在重大依赖；（2）上海 TM 是否具备向公安等终端客户销售执法记录仪的资质，是否与发行人存在竞争关系，发行人是否对上海 TM 存在重大技术依赖；（3）报告期发行人向上海 TM 采购量大幅增加的合理性，毛利率及定价的合理性，是否存在利益输送；（4）发行人对 4G 执法记录仪逐渐由 ODM 整机采购转为自主生产的原因及合理性、是否具备可行的技术和生产条件，自主生产与 ODM 两种模式对发行人生产经营及财务状况的影响。请保荐代表人说明核查依据、过程并发表明确核查意见。

4. 报告期内，发行人主营业务毛利率较高，直销与经销毛利率差异较大。请发行人代表：（1）说明发行人高毛利率及其波动的合理性，维持高毛利率的可持续性；（2）结合产品具体类别、技术差异、产品替代、应用领域、销售区域、价格差别等，进一步说明与可比上市公司毛利率水平存在差异的原因及合理性；（3）说明同一类型产品通过直销和经销渠道销售毛利率存在较大差异的原因及合理性；发行人对经销商是否存在终端销售指导价及具体情况；针对同类产品，经销商的终端销售价格与直销价格是否存在较大差异及商业合理性。请保荐代表人说明核查依据、过程并发表明确核查意见。

### 4.5.3 监管逻辑分析

JY 智能 IPO 招股书（申报稿）显示，其此次欲登陆深交所创业板，拟公开发行不超过 2 000 万股股份，募资 3.65 亿元。

JY 智能是行业内较早从事执法记录仪研发、制造、销售与服务的企业，其在 IPO 招股书（申报稿）中不时强调自身突出的科研能力以及对科研工作的重视。

虽然其主要通过销售执法记录仪和采集工作站实现收入，在报告期内有关产品销售收入合计占主营收入比重皆在 96% 左右，但实际上 JY 智能的产品多属于委托外加工。

这一点，从其员工的构成就可以明显看出。招股书有关数据显示，2015—2017 年、2018 年 1—6 月公司生产人员分别仅 0 人、12 人、16 人和 16 人，而对应的外协采购金额分别达到 4 727 万元、7 306 万元、8 291 万元和 3 922 万元。

对于采用外协加工这一模式，JY 智能称可以减少不必要固定资产投资以集中精力做研发。然而，其此次募投项目的有关安排与其理由自相矛盾。JY 智能 IPO 招股书（申报稿）披露，其此次拟募资 3.65 亿元用于智能执法装备研发与产业化项目、执法信息化整体解决方案研发与产业化项目和营销与服务网络建设项目。但这三个募投项目的资金安排，大部分都与其所称的"减少不必要的固定资产投资以集中精力做研发"的说辞相反。

在智能执法装备研发与产业化项目上，JY 智能称该项目建设地址为深圳市南山区南山街道白石路南沙河西路深圳市南山高新区深圳湾科技生态园 9 栋裙楼研发 5 层 01、02、25、37 号房，合计 1 484.49 平方米。在项目实施中，JY 智能将上述房产都用于项目后仍存在房产不足的情况，于是根据项目房产购置金额的预算，在深圳湾科技生态园或者周边购买一定面积的房产。而根据其募投计划，该项目拟有资金 1.99 亿元，其中拟用 1.16 亿元用于场地购置，而研发费用仅有 2 606 万元。

在执法信息化整体解决方案研发与产业化项目中，同样有大笔费用用于购置房产。有关募投信息显示，该项目拟建地址在深圳市南山区 YH 街道滨海大道深圳市软件产业基地 5 栋 E 座 1102，即公司总部为项目实施地。在项目实施一定阶段后，JY 智能在总部房产完全使用后仍存在房产不足的情况下，根据项目关于房产的预算金额及项目实施需求情况，将在公司总部周边另行购买一定面积的房产。这意味着，这个公司拟投资 10 429 万元的项目，其中拟用 5 170 万元购置场地，而研发费用仅有 1 164 万元。也就是说，此次 JY 智能 IPO 计划募资的 3.65 亿元资金中，有近 1.7 亿元将被用来购置房产，几乎占此次募资总额的一半，而其所谓的"集中精力做研发"的费用合计仅 3 770 万元，约占募资总额的 10%。这说明 JY 智能对科研工作的重视程度明显不高，远远不能满足公司自身发展要求。

## 4.5.4　法律规定分析

虽然 IPO 规则并未将财务指标体系作为评价企业持续盈利能力的标准，但审慎性原则建立在准确的数据收集和科学分析的基础上。审核实务中，企业的财务数据受到了发审委的高度关注。《保荐人尽职调查工作准则》中第七章"财务与会计调查"第四十一条明确指出："对经注册会计师审计或发表专业意见的财务报告及相关财务资料的内容进行审慎核查。审慎核查时，不仅需关注会计信息各构成要素之间是否相匹配，还需关注会计信息与相关非会计信息之间是否相匹配。"这里所指的"非会计信息"是与企业实际经营有关的各种信息。首先，审核机构在适度引用财务指标的同时，一般会结合这些信息来考虑其对持续盈利能力的影响。其次，对于不同行业、环境、规模的企业，选用判断成长的指标也各异。最后，还要考虑调整财务指标，以排除偶然因素的影响。很多情况下，发行人的持续盈利能力存在不确定性体现在财务指标上。发行人若无法合理解释关键财务指标（如毛利率）的重大波动或不利变化，其 IPO 申请一般就会被否决。

就 JY 智能而言，其主营业务毛利率较高，直销与经销毛利率差异较大，在招股书中并未对此进行充分解释，受到了发审委的质疑。其销售模式不稳定，"经销＋直销"并存，在披露的报告期内公司经销商销售收入占主营业务收入分别达到 87.59%、80.84%、65.80%、73.68%。由此可见，JY 智能的收入的依赖性较高。而且，报告期内 JY 智能经销商变化较大且销量浮动较大，因此其销售收入的稳定性方面存在巨大的不确定性，对公司的持续盈利能力产生不利影响。企业要实现持续盈利增长，就必须有稳固而强大的核心业务作为建立竞争优势和成功扩张的可靠平台。新的产品或者新的经营模式出现、产品或服务的品种结构出现重大变化，都会对企业的财务数据产生直接影响，还会引起主要销售客户变化从而影响利润来源。发审委往往从这个角度出发来判定风险。JY 智能作为高新技术企业，在研发方面的投入占比存在一定的不合理之处，因此，IPO 申请被否决风险也相应较大。

# 4.6　XLGD 股份公司案例分析

## 4.6.1　案例介绍

XLGD 股份有限公司（以下简称"XLGD"）是一家专业开发、生产和销售电容式触摸屏，微型摄像头模组，集成触控模组，指纹识别模组，精密玻璃部件、魔法玻璃、四角全均匀马达等产品的公司。XLGD 是国内领先的触控设备和微型摄像模组制造商，以拥有自主知识产权的电子元器件生产技术为依托，长期从事专业研发、生产和销售触控器件、微型摄像模组等光电子器件产品等工作。其主要产品广泛应用于智能手机等消费类电子产品，以及汽车、工业控制设备、医疗设备、智能家居与安防监控等领域。

作为一家光电子器件制造企业，XLGD 在过去数年经营业绩一度颇为亮眼，但因涉入"LS事件"，近年业绩出现下滑。数据显示，2017年上半年，XLGD归属于母公司股东的净利润亏损高达1.05亿元。尽管一路诸多波折XLGD最终仍未能通过IPO审核。

与业绩下滑的窘境相比，XLGD IPO被否的另一重大原因与其深陷专利诉讼有关。HDKJ此前披露的一份诉讼公告显示，因涉及发明专利权纠纷，公司将XLGD等企业诉至人民法院。

实际上，在XLGD IPO发审会中，有关发审委在提问时也曾着重提及这一点，要求公司说明这一诉讼是否会对业务发展和业绩产生重大不利影响。

对于拟上市公司尤其是制造业公司来说，专利往往涉及企业核心竞争力，因此专利失效、终止或者被侵犯可能对公司持续经营能力和盈利能力带来重大不确定性，并最终可能导致IPO被否。

## 4.6.2　证监会公告

中国证券监督管理委员会第十七届发行审核委员会2019年第17次发审委会议于2019年1月29日召开，现将会议审核情况公告如下：

一、审核结果

XLGD股份有限公司（首发）未通过。

二、发审委会议提出询问的主要问题

1. 请发行人代表说明：（1）发行人和XL半导体是否构成同业竞争；（2）报告期各期重合的供应商和客户销售和采购价格是否存在不公允的情形；（3）报告期内各项关联交易的必要性和合理性。请保荐代表人说明核查依据、过程并发表明确核查意见。

2. 发行人报告期内营业收入和扣非归母净利润波动较大。请发行人代表说明：（1）各期收入和净利润波动不一致的原因及其合理性；（2）导致2017年度经营业绩发生大幅下滑的因素是否均已消除，对JZ通信应收账款坏账准备计提是否足够充分；（3）2018年度业绩回升是否具有稳定性和持续性；（4）发行人针对业绩波动或下滑采取的应对措施，相关风险是否充分揭示。请保荐代表人说明核查依据、过程并发表明确核查意见。

3. 报告期内，发行人及其控股子公司XYGD未足额缴纳社会保险金，住房公积金缴纳比例较低。请发行人代表：（1）说明前述未足额缴纳社会保险金尤其是住房公积金缴纳比例过低的原因及合理性，缴存比例较低是否会构成重大违法行为；（2）针对上述未为全部员工缴纳住房公积金及社会保险的情况，按照法律规定的相关缴费基数与缴费比例进行测算应补缴的相关金额及对发行人净利润的影响，并说明是否构成本次发行上市的障碍；（3）说明报告期职工人数减少的原因及合理性。请保荐代表人说明核查依据、过程并发表明确核查意见。

4. 报告期 BBG 和 OP 两家公司始终为发行人主要客户，客户集中度较高，发行人向这两家公司同时存在采购和销售。请发行人代表说明：（1）与 BBG 和 OP 同时进行采购和销售的商业合理性，是否对其存在重大依赖；（2）前述交易是否系发行人受托加工的行为而非属于购销关系；（3）发行人与上述两家公司签订最新采购协议的期限，继续开展合作是否存在风险。请保荐代表人说明核查依据、过程并发表明确核查意见。

5. 发行人与深圳市 HDKJ 股份公司涉及相关专利诉讼。请发行人代表说明：（1）案件受理情况和基本案情、诉讼请求等相关内容，同时结合提起诉讼具体内容进一步说明上述涉诉专利不构成核心专利的依据是否充分，HDKJ 提请赔偿的事实和理由，发行人目前做出的最多赔偿 1 211.33 万元的判断依据是否充分；（2）发行人报告期内与涉诉专利有关产品的生产、销售及目前存货及订单情况；（3）目前该涉诉案件的进展情况，是否会涉及发行人其他与 SLW 合作的其他专利，是否会对发行人的业务经营和未来发展产生重大不利影响，是否对发行人的持续盈利能力造成重大不利影响。请保荐代表人说明核查依据、过程并发表明确核查意见。

### 4.6.3 监管逻辑分析

#### 1. 股权结构复杂、关联方众多

XLGD 的控股股东及实际控制人如表 4 – 11 所示。

表 4 – 11　　　　　　　　XLGD 的控股股东及实际控制人

| 企业名称 | 与本公司关系 |
| --- | --- |
| XL 工业 | 直接控股股东 |
| 香港 XL 电子 | 间接控股股东 |
| XL 国际 | 间接控股股东 |
| 林某华 | 实际控制人 |

XLGD 的直接控制股东为 XL 工业，实际控制人为林某华，林某华同时拥有 18 家企业，大部分与集成电路、半导体领域相关。XLGD 持股 5% 以上的股东、参股控股的公司也与 XLGD 构成关联方。

**2. 存在多起关联交易**

XLGD 与关联公司存在多起关联交易，2017 年 1—6 月关联交易如表 4 – 12 所示。

表 4 – 12　　　　　XLGD 2017 年 1—6 月关联交易

| 关联方 | 采购内容 | 金额（万元） | 同类交易占比（%） | 营业成本占比（%） |
|---|---|---|---|---|
| XL 半导体 | 材料 | 3 699.98 | 0.61 | 0.54 |
| | 委外加工 | 3 058.23 | 58.35 | 0.44 |
| | 废水处理 | 153.12 | 100.00 | 0.02 |
| XL 电子 | 材料 | 2 130.69 | 0.35 | 0.31 |
| XL 仪器 | 材料 | 604.22 | 0.10 | 0.09 |
| HZ 显示 | 材料 | 3 163.09 | 0.53 | 0.46 |
| XL 工业 | 材料 | 0.35 | 0.000 1 | 0.000 1 |
| XL 广场 | 日杂用品 | 319.70 | 73.61 | 0.01 |
| BLBD 酒店 | 餐饮及住宿费用 | 36.32 | 10.99 | — |
| JXL 酒店 | 住宿费用 | 1.81 | 4.22 | — |
| 合计 | | 13 167.51 | — | 1.87 |

**3. 部分专利、商标无偿授予关联企业**

根据招股说明书，XLGD 将"图形商标"和"文字商标"授权给 XL 半导体、XL 电子、XL 仪器（汕尾）、XL 工业（汕尾）和 HZ 显示长期使用。2013 年，XL 半导体将其持有的三个专利无偿转让给 XLGD。XLGD 还通过受让方式取得部分专利和商标。

XLGD 的实际控制人、董事、监事、高管参与众多兼职工作，实际控制人林某华所控制或有重大影响的公司虽然不存在同业竞争，但是不确定其亲属是否存在共同的采购销售渠道、客户、供应商，是否存在上下游业务等情况。XLGD 存在采购和销售的关联企业交易，曾经收购了 XL 半导体的部分资产和业务以及香港 XLGD 的股权，并在整体变更设立股份公司后继续收购 XL 半导体的部分资产，在关联企业并购重组中可能存在高价收购或低价收购来粉饰财报的嫌疑。

## 4.6.4　法律规定分析

《保荐人尽职调查工作准则》第七十条对"风险因素"有一些具体描述。如"发行人是否存在可能严重影响发行人持续经营的其他因素，如自然灾害、安全生产、汇率变化、外贸环境、担保、诉讼和仲裁等情况。"此外，相关法律规定了发行人的知识产权以及相关权利。前文提到过，商标、专利、专有技术以及特许经营权等重要资产或技术的取得或者使用存在重大不利变化的风险。

对于拟上市公司尤其是制造业公司来说，专利往往涉及企业核心竞争力，因此专利的失效、终止或者被侵犯可能对公司持续经营能力和盈利能力带来重大不确定性。XLGD 陷入与专利有关的诉讼，因此，其持续经营和盈利能力存在一定的风险，最终导致 IPO 失败。

# 第 5 章
# 应收账款问题

## 5.1 应收账款异常审核概述

### 5.1.1 应收账款的定义

应收账款是指企业在正常的经营过程中因销售商品、提供劳务等业务，应向购买单位收取的款项，包括应由购买单位或接受劳务单位负担的税金、代购买方垫付的各种运杂费等。

应收账款是伴随企业的销售行为发生而形成的一项债权。因此，应收账款的确认与收入的确认密切相关。通常在确认收入的同时，确认应收账款。

应收账款表示企业在销售过程中被购买单位所占用的资金。企业应及时收回应收账款以弥补企业在生产经营过程中的各种耗费，保证企业持续经营；对于被拖欠的应收账款应采取措施，组织催收；对于确实无法收回的应收账款，凡符合坏账条件的，应在取得有关证明并按规定程序报批后，作为坏账损失处理。

应收账款具有以下几方面的特性。

（1）变易性。"应收账款"属于资金占用类科目，常被作为过渡科目，既反映资金占用，也反映资金来源。只要不违反一般的记账规则，两笔经济性质不同的业务可以相互结转，虽然改变了资金的性质，但不会影响科目之间的平衡。

（2）时限性不明确。一笔应收账款发生或完结的时间往往不能够确定。尽管财务制度规定了记账时间和坏账处理的时限，但实际上由于经济活动的多变性和复杂性、会计人员的素质和管理状况等不同，应收账款的登账时间以及最后完结日期往往具有不确定性。

（3）同向性。应收账款是企业在生产经营活动中的一种资金占用的形态，

"应收账款"科目与许多科目具有同向性。被占用的资金，可以计入"应收账款"科目，也可以计入成本费用科目。

### 5.1.2 应收账款异常的表现形式

由于应收账款具有上述特性，所以"应收账款"科目往往成为企业处理不合法业务的工具。

（1）为了不同的目的，企业利用"应收账款"科目调节利润。

①为了夸大经营成果，企业利用"应收账款"科目虚增收入，其主要手法如下。

A. 虚减费用。费用不计入当期损益，而是作为应收账款来挂账。

B. 虚增收入。将未实现销售的产品做虚假销售，而将这部分"收入"记入"应收账款"科目挂账。

C. 少提坏账准备。现行财会制度规定，企业年终按应收款余额的3‰~5‰计提坏账准备并记入"管理费用"科目。企业采取虚减应收账款余额或缩小计提比例等手法来少提坏账准备。

②为了达到少交税或不交税的目的，企业利用"应收账款"科目来隐瞒收入，其主要手法如下。

A. 虚减收入。"应收账款"属于资产类科目，登记企业应收暂付的款项，正常情况下余额应该在借方。如果企业"应收账款"中总是先出现贷方发生额，随后由借方转出，这往往是企业将已实现的销售收入记入了"应收账款"科目。

B. 多提坏账准备。企业采取虚增应收账款余额或扩大计提比例等手法来多提坏账准备。

（2）将已收到的应收账款不入账或推迟入账时间，以达到挪作他用或据为己有的目的。有的销售人员利用手中的职权和工作的便利条件，将收取的货款用于个人经营活动，或利用收款和入账的时间差将款项存入银行从中获利。

（3）坏账损失的确认及其账务处理不符合制度规定。在实际工作中坏账损失的确认难度较大，情况比较复杂，这就给一些企业弄虚作假、营私舞弊带来可乘之机。有的企业为达到某种目的，将本可收回的账款作为坏账予以核销，形成账外资金，然后用于不合理开支或者私分；有的企业重新收回已经作为坏账损失处理的账款时不入账，而是存入企业的"小金库"；还有的企业对于确实无法收回的坏账不予核销，长期挂账。

（4）利用"应收账款"科目调平账款。这种情况多发生于一些财会人员素质不高、责任心不强的企业。当相关账簿数字不符时，财会人员不是认真查找原因，而是通过"应收账款"科目硬性调整数字，使其"相符"或"平衡"。在"平衡"的背后，隐藏着严重的违纪行为，往往给企业造成损失。例如，一些企业在现金盘点时发现现金长款或现金短款，不及时按规定进行账务处理，而是挂在"应收账款"科目，作为以后盘点现金时发现现金短款、现金长款的备抵款项。

（5）"应收账款"科目上下年度结转的"空中飞"现象。所谓"空中飞"是指企业在本年度结束时，将某一科目或几个科目的余额分解或合并到下年度新账的几个或一个科目，不必进行账务处理就可以达到某种目的的违纪行为。例如，将上年度本应在有关费用中列支的款项，记入"应收账款"明细科目，到下半年结转新账时，将此款项的余额合并到"在建工程"科目余额，而新账中的"应收账款"明细科目再无此项记载，这样经过"空中飞"，便将这笔费用支出在基建成本中核销了。

在市场经济迅速发展与完善的今天，应收账款问题一直困扰着众多企业，大量的应收账款犹如不定时炸弹，随时可能给企业带来风险。在实际工作中，应收账款往往是有些企业调节收入、营私舞弊的"调节器"，成为掩盖不正常经营的"防空洞"。这就需要审计工作人员督促企业对自身的应收账款定期或者至少每年年度终了进行全面清查。

首先，要迅速、有效、全面发现"应收账款"科目中存在的违法违规问题，首先应核对应收账款明细账与总账的余额是否相符；编制或获取应收账款明细表，复核加计数是否准确，是否与总账、明细账核对相符，并标明截至审计日已收回或转销的项目。

其次，应当对长期挂账的应收账款进行抽查，研究其发生及长期挂账的原因，审查其账务处理是否正确，选择金额较大和异常的项目，检查原始凭证或签发询证函以确定其真实性。对发出询证函未能收回的款项，采用替代程序。例如，核查下一年度明细账，或追踪至应收账款发生时的原始凭证。对长期未能收回的项目，应查明原因，确定是否可能发生坏账损失，以准确地确定当期损益。审查转作坏账损失的项目，是否符合财会制度，并办妥审批手续。对于在极短时间内入账后又等额转出的应收账款，应追查其原始凭证，审查其发生是否合法，检查该企业是否有利用应收账款为其他单位套取现金的情况。

再次，审核企业是否按规定设置明细账，并分析其设置是否合理。分析各明细账，审查是否有先出现贷方发生额，而后从借方转出的情况，以确定企业是否将收入计入应收账款，利用应收账款来隐瞒收入，以达到偷逃税款的目的。分析明细账余额，对于出现贷方余额的项目，应查明原因，必要时进行重分类调整。审查记账凭证，以确定其账务处理是否正确，有无将现金盘点的长款或短款计入应收账款的情况。

最后，验明应收账款是否已在资产负债表上恰当披露。会计报表中应收账款项目是否根据"应收账款"和"预收账款"科目的所属各明细科目期末借方余额的合计数填列。

## 5.1.3 应收账款审计的方法

在实际工作中，几乎每家被审计单位都涉及应收账款的审计，按照审计准则的要求，理清审计思路是必须的，也是必要的。应收账款是公司五大循环中销售与收款循环的组成部分，往往融合在风险评估和风险应对的控制测试中，这里不做赘述，下面仅对进一步审计程序中的实质性审计做简单总结。

**1. 与认定相关的审计程序**

（1）实质性分析程序的运用。

刚接触应收账款审计，经常会忽略分析程序的应用。虽然利用分析程序不能直接发现错报，但对一些有密切关系的科目能迅速发现错报，如应收账款和坏账准备。坏账准备的计提应当与政策一致，计提的方法一经确定，不得随意变更。当审计人员将各个账龄区间的金额输入审计过程中设计的 EXCEL 表时，应计提的坏账准备金额自动算出，审计人员应将金额与被审计单位的账面数进行核对，若有差异需要寻找原因。

运用分析程序不仅可以发现错报，还可以分析合理性，若异常，则需追加审计程序。通过复核应收账款借方累计发生额与主营业务收入、税金的配比，检查是否存在与销售无关的其他款项挂账，是否存在未做销售等情况；通过计算应收账款周转率、应收账款周转天数等财务指标，并与被审计单位以前年度指标、同行同期指标对比分析，检查是否存在重大异常；通过复核应收账款借方累计发生额与账龄分析表中一年以内的金额比较，检查账龄分析表的准确性；在明细表上标注重要客户并编制重要客户应收账款增减变动表，与前期比较，分析其变动原因；等等。

（2）函证的运用。

函证是证明应收账款余额的真实性、正确性的主要方法，有效的函证可以发现被审计单位和相关人员在销售交易过程中的错误或舞弊行为。函证是应收账款审计中必要的审计程序，除非审计人员可以证明函证很可能无效或应收账款对报表不重要。函证的格式有积极式和消极式，一般采用积极式的函证格式。

①若客户繁多，受审计成本效益原则限制，审计人员通常根据重要性原则（如金额大、重要客户等）和风险性原则（如关联方、账龄较长、交易频繁、与其有纠纷等）确定函证的对象和范围。在实际工作中，考虑到全面性，客户被分成三类：重大项目、极不重大项目和介于两者间项目。根据重要性和风险性原则，重大项目应百分百函证，极不重大项目不实施审计程序，介于两者间项目采用审计抽样实施审计程序，抽取的方法和样本量由审计人员决定。

②对函证的控制也很重要。审计人员编制应收账款函证结果汇总表，便于统计发函和回函情况。未收到回函的考虑再次函证或考虑执行替代审计程序；回函中表明金额不符的情况要与被审计单位及时沟通，寻找差异原因（是否存在暂估收入、收入确认与对方不一致、时间差、退货等）。

（3）执行替代审计程序。

通常审计人员不可能对所有应收账款进行函证，对于未函证或者函证未回函的应收账款，采用替代审计程序。常见的替代程序包括检查订购单销售合同、发票、出库单、报关单等，也包括检查资产负债表日后应收账款收款情况，以验证与其相关的应收账款是否存在。在挑选样本的时候，随意挑选达不到替代程序的目的，因此，审计人员会选取金额大的、最终构成余额的交易，检查订购单、销售合同、发票、出库单、报关单等。

在执行替代程序时，审计人员可以关注以下方面。

①核对借贷双方金额，大致了解该客户的收款时间。若出现了早早实现的销售，但是迟迟没有收到款项，这种情况属于异常现象。审计人员在执行替代程序时应该重点关注是什么原因导致了这样的情况，如客户财务困难缓期支付、客户没有收到货物、客户虽收到货物但是还没有确认或其他原因。

②核对借贷双方金额，了解被审计单位是否存在预收销售。预收账款挂账时间过长可能存在未及时确认收入的问题。

③对比去年和今年的销售情况，重点关注主要客户的销售情况，了解被审计单位是否存在销售大幅萎缩，收款不力的问题。

④对于一些客户，特别是连续几年都没有来往的外币客户，账面只能反映一些期末汇率调整的事项，而该笔余额能否收回已经不再确定。这种情况下，需要考虑被审计单位是否计提坏账准备，以及坏账准备计提是否恰当等。

**2．与企业管理相关的其他考虑**

（1）内部控制。

随着上市公司内部控制基本规范及配套指引的普及，公司内部控制设计和执行是否有效将影响财务报表从内部控制角度对应收账款进行审计时，主要注意以下几个方面。

①执行穿行测试，目的是检查被审计单位业务流程是否合理，执行是否有效。对于那些连订单、销售合同都不完整的销售业务，或仅凭一个电话即可形成订单的销售业务，在内控上存在风险，缺乏信用审批、出货审批，导致发货混乱、账款回收不力，给舞弊创造了条件。

②坏账准备的计提缺乏适当审批，计提随意，导致财务报表项目无法反映真实情况。

③当内部控制出现漏洞，便会成为隐患。有些公司甚至允许销售人员直接接触销售现款，这违背了内部控制基本规范。

内部控制的有效性会影响财务报表，甚至影响公司持续经营、公司目标的实现，因此要重视内部控制。例如：销售前的原始单据要规范整理，电话订单应当形成纸质单据，方便内部审核和明确购销双方责任；实现 ERP 管理的公司，应当形成电子订单，并连续编号；坏账计提依据合理，若实际情况需要调整计提方法的，需要适当审批才可进行账务处理；指定专门人员定期与客户对账，及时发现差异，严禁销售人员直接接触销售现款等。

（2）现金流。

现金流如同公司的血液，许多公司看似健康，却由于现金周转问题而崩溃。事实证明，现金流对公司兴衰存亡至关重要。与应收账款相关的现金流问题主要表现在以下两个方面。

一方面，公司缺乏规范的信用审批制度，催款不力，应收账款周转天数过长，影响资金回流。另一方面，公司收款多采用承兑汇票形式，无形中拉长了公司现金流入的时间。

公司在日常管理中应加强信用审批，定期清理一些信用极差的客户，减少被其无偿占用资金的可能性。销售人员负责催收，做好催收记录。严格执行考核奖惩制度，销售人员在离职前应当做好交接工作，做到收款责任全覆盖。加强客户管理，特别是在收款环节，一般来说，新客户采用现金付款，或采用预收形式，老客户可提供较长的信用期间；若不得已收取承兑汇票，尽量取得快到期的票据，缩短收账时间。

应收账款不像存货、固定资产是实物形式的，因此其无形性很容易成为单位或者个人进行各种舞弊活动的工具。应收账款的审计看似简单，但在审计过程会出现很多问题，因此，审计人员应重点关注内部管理审计。

## 5.2　XTDQ 公司案例分析

### 5.2.1　案例介绍

丹东 XTDQ 股份有限公司（以下简称"XTDQ 公司"）是一家制造、加工和销售 MCR 磁控电抗器、磁控消弧线圈等的公司，1999 年成立，公司总部位于辽宁省丹东市。

2007 年，公司被科技部列为重点高新企业。2008 年辽宁省科技厅为该公司颁发了高新技术企业认定证书。公司主要生产制造、加工和销售 MCR 磁控电抗器、磁控消弧线圈、铁心电抗器、空心电抗器、电力电容器及成套装置、环氧树脂干式变压器等电气产品。

2014 年 1 月 27 日，在 XY 证券的保荐下，XTDQ 发布了《首次公开发行股票并在创业板上市招股说明书》登陆创业板。

2016 年 2 月 15 日晚，XTDQ 发布公告称公司股票存在暂停上市风险，原因是公司涉嫌违反证券法律法规，被立案调查。

2016 年 6 月 1 日晚，XTDQ 发布公告称，公司收到证监会《行政处罚和市场禁入事先告知书》，XTDQ 涉嫌欺诈发行及信息披露违法违规案已由证监会调查完毕，证监会依法拟对 XTDQ 及相关责任人做出行政处罚和市场禁入决定。证监会表示，XTDQ 存在以下违法事实：报送证监会的 IPO 申请文件中相关财务数据存在虚假记载，上市后披露的定期报告中存在虚假记载和重大遗漏。

2016 年 6 月 17 日，证监会例行发布会上发言人表示，证监会完成对 XTDQ 涉嫌欺诈发行及信息披露违法违规案的调查工作，依法向 XTDQ 及相关责任人出具了《行政处罚和市场禁入事先告知书》。初步认定，XTDQ 在申请首次公开发行股票并在创业板上市时存在欺诈发行行为，上市后披露的定期报告存在虚假记载和重大遗漏，证监会拟依法做出行政处罚和市场禁入决定。

2016 年 7 月 8 日，证监会新闻发言人表示，证监会对 XTDQ 启动强制退市程序，承销券商 XY 证券 5.5 亿元先行赔付。

2016 年 7 月 11 日，深交所发布《关于 XTDQ 投资者关心问题的说明

（一）》，提示 XTDQ 股东在公司暂停上市和终止上市阶段还有两段交易机会。第一，公司收到处罚决定后复牌交易 30 个交易日；第二，公司股票被深交所做出终止上市决定后 15 个交易日届满的次一交易日起，进入 30 个交易日退市整理期。

2016 年 7 月 29 日，证监会再度对 XTDQ 案进行处罚，相关责任人——XY 证券及其保荐代表人等被重处。

2016 年 8 月 26 日，证监会新闻发言人通报，证监会专门与公安机关进行了会商，决定将 XTDQ 及涉嫌欺诈发行及其他有关犯罪问题相关人员移送公安机关，依法追究刑事责任，公安机关已专门部署开展相关刑事侦查工作。

2016 年 9 月 23 日，XTDQ 收到证监会下发的《行政处罚罚款催告书》。证监会《行政处罚决定书》决定对 XTDQ 处以 832 万元罚款，对温某乙处以 892 万元罚款，该处罚决定书已送达生效，但 XTDQ 及温某乙未按规定缴纳罚款。证监会请公司自收到催告书之日起 10 日内缴清罚款。逾期不缴，证监会将申请人民法院强制执行。

2017 年 5 月 4 日，因欺诈被强制退市的 XTDQ 起诉证监会要求撤销行政处罚案在一中院宣判。人民法院一审认定 XTDQ 及原董事胡某勇的相关违法行为成立，证监会做出的行政处罚并无不当，判决驳回了 XTDQ 及胡某勇的诉讼请求。

2017 年 11 月 8 日，中国证券投资者保护基金有限责任公司发布了 XTDQ 欺诈发行先行赔付专项基金终止的公告，截至 2017 年 10 月 20 日，达成有效和解的合适投资者人数约为 1.2 万人，支付的赔付金额为 2.42 亿元。

2017 年 12 月 19 日，XTDQ 起诉证监会要求撤销行政处罚案二审在北京市高级人民法院开庭，由时任北京市高级人民法院副院长吉某洪担任审判长，时任证监会党委委员、主席助理黄某出庭应诉。

2018 年 3 月 26 日，北京市高级人民法院就 XTDQ 起诉证监会要求撤销行政处罚案做出终审判决。人民法院认为，被诉处罚决定和被诉复议决定合法有据，一审判决驳回 XTDQ 诉讼请求正确，应予支持；XTDQ 上诉主张不能成立，不予支持。人民法院判决，驳回上诉，维持一审判决。

2018 年 9 月，深圳市中级人民法院就 XTDQ 不服深交所退市决定案做出一审判决，驳回 XTDQ 的诉讼请求，深交所胜诉。

## 5.2.2　证监会公告

依据《证券法》有关规定，证监会对 XTDQ 违反证券法律法规行为进行了立案调查、审理，并依法向当事人告知了做出行政处罚的事实、理由、依据及当事人依法享有的权利。当事人 XTDQ、温某乙、刘某胜、胡某勇提出陈述和申辩意见并要求听证。证监会举行听证会，听取了上述当事人的陈述、申辩。本案现已调查、审理终结。

经查明，XTDQ 存在以下违法事实：

一、首次公开发行股票并在创业板上市（以下简称"IPO"）申请文件中相关财务数据存在虚假记载

2011 年 11 月，XTDQ 向证监会提交首次公开发行股票并在创业板上市申请，2012 年 7 月 3 日通过创业板发行审核委员会审核。2014 年 1 月 3 日，XTDQ 取得证监会《关于核准丹东 XTDQ 股份有限公司首次公开发行股票并在创业板上市的批复》。

为实现发行上市目的，解决 XTDQ 应收账款余额过大问题，XTDQ 总会计师刘某胜向公司董事长、实际控制人温某乙建议在会计期末以外部借款减少应收账款，并于下期初再还款冲回。二人商议后，温某乙同意并与刘某胜确定主要以银行汇票背书转让形式进行冲减。2011 年 12 月至 2013 年 6 月，XTDQ 通过外部借款、使用自有资金或伪造银行单据的方式虚构应收账款的收回，在年末、半年末等会计期末冲减应收款项（大部分在下一会计期期初冲回），致使其在向证监会报送的 IPO 申请文件中相关财务数据存在虚假记载。其中，截至 2011 年 12 月 31 日，虚减应收账款 10 156 万元，少计提坏账准备 659 万元；虚增经营活动产生的现金流净额 10 156 万元。截至 2012 年 12 月 31 日，虚减应收账款 12 062 万元，虚减其他应收款 3 384 万元，少计提坏账准备 726 万元；虚增经营活动产生的现金流净额 5 290 万元。截至 2013 年 6 月 30 日，虚减应收账款 15 840 万元，虚减其他应收款 5 324 万元，少计提坏账准备 313 万元；虚增应付账款 2 421 万元；虚减预付账款 500 万元；虚增货币资金 21 232 万元，虚增经营活动产生的现金流净额 8 638 万元。

以上事实，有招股说明书、客户提供的情况说明、汇票申请人提供的说明材料、XTDQ 提供的转款汇总表和明细表、XTDQ 财务凭证、银行资金流水、银行汇票等单据、当事人提供的说明材料和当事人询问笔录等证据证明，足以认定。

XTDQ 将包含虚假财务数据的 IPO 申请文件报送证监会并获得证监会核准的行为，违反了《证券法》第十三条关于公开发行新股应当符合的条件中"最近三年财务会计文件无虚假记载，无其他重大违法行为"和第二十条第一款"发

行人向国务院证券监督管理机构或者国务院授权的部门报送的证券发行申请文件，必须真实、准确、完整"的规定，构成《证券法》第一百八十九条所述"发行人不符合发行条件，以欺骗手段骗取发行核准"的行为。对 XTDQ 该项违法行为，直接负责的主管人员为温某乙、刘某胜，其他直接责任人员为于某洋、王某珩、孙某东、陈某超、胡某勇、王某华、蔡某、宋某萍、赵某年、蒋某福、范某喜、孙某贵、韩某、陈某狲。同时，温某乙作为 XTDQ 实际控制人，商议并同意以外部借款等方式虚构收回应收款项，安排、筹措资金且承担相关资金成本，其行为已构成《证券法》第一百八十九条第二款所述"发行人的控股股东、实际控制人指使从事前款违法行为"的行为。

二、上市后披露的定期报告中存在虚假记载和重大遗漏

（一）《2013 年年度报告》《2014 年半年度报告》《2014 年年度报告》中存在虚假记载

2013 年 12 月至 2014 年 12 月，XTDQ 在上市后继续通过外部借款或者伪造银行单据的方式虚构应收账款的收回，在年末、半年末等会计期末冲减应收款项（大部分在下一会计期期初冲回），导致其披露的相关年度和半年度报告财务数据存在虚假记载。其中，《2013 年年度报告》虚减应收账款 19 940 万元，虚减其他应收款 6 224 万元，少计提坏账准备 1 240 万元；虚增应付账款 1 521 万元；虚增货币资金 20 632 万元；虚增经营活动产生的现金流净额 12 238 万元。《2014 年半年度报告》虚减应收账款 9 974 万元，虚减其他应收款 6 994 万元，少计提坏账准备 272 万元；虚增应付账款 1 521 万元；虚减其他应付款 770 万元；虚增货币资金 14 767 万元；虚减经营活动产生的现金流净额 9 965 万元。《2014 年年度报告》虚减应收账款 7 262 万元，虚减其他应收款 7 478 万元，少计提坏账准备 363 万元；虚减经营活动产生的现金流净额 12 944 万元。

（二）《2014 年年度报告》中存在重大遗漏

XTDQ 实际控制人温某乙以员工名义从公司借款供其个人使用，截至 2014 年 12 月 31 日，占用 XTDQ 6 388 万元。XTDQ 在《2014 年年度报告》中未披露该关联交易事项，导致《2014 年年度报告》存在重大遗漏。

以上事实，有客户提供的情况说明、XTDQ 提供的转款汇总表和明细表、XTDQ 财务凭证、银行资金流水、银行汇票等单据、定期报告、董事会决议、监事会决议、定期报告书面确认意见、当事人提供说明材料和当事人询问笔录等证据证明，足以认定。

XTDQ 披露的 2013 年年度报告、2014 年半年度报告、2014 年年度报告存在

虚假记载及 2014 年年度报告存在重大遗漏的行为，违反了《证券法》第六十三条有关"发行人、上市公司依法披露的信息，必须真实、准确、完整，不得有虚假记载、误导性陈述或者重大遗漏"的规定，构成《证券法》第一百九十三条所述"发行人、上市公司或者其他信息披露义务人未按照规定披露信息，或者披露的信息有虚假记载、误导性陈述或者重大遗漏"的行为。对 XTDQ 该项违法行为，直接负责的主管人员为温某乙、刘某胜，其他直接责任人员为于某洋、王某珩、蔡某、陈某超、宋某萍、孙某东、赵某年、蒋某福、范某喜、孙某贵、韩某、陈某翀、杜某宁。同时，温某乙作为 XTDQ 实际控制人，其行为已构成《证券法》第一百九十三条第三款所述"发行人、上市公司或者其他信息披露义务人的控股股东、实际控制人指使从事前两款违法行为"的行为。

当事人 XTDQ、温某乙、刘某胜在听证及陈述、申辩意见中提出：一、XTDQ 在对历年公告的财务报表进行追溯调整后的财务数据显示，其相关年度的净利润等实质发行条件的财务指标符合《首次公开发行股票并在创业板上市管理暂行办法》所规定的财务指标要求，因此 XTDQ 不构成《证券法》第一百八十九条所述"发行人不符合发行条件，以欺骗手段骗取发行核准"的行为。二、对温某乙的同一行为分别以"实际控制人"和"直接负责的主管人员"进行重复处罚，违反了《中华人民共和国行政处罚法》（以下简称《行政处罚法》）的规定。三、XTDQ 虚构收回应收账款的行为发生在 2011 年 12 月至 2013 年 6 月，已超出《行政处罚法》规定的两年追责期限。四、XTDQ 积极配合调查，尽力消除违法行为影响，具有从轻、减轻情节。

证监会认为：一、公开发行新股不仅要符合《首次公开发行股票并在创业板上市管理暂行办法》规定的财务指标，更要符合《证券法》第十三条规定的发行条件。《证券法》第十三条规定，公司公开发行新股，应当符合"最近三年财务会计文件无虚假记载，无其他重大违法行为"的条件。XTDQ 在报送的 IPO 申请文件中，相关年度财务数据存在虚假记载，不符合《证券法》第十三条规定的发行条件，应当按照《证券法》第一百八十九条予以处罚。二、温某乙作为 XTDQ 董事长在相关 IPO 申请文件和定期报告上签字，承诺保证相关文件真实、准确、完整，其应对 XTDQ 违反证券法律法规行为承担直接负责的主管人员的法律责任；同时，温某乙作为 XTDQ 实际控制人，最终决定以外部借款等方式虚构收回应收款项，并安排、筹措资金且承担相关资金成本，其行为已构成"指使"从事相关违法行为。证监会根据《证券法》相关规定对温某乙两项行为同时处罚，并不违反法律规定。三、XTDQ 于 2014 年 1 月取得证监会《关于核准丹东 XTDQ 股份有限公司首次公开发行股票并在创业板上市的批复》，证监会于 2015 年 5 月对 XTDQ 进行现场检查时发现 XTDQ 违法行为，距 2014 年 1 月尚未超过两年，不存在超出法定追责期限的问题。四、证监会在事先告知时，已在拟做出的行政处罚中充分考虑当事人配合调查的相关情节。

当事人胡某勇在听证及陈述、申辩意见中提出：一、其作为董事，已经勤勉尽责，不存在过错，不应为他人的违法行为承担责任。二、其担任董事系职务行为，决策均由委派单位做出，不应由其个人承担不利法律后果。

证监会认为：一、胡某勇在 XTDQ 招股说明书上签字，承诺招股说明书不存在虚假记载、误导性陈述或重大遗漏，并对其真实性、准确性、完整性承担个别和连带的法律责任。胡某勇未能提供其作为 XTDQ 董事已履行勤勉尽责义务的证据。二、《中华人民共和国公司法》第一百四十七条规定，董事、监事、高级管理人员应当遵守法律、行政法规和公司章程，对公司负有忠实义务和勤勉义务。胡某勇作为 XTDQ 董事，其对公司负有的义务和未履行义务的法律后果不因其为委派董事的身份而免除。

根据当事人违法行为的事实、性质、情节与社会危害程度，依据《证券法》第一百八十九条的规定，证监会决定：

一、对 XTDQ 处以非法所募资金的 3% 即 772 万元罚款；

二、对温某乙处以 802 万元罚款，其中作为直接负责的主管人员处以 30 万元罚款，作为实际控制人处以 XTDQ 非法所募资金的 3% 即 772 万元罚款；

三、对刘某胜处以 30 万元罚款；

四、对于某洋、王某珩分别处以 10 万元罚款；

五、对孙某东、蔡某、陈某翀、陈某超、王某华、胡某勇、宋某萍分别处以 5 万元罚款；

六、对蒋某福、赵某年、范某喜、韩某、孙某贵分别处以 3 万元罚款。

依据《证券法》第一百九十三条第一款、第三款的规定，证监会决定：

一、对 XTDQ 责令改正，给予警告，并处以 60 万元罚款；

二、对温某乙给予警告，并处以 90 万元罚款；其中作为直接负责的主管人员处以 30 万元罚款，作为实际控制人处以 60 万元罚款；

三、对刘某胜给予警告，并处以 30 万元罚款；

四、对于某洋、王某珩给予警告，并分别处以 10 万元罚款；

五、对蔡某、陈某超、宋某萍、孙某东、赵某年、蒋某福、范某喜、孙某贵、韩某、陈某翀、杜某宁给予警告，并分别处以 3 万元罚款。

综合上述两项行政处罚意见，证监会决定：

一、对 XTDQ 责令改正，给予警告，并处以 832 万元罚款；

二、对温某乙给予警告，并处以 892 万元罚款；

三、对刘某胜给予警告，并处以 60 万元罚款；

四、对于某洋、王某珩给予警告，并分别处以 20 万元罚款；

五、对孙某东、蔡某、陈某超、宋某萍、陈某翀给予警告，并分别处以 8 万元罚款；

六、对蒋某福、赵某年、范某喜、韩某、孙某贵给予警告，并分别处以 6 万元罚款；

七、对王某华、胡某勇分别处以 5 万元罚款；

八、对杜某宁给予警告，并处以 3 万元罚款。

上述当事人应自收到本处罚决定书之日起 15 日内，将罚款汇交中国证券监督管理委员会，并将注有当事人名称的付款凭证复印件送中国证券监督管理委员会稽查局备案。当事人如果对本处罚决定不服，可在收到本处罚决定书之日起 60 日内向中国证券监督管理委员会申请行政复议，也可在收到本处罚决定书之日起 6 个月内直接向有管辖权的人民法院提起行政诉讼。复议和诉讼期间，上述决定不停止执行。

## 5.2.3　监管逻辑分析

### 1. 行业分析

高新技术企业的融资问题如下。

（1）企业内部融资能力差。

内部融资来源包括三方面：盈余公积金、未分配利润和计提的折旧。目前高新技术企业的内部融资能力很差，主要表现如下：一是盈利能力弱。高新技术企业的经营特点决定了其投资额度大，回收期长，投资初期盈利能力弱，所以产生大量资金缺口。二是高新技术企业固定资产所占的比例不高，加之固定资产折旧率政策不合理，所以折旧计提较少。

（2）融资渠道单一。

高新技术企业融资渠道单一，主要依靠银行贷款。而银行贷款程序烦琐、效率低下、担保要求严格，高新技术企业本身可抵押的有形资产比例不高，因此担保机构出于自身利益和风险的考虑不愿意为高新技术企业提供担保，或者即使提供担保也规定了较高的担保赔付率，这无疑加大了高新技术企业的融资难度。尤其在研究开发期、创业期，高新技术企业很难通过银行融到理想数额。虽然在成熟阶段企业融资结构比较合理，但考虑到企业的性质与特点，负债率仍然较高。如果不及时调整这种单一的融资结构和加强管理，企业的融资风险将会加剧。

（3）信息不对称。

高新技术企业需要有意向投资的机构或个人，而资金供给者则需要有发展潜力、能带给自己收益的企业，二者之间的信息交互对称才有可能达成共识。由于企业信息披露不足，投资者与企业之间出现信息不对称，加大了投资者的审核和评估企业经营状况的难度，从而使众多投资者望而却步，导致双方错失合作机会。

（4）缺少专业融资人才。

目前，我国的高新技术企业普遍缺乏专业的融资人才以及专门的融资部门。财务方面的专业人才可利用专业的财务知识、财务技巧规避一些可控的财务风险，设计科学合理的融资结构可减少不必要的负债利息支出。

（5）银行贷款额度有限。

银行的收入来源是贷款利率与存款利率之间的利差，以及投资收益，因此银行遵循稳健的原则，主要投资于收益风险小、已经发展较为成熟的企业。高新技术企业在发展初期风险较大、收益不可估量，发展后期虽然盈利能力可能会有所提升，但依旧具有技术能否转化应用、产品是否符合当下的趋势和资金回报与资金时间是否相匹配等多方面的风险。另外，高新技术企业的显著特点之一就是无形资产占比高，可以作为信用抵押的有形资产相对较少。因此，追求金融资产稳健与收益的银行向其提供的贷款额度较小。

（6）金融体系不健全。

银行与企业之间缺乏沟通媒介——金融中介机构，使得两者的信息不能完全交互、财务信息不透明、对企业的信用评级缺乏真实可靠的依据，阻碍了企业从银行筹集资本，也导致了银行等金融机构不能充分应用资金获得收益。同时资本金融市场发展缓慢也是高新技术企业难以筹到资金的重要原因。第一方面是风险资本投资不足。目前，由于我国风险资本市场发展缓慢且管理体制及相关法律法规不健全，大量民间资本不愿意把资金投入风险投资行业，风险资本主要依靠政府的扶持资金，资本有限，因此不能充分发挥风险资本的融资优势。第二方面是高新技术企业难以上市融资。目前两大证券市场对企业的上市条件非常苛刻，包括资产规模、经营年限、连续盈利年限等都有严格的规定，对于高新技术企业来说，这几方面都是其短板，所以上市融资难。尽管近年来我国适当减少了对资本市场的约束，中小板市场和创业板市场都有所发展，但规模有限，仍处于起步探索阶段。

（7）投资周期长导致信用风险高。

高新技术企业无形资产占比高，资本密集度较高，虽然智力资本优势明显、有较强的获利能力，但也不能掩盖它的高信用风险。从产生创意到实践验证再到最后投放市场，这一过程十分漫长，因此高新技术企业的获利周期较一般制造企业长。

（8）政府职能缺失。

政府在高新技术企业的融资中至关重要，政府职能发挥的程度影响高新技术企业发展质量。目前虽然政府从财政、税收等方面加大了对企业的支持和优惠力度，但是由于高新技术企业融资需求的长期性和高风险性，政府投资无法满足其融资需求。同时由于我国关于高新技术企业相关法律法规的制定尚不完善，政府的专项投入基金贯彻不足，监管不到位，没有建立完善的信用担保体系，融资担保机构不规范等，所以高新技术企业融资难。

**2．财务舞弊手段分析**

（1）虚构应收账款收回。

2011 年 12 月至 2013 年 6 月，XTDQ 通过外部借款、使用自有资金或伪造银行单据的方式虚构应收账款的收回，以在年末、半年末等会计期末冲减应收账款，大部分在下一会计期期初冲回。其中，截至 2011 年 12 月 31 日，虚减应收账款 10 156 万元，少计提坏账准备 659 万元；虚增经营活动产生的现金流净额 10 156 万元。截至 2012 年 12 月 31 日，虚减应收账款 12 062 万元，虚减其他应收款 3 384 万元，少计提坏账准备 726 万元；虚增经营活动产生的现金流净额 5 290 万元。截至 2013 年 6 月 30 日，虚减应收账款 15 840 万元，虚减其他应收款 5 324 万元，少计提坏账准备 313 万元；虚增应付账款 2 421 万元；虚减预付账款 500 万元；虚增货币资金 21 232 万元，虚增经营活动产生的现金流净额 8 638 万元。

XTDQ 将包含上述虚假财务数据的 IPO 申请文件报送证监会。2014 年 1 月 3 日，XTDQ 取得证监会《关于核准丹东 XTDQ 股份有限公司首次公开发行股票并在创业板上市的批复》。

上市后，XTDQ 继续通过外部借款或伪造银行单据的方式虚构应收账款的收回。其中，《2013 年年度报告》虚减应收账款 19 940 万元，虚减其他应收款 6 224 万元，少计提坏账准备 1 240 万元；虚增应付账款 1 521 万元；虚增货币资金 20 632 万元；虚增经营活动产生的现金流净额 12 238 万元。《2014 年年度报告》虚减应收账款 7 262 万元，虚减其他应收款 7 478 万元，少计提坏账准备 363 万元，虚减经营活动产生的现金流净额 12 944 万元。

（2）造假起步，IPO 利益驱动。

早在 2009 年 9 月，XTDQ 就首次提交了创业板 IPO 申报材料，但于 2011 年 3 月被否决。原因是 2010 年 4 月，公司收购辽宁 XT 66 kV 及以上油浸式变压器业务相关资产，收购后该项业务收入大幅下降，辽宁 XT 出现经营亏损，由此对 XTDQ 持续盈利能力构成重大不利影响。最终，XTDQ 因"所并购资产持续盈利能力不足"被否决。

2011 年 6 月，XTDQ 更换保荐机构为 XY 证券，准备再次申请 IPO。然而，迫于经营压力，XTDQ 放松了对客户的把关，回款难度大的客户增多，应收账款数额大幅增长，公司现金流甚至一度为负数。

XTDQ 在 2011 年底进行了模拟财务报表的评估，发现公司存在"经营性现金流为负""应收账款余额较大"等问题。对此，总会计师刘某胜认为，"此财务数据很难符合上市条件"，因此向温某乙建议在会计期末以外部借款减少应收账款，并于下期初再冲回的方式，解决 XTDQ 应收账款余额过大问题，实现上市目的。两人商议后，温某乙同意并确认主要以银行汇票背书转让形式进行冲减。

XTDQ 董事长、实际控制人温某乙向自然人或第三方公司进行大量借款，甚至通过私刻客户印章实现资金的倒转。

一种手法是，在会计期末，温某乙向他人借款，公司出纳人员在银行柜台提取该现金后，办理以 XTDQ 为收款人的现金交款。在填写现金交款单时，在付款人一栏直接填写客户公司名称，以此作为客户支付给 XTDQ 的账款。报告期之后，公司出纳人员再去银行将现金从公司账产中提取出来，还给借款人。

另一种手法是，温某乙向外部第三方公司借款，通过银行汇票实现资金的流转。具体过程为，由温某乙借款的第三方公司开具银行承兑汇票，经过客户盖章背书给 XTDQ，作为收回的应收账款。待报告期过后，再由 XTDQ 开具银行汇票，通过客户盖章背书，转给第三方公司。由此，资金实现了原路转回。而在银行汇票上用以背书的客户公司章和私章，是由 XTDQ 相关工作人员私刻的。这样，即使客户不同意配合造假，XTDQ 也能够不经过客户的账户实现资金的倒转。

（3）造假升级，自制银行单据。

从 2013 年开始，XTDQ 自制银行进账单和付款单，用以造假。XTDQ 的工作人员先在计算机上制作银行单据的格式，填入相应的客户名称、金额等信息，然后将其打印出来，交给出纳人员带到银行补盖章。由于公司业务较多，出现遗漏单据情况也多，在公司和银行关系较好的情况下，银行一般会配合盖章。

XTDQ 在制作假单据时颇费心思。自制单据所涉及客户都与公司有真实的业务往来，假里有真，真里有假，对冲金额有大有小，最小的金额为几万元，有些假数据甚至精细到小数点后面几位，以提高可信性。

（4）造假惯性，上市后造假继续。

XTDQ 在年末、半年末等会计期末通过虚构应收账款收回的方式冲减了应收账款，表面上改善了相关指标，但公司实际上并没有资金流入。因此，大部分应收账款还是需要在下一会计期期初冲回。冲回之后，公司相关财务指标仍旧不容乐观。XTDQ 为维持与之前大致相同的期末指标，避免指标大幅变动引起监管机构注意，在没有从经营上根本解决回款难题的情况下，不得不继续造假。

（5）《2014 年年度报告》中未披露关联交易事项，存在重大遗漏。

XTDQ 实际控制人温某乙以员工名义从公司借款供其个人使用，截至 2014 年 12 月 31 日，占用 XTDQ 6 388 万元。XTDQ 在《2014 年年度报告》中未披露该关联交易事项。

XTDQ 于 2016 年 5 月 12 日发布公告称，该占用款项于 2015 年 6 月全部归还完毕，2015 年 11 月公司针对上述重大会计差错按追溯重述法进行了调整。

根据 XTDQ 在 2014 年申报的招股说明书来看，XTDQ 存在以下情况。

①关联股东持股较为集中。

公司控股股东为辽宁 XT，温某乙是控股股东辽宁 XT 的董事长，也是 XTDQ 的实际控制人。自然人股东刘某文是温某乙的配偶，蔡某为刘某文姐姐的配偶。所以温某乙家族持股比例达到 48% 左右，如果股权过于集中，存在凌驾于内部控制之上的风险。

②应收账款余额及占比高。

招股说明书披露，XTDQ 从 2010 年至 2012 年的应收账款余额占营业收入的比例均在 30% 以上，2013 年 1—6 月的该比例未进行披露。

XTDQ 解释称应收账款占比较高的原因是下游客户都是电网、铁路、煤炭等基础设施行业的优质客户，付款周期长，同时账龄短。

③收入存在季节性波动。

各年第一、二季度为销售淡季，第三、四季度为销售旺季，而且存在一定的赊销。赊销意味着，应收账款在属于旺季的第三、四季度将会增加得更多。所以对于这种季节性销售、赊销的企业，在期末时，应结合其市场竞争地位，与同行业公司进行对比，检查应收账款是否异常、回款情况怎样，坏账计提政策是否谨慎。

④原料价格波动对成本影响大。

从招股说明书披露情况来看，原料占生产成本比例基本都在91%以上，所以原料价格波动对公司主营业务成本具有重大影响。因此，对该类公司进行分析时，也应重点关注原料成本与主营业务成本的变化。

## 5.2.4　法律规定分析

XTDQ 将包含虚假财务数据的 IPO 申请文件报送证监会并获得证监会核准的行为，违反了《证券法》第十三条关于公开发行新股应当符合的条件中"最近三年财务会计文件无虚假记载，无其他重大违法行为"和第二十条第一款"发行人向国务院证券监督管理机构或者国务院授权的部门报送的证券发行申请文件，必须真实、准确、完整"的规定，构成《证券法》第一百八十九条所述"发行人不符合发行条件，以欺骗手段骗取发行核准"的行为。对 XTDQ 该项违法行为，直接负责的主管人员为温某乙、刘某胜，其他直接责任人员为于某洋、王某珩、孙某东、陈某超、胡某勇、王某华、蔡某、宋某萍、赵某年、蒋某福、范某喜、孙某贵、韩某、陈某狮。同时，温某乙作为 XTDQ 实际控制人，商议并同意以外部借款等方式虚构收回应收款项，安排、筹措资金且承担相关资金成本，其行为已构成《证券法》第一百八十九条第二款所述"发行人的控股股东、实际控制人指使从事前款违法行为"的行为。

XTDQ 披露的 2013 年年度报告、2014 年半年度报告、2014 年年度报告存在虚假记载及 2014 年年度报告存在重大遗漏的行为，违反了《证券法》第六十三条有关"发行人、上市公司依法披露的信息，必须真实、准确、完整，不得有虚假记载、误导性陈述或者重大遗漏"的规定，构成《证券法》第一百九十三条所述"发行人、上市公司或者其他信息披露义务人未按照规定披露信息，或者披露的信息有虚假记载、误导性陈述或者重大遗漏"的行为。对 XTDQ 该项违法行为，直接负责的主管人员为温某乙、刘某胜，其他直接责任人员为于某洋、王某珩、蔡某、陈某超、宋某萍、孙某东、赵某年、蒋某福、范某喜、孙某贵、韩某、陈某翀、杜某宁。同时，温某乙作为 XTDQ 实际控制人，其行为已构成《证券法》第一百九十三条第三款所述"发行人、上市公司或者其他信息披露义务人的控股股东、实际控制人指使从事前两款违法行为"的行为。

# 5.3　深圳 ZFT 文化建筑公司案例分析

## 5.3.1　案例介绍

深圳市 ZFT 文化建筑建设股份有限公司（以下简称"ZFT"）以声学装饰工程技术和声学电集成技术的研发和应用为核心，向客户提供包括声学、工程规划设计、声学装饰施工、声电集成、设备配置为一体的建筑声学工程整体解决方案，主要承接对声环境有较高要求的建筑空间的声学装饰工程与设备配置业务，广泛用于文化、教育、体育、旅游、娱乐、商业等领域，如剧院、音乐厅等。

ZFT 拟在深交所创业板公开发行不超过 4 098 万股股份，计划募集资金 2.37 亿元，保荐机构为 CJ 证券。募集资金中 8 000 万元将用于补充营运资金，其余用于设计与研发中心建设项目、营销及服务网络建设项目和信息化系统建设项目。

ZFT 于 2017 年 4 月 28 日报送申报稿，2017 年 12 月 1 日更新招股书。

截至招股书签署日，ZFT 控股股东、实际控制人谭某斌、刘某夫妇以直接或间接方式合计控制本次发行前公司 87.721 8% 的股份。财务数据显示，2017 年至 2019 年，ZFT 实现营业收入分别是 7.01 亿元、8.5 亿元、10.09 亿元；同期对应的归属于母公司股东的净利润分别是 4 605.26 万元、6 859.31 万元、7 530.80 万元。报告期内，公司综合毛利率分别为 19.30%、19.84% 和 17.69%。在 2019 年的发审会上，ZFT 曾因为报告期内综合毛利率高于同行业可比公司被问询。报告期内，ZFT 资产负债率保持在 60% 以上高位，2017 年至 2019 年分别是 60.98%、60.64%、62.38%，而该公司同行已上市公司的资产负债率均值分别是 52.05%、54.05%、58.86%。ZFT 坦言，公司资产负债率略高于同行业上市公司水平，主要系同行业上市公司已通过证券交易所发行股票募集资金，降低了债务融资比例，增强了偿债能力。

报告期各期末，公司应收账款净额分别为 66 800.38 万元、74 358.75 万元和 78 526.95 万元，占各期末总资产的比例分别为 74.11%、69.51% 和 62.67%。

ZFT 指出，虽然公司应收账款客户主要为各级政府部门或大型企事业单位，发生坏账损失的风险较小，但由于项目验收、项目决算周期相对较长，公司应收账款净额及占比大。未来，随着公司业务规模的持续扩大，如果各级政府部门或相关客户出现资金紧张的状况，导致公司应收账款回款时间加长，从而占用公司大量营运资金，可能影响公司盈利水平。

报告期内，公司应收账款周转率分别为 1.02、1.08 和 1.17，呈上升趋势，但公司应收账款周转率低于同行业上市公司 2017 年至 2019 年均值 1.52、1.53、1.32。ZFT 认为，这主要系公司主要承接政府投资项目，该类项目工程竣工决算周期较长。

## 5.3.2　证监会公告

中国证券监督管理委员会第十八届发行审核委员会 2019 年第 84 次发审委会议于 2019 年 7 月 18 日召开，现将会议审核情况公告如下：

一、审核结果

深圳市 ZFT 文化建筑建设股份有限公司（首发）未通过。

二、发审委会议提出询问的主要问题

1. 发行人报告期内存在一笔串投标行为被行政处罚。请发行人代表说明：（1）行政处罚的具体事项是否构成重大违法违规行为，发行人是否对招投标行为进行自查，以及落实整改情况；（2）发行人关于招投标相关制度建设，是否完善健全，是否能有效避免违反《招标投标法》相关规定及商业贿赂等情形。请保荐代表人说明核查依据、过程并发表明确核查意见。

2. 报告期，发行人按成本法确认完工进度。请发行人代表说明：（1）采取成本法确认完工百分比的原因及合理性，与若按照工作量法确认完工百分比存在的差异情况，以及按工作量法测算完工进度的依据、过程；（2）成本核算内控制度是否健全有效，报告期内各工程项目的完工百分比的确认依据是否充分合理，成本投入与实际施工进度是否匹配，是否存在虚增完工百分比提前确认收入的情形，部分项目完工百分比与回款进度差异较大的原因；（3）发行人工程项目延期中因客户资金延迟支付、验收流程延迟的主要原因，是否会影响发行人收入的确认和款项的回收，是否存在控制工程进度从而调节收入的情形；（4）发行人收入季节性较强的原因及合理性。请保荐代表人说明核查依据、过程并发表明确核查意见，并对报告期期后对项目材料仓库和实物耗用情况进行现场盘点并倒推期末材料结存的原因及合理性发表明确核查意见。

3. 报告期，发行人综合毛利率高于同行业可比公司。请发行人代表说明：（1）总包项目毛利率显著高于业主项目的商业合理性，与同行业可比公司是否一致，是否符合行业惯例；（2）邀标项目毛利率高于公开招标项目毛利率的原因及合理性；（3）总承包管理模式的具体内容，报告期主要项目涉及的政府财政部门审核确认的专业工程招标控制价格、管理费标准及支付方式，以及对各项目毛利率的具体影响；（4）劳务成本占比较高，是否与同行业公司情况一致，劳务成本发生的真实性、合理性，是否存在通过劳务分包公司调节成本的情形。请保荐代表人说明核查依据、过程并发表明确核查意见。

4. 发行人应收账款余额占比较大，且呈上升趋势。请发行人代表说明：（1）应收账款余额较大以及逐年增加的原因及合理性，坏账准备计提是否充分；（2）报告期内部分前十大客户回款进度较慢的原因，目前最新的回款进展情况，是否存在无法收回的风险；（3）报告期内逾期应收账款账龄较长的原因，逾期账款坏账准备计提是否充分。请保荐代表人说明核查依据、过程并发表明确核查意见。

5. 请发行人代表：（1）结合发行人实际控制人及亲属控制的企业报告期内的经营情况，说明前述关联方是否存在为发行人分担成本、费用的情形；（2）说明 WG 美式股权受让方的资金来源及合理性，是否存在关联方非关联化的情形。请保荐代表人说明核查依据、过程并发表明确核查意见。

### 5.3.3　监管逻辑分析

#### 1. 营业收入"含金量"每况愈下

招股书显示，2014—2016 年以及 2017 年 1—6 月，ZFT 的主营业务收入分别约为 7.29 亿元、6.64 亿元、7.45 亿元和 3.1 亿元，整体金额较大。

稳定健康的现金流循环是企业正常发展的重要保障。ZFT 存在应收账款占比超 7 成，应收账款周转率逐年下降，经营性净现金流连年减少的情况。报告期内，ZFT 的应收账款净额约为 3.36 亿元、4.26 亿元、5.68 亿元、5.56 亿元，占总资产的比例分别为 55%、59.85%、67.66%、70.34%，占比逐年上升，至 2017 年 6 月底，已突破 70%。

上述大额应收账款中，ZFT 定义的"合同期外"的应收账款即为传统观念上逾期的应收账款，其占比在 26% ~ 36%。与此同时，报告期内，ZFT 的平均计提坏账比例为 7.88%、9.21%、9.98%、9.74%，呈逐年上升趋势，说明应收账款的平均账龄有所增长。与此同时，ZFT 的平均计提坏账比例均低于行业均值，报告期内分别低出 1.55 个、1.99 个、2.48 个、2.63 个百分点，差距进一步扩大。

报告期内，ZFT 的应收账款周转率分别为 2.35、1.54、1.36、1.00，呈现连年减少的趋势，说明销售回款能力每况愈下。

与同行业上市公司对比发现，ZFT 的应收账款周转率在报告期内分别高于行业均值 0.59、0.07、0.03、-0.26，同样呈现明显逐年下滑的趋势，至 2017 年 6 月底，已低于可比行业均值。

招股书显示，ZFT 在报告期内的经营活动现金流量分别约为 2 471 万元、495 万元、-510 万元、-1 084 万元。除了明显的连年下滑趋势以外，值得关注的是，2016 年以及 2017 年 1—6 月，ZFT 的经营活动现金流量已经出现负数，并有扩大的迹象。

对此，ZFT 在招股书中仅以"所处行业结算特点导致经营性应收项目和经营性应付项目变动所致"做出相应解释。对于应收账款的激增，ZFT 解释称，工程项目的回款周期较长，尤其是自身客户多为政府或事业单位，决算周期通常需要 2~3 年，甚至 3 年以上。

查阅招股书不难发现，ZFT 的营业收入 91% 以上来自政府类投资项目。报告期内，营业收入整体呈现升高趋势，2017 年 1—6 月，该比例已高达 95.64%。

如此看来，经营业务结构是导致应收账款激增、应收账款周转率下降、经营性净现流减少的原因。针对上述情况，ZFT 在招股书中表示，其会通过制定管理制度、加大催收力度，以及建立预警机制、召开专项会议分析来解决。

然而从现实状况看，ZFT 并没有取得显著效果。

**2. 净利率低于同行**

招股书显示，报告期内，ZFT 的主营业务毛利率分别为 17.32%、18.24%、16.89%、17.91%，整体较为稳定。

四大业务板块中，文化建筑和设备销售安装的毛利率变动趋势与整体变动趋势保持一致，其他建筑和设计业务 2017 年上半年毛利率较 2016 年有所下滑。其中，其他建筑业务 2015 年毛利率仅为 5.59%，异常偏低。

对此，ZFT 在招股书中仅以"各项目毛利率差异较大所致"进行解释。与同行业上市公司相比，ZFT 的毛利率略高于行业均值，且差距呈现拉大趋势，报告期内，ZFT 的毛利率相较于行业均值分别高出 0.05 个、0.52 个、1.14 个、3.4 个百分点。

然而，与毛利率高于同行业上市公司相悖的是，ZFT 的净利率前三年均低于行业均值。报告期内，2014—2016 年，ZFT 的净利率低于行业均值 0.92、1.31、0.03 个百分点，2017 年 1—6 月，ZFT 的净利率高于行业均值 1.32 个百分点。

对于净利率的波动，ZFT 在招股书中的解释为"收入规模偏小，费用摊薄效应低于同行"。

通常期间费用反映一家公司的管理水平和成本控制能力。对于房租、折旧、摊销这些刚性支出而言，摊薄效应比较明显，而工资、差旅费、办公费等弹性支出，与收入在总体上是正相关的关系。ZFT 的销售费用占收入比例明显高于行业均值，2017 年上半年，该数值高出行业均值 3.76 个百分点，为报告期内最高值。

然而，2017 年 1—6 月，租赁费、折旧和摊销等刚性支出为 52.29 万元，仅占销售费用总额 1 687 万元的 3.1%。因此，摊薄效应这一解释值得商榷。

**3. 参股企业只投不管，"大方"认亏**

招股书显示，ZFT 在报告期内参股 ZKS 声学，对其初始投资资金为 100 万元。

ZKS 声学初创期，ZFT 为其垫付房屋租赁及部分装修款项约 28.3 万元，形成了短暂的关联往来。截至 2017 年 6 月 30 日，ZFT 对 ZKS 声学的投资账面价值为 16.96 万元，亏损 83.04%。

值得注意的是，ZFT 在招股书中披露，其并未向 ZKS 声学派遣董事及其他管理人员。

**4. 串标遭处罚，败诉未披露**

招股书显示，2017 年 2 月 13 日，ZFT 受到常州住建局行政处罚，罚款金额逾 6.5 万元，缘由为 ZFT 与深圳 AX 装饰公司和深圳 JZY 公司互相串通投标。该处罚发生在 ZFT 正式向证监会递 IPO 申请的两个半月前。

另外，ZFT 在招股书中披露了 5 起重大诉讼及仲裁。但是天眼查显示，ZFT 还涉嫌多起法律诉讼，但并未在招股书中披露。其中，2014 年 6 月深圳市 KA 中国旅行社诉服务合同纠纷以及 2017 年 8 月苏明 KS 建设工程施工合同纠纷两起案件均由原告撤诉。对于是否涉及庭外和解，ZFT 并未正面回应。

另外，据民事审判书，ZFT 应向供应商东莞 YJ 灯饰有限公司支付拖欠货款逾 105 万元，以及剩余约 5.78 万元及相关利息。

因 ZFT 未履行生效法律文书确定的义务，东莞 YJ 灯饰有限公司已向人民法院申请强制执行。依据执行书，人民法院冻结、划拨 ZFT 的银行存款人民币 1 116 515.08 元及利息。

上述案件涉诉及强制执行金额达 110 多万元。相比 ZFT 已披露的 5 起诉讼及仲裁（1 起诉讼无涉案金额；1 起为 ZFT 获赔 99 万余元；剩余 3 起为 ZFT 赔偿对方 70 万元、36 万元、21 万余元），涉及金额最高，但是在 ZFT 的招股书中对此只字未提。

### 5.3.4  法律规定分析

未在合同约定的期限内完成全部开发建设工作，不愿履行合同的一方是可以申请解除合同的，此时合同目的已不能实现。但是若是由于行政审批的时间长，合同不能按期履行，申请解除合同的一方要承担对方的实际支出损失。人民法院认为，在案涉《合作开发协议书》与《补充合同》被另案生效判决解除以前，ZFT 建筑公司明显未在合同约定的期限内完成全部开发建设工作，而只与少量业主签订了拆迁安置补偿合同，无法形成单一市场主体，更无法以单一市场主体的身份与集体经济组织继受单位进一步签订改造合作协议，XPT 分公司主张解除案涉《合作开发协议书》与《补充合同》，有合同依据与法律依据。但是实际上 XPT 分公司早已单方面向人民法院起诉解除合同，表示不愿履行合同。至合同解除之时，原告完成了涉案项目的审批工作，受益人为 XPT 分公司，故原告为完成行政审批而支出的费用由 XPT 分公司赔偿（包括：设计费 218 200 元、规划费 15 000 元、测量费 80 000 元、服务费 350 000 元、咨询费 403 000 元，共计 1 066 200 元）。人民法院判决 XPT 分公司应向 ZFT 建筑公司、ZFT 地产公司赔偿损失 1 066 200 元。

**1. 合规及内控问题**

发审委提出，发行人报告期内存在一笔串投标行为被行政处罚，要求发行人说明是否属于重大违法违规，及关于招投标相关制度建设及内控是否规范。

《首发办法》规定，发行人及其控股股东、实际控制人最近三年内不得存在损害投资者合法权益和社会公共利益的重大违法行为；发行人内部控制制度健全且被有效执行，能够合理保证公司运行效率、合法合规和财务报告的可靠性，并由注册会计师出具无保留结论的内部控制鉴证报告。

从发审委提出的前述问题来看，发审委对发行人串投标行为被行政处罚事项是否属于重大违法违规存在疑问，对发行人内控制度是否能有效防止串标、行贿、商业贿赂等违法行为存在疑问。

### 2. 收入确认问题

发审委提出，请发行人代表说明采取成本法确认完工百分比的原因及合理性，并提出若按照工作量法确认完工百分比是否存在的差异情况。

一般来讲，建设合同完工进度确认方法有三种：投入衡量法，合同完工进度 = 累计实际发生的合同成本 ÷ 合同预计总成本 × 100%；产出衡量法，合同完工进度 = 已经完成的合同工程量 ÷ 合同预计工程量 × 100%；实地测量法。其中，所谓的投入衡量法也就是成本法，产出衡量法就是发审委提出的工作量法。

《首发办法》规定，发行人会计基础工作规范，财务报表的编制和披露符合企业会计准则和相关信息披露规则的规定，在所有重大方面公允地反映了发行人的财务状况、经营成果和现金流量，并由注册会计师出具了无保留意见的审计报告；发行人内部控制制度健全且被有效执行，能够合理保证公司运行效率、合法合规和财务报告的可靠性，并由注册会计师出具了无保留结论的内部控制鉴证报告。

从发审委提出的前述问题来看，发审委认为发行人的收入确认可以采用成本法来计量，但从审核角度而言，也有必要用工作量法来验证发行人收入的可靠性、真实性。

### 3. 财务真实性问题

发审委提出，请发行人代表说明发行人综合毛利率高于同行业可比公司，邀标项目毛利率高于公开招标项目毛利率，劳务成本占比较高，是否存在通过劳务分包公司调节成本的情形；应收账款余额占比较大且呈上升趋势，报告期内逾期应收账款账龄较长的原因，逾期账款坏账准备计提是否充分。

《首发办法》规定，发行人申报文件中不得有下列情形：（一）故意遗漏或虚构交易、事项或者其他重要信息；（二）滥用会计政策或者会计估计；（三）操纵、伪造或篡改编制财务报表所依据的会计记录或者相关凭证。发行人编制财务报表应以实际发生的交易或者事项为依据；在进行会计确认、计量和报告时应当保持应有的谨慎；对相同或者相似的经济业务，应选用一致的会计政策，不得随意变更。

从发审委提出的前述问题来看，发行人可能存在以下事实或行为：第一，发行人综合毛利率高于同行业可比公司，邀标项目毛利率高于公开招标项目毛利率；第二，劳务成本占比较高；第三，应收账款余额占比较大，且呈上升趋势，逾期应收账款账龄较长。因此，发审委质疑发行人财务报告的真实性，质疑发行人存在操纵财务报表行为。

# 第 6 章
# 成本费用问题

## 6.1　成本费用审核概述

### 6.1.1　成本费用的概念

成本与费用是两个既相互联系又存在重大区别的会计概念。就一般意义而言，成本费用泛指企业在生产经营中所发生的各种资金耗费。就经济实质来看，成本费用是产品价值构成中变动成本与固定成本两部分价值的等价物，用货币形式来表示，也就是企业在产品经营中所耗费的资金的总和。

### 6.1.2　成本费用审核的方法

**1. 成本费用审核的基本方法**

（1）评价有关成本费用的内部控制是否存在、有效且一贯遵守。

（2）获取相关成本费用明细表，复核计算是否正确，并与有关的总账、明细账、会计报表及申报表等核对。

（3）审核成本费用各明细内容的记录、归集是否正确。

（4）对大额业务抽查其收支的配比性，审核有无少计或多计业务支出。

（5）审核会计处理的正确性，注意会计制度与税收规定在成本费用确认上的差异。

**2. 主营业务成本的审核（以工业企业生产成本为例）**

（1）审核明细账与总账、报表（在产品项目）是否相符；审核主营业务收入与主营业务成本等账户及其有关原始凭证，确认企业的经营收入与经营成本口径是否一致。

（2）获取生产成本分析表，分别列示各项主要费用及各产品的单位成本，采用分析性复核方法，将其与预算数、上期数或上年同期数、同行业平均数比较，分析增减变动情况，对有异常变动的情形，查明原因，做出正确处理。

（3）采购成本的审核。

①审核由购货价格、购货费用和税金构成的外购存货的实际成本。

②审核购买、委托加工存货发生的各项应缴税款是否完税并计入存货成本。

③审核直接归于存货实际成本的运输费、保险费、装卸费等采购费用是否符合税法的有关规定。

（4）材料费用的审核。

①审核直接材料耗用数量是否真实。

A. 审核"生产成本"账户借方的有关内容、数据，与对应的材料类账户贷方内容、数据核对，并追查至领料单、退料单和材料费用分配表等凭证资料。

B. 实施截止性测试。抽查决算日前后若干天的领料单、生产记录、成本计算单，结合材料单耗和投入产出比率等资料，审核领用的材料品名、规格、型号、数量是否与耗用的相一致，是否将不属于本期负担的材料费用计入本期生产成本，特别应注意期末大宗领用材料。

②确认材料计价是否正确。

A. 实际成本计价条件下：了解计价方法，抽查材料费用分配表、领料单等凭证，验算发出成本的计算是否正确，计算方法是否遵循了一贯性原则。

B. 计划成本计价条件下：抽查材料成本差异计算表及有关的领料单等凭证，验证材料成本差异率及差异额的计算是否正确。

③确认材料费用分配是否合理。核实材料费用的分配对象是否真实，分配方法是否恰当。

（5）辅助生产费用的审核。

①抽查有关凭证，审核辅助生产费用的归集是否正确。

②审核辅助生产费用是否在各部门之间正确分配，是否按税法的有关规定准确计算该费用的列支金额。

（6）制造费用的审核。

①审核制造费用中的重大数额项目、例外项目是否合理。

②审核当年度部分月份的制造费用明细账，是否存在异常会计事项。

③必要时，应对制造费用实施截止性测试。

④审核制造费用的分配标准是否合理。必要时，应重新测算制造费用分配率，并调整年末在产品与产成品成本。

⑤获取制造费用汇总表，并与生产成本账户进行核对，确认全年制造费用总额。

（7）审核"生产成本""制造费用"明细账借方发生额并与领料单相核对，以确认外购和委托加工收回的应税消费品是否用于连续生产应税消费品，当期用于连续生产的外购消费品的价款及委托加工收回材料的相应税款是否正确。

（8）审核"生产成本""制造费用"的借方红字或非转入产成品的支出项目，并追查至有关的凭证，确认是否将加工、修理修配收入，销售残次品、副产品、边角料等的其他收入直接冲减成本费用而未计收入。

（9）在产品成本的审核。

①审核在产品数量是否真实正确。

②审核在产品计价方法是否适应生产工艺特点，是否坚持一贯性原则。

A. 约当产量法下，审核完工率和投料率及约当产量的计量是否正确。

B. 定额法下，审核在产品负担的料工费定额成本计算是否正确，并将定额成本与实际相比较，差异较大时应予调整。

C. 材料成本法下，审核原材料费用是否在成本中占较大比重。

D. 固定成本法下，审核各月在产品数量是否均衡，年终是否对产品实地盘点并重新计算调整。

E. 定额比例法下，审核各项定额是否合理，定额管理基础工作是否健全。

（10）完工产品成本的审核。

①审核成本计算对象的选择和成本计算方法是否恰当，且体现一贯性原则。

②审核成本项目的设置是否合理，各项费用的归集与分配是否体现受益性原则。

③确认完工产品数量是否真实正确。

④分析主要产品单位成本及构成项目有无异常变动，结合在产品的计价方法，确认完工产品计价是否正确。

（11）审核工业企业以外的其他行业主营业务成本，应参照相关会计制度，按税法的有关规定进行。

**3. 其他业务支出的审核**

（1）审核材料销售成本、代购代销费用、包装物出租成本、相关税金及附加等其他业务支出的核算内容是否正确，并与有关会计账表核对。

（2）审核其他业务支出的会计处理与税务处理的差异，并进行相应处理。

**4. 视同销售成本的审核**

（1）审核视同销售成本是否与按税法规定计算的视同销售收入数据的口径

一致。

（2）审核企业自己生产或委托加工的产品用于在建工程、管理部门、非生产性机构、赞助、集资、广告、样品、职工福利、奖励等，是否按税法规定作为完工产品成本结转销售成本。

（3）审核企业处置非货币性资产用于投资、分配、捐赠、抵偿债务等，是否按税法规定将实际取得的成本结转销售成本。

（4）审核企业对外进行来料加工装配业务节省留归企业的材料，是否按海关审定的完税价格计算销售成本。

**5. 营业外支出的审核**

（1）审核营业外支出是否涉及税收规定不得在税前扣除的项目。重点审核：

①违法经营的罚款和被没收财物的损失；

②各种税收滞纳金、罚金和罚款；

③自然灾害或者意外事故损失的有赔偿部分；

④用于中国境内公益、救济性质以外的捐赠；

⑤各项赞助支出；

⑥与生产经营无关的其他各项支出；

⑦为被担保人承担归还所担保贷款的本息；

⑧计提的固定资产减值准备，无形资产减值准备、在建工程减值准备。

（2）审核营业外支出是否按税法规定准予税前扣除。

①审核固定资产、在建工程、流动资产非正常盘亏、毁损、报废的净损失是否减除责任人赔偿，保险赔偿后的余额是否已经主管税务机关认定。

②审核存货、固定资产、无形资产、长期投资发生永久性或实质性损失，是否已经过主管税务机关认定。

③审核处置固定资产损失、出售无形资产损失、债务重组损失，是否按照税法规定经过税务机关认定审批。

④审核捐赠是否通过民政部门批准成立的非营利性公益组织、社会团体、国家机关进行，捐赠数额是否超过税法规定限额。

⑤审核企业遭受自然灾害或意外事故损失，是否扣除了已经赔偿的部分。

（3）审核大额营业外支出原始凭证是否齐全，是否符合税前扣除规定。

（4）抽查金额较大的营业外支出项目，验证其按税法规定税前扣除的金额。

（5）审核营业外支出是否涉及将自产、委托加工、购买的货物赠送他人等视同销售行为，是否缴纳相关税金。

**6．税收上应确认的其他成本费用的审核**

（1）审核资产评估减值等其他特殊财产损失税前扣除是否已经过主管税务机关认定。

（2）审核其他需要主管税务机关认定的事项。

**7．销售（营业）费用的审核**

（1）分析各月销售（营业）费用与销售收入比例及趋势是否合理，对异常变动的情形，应追踪查明原因。

（2）审核明细表项目的设置，是否符合销售（营业）费用的范围及其有关规定。

（3）审核企业发生的计入销售（营业）费用的佣金，是否符合税法的有关规定。

（4）审核从事商品流通业务的企业购入存货抵达仓库前发生的包装费、运杂费、运输存储过程中的保险费、装卸费、运输途中的合理损耗和入库前的挑选整理费用等购货费用按税法规定计入营业费用后，是否再计入销售费用等科目重复申报扣除。

（5）审核从事邮电等其他业务的企业发生的营业费用已计入营运成本后，是否再计入营业费用等科目重复申报扣除。

（6）审核销售（营业）费用明细账，确认是否剔除应计入材料采购成本的外地运杂费、向购货方收回的代垫费用等。

（7）涉及进行纳税调整事项的费用项目，应按相关的纳税调整事项审核要点进行审核，并将审核出的问题反映在相关的纳税调整事项审核表中。

**8．管理费用的审核**

（1）审核是否把资本性支出项目作为收益性支出项目计入管理费用。

（2）审核企业是否按税法规定列支实际发生的合理的劳动保护支出，并确认计算该项支出金额的准确性。

（3）审核企业是否按税法规定剔除了向其关联企业支付的管理费。

（4）审核计入管理费用的总部经费（公司经费）的具体项目是否符合税法的有关规定，计算的金额是否准确。

（5）审核企业计入管理费用的差旅费、会议费、董事会费是否符合税法的有关规定，有关凭证和证明材料是否齐全。

（6）涉及进行纳税调整事项的费用项目，应按相关的纳税调整事项审核要点进行审核，并将审核中发现的问题反映在相关的纳税调整事项审核表中。

**9. 财务费用的审核**

（1）利息支出的审核参见纳税调整审核中利息支出的审核，并将审核中发现的问题反映在利息支出审核表中。

（2）审核利息收入项目。

①获取利息收入分析表，初步评价计息项目的完整性。

②抽查各银行账户或应收票据的利息通知单，审核其是否将实现的利息收入入账。期前已计提利息，实际收到时，审核是否冲转应收账款。

③复核会计期间截止日应计利息计算表，审核其是否正确将应计利息收入列入本期损益。

（3）审核汇兑损益项目。

①审核记账汇率的使用是否符合税法规定。

②抽样审核日常外汇业务，审核折合记账本位币事项的会计处理的准确性。

③抽查期末（月、季或年）汇兑损益计算书，结合对外币现金、外币银行存款、对外结算的外币债权债务项目，审核计算汇兑损益项目的完整性、折算汇率的正确性、汇兑损益额计算的准确性、汇兑损益会计处理的适当性。

（4）抽查金额较大的手续费或其他筹资费用项目相关的原始凭证，判断该项费用的合理性。

## 6.1.3　成本费用审核的主要关注点

成本费用直接影响企业的利润和毛利率，以及企业的合规性和盈利能力。成本费用审核的主要关注点如下。

在成本方面，应关注企业的成本核算方法是否规范，核算政策是否一致。拟改制上市企业的成本核算往往较为混乱。

对历史遗留问题，一般可采取以下方法处理：对存货采用实地盘点核实数量，用最近购进存货的单价或市场价作为原材料、低值易耗品和包装物等的单价，参考企业的历史成本，结合技术人员的测算作为产成品、在产品、半成品的估计单价。问题解决之后，应立即着手建立健全存货与成本内部控制体系以及成本核算体系。

在费用方面，应关注企业的费用报销流程是否规范，相关管理制度是否健全，票据取得是否合法，有无税务风险。对于成本费用的结构和趋势的波动，应有合理的解释。

在材料采购方面，应关注原材料采购模式，供应商管理制度等相关内部控制制度是否健全，价格形成机制是否规范，采购发票是否规范。

# 6.2 北京 STE 科技公司案例分析

## 6.2.1 案例介绍

北京 STE 科技股份有限公司（以下简称"STE"）是集动物保健品研发、生产、推广应用并提供养殖、用药等技术服务为一体的国家级高新技术产业公司，以天然药物、化学药品、生物制品、检验用标准品为核心产品。

公司自成立以来，始终秉承"崇尚科技、人人共享"的企业精神，不断求索，经过多年的风雨历练，公司发展壮大。STE 现拥有北京 PEL 威达兽药有限公司、EDS（北京）生物科技有限公司、北京 XQ 药业有限公司三个生产工厂及一个科研机构——STE 研究院。一期工程，验收通过"中药提取、口服液、粉散剂、预混剂、小容量注射剂、大容量注射剂、消毒剂"等 12 个 GMP 车间，15条生产线；二期工程 STE 研究院已完工并投入使用；三期工程生物制品项目即将动工，STE 将以更强大的阵营为动物保健行业服务。

STE 主要从事动物保健品的研发、生产和销售，通俗地讲，就是利用中药材生产动物用的中药制剂产品和预混合饲料产品。兽用中药制剂是公司的核心产品，报告期内，该产品收入一直占总营业收入的 50% 以上。

2019 年 6 月 20 日，发审委会议否决了 STE 的首发申请。主要原因在于，发审委对 STE 中药制剂的疗效、财务数据真实性、原材料的控制标准等方面存在诸多疑问。

## 6.2.2 证监会公告

中国证券监督管理委员会第十八届发行审核委员会 2019 年第 61 次发审委会议于 2019 年 6 月 20 日召开，现将会议审核情况公告如下：

一、审核结果

北京 STE 科技股份有限公司（首发）未通过。

二、发审委会议提出询问的主要问题

1. 报告期内，发行人客户集中度较低；同时，销售模式以直销为主，经销为辅。请发行人代表：（1）结合主要产品在牲畜养殖过程中的具体作用、用药成本和效益测算等情况，说明大型养殖企业与中小型养殖户采购发行人产品的原因、必要性及合理性，直销收入的真实性、可持续性；（2）说明大型养殖企业和中小型养殖户对发行人的采购规模与其同期养殖规模的匹配关系，同类品种的养殖客户在采购品种上存在差异的原因及合理性；（3）说明相同产品向大型养殖企业和中小型养殖户销售单价差异较大的原因及合理性；同类产品销售给直销客户和经销客户的单价差异较大的原因及合理性；（4）说明各期末主要经销商的库存及终端销售情况，报告期内经销收入的真实性、合理性；（5）说明 2016 年、2017 年第三方回款比例较高的原因及合理性，是否符合行业惯例，相关交易是否真实、可验证，2018 年大幅降低第三方回款的主要措施及有效性，相关内控制度是否健全并有效执行。请保荐代表人说明核查依据、过程，并发表明确核查意见。

2. 报告期内，发行人毛利率逐期下滑。请发行人代表：（1）结合产品结构、定价机制、价格及成本波动情况，说明主要产品毛利率变动的原因及合理性，与同行业可比公司同类产品毛利率情况是否一致；（2）说明部分产品（例如 0.1% 水产用复合预混合饲料）销售给大型养殖企业的单价低于中小型养殖户，但销售给大型养殖企业的毛利率高于中小型养殖户的原因及合理性；（3）结合 2019 年 1 季度情况，说明主要产品毛利率是否呈下滑趋势，对发行人持续盈利能力的影响。请保荐代表人说明核查依据、过程，并发表明确核查意见。

3. 请发行人代表：（1）结合报告期内推广费用的明细构成，说明推广费用发生的真实性、合理性，国际旅行社作为推广会服务商的原因及合理性，是否存在实际交易与开票内容不符的情况；（2）结合同行业可比公司、北京地区拟上市企业的平均工资水平，说明发行人目前董事、监事、高管、员工人均薪酬水平的合理性，是否可持续，是否存在通过压缩人工成本、费用等方式调节利润的情形。请保荐代表人说明核查依据、过程，并发表明确核查意见。

4. 发行人原材料供应商数量较多，且集中度不高，部分供应商为个人、农村合作社等主体。请发行人代表说明：（1）报告期内主要原材料采购价格的确定依据，采购价格及变动与同期市场价格及变动趋势是否一致，价格是否公允；（2）供应商销售原材料是否具备相关业务资质，发行人对原材料质量控制的具体措施，相关内控制度是否健全并有效执行；（3）向个人、农村合作社等供应商采购过程中的开票、结算、支付、物流等具体情况，采购交易的规范性、真实性和可验证性。请保荐代表人说明核查依据、过程，并发表明确核查意见。

### 6.2.3 监管逻辑分析

#### 1. 销售费用率高于同行近两成

STE 与同行业可比公司销售费用率情况如表 6-1 所示。

表 6-1　　　　　　STE 与同行业可比公司销售费用率情况

| 公司名称 | 2016 年度 | 2015 年度 |
| --- | --- | --- |
| ZMGF | 12.24% | 10.20% |
| PRSW | 20.59% | 25.53% |
| PLK | 22.47% | 22.46% |
| 行业平均 | 18.43% | 19.40% |
| STE | 35.26% | 33.04% |

数据来源：STE 招股说明书、时代商学院。

报告期内，STE 的销售费用分别为 7 978.41 万元、9 225.81 万元、12 332.33 万元及 2 936.26 万元，占营业收入的比例分别为 39.74%、33.04%、35.26% 及 34.35%。由此可见，该公司销售费用整体规模较大。

对此 STE 解释称，这主要是由销售模式决定的。一方面，其直面用户端的销售方式决定了较大规模的销售人员队伍和较大的销售人员薪酬支出和差旅支出；另一方面，要使养殖客户接受兽用中药的防治理念，公司需要采取集中推广的方式进行产品推广。

不过，对比同行业上市公司的销售费用率可以发现，STE 的销售费用率较高，前者同期销售费用率均值分别为 23.76%、19.40%、18.43%、18.14%，较后者分别低出 15.98 个、13.64 个、16.83 个及 16.21 个百分点。

近两年来，该公司的推广费占销售费用的比例最大。报告期内，发行人的推广费分别为 1 782.03 万元、2 435.89 万元、4 633.75 万元和 1 165.99 万元，而同期其实现的净利润分别为 -1 535.41 万元、2 357.53 万元、3 210.15 万元和 825.36 万元。

#### 2. 盈利能力存疑

STE 招股书显示，2014 年至 2016 年及 2017 年一季度，该公司实现营业收入分别为 2 亿元、2.79 亿元、3.5 亿元及 0.85 亿元，实现净利润分别为 -0.15 亿元、0.24 亿元、0.32 亿元及 0.08 亿元，整体呈平稳增长趋势。

但是，这样的盈利水平对于冲击上市并不占优势。

**3．三成以上资产为应收账款**

报告期各期末，该公司应收账款净额分别为 1.06 亿元、1.26 亿元、1.45 亿元及 1.59 亿元，占资产总额的比例分别为 31.52%、32.50%、33.59% 及 30.92%，余额相对较大，其中账龄在 1 年以内的应收账款余额占全部应收账款余额的比例分别为 70.38%、70.57%、73.75% 及 76.13%。

招股书解释称，由于公司下游行业为禽、畜、水产等养殖客户，部分客户规模较小，应收账款客户较为分散，因而存在应收账款回收风险。另外，该公司称由于下游养殖行业近年来不景气，所以经营困难，流动资金紧张，回款减慢。

**4．毛利率畸高**

表 6 - 2 所示为 STE 与同行业可比公司毛利率情况。

表 6 - 2　　　　　STE 与同行业可比公司毛利率情况

| 公司名称 | 2017 年度 | 2016 年度 | 2015 年度 |
|---|---|---|---|
| ZMGF | 28.19% | 29.35% | 25.88% |
| PRSW | 53.01% | 57.35% | 58.73% |
| PLK | 68.33% | 71.28% | 72.72% |
| 行业平均 | 49.84% | 52.66% | 52.44% |
| STE | 64.42% | 66.64% | 62.54% |

数据来源：STE 招股说明书、时代商学院。

2015 年至 2017 年，公司实现的营业收入分别为 2.79 亿元、3.50 亿元、4.35 亿元，对应的净利润分别为 0.24 亿元、0.32 亿元、0.59 亿元，营业收入和净利润均呈现稳步增长之势。不过，在 2014 年，公司实现营业收入 2.01 亿元，净利润却亏损 0.15 亿元，扣除非经常性损益后的净利润为 - 0.21 亿元。STE 在 2015 年能够扭亏为盈，令人有些意外。

报告期，兽用中药贡献的营业收入分别为 1.70 亿元、2.26 亿元、2.69 亿元，占主营业收入的比例为 65.81%、64.59%、63.40%。

同期，其毛利率分别为 69.97%、72.24%、69.65%，远高于其他产品毛利率。因此，公司综合毛利率在报告期内超过 60%，均超过同期同业可比上市公司毛利率均值。

报告期内毛利率畸高，STE 可能存在业绩造假问题。

**5．产品认可度低**

STE 的主要产品为兽用中药，与市面上常见的兽用化学药、生物药不同，其最大特点是天然健康。"STE 以维护食品安全为己任，产品坚持以天然植物为基础原料，避免药物残留，从而提高动物源性食品安全性，促进人类健康。"这是 STE 的自我介绍。

在我国的兽药市场中，化学药占最大比例，包括各类抗生素、抗寄生虫药、消毒药，其次是生物药，即各类疫苗，而兽用中药占比较少。这源于化学药主要预防及治疗动物疾病，见效快。相反，兽用中药药性较慢。

兽用中药见效慢，难以快速抑制急性传染兽病。例如，禽流感和猪流感都具有快速传染、致死率高的特征。这类疾病一旦暴发，不仅会对养殖户造成巨大的经济损失，还具有传染人的风险。面对快速暴发的疾病，兽用中药难以立即解决问题，还是需要依靠化学药和生物药。

## 6.2.4 法律规定分析

### 1. 非法占用农用地

招股书显示，STE 部分生产基地位于北京昌平王庄工业园，其向昌平王庄工业园租赁土地并自建厂房进行生产，该工业园所在地的土地性质为一般农用地。之后，公司解除了昌平厂区土地的租赁协议，将昌平厂区的生产基地全部搬迁至内蒙古太仆寺旗及大兴厂区。

公司解释，STE 入驻王庄工业园区时，已有一家生产企业入驻，公司因此认为该土地的使用符合当地政策，公司无主观故意行为。不过，除了生产基地在王庄工业园，早在 2014 年，STE 的办公总部也在王庄工业园，占地 8 万平方米，建筑面积为 5 万多平方米。此外，公司实际控制人江某生、薛某梅承诺，若上述行为受罚，将以连带责任方式全额补偿 STE 可能产生的处罚、赔偿及其他一切损失。

未经土地主管部门审批同意，未办理用地手续，企业将农用地用于非农建设，修建办公楼、厂房等，属于非法占用农用地行为。如果非法占用的农用地是基本农田，达到 5 亩以上，或非法占用基本农田以外的耕地 10 亩以上，构成非法占用农用地罪。

### 2. 违规生产

报告期内，STE 液体和固体预混合饲料均未进行建设项目备案，也没有经环保部门批复和验收，存在违规生产行为。公司停止在北京全部的预混合饲料生产。2017 年 8 月，STE（内蒙古）取得了预混合饲料生产的全部合法手续，STE 将预混合饲料转移到内蒙古太仆寺旗由 STE（内蒙古）进行生产。

### 3. 不实申报

根据中华人民共和国首都机场海关 2014 年 1 月 28 日出具的行政处罚决定书：2013 年 11 月 29 日，STE 委托 JLDT 物流有限公司以一般贸易方式向海关申报进口货物一票，申报货物为压力机，申报税号为 9026209090。该票货物经海关布控查验发现，实际货物为接种注射装置，应归入 90183100 项下，税率为 8%，因此构成申报不实漏缴税款的违规事实。中华人民共和国首都机场海关根据《中华人民共和国海关行政处罚实施条例》第十五条（四）的规定，决定对 STE 罚款 2 200 元。同时，STE 子公司 ACZ、XQ 药业等也存在未按规定申报纳税等违反税收征管法行为。

# 6.3 中船重工 HGKJ 公司案例分析

## 6.3.1 案例介绍

中船重工 HGKJ 股份有限公司（以下简称"HGKJ"）成立于 2000 年 6 月 15 日，法定代表人为张某忠。HGKJ 由河北 HGZG 有限责任公司、中船重工 KJTZ 发展有限公司、ZGKXY 化学研究所等六家股东单位共同发起设立，主营业务为多功能数码复合机、安全增强复印机，以及复印机、打印机用消耗材料 OPC 鼓和墨粉。HGKJ 经营范围包括：光电材料及关联产品的研发、生产、销售，有机光导鼓、墨粉、鼓粉盒及零部件的研发、生产、销售；复印机、打印机、传真机、多功能一体机及其消耗材料和零部件的研发、生产、销售；精密设备相关业务；技术咨询服务；货物及技术进出口业务（国家限定公司经营和禁止进出口的商品及技术除外）；进料加工和"三来一补"业务。HGKJ 对外投资 1 家公司。

2016 年，HGKJ 因成为创业板 IPO 首家被否企业而备受关注。当时，发审委围绕 HGKJ 的客户情况、关联交易、资金往来及纳税情况等四方面进行了询问。2018 年，HGKJ 重启 IPO，2019 年 4 月报送申报稿，同年 9 月便进入预披露更新环节。

## 6.3.2 证监会公告

中国证券监督管理委员会第十八届发行审核委员会 2020 年第 19 次发审委会议于 2020 年 1 月 17 日召开，现将会议审核情况公告如下：

一、审核结果

中船重工 HGKJ 股份有限公司（首发）获通过。

二、发审委会议提出询问的主要问题

1. 发行人于 2017 年向控股股东收购了数码电子事业部及精工事业部资产组，在原业务基础上增加了信息安全复印机及对空军事装备零配件加工业务。请发行人代表说明：（1）控股股东将上述资产注入发行人的原因及合理性，交易价格是否公允，是否依法履行了相关审议及审批程序；（2）已注入资产与发行人现有打印耗材业务的联系与区别，是否与发行人主营业务具有协同效应；（3）发行人前述资产注入后是否符合《首次公开发行股票并在创业板上市管理办法》的相关规定。请保荐代表人说明核查依据、过程，并发表明确的核查意见。

2. 发行人 2018 年及 2019 年 1—6 月营业收入增长率显著高于同行业可比上市公司。请发行人代表说明：（1）电子无纸化趋势对打印耗材市场的影响，发行人最近一年及最近一期营业收入增长率远高于同行业可比公司及行业复合增长率的原因及合理性；（2）主要产品的定价原则，不同模式和渠道客户的定价政策是否一致；直销、经销两种销售模式下同等规模客户相同产品的销售价格是否存在重大差异；（3）发行人向主要客户销售情况是否与主要客户销售规模相匹配；（4）主要贸易商及经销商向发行人采购产品的期末库存情况，与销售周期是否相匹配，是否实现最终销售；（5）发行人与境外客户 S 交易的商业合理性及持续性；S 对发行人 2016 年至 2018 年函证未予回函的原因及合理性；发行人对境外客户日常对账制度的执行情况，各报告期的对账结果及差异原因；相关内部控制是否健全、有效。请保荐代表人说明核查依据、过程，发表明确的核查意见，并详细说明对境外客户 S 未回函情况采取的替代核查程序及其有效性。

3. 发行人主营业务成本主要由墨粉及 OPC 鼓成本构成。请发行人代表：（1）说明发行人主要原材料平均采购单价自 2017 年开始呈下降趋势的原因及合理性，不同供应商同类原材料的定价原则是否存在较大差异；（2）结合墨粉产能及相应固定资产账面增加情况，说明从 2018 年开始墨粉未予外协加工的原因及合理性；（3）说明发行人委托加工量与对应产品产量是否具有合理的匹配关系。请保荐代表人说明核查依据、过程，并发表明确的核查意见。

4. 发行人境外产品销售价格及毛利率均高于境内，贸易商模式下毛利率均高于直销毛利率。请发行人代表：（1）说明境内外客户销售毛利率差异较大的原因及合理性，其中出口产品价格及毛利率与同行业可比公司是否存在显著差异；（2）结合发行人经销商、贸易商和直销客户的定价政策，以及报告期大客户毛利率的变化情况，量化分析大客户毛利率较低的原因及合理性；（3）结合主要产品销售单价、采购单价及产品结构，说明报告期直销客户毛利率低于贸易商的原因及合理性。请保荐代表人说明核查依据、过程，并发表明确的核查意见。

## 6.3.3　监管逻辑分析

### 1. 营业成本逐年走高

HGKJ 存在营业成本逐年走高的压力。

对于制造业企业来说，成本是企业生存的基础，也是企业发展的保障。

HGKJ 营业成本持续走高，远远超过同行。

数据显示，2016—2018 年及 2019 年 1—6 月，HGKJ 营业成本分别约为 4.21 亿元、5.09 亿元、5.47 亿元、3.04 亿元，呈不断增加趋势；表 6-3 所示为 HGKJ 2016—2018 年及 2019 年 1—6 月营业收入及成本情况。

表 6-3　HGKJ 2016—2018 年及 2019 年 1—6 月营业收入及成本情况

单位：元

| 项目 | 2019 年 1—6 月 | 2018 年度 | 2017 年度 | 2016 年度 |
|---|---|---|---|---|
| 营业收入 | 382 949 039.08 | 694 377 299.86 | 639 589 482.27 | 53 310 718.91 |
| 营业成本 | 304 005 407.21 | 546 711 093.52 | 50 845 050.45 | 420 999 731.86 |

来源：招股书。

报告期内，公司销售费用分别为 1 657.86 万元、1 810.65 万元、2 383.12 万元和 1 251.25 万元。公司在招股书中表明，销售费用主要由运输费用和销售人员的薪酬组成，运输费用和职工薪酬占销售费用总额的比例分别为 94.42%、96.24%、91.38%、94.83%。报告期内，职工薪酬分别为 216.01 万元、275.77 万元、323.43 万元和 177.23 万元，其中，2016—2018 年职工薪酬逐年增长。同期，运输费用也持续走高，分别为 1 349.31 万元、1 466.87 万元和 1 854.19 万元，2019 年 1—6 月运输费用为 1 009.29 万元。针对上述情况，HGKJ 称主要系公司产品的销售数量逐年增加所致。

但是，HGKJ 运输费用及占比与同行相差悬殊。2016—2018 年及 2019 年 1—6 月，HGKJ 运输费用分别为 1 349.31 万元、1 466.87 万元、1 854.19 万元以及 1 009.29 万元，占销售费用比分别为 81.39%、81.01%、77.81% 及

80.66%，占比均在 80% 左右。对比同行业可比公司运输费用水平来看，HGKJ 可比公司为 HJKJ、DLGF 及 BTL，3 家可比公司运输费用均值在 2016—2018 年及 2019 年 1—6 月分别为 804.02 万元、951.25 万元、908.76 万元和 554.69 万元，远低于 HGKJ 同期运输费用水平。表 6-4 所示为 HGKJ 可比公司运输费用水平。

表 6-4　　　　　　　　　HGKJ 可比公司运输费用水平　　　　　　单位：万元

| 项目 | 2019 年 1—6 月 | | 2018 年度 | | 2017 年度 | | 2016 年度 | |
|---|---|---|---|---|---|---|---|---|
| | 金额 | 占销售费用比例 | 金额 | 占销售费用比例 | 金额 | 占销售费用比例 | 金额 | 占销售费用比例 |
| HJKJ | — | — | 619.10 | 53.54% | 591.62 | 52.85% | 452.08 | 49.30% |
| DLGF | 554.69 | 16.21% | 1 918.44 | 26.20% | 2 107.20 | 30.15% | 1 832.76 | 33.03% |
| BTL | — | — | 188.75 | 65.47% | 154.92 | 45.94% | 127.22 | 32.28% |
| 可比公司平均值 | 554.69 | 16.21% | 908.76 | 48.40% | 951.25 | 42.98% | 804.02 | 38.20% |
| HGKJ | 1 009.29 | 80.66% | 1 854.19 | 77.81% | 1 466.87 | 81.01% | 1 349.31 | 81.39% |

来源：招股书。

HGKJ 解释，报告期各期，公司运输费占销售费用的比例高于同行业可比公司，主要由于公司地处河北省邯郸市，而同行业可比公司 HJKJ 主要在江苏省苏州市、DLGF 主要在湖北省武汉市、BTL 主要在湖北省武汉市，公司距离珠海等沿海地区较同行业可比公司更远，运输费用相对更高；公司费用管理较为严格，公司销售费用中除运输费外，工资薪金、差旅费用、广告宣传费等较低，因此运输费占销售费用的比例较高。

**2. 主要原材料采购金额真假难辨**

树脂和磁粉采购与库存数量勾稽关系难以构建。

招股书显示，树脂和磁粉是墨粉的核心生产原料。而且，招股书在"直接材料构成情况"中披露，2016—2018 年及 2019 年上半年，HGKJ 采购树脂的数量分别为 8 041.45 吨、8 953.69 吨、10 392.39 吨和 7 199.06 吨，采购磁粉的数量分别为 4 427 吨、6 448.66 吨、6 033.35 吨和 4 123 吨。

报告期内，公司采购树脂的金额、数量、单价以及与墨粉产量的关系如表 6-5 所示。

表 6-5　　　　HGKJ 采购树脂情况以及与墨粉产量的关系

| 项目 | 2019 年 1—6 月 | 2018 年度 | 2017 年度 | 2016 年度 |
|---|---|---|---|---|
| 采购金额（万元） | 11 381.72 | 16 258.46 | 14 549.75 | 12 279.26 |
| 采购数量（吨） | 7 199.06 | 10 392.39 | 8 953.69 | 8 041.45 |
| 采购单价（元/千克） | 15.81 | 15.64 | 16.25 | 15.27 |
| 墨粉产量（吨） | 10 231.01 | 18 461.78 | 14 977.57 | 12 182.31 |

报告期内，公司采购磁粉的金额、数量、单价以及与粉墨产量的关系如表 6-6 所示。

表 6-6　　　　HGKJ 采购磁粉情况以及与墨粉产量的关系

| 项目 | 2019 年 1—6 月 | 2018 年度 | 2017 年度 | 2016 年度 |
|---|---|---|---|---|
| 采购金额（万元） | 4 964.09 | 7 365.51 | 9 402.15 | 6 242.07 |
| 采购数量（吨） | 4 123.00 | 6 033.35 | 6 448.66 | 4 427.00 |
| 采购单价（元/千克） | 12.04 | 12.21 | 14.58 | 14.10 |
| 墨粉产量（吨） | 10 231.01 | 18 461.78 | 14 977.57 | 12 182.31 |

同时，招股书在"单位营业成本构成情况"中披露了 2016—2018 年及 2019 年 1—6 月 HGKJ 的树脂领用数量及磁粉领用数量（见表 6-7）。

表 6-7　　　　　　　　HGKJ 主要原材料领用情况　　　　　　单位：万元

| 项目 | 2019 年 1—6 月 | | 2018 年度 | | 2017 年度 | | 2016 年度 | |
|---|---|---|---|---|---|---|---|---|
| | 金额 | 占比（%） | 金额 | 占比（%） | 金额 | 占比（%） | 金额 | 占比（%） |
| 树脂领用数量 | 6 428.19 | 64.23 | 10 295.66 | 62.42 | 8 777.57 | 59.96 | 7 419.83 | 62.21 |
| 磁粉领用数量 | 3 580.56 | 35.77 | 6 199.28 | 37.58 | 5 862.12 | 40.04 | 4 507.25 | 37.79 |
| 合计 | 10 008.75 | 100.00 | 16 494.94 | 100.00 | 14 639.69 | 100.00 | 11 927.08 | 100.00 |

招股书在"存货"中披露了 2016—2018 年及 2019 年 1—6 月主要原材料的期末金额和数量（见表 6-8）。

表 6-8　　　　　　　　HGKJ 原材料的主要构成情况

| 项目 | 2019 年 6 月 30 日 | | 2018 年 12 月 31 日 | | 2017 年 12 月 31 日 | | 2016 年 12 月 31 日 | |
|---|---|---|---|---|---|---|---|---|
| | 金额（万元） | 数量 | 金额（万元） | 数量 | 金额（万元） | 数量 | 金额（万元） | 数量 |
| 原材料 | 6 033.74 | — | 4 067.76 | — | 4 006.74 | — | 2 679.56 | — |
| 树脂（吨） | 1 840.67 | 1 001.81 | 913.05 | 517.74 | 1 377.12 | 708.71 | 1 172.28 | 618.95 |
| 其中：1 年以内 | 1 537.49 | 865.86 | 852.09 | 476.08 | 1 318.77 | 693.34 | 1 148.47 | 618.77 |

| 项目 | 2019 年 6 月 30 日 | | 2018 年 12 月 31 日 | | 2017 年 12 月 31 日 | | 2016 年 12 月 31 日 | |
|---|---|---|---|---|---|---|---|---|
| | 金额（万元） | 数量 | 金额（万元） | 数量 | 金额（万元） | 数量 | 金额（万元） | 数量 |
| 1~2 年 | 262.25 | 106.28 | 60.96 | 41.66 | 58.35 | 15.37 | 23.81 | 0.18 |
| 2~3 年 | 40.93 | 29.68 | — | — | — | — | — | — |
| 磁粉（吨） | 1 083.01 | 801.22 | 415.34 | 332.35 | 910.43 | 679.39 | 355.19 | 238.56 |
| 其中：1 年以内 | 979.41 | 715.21 | 328.99 | 272.38 | 884.31 | 664.25 | 355.19 | 238.56 |
| 1~2 年 | 68.73 | 51.12 | 77.60 | 54.89 | 26.31 | 15.14 | — | — |
| 2~3 年 | 34.86 | 34.89 | 8.75 | 5.07 | — | — | — | — |
| 铝基管（万件） | 228.73 | 228.37 | 144.67 | 100.86 | 178.82 | 114.95 | 89.77 | 63.52 |
| 其中：1 年以内 | 211.73 | 222.10 | 138.29 | 99.89 | 169.61 | 113.92 | 80.01 | 62.51 |
| 1~2 年 | 17.00 | 6.26 | — | — | 3.21 | 1.03 | 9.76 | 1.02 |
| 2~3 年 | — | — | 6.38 | 0.97 | — | — | — | — |
| 齿轮（万套） | 229.49 | 457.03 | 265.26 | 552.50 | 231.38 | 473.11 | 153.91 | 352.44 |
| 其中：1 年以内 | 191.54 | 355.87 | 241.79 | 530.42 | 178.95 | 430.63 | 110.71 | 274.32 |
| 1~2 年 | 37.95 | 101.16 | 23.47 | 52.43 | 52.43 | 42.48 | 43.20 | 51.11 |

据表 6-8 可计算出 2017—2018 年及 2019 年 1—6 月，树脂的净增加量分别为 89.76 吨、−190.97 吨和 484.07 吨，磁粉的净增加量分别为 440.83 吨、−347.04 吨和 468.87 吨。

## 6.3.4 法律规定分析

**知识产权风险**

公司所处行业具有较高的技术和知识产权壁垒，公司产品墨粉、OPC 鼓生产制造的技术门槛较高，行业内企业特别是国际知名企业为独占或垄断部分市场，不断加强对自身知识产权的保护，以限制其他厂商效仿或生产替代产品。

公司经过自主研发、集成创新，发展成为国内墨粉盒 OPC 鼓生产制造行业的龙头企业，公司墨粉、OPC 鼓产品均在国内外市场大量销售。虽然公司至今未被其他厂商提起知识产权相关的诉讼，但未来不排除可能会面临被其他厂商提起知识产权诉讼的风险。

# 6.4　江苏 LDHB 公司案例分析

## 6.4.1　案例介绍

江苏 LDHB 股份有限公司（以下简称"LDHB"）于 1997 年 9 月 15 日在江苏省泰州工商行政管理局登记成立，法定代表人为武某章，公司经营范围包括电除尘器、布袋除尘器、电布袋除尘器、化工机械等。公司主要从事电除尘器、布袋除尘器、电布袋除尘器以及脱硫脱硝设备的研发、制造、销售业务。公司除尘器及脱硫设备的销售、服务收入占到公司主营业务收入的 90% 以上，为主要盈利来源。

2018 年 2 月 6 日，LDHB（首发）未通过，保荐机构为 ZS 证券。

## 6.4.2　证监会公告

中国证券监督管理委员会第十七届发行审核委员会 2018 年第 31 次发审委会议于 2018 年 2 月 6 日召开，现将会议审核情况公告如下：

一、审核结果

江苏 LDHB 股份有限公司（首发）未通过。

二、发审委会议提出询问的主要问题

1. 招股说明书披露，发行人生产的脱硫设备采用离子液脱硫，属于国内领先的脱硫技术，发行人 2011 年 7 月与成都 HX 签订《合作协议》合作开拓脱硫业务，相关收入占当期全部脱硫收入的比例分别为 76.35%、24.48% 及 35.74%。请发行人代表说明：（1）与成都 HX 合作的背景及原因，合作协议的可持续性，如合作协议终止，是否有足够的应对措施，是否会对生产经营和财务状况造成重大不利影响，是否存在影响持续盈利能力的不利情形；（2）核心技术是否具备完整性和独立性，对成都 HX 是否构成重大依赖；（3）与成都 HX 是否存在关联关系或其他利益安排。请保荐代表人说明核查方法、依据，并发表明确核查意见。

2. 发行人报告期前五大客户销售收入占比较高，其中对第一大客户的收入占比维持 20% 以上。销售费用率低于同行业可比公司。请发行人代表：（1）结合报告期内主要客户的收入占比、在手订单情况，说明是否存在客户集中度较高的风险；（2）说明对第一大客户是否存在重大依赖；（3）说明销售费用率低于同行业可比公司的合理性，是否存在调节销售费用、关联方承担销售费用等情形。请保荐代表人说明核查方法、依据，并发表明确核查意见。

3. 发行人脱硫业务毛利率高于同行业可比上市公司，各期波动较大。请发行人代表：（1）说明各期跨期项目收入的毛利率变化情况及其原因；（2）结合定价机制、主要项目毛利率等情况，说明毛利率变动原因；（3）结合应用领域、技术研发及应用等情况，说明毛利率高于同行业可比公司的原因及合理性。请保荐代表人说明核查方法、依据，并发表明确核查意见。

4. 发行人需要安装的除尘设备在验收后确认，不需要安装的交付即确认；脱硫业务收入确认按完工百分比法确认收入，工程进度按实际发生成本占预计成本的比重确定。除尘设备和脱硫业务在合同付款条件和进度部分并无重大差异。请发行人代表说明：除尘业务和脱硫业务采取不同收入确认会计政策的合理性及依据，不同收入确认会计政策对财务数据影响，是否存在调节利润情形。请保荐代表人说明核查方法、依据，并发表明确核查意见。

5. 发行人共有 25 名技术研发人员。请发行人代表结合发行人员工构成，说明其业务所适用技术是否处于行业领先技术，前景如何，如何保障后续研发能力。请保荐代表人说明核查方法、依据，并发表明确核查意见。

## 6.4.3 监管逻辑分析

**1. 核心技术的完整性和独立性存疑，对合作伙伴过度依赖**

发行人与成都 HXHG 科技股份有限公司及成都 YZKJ 有限责任公司（统称"成都 HX"）开展合作，由其提供脱硫项目的设计、专利及技术服务以及项目所需的溶液分布器、脱盐设备、离子液等材料。报告期内，发行人与成都 HX 合作的脱硫项目收入占当期全部脱硫收入的比例分别为 100%、76.35%、24.48% 及 35.39%。发行人与成都 HX 签订的尚未履行完毕的商务合同的合同金额为 1 887.00 万元，对应的脱硫项目合作金额为 11 268.00 万元。一旦成都 HX 终止与发行人合作，将会影响发行人脱硫业务的开拓。

为此，证监会对此表现出了关注，在对其招股说明书的反馈和审核中多次提及 LDHB 和成都 HX 的合作事宜，要求做出相应的解释。

**2. 客户过于集中，过度依赖大客户**

招股说明书披露，2014 年度、2015 年度、2016 年度及 2017 年 1—9 月，发行人来自前五名客户的销售额占营业收入的比重分别为 55.69%、65.14%、47.57% 及 64.13%。其中，第一大客户的收入占比分别为 24.01%、21.64%、

28.91%及25.34%。发行人来自主要客户的销售额占营业收入的比重相对较高，存在客户相对集中的风险。一旦来自主要客户的收入大幅下降，则会影响发行人盈利的稳定性，存在业绩波动的风险。

发审委审核意见如下。

发行人报告期前五大客户销售收入占比较高，其中对第一大客户的收入占比维持20%以上。销售费用率低于同行业可比公司。请发行人代表：（1）结合报告期内主要客户的收入占比、在手订单情况，说明是否存在客户集中度较高的风险；（2）说明对第一大客户是否存在重大依赖。

**3. 毛利率偏高且波动较大，应收账款不断增长**

招股说明书披露，报告期内，公司脱硫业务的毛利率分别为48.02%、40.94%、35.74%及35.69%，绝对值高于可比上市公司，且波动较可比公司大。下面有详细介绍。另外，公司的销售费用率低于同行业，发审委对此也存疑。

同时，报告期内，随着销售收入的增长，发行人应收账款也快速增长，报告期各期末，发行人应收账款净额分别为12 552.64万元、13 907.35万元、12 420.57万元和14 783.72万元，占总资产比例分别为36.65%、38.79%、33.21%和36.53%，比例较高。这意味着发行人的近四成资产是应收账款，若在未来经营发展中部分客户信用不佳或者财务状况出现恶化导致支付困难而拖延支付发行人应收款项或赖账，将给发行人带来应收账款无法及时收回或无法全部收回的风险。

发审委审核意见如下。

发行人脱硫业务毛利率高于同行业可比上市公司，各期波动较大。请发行人代表：（1）说明各期跨期项目收入的毛利率变化情况及其原因；（2）结合定价机制、主要项目毛利率等情况，说明毛利率变动原因；（3）结合应用领域、技术研发及应用等情况，说明毛利率高于同行业可比公司的原因及合理性；请保荐代表人说明核查方法、依据，并发表明确核查意见。

**4. 收入确认方法存疑**

发行人需要安装的除尘设备在验收后确认，不需要安装的交付即确认；脱硫业务收入确认按完工百分比法确认收入，工程进度按实际发生成本占预计成本的比重确定。除尘设备和脱硫业务在合同付款条件和进度部分并无重大差异。下面有详细介绍。

发行人认为，除尘设备业务与脱硫业务具有显著的差异，公司除尘项目一般合同金额较小，一台除尘设备一般合同金额在220万元左右，安装速度较快，

2~4 个月基本能够完工，而报告期内脱硫项目的平均合同价在 2 500 万元左右，整个设计生产安装周期平均需 6~13 个月。从项目的单价和设计生产安装周期、业务特点以及与客户签订的合同协议等方面来看，两者具有显著的差异，故公司对除尘设备采用安装完工交付取得验收单后确认收入，对脱硫业务目采用建造合同法确认收入。

发审委审核意见如下。

发行人需要安装的除尘设备在验收后确认，不需要安装的交付即确认；脱硫业务收入确认按完工百分比法确认收入，工程进度按实际发生成本占预计成本的比重确定。除尘设备和脱硫业务在合同付款条件和进度部分并无重大差异。请发行人代表说明：除尘业务和脱硫业务采取不同收入确认会计政策的合理性及依据，不同收入确认会计政策对财务数据影响，是否存在调节利润情形。请保荐代表人说明核查方法、依据，并发表明确核查意见。

**5. 技术研发能力与公司发展不相匹配**

招股说明书披露，发行人进入快速发展期，营业收入和资产规模迅速扩张，但目前发行人只有 25 名技术研发人员，与发行人发展不相匹配，存在技术研发人员不足的问题。

发审委审核意见如下。

发行人共有 25 名技术研发人员。请发行人代表结合发行人员工构成，说明其业务所适用技术是否处于行业领先技术，前景如何，如何保障后续研发能力。请保荐代表人说明核查方法、依据，并发表明确核查意见。

# 6.5　浙江 HD 新型材料案例分析

## 6.5.1　案例介绍

浙江 HD 新型材料股份有限公司（以下简称"HD 新材"）于 2003 年 7 月 25 日在杭州市市场监督管理局登记成立。法定代表人为邵某祥，公司经营范围包括许可经营项目：制造镀锌钢带、冷轧钢板、精密冷硬薄板等。HD 新材控股股东为 HD 集团，截至 2019 年 10 月 18 日，HD 集团持有公司 2.27 亿股股份，持股比例为 76.88%；HD 新材实际控制人为邵某祥、邵某龙兄弟二人。截至 2019 年 10 月 18 日，二人共同持有 HD 集团 100% 股权，其中，邵某祥持有 HD 集团 70% 的股权，邵某龙持有 HD 集团 30% 股权；同时，邵某祥持有 HD 新材 1 549 万股股份，持股比例为 5.25% , 邵某龙持有 HD 新材 664 万股股份, 持股比例为 2.25% 。

证监会第十八届发行审核委员会 2020 年第 78 次发审委会议召开, 审核结果显示, HD 新材首发获通过。HD 新材此次发行的保荐机构为 HT 证券, 保荐代表人为钮某、金某。

## 6.5.2　证监会公告

中国证券监督管理委员会第十八届发行审核委员会 2020 年第 78 次发审委会议于 2020 年 5 月 21 日召开, 现将会议审核情况公告如下:

一、审核结果

浙江 HD 新型材料股份有限公司（首发）获通过。

二、发审委会议提出询问的主要问题

1. 报告期内发行人出口销售占比较大, 出口受到部分国家 "反倾销" "反补贴" 调查。请发行人代表说明:（1）发行人获得配额的程序、方式, 获得配额是否合法合规, 是否存在商业贿赂或不正当竞争;（2）发行人目前优惠税率是否具有可持续性;（3）外销市场的反倾销措施是否会对发行人的销量和售价产生不良影响, 发行人能否转嫁相关成本, 毛利率是否存在大幅下降的风险;（4）目前境外新冠疫情蔓延对发行人出口业务的具体影响, 是否存在订单取消或者无法执行的情况, 未来订单是否具有持续性, 是否对发行人生产经营产生重大不利影响, 发行人拟采取的应对措施。请保荐代表人说明核查依据、过程, 并发表明确核查意见。

2. 报告期内, 发行人向前 5 名客户的销售占比较高, 前五大客户变动较大。请发行人代表说明:（1）发行人前五大客户变动较大的原因及合理性, 客户是否具有可持续性及稳定性;（2）贸易型客户前五大客户报告期销售占比波动较大的原因, 贸易型客户采购发行人产品后的终端销售情况; 终端客户未向发行人直接采购的原因, 终端客户采购的数量及金额是否与其自身规模相匹配;（3）宁波 ZT 供应链 2019 年成为发行人前五大客户的原因及合理性, 发行人对其信用政策优于其他客户的原因, 该客户是否实现了最终销售;（4）杭州富源 HCG 有限公司报告期内销售金额持续增加的原因及合理性, 是否存在其他利益安排。请保荐代表人说明核查依据、过程, 并发表明确核查意见。

3. 发行人主要原材料为热轧板, 供应商集中度较高。请发行人代表说明:（1）主要供应商报告期内变动较大的原因及合理性;（2）发行人与浙江 ZT 采购合作的背景原因、短期内浙江 ZT 成为第一大供应商的原因及合理性;（3）发行人对浙江 ZT 既有采购又有销售的原因及合理性；是否存在利益输送或安排；（4）报告期内发行人通过不同供应商采购同一最终生产商的产品价格存在一定差异的原因及合理性，是否存在利益输送或其他安排。请保荐代表人说明核查依据、过程，并发表明确核查意见。

4. 发行人的销售费用率低于可比公司。请发行人说明：（1）同行业可比公司基本都是需配送至客户指定地点，发行人客户均自提的原因及合理性；（2）2019年发行人外销单位运杂费较 2018 年下降的原因及合理性，与同行业公司变动趋势是否一致；（3）是否存在通过关联方向客户补偿运输费用促进销售的情形。请保荐代表人说明核查依据、过程，并发表明确核查意见。

5. 2018 年 6 月发行人受让 HDCB 25% 股权。请发行人代表说明：（1）严某东入伙 HJTZ 的原因及商业合理性，严某东在发行人申报上市前以账面净资产为作价依据转让 HJTZ 出资份额的原因及合理性；（2）严某东转让其控制的 HDCB 25% 股份以及 HJTZ 19.42% 出资份额的事项，是否存在为规避关联而转为股份代持的情形。请保荐代表人说明核查依据、过程，并发表明确核查意见。

## 6.5.3  监管逻辑分析

### 1. 对供应商高度依赖

招股书披露，2016 年至 2019 年，发行人对于前五大供应商的采购额分别为179 660.17 万元、301 691.02 万元、452 335.36 万元、436 352.04 万元，占采购总额比例分别为 76.66%、82.84%、92.65%、91.70%。

招股书还披露，因下游客户的日需求量存在波动，发行人产能利用率较为饱和，每日的产量较为稳定，在客户订单交货期较集中的时候，存在阶段性产能不足的情况；除合理安排生产计划适当准备常规半成品外，发行人还通过委托外部单位生产来满足短期临时性的需求。

### 2. 大客户兼任加工商

发行人存在大客户兼任委托加工商的情况。

杭州富源 HCG 有限公司（以下简称"富源 HCG"）是发行人 2016 年、2017 年内销第二大客户，2018 年、2019 年内销第一大客户，报告期内向发行人购入热镀锌铝板和冷轧板，发行人对其销售额分别为 13 750.20 万元、31 437.88 万元、43 222.87 万元、55 871.42 万元。而富源 HCG 也是发行人2017 年至 2019 年委托加工商，三年中，委托加工量达 7 682.65 吨，累计金额为 93.91 万元。

江苏 TT 金属材料有限公司（以下简称"TTJC"）是发行人 2017 年内销第五大客户、2018 年内销第三大客户，向发行人购入热镀锌铝板和冷轧板，发行人对其销售额分别为 16 487.13 万元、28 625.14 万元。而 TTJC 也是发行人 2018 年委托加工商，委托加工量为 45.68 吨，金额为 3.54 万元。

### 3. 财务数据前后不一致

发行人首次于 2017 年披露了招股书，于 2019 年二次申报又重新披露了招股书，但对比发现两份招股书存在数据不一致的情形。2017 年招股书披露，2016 年经营活动产生的现金流量净额为 -1 305.44 万元，营业利润为 14 819.73 万元，而 2019 年招股书则披露上述数据分别为 -530.49 万元、14 723.93 万元，分别相差 774.95 万元、95.8 万元。

同时，2017 年招股书披露，发行人还存在通过子公司 SQ 贸易转贷支付原材料采购款的情况，2014 年至 2016 年三年转贷累计金额高达 6.79 亿元。但对于 2016 年的转贷金额，两次披露的数据也不同。2017 年招股书披露 2016 年的转贷金额为 14 296.35 万元，但 2019 年招股书披露该数据为 6 097.16 万元，缩减了 8 199.19 万元。

另外，发行人与供应商披露的数据也出现冲突。招股书显示，发行人 2017 年第一供应商为 XMJF 股份有限公司，当年对其采购额为 149 975.6 万元，占比 41.18%，但在 XMJF 股份有限公司 2017 年的年报中，前五客户数据与此不符，而与其相近的第二大客户的销售数据为 150 542.71 万元，双方披露也存在 567.11 万元的差异。

## 6.5.4　法律规定分析

### 1. 多家委托商违反环保要求

发行人的多家委托加工商频频受到处罚。

TTJC 2016 年两次因不正常运行废气处理设施，被南京市溧水区环境保护局要求改正违法行为并共计处罚 12 万元；2017 年，因产生含挥发性有机物废气的生产和服务活动，未按照规定安装、使用污染防治设施，经责令整改拒不改正，被南京市溧水区环境保护局责令立即改正违法行为并罚款 6 万元。

杭州 FYHT 金属制品有限公司是发行人 2017 年委托加工商。2016 年因生产过程产生的废油抹布、手套等危险废物未按危废处置要求管理，随意丢弃在一般固废收集点并对固废进行焚烧，被杭州市富阳区环境保护局罚款 31 000 元。2017 年因在清洗乳化液储存回用池时，未按规定处理清池废水，用水泵、水管将储存回用池残乳化液（约 400 千克）混合清池废水直接抽入厂雨水井，最终排入大源震龙浦，被杭州市环境保护局富阳区环保分局罚款 10 万元。

浙江 XJOT 彩板有限公司是发行人 2016 年委托加工商。2017 年，该公司其他场所与居住场所设置在同一建筑物内不符合消防技术标准，被杭州市公安消防支队富阳区大队责令改正并处罚 5 000 元；同年，《检测报告》显示，所抽样品因镀层重量项目不符合标准要求被富阳区市场监管局处罚。

**2. 控股公司改制过程涉嫌违规**

值得注意的是，发行人控股股东 HD 集团是邵某根、邵某龙、邵某祥 1999 年以经评估杭州富阳 HD 通信电缆厂净资产出资设立，1992 年 10 月 5 日在富阳县（1994 年撤县建市，2014 年撤市设区）工商行政管理局注册成立，企业性质为集体（村办），法定代表人为邵某根。2015 年 11 月 20 日，富阳区人民政府出具《关于浙江 HD 集团有限公司及其前身历史沿革及集体企业"摘帽"过程的确认函》进行了确认：杭州富阳 HD 通信电缆厂虽曾因历史原因被登记为"集体（村办）"性质，但实际无集体出资，系"戴帽子"的集体企业，即登记注册为集体企业但实际为邵某根等自然人投资设立并经营的民营企业；杭州富阳 HD 通信电缆厂由集体所有制企业脱钩为合伙企业已经得到当时的主管部门富阳市富阳镇工业交通办公室的批准，并被工商部门认可及办理了工商登记手续。杭州富阳 HD 通信电缆厂脱钩过程合法有效，不存在纠纷及潜在纠纷。

不过，控股股东 HD 集团系"戴帽子"的集体企业，其改制过程是否需取得省级人民政府的确认这一问题，有待考量。

**3. 控股股东违规担保**

控股股东为涉及重大诉讼企业提供巨额担保。在发行人的授信合同中，有一项是由浙江 FH 通信集团有限公司（以下简称"FH 集团"）、浙江 LX 房地产保证，发行人机器设备抵押，发行人存货质押的，授信总额度为 1.35 亿元。发行人的控股股东 HD 集团对 FH 集团及其关联企业的银行债务提供的担保总额高达 3 115 亿元。而 FH 集团被公告出来的诉讼事项有十几项，判决文书多达 56 个，开庭公告有 12 个。

**4. 存在安全隐患**

除环保问题外，发行人还曾因安全事故被罚 20 万元。2016 年 4 月 18 日，发行人一名尚未取得操作证书的员工在冷轧车间协助进行轧硬卷脱钩过程中，起重机吊具（辅助装置，约 1 吨）脱出轧硬卷造成的晃动碰撞该员工身体，导致其受伤，经医院抢救无效死亡。同年 8 月，发行人被处以行政处罚及罚款 20 万元。

# 第 7 章
# 存货问题

## 7.1 存货审核概述

生产制造企业中，存货管理是企业日常经营管理的一项重要工作。企业对存货的管理直接影响其期末利润等财务指标。对于拟 IPO 企业来说，存货问题处理不当，将成为影响 IPO 进程的实质性障碍。

存货是指企业在日常活动中持有以备出售的产成品或商品、处在生产过程中的在产品、在生产过程或提供劳务过程中耗用的材料或物料等，包括各类材料、在产品、半成品、产成品或库存商品以及包装物、低值易耗品、委托加工物资等。

一般情况下，企业的存货包括下列三种类型的有形资产。

（1）在正常经营过程中存储以备出售的存货。这是指企业正常经营过程中处于待销状态的各种物品，如工业企业的库存产成品及商品流通企业的库存商品。

（2）为了最终出售正处于生产过程中的存货。这是指企业为了最终出售但目前处于生产加工过程中的各种物品，如工业企业的在产品、自制半成品以及委托加工物资等。

（3）为了生产供销售的商品或提供服务以备消耗的存货。这是指企业为生产产品或提供劳务耗用而储备的各种原材料、燃料、包装物、低值易耗品等。

### 7.1.1 存货关键词

#### 1. 存货减值

存货虽然已按成本入账，但存货进入企业后可能发生毁损、陈旧、价格下跌等情况。资产负债表日，存货应按照成本与可变现净值孰低计量。

## 2. 存货跌价准备

存货跌价准备是指在中期期末或年度终了，如由于存货遭受毁损、全部或部分陈旧过时或销售价格低于成本等，存货成本不可以收回的部分，应按单个存货项目的成本高于其可变现净值的差额提取准备金，并计入存货跌价损失。简单地说，存货跌价准备就是由于存货的可变现净值低于其成本，而对降低部分所做的一种稳健处理。

在会计核算过程中，存货的范围比较宽，包括在途物资、原材料、包装物、在产品、低值易耗品、库存商品、产成品、委托加工物资、委托代销商品、分期收款发出商品等。存货是否需要计提跌价准备，取决于存货所有权是否属于本企业、存货是否处于加工或使用状态。

凡是所有权不属于本公司的存货，不需要计提存货跌价准备，如受托代销商品；需要经过加工的材料存货，在正常生产经营过程中，应当以所生产的产成品的估计售价减去至完工时估计将要发生的成本、估计的销售费用和相关税费后的金额，确定其可变现净值，若账面价值高于可变现净值，应当计提存货跌价准备。

## 3. 存货周转率

存货周转率又名库存周转率，是企业一定时期营业成本（销货成本）与平均存货余额的比率。其用于反映存货的周转速度，即存货的流动性及存货资金占用量是否合理，促使企业在保证生产经营连续性的同时，提高资金的使用效率，增强企业的短期偿债能力。存货周转率是对流动资产周转率的补充说明，是衡量企业投入生产、存货管理水平、销售收回能力的综合性指标。

存货周转率是衡量和评价企业购入存货、投入生产、销售收回等各环节管理状况的综合性指标。存货周转率还叫存货周转次数，用时间表示的存货周转率是存货周转天数。

存货周转率是企业营运能力分析的重要指标之一，在企业管理决策中被广泛地使用。存货周转率不仅可以用来衡量企业生产经营各环节中的存货运营效率，而且还被用来评价企业的经营业绩，反映企业的绩效。

存货周转率是对流动资产周转率的补充说明，通过存货周转率的计算与分析，可以测定企业一定时期内存货资产的周转速度，是反映企业购、产、销平衡效率的一种尺度。存货周转率越高，表明企业存货资产变现能力越强，存货及占用在存货上的资金周转速度越快。

存货周转率指标的好坏反映企业存货管理水平的高低，它影响到企业的短期偿债能力，是企业管理的一项重要内容。一般来讲，存货周转速度越快，存货的占用水平越低，流动性越强，存货转换为现金或应收账款的速度越快。因此，提高存货周转率可以提高企业的变现能力。

### 7.1.2 IPO 审核重点

IPO 审核中对企业存货的关注点有以下几个方面：

（1）是否存在供应商关联虚假采购原材料以及对某一供应商的重大依赖；

（2）存货盘点是否账实相符；

（3）料工费与同行业可比公司是否存在差异；

（4）发出商品结转时间是否合理，是否存在提前或延后结转情况；

（5）生产型企业在生产过程中对废料的处理情况，是否完整入账；

（6）存货是否存在跌价迹象，存货跌价准备计提金额是否准确，存货跌价准备转回是否合理；

（7）存货在采购、入库、在产品结转、出库等各环节的原始单据记载是否齐全、准确；

（8）金额、数量、时间是否准确，是否有相关人员签字审批，是否严格执行存货内部控制制度中的流程。

## 7.2 GKHT 医疗公司案例分析

### 7.2.1 案例介绍

GKHT（北京）医疗科技股份有限公司（以下简称"GKHT"）成立于2013年2月，隶属于中科院国资委下属 DFKY 控股集团有限公司，总部位于北京亦庄经济技术开发区。

公司主要从事高值医用耗材的分销，并在分销过程中提供仓储、物流、配送、渠道管理以及信息管理等专业服务。传统上，我国高值医用耗材的销售主要采用多级经销商模式，效率较低。公司作为高值医用耗材专业分销商，依托自身专业服务，整合行业上下游资源，提高高值医用耗材流通过程的规模化、透明化和专业化水平，进而实现行业交易效率的提升。

公司主营业务收入包括经销业务收入和直销业务收入，具体情况如表7-1所示。

表 7 - 1　　　　　　　　　公司主营业务收入情况　　　　　　单位：万元

| 项目 | 2017 年 | | 2016 年 | | 2015 年 | |
|---|---|---|---|---|---|---|
| | 金额 | 占比（%） | 金额 | 占比（%） | 金额 | 占比（%） |
| 经销模式 | 216 085.42 | 98.77 | 153 094.22 | 98.12 | 94 544.76 | 97.41 |
| 其中：批发 | 153 455.56 | 70.14 | 100 107.22 | 64.16 | 57 904.16 | 59.66 |
| 长期寄售 | 16 396.93 | 7.50 | 15 272.98 | 9.79 | 13 995.72 | 14.42 |
| 短期寄售 | 46 232.93 | 21.13 | 37 714.02 | 24.17 | 22 644.88 | 23.33 |
| 直销模式 | 2 684.97 | 1.23 | 2 927.78 | 1.88 | 2 504.33 | 2.58 |
| 合计 | 218 770.39 | 100.00 | 156 022.00 | 100.00 | 97 049.09 | 100.00 |

公司实现的经营现金流情况如表 7 - 2 所示。

表 7 - 2　　　　　　　公司实现的经营现金流情况　　　　　　单位：万元

| 项目 | 2017 年 | 2016 年 | 2015 年 |
|---|---|---|---|
| 经营活动产生的现金流量净额 | - 27 061.63 | - 25 311.83 | - 27 485.09 |
| 投资活动产生的现金流量净额 | - 1 670.53 | - 667.45 | - 226.75 |
| 筹资活动产生的现金流量净额 | 30 540.05 | 26 107.41 | 25 826.58 |
| 现金及现金等价物净增加额 | 1 807.89 | 128.13 | - 1 885.26 |

## 7.2.2　证监会公告

中国证券监督管理委员会第十七届发行审核委员会 2018 年第 180 次发审委会议于 2018 年 11 月 27 日召开，现将会议审核情况公告如下：

GKHT（北京）医疗科技股份有限公司（首发）未通过。

1. 报告期内发行人主要采用经销模式进行产品销售，部分经销商还存在分销行为。在药品"两票制"政策逐步推进的背景下，部分省市率先开始推行高值医用耗材"两票制"。请发行人代表说明：（1）发行人认为公司作为全国总代理或者境外原厂全国物流平台进行销售，其对经销商的销售行为属于两票制中的第一票，是否符合"两票制"的政策要求，是否属于行业通行理解；（2）发行人对经销商销售的主要产品被认可为属于"第一票"的销售收入、毛利的占比；（3）高值医用耗材"两票制"的逐步实施对发行人销售模式变化等方面的影响，对销售费用率、毛利率的影响，是否属于《首发办法》有关"公司的经营模式、产品或服务的品种结构已经或者将发生重大变化，并对公司的持续盈利能力构成重大不利影响"的情形，是否构成本次发行上市的实质性障碍；（4）直销模式下部分业务直接向医院开票销售但仍向原二级经销商支付服务费的原因及合理性，是否存在涉嫌商业贿赂或不正当竞争等情形，发行人是否建立了防范商业贿赂及不正当竞争的内控制度。请保荐代表人说明核查依据、过程并发表明确核查意见。

2. 报告期各期末发行人存货账面价值金额较大，且呈逐年上升趋势，存货跌价准备计提金额较小。账龄在 6 个月以内的应收账款和账龄 1 年以内的其他应收款不计提坏账准备。请发行人代表：（1）说明骨科植入材料库存余额较大且库龄较长的原因；（2）说明报告期骨科植入材料的销售单价、采购单价变动情况，单价大幅下降的主要原因及其合理性；（3）结合各类主要产品的库龄、价格变动情况说明存货跌价准备计提的依据，是否充分，是否符合企业会计准则的相关规定；（4）说明报告期存货周转率逐年降低，且低于同行业可比公司，资产负债率高于同行业可比公司，经营活动现金流净额为负数的原因及合理性；（5）说明对应收款项的坏账准备计提政策的合理性，是否符合行业惯例，是否符合企业会计准则的相关规定。请保荐代表人说明核查依据、过程并发表明确核查意见。

3. 发行人的销售以经销为主，经销商数量增长较快。请发行人代表说明：（1）经销商的选取标准，报告期内经销商的增减变化是否合理，是否存在大量个人等非法人实体；（2）经销商是否专门销售发行人产品，经销商的终端销售及期末存货情况；（3）主要经销商、主要的终端客户与发行人是否存在关联关系以及利益安排；经销商和发行人是否存在实质和潜在关联关系；（4）发行人同行业可比上市公司采用经销商模式的情况，发行人通过经销商模式实现的销售比例和毛利是否与同行业可比上市公司存在差异；（5）寄售模式下收入的确认是否符合行业惯例，2017 年末因升级信息系统，在 2017 年末集中上报系统切换期间的销量并确认收入是否合理。请保荐代表人说明核查依据、过程并发表明确核查意见。

4. 发行人的商业模式是一站式分销＋服务，主要竞争优势依赖于主要供应商的分销授权，报告期内发行人向前五大供应商采购占比较高。请发行人代表说明：（1）供应商高度集中是否属于行业惯例，发行人是否对 BSD 科学和 MDL 等个别供应商存在重大依赖；（2）能够长期取得主要供应商分销授权的主要优势，目前的商业模式是否符合行业发展的趋势，加速推进的国产化对发行人的持续盈利能力是否会造成重大不利影响；（3）主要供应商授予发行人为非独家国内授权分销平台、发行人与部分供应商的分销协议为每年签署而非长期协议的原因，对到期或即将到期的协议是否存在无法续约的风险，如果无法续约对发行人生产经营的具体影响。请保荐代表人说明核查依据、过程并发表明确核查意见。

5. 发行人控股股东和实际控制人控制的北京 ZKKY 股份有限公司等 7 家企业的经营范围包含"医疗器械"内容，且部分企业实际从事医疗器械经营。请发行人代表：（1）结合上述企业的历史沿革、资产、人员和主营业务等方面与发行人的关系，说明相关企业与发行人是否构成同业竞争，是否影响发行人的独立性；（2）说明上述企业与发行人业务是否具有替代性和竞争性，是否有利益冲突；（3）说明发行人与关联方之间的资金拆借行为的合理性，利息费用计算的依据及合理性，是否建立有效的措施保护发行人的资金安全；（4）说明发行人及控股股东和实际控制人是否有切实可行的措施防止同业竞争或利益冲突。请保荐代表人说明核查依据、过程并发表明确核查意见。

## 7.2.3 监管逻辑分析

发行人的一些财务数据具体如下。

①发行人报告期内综合毛利率分别为 10.93%、10.23% 和 11.78%，低于可比公司平均水平；同时发行人 20 多亿元的收入只能实现不足 1 亿元的净利润，净利润率不足 5%，说明发行人的行业竞争力一般。

②发行人报告期内经营活动现金流量净额分别为 −27 485.09 万元、−25 311.83 万元和 −27 061.63 万元，经营活动现金流量净额持续为负值。

③发行人报告期内存货净额分别为 7.01 亿元、10.49 亿元和 15.64 亿元，分别占当期流动资产的 82.96%、79.42%、77.53%，占当期资产总额的比重分别为 82.17%、78.64%、76.43%。

④发行人报告期内经销模式收入占比分别为 97.42%、98.12% 和 98.77%，发行人报告期内下游经销商数量分别为 662 家、1 349 家和 1 908 家。

⑤发行人报告期内资产负债率分别为 89.96%、78.78%、83%。

⑥发行人报告期内向前五大供应商采购占比较高，分别占同期采购总额的 92.06%、82.70% 和 79.93%。

在 A 股市场中，存在一批以 JZT 作为代表的医药流通行业上市公司，并且这些公司经营业绩都非常好，且毛利率、净利润率等财务指标也很健康，这也验证了我国医药流通公司具有核心竞争优势。那么，发行人是否属于医药流通公司呢？从公开披露信息来看，发行人既不是生产商也不是经销商，其主要负责仓储物流和信息管理。

**1. 针对问询问题 1**

两票制政策影响的是医药行业的经销模式，也就是要简化医药流通环节，目标是降低虚高药价。

　　发行人既不是医药生产企业也不是经销商，而是中间的连接体。在两票制的情况下，要求药品从出厂到进入医院，只能开具两张发票。其中，生产企业向流通企业开具的发票为第一票，流通企业到医疗机构开具的发票为第二票。从公开披露的信息来看，发行人属于医药流通企业，发行人向经销商的开票已经是第二票而不是第一票，从这个角度来说，发行人的业务模式存在是否合法合规的问题，因为在这种模式下流通环节至少要有三票才能完成。

　　发审会对这个问题进行了重点关注，关注到发行人第一票认定是否有问题，经营模式发生重大变化对持续盈利能力的影响问题，甚至关注到是否符合发行条件的问题。

**2．针对问询问题 2**

　　对于一个医药流通企业或者流通服务环节的企业来说，现金流就是生命线。要保证现金流的稳定和充沛，就要在采购流程和回款节奏上严格控制，显然这一点发行人做得并不好。发行人 2017 年应收账款达 7 000 万元，主营业务收入超过 21 亿元，从下游回款端来看，这一占比还属于可控的范围。但是从上游采购端来看，净利润达 7 000 万元，存货最高达 15 亿元。而且，发行人的经营模式不应该是重资产运营模式，而应是一个快速流转的模式。这也是发行人很多财务指标远远低于同行业可比公司的重要原因。

　　此外，对于会计处理，发行人也没有做到足够审慎。对于应收账款，账期在六个月以内的不计提坏账准备，而账期在半年至一年的计提比例是 1%，这与常规的一年以内计提 5% 的坏账准备差异很大。对于存货，发行人存货金额巨大，如果要计提存货跌价准备那么发行人盈利能力就会大幅变动，因而发行人只能解释因为某种原因不需要计提存货跌价准备。显然，这样的解释不能得到监管机构的认可。

　　招股书披露内容如下。

　　（1）应收账款。

　　报告期各期末，公司应收账款净额分别为 2 759.37 万元、3 504.13 万元和 7 416.34 万元，占流动资产的比例分别为 3.27%、2.65% 和 3.68%。

　　①应收账款余额变动分析。

　　报告期各期末，公司分销售模式的应收账款余额明细情况如表 7-3 所示。

表 7 - 3          公司分销售模式的应收账款余额明细          单位：万元

| 销售模式 | 2017 - 12 - 31 | | 2016 - 12 - 31 | | 2015 - 12 - 31 | |
|---|---|---|---|---|---|---|
| | 金额 | 比例 | 金额 | 比例 | 金额 | 比例 |
| 经销 - 批发 | 812.20 | 10.95% | 405.72 | 11.55% | — | — |
| 经销 - 寄售 | 3 187.80 | 42.97% | 855.07 | 24.35% | 677.68 | 24.48% |
| 直销 | 3 419.15 | 46.08% | 2 251.52 | 64.10% | 2 090.09 | 75.52% |
| 合计 | 7 419.16 | 100.00% | 3 512.32 | 100.00% | 2 767.77 | 100.00% |

②应收账款账龄分析及坏账准备计提。

报告期各期末，公司应收账款的账龄结构如表 7 - 4 所示。

表 7 - 4          公司应收账款的账龄结构          单位：万元

| 账龄 | 2017 - 12 - 31 | | 2016 - 12 - 31 | | 2015 - 12 - 31 | |
|---|---|---|---|---|---|---|
| | 金额 | 比例 | 金额 | 比例 | 金额 | 比例 |
| 半年以内 | 7 137.59 | 96.20% | 2 706.88 | 77.07% | 1 949.38 | 70.43% |
| 半年至 1 年 | 281.57 | 3.80% | 802.32 | 22.84% | 812.90 | 29.37% |
| 1 至 2 年 | — | — | 3.12 | 0.09% | 5.50 | 0.20% |
| 合计 | 7 419.16 | 100.00% | 3 512.32 | 100.00% | 2 767.78 | 100.00% |

公司应收账款计提坏账准备情况如表 7 - 5 所示。

表 7 - 5          公司应收账款计提坏账准备情况          单位：万元

| 账龄 | 2017 - 12 - 31 | | |
|---|---|---|---|
| | 原值 | 坏账准备 | 计提比例 |
| 半年以内 | 7 137.59 | — | — |
| 半年至 1 年 | 281.57 | 2.82 | 1.00% |
| 1 至 2 年 | — | — | — |
| 合计 | 7 419.16 | 2.82 | 0.04% |
| 账龄 | 2016 - 12 - 31 | | |
| | 原值 | 坏账准备 | 计提比例 |
| 半年以内 | 2 706.88 | — | — |
| 半年至 1 年 | 802.32 | 8.02 | 1.00% |
| 1 至 2 年 | 3.12 | 0.16 | 5.00% |
| 合计 | 3 512.32 | 8.18 | 0.23% |
| 半年以内 | 1 949.38 | — | — |
| 半年至 1 年 | 812.90 | 8.13 | 1.00% |
| 1 至 2 年 | 5.50 | 0.27 | 5.00% |
| 合计 | 2 767.78 | 8.40 | 0.30% |

（2）存货。

报告期各期末，公司存货的具体构成如表 7 - 6 所示。

表 7 - 6　　　　　　　　　公司存货的具体构成　　　　　单位：万元

| 项目 | 2017 - 12 - 31 | | 2106 - 12 - 31 | | 2015 - 12 - 31 | |
|---|---|---|---|---|---|---|
| | 金额 | 比例 | 金额 | 比例 | 金额 | 比例 |
| 库存商品 | 156 429.29 | 100.00% | 104 907.58 | 100.00% | 70 064.06 | 100.00% |

公司作为高值医用耗材流通环节的专业分销商，不存在生产加工环节，存货均为来自外购的库存商品。

报告期各期末，公司存货余额分别为 70 064.06 万元、104 907.58 万元和 156 429.29 万元，占流动资产的比重分别为 82.96%、79.42% 和 77.53%，占总资产的比重分别为 82.17%、78.64% 和 76.43%。

报告期内，公司的存货周转率与同行业上市公司对比情况如表 7 - 7 所示。

表 7 - 7　　　公司的存货周转率与同行业上市公司对比情况

| 项目 | JST | JZT | KRYY | 行业平均 | GKHT |
|---|---|---|---|---|---|
| 2017 年 | — | — | — | | 1.48 |
| 2017 年 1—6 月 | 4.80 | 3.21 | 4.34 | 4.12 | 0.79 |
| 2016 年 | 9.20 | 6.20 | 9.64 | 8.35 | 1.57 |
| 2015 年 | 8.86 | 6.35 | 10.00 | 8.40 | 1.83 |

注：截至本招股书签署日，同行业可比上市公司均未公布 2017 年年报。因此，表 7 - 7 保留 2015 年至 2017 年 6 月的比较数据。

截至 2017 年 12 月 31 日，公司存货的有效期分类如表 7 - 8 所示。

表 7 - 8　　　　　　　　　公司存货的有效期分类　　　　　单位：万元

| 有效期 | 1 年内 | 1~2 年内 | 2~5 年内 | 5 年以上 | 合计 |
|---|---|---|---|---|---|
| 金额 | 6 091.06 | 17 488.48 | 33 023.49 | 99 826.26 | 156 429.29 |
| 比例 | 3.89% | 11.18% | 21.11% | 63.82% | 100.00% |

报告期各期末，公司存货跌价准备的余额分别为 140.66 万元、314.48 万元和 343.36 万元。

### 3. 针对问询问题 3

发行人的销售以经销为主，经销比例超过 98%。

招股书披露内容如下。

本公司充分考虑各类高值医用耗材的产品特点、经销商实际情况、生产厂商营销需求等因素，灵活采取经销为主、直销为辅的销售模式。

（1）经销模式。

经销模式指本公司向经销商开展销售行为，经销商直接面向医疗终端的销售模式。经销模式又可分为批发、长期寄售及短期寄售三种细分模式。

①批发模式。

在批发模式下，本公司直接向各经销商进行高值医用耗材产品的买断式销售。批发模式通常用于产品型号分类清晰、用量大的产品。

对本公司和厂商而言，批发模式高效，货物流转环节简单清晰，但各经销商自行备货，耗材未及时在医院耗用，不利于部分紧俏产品和生产工具的统一调配；对整个流通环节而言，批发模式下的存货周转效率较低；对经销商而言，批发模式简化了经销商的签约、授权、下单执行流程，产品的物流也更为快捷灵活。

公司批发模式销售流程如图 7 - 1 所示。

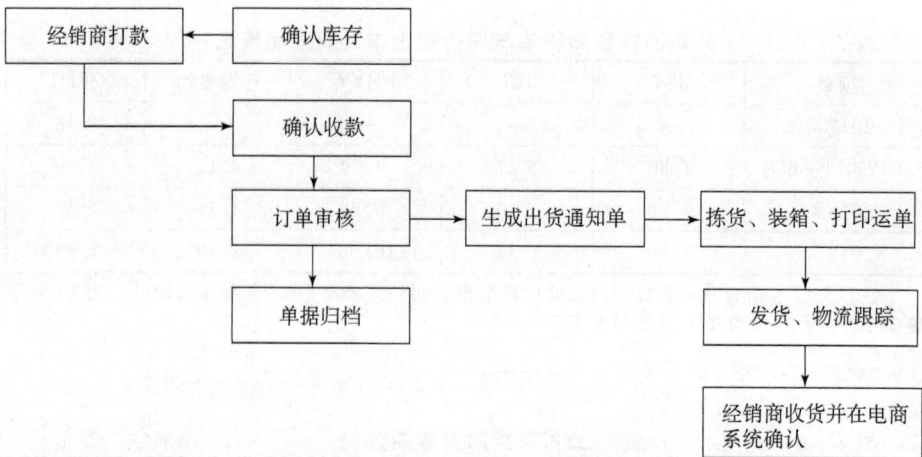

**图 7 - 1　公司批发模式销售流程**

②长期寄售模式。

本公司与经销商或医院协商一致，将高值医用耗材寄存于医院或经销商仓库，医院或经销商根据自身需求，从仓库中随时自行取货使用。经销商向本公司缴纳一定的保证金，并约定销售周期，每完成一个销售周期，经销商就根据消耗情况在系统中向本公司上报销量并由系统生成销售清单，本公司根据销售清单确认收入。

同时，本公司将长期寄售的存货纳入存货管理体系，经销商每月会对本公司寄售的存货进行盘点并向本公司上交盘点表，本公司也会定期到经销商仓库进行盘点。本公司结合经销商库存情况和有效期分析，指导经销商进行补货和开展有计划的存货产品营销，确保存货的流转效率。

与批发模式相比，长期寄售模式显著减小经销商资金占用压力，实现经销商零库存或小库存，帮助小型经销商顺利跨过进入生产厂商销售体系的门槛；对于生产厂商而言，长期寄售模式有助于扩大产品销售渠道，将产品通过小型经销商向偏远地区渗透；对于医院、患者而言，长期寄售模式又满足了快速、及时获取手术用高值医用耗材的需求，有助于患者及时接受治疗。

在长期寄售模式下，公司销售流程如图 7 - 2 所示。

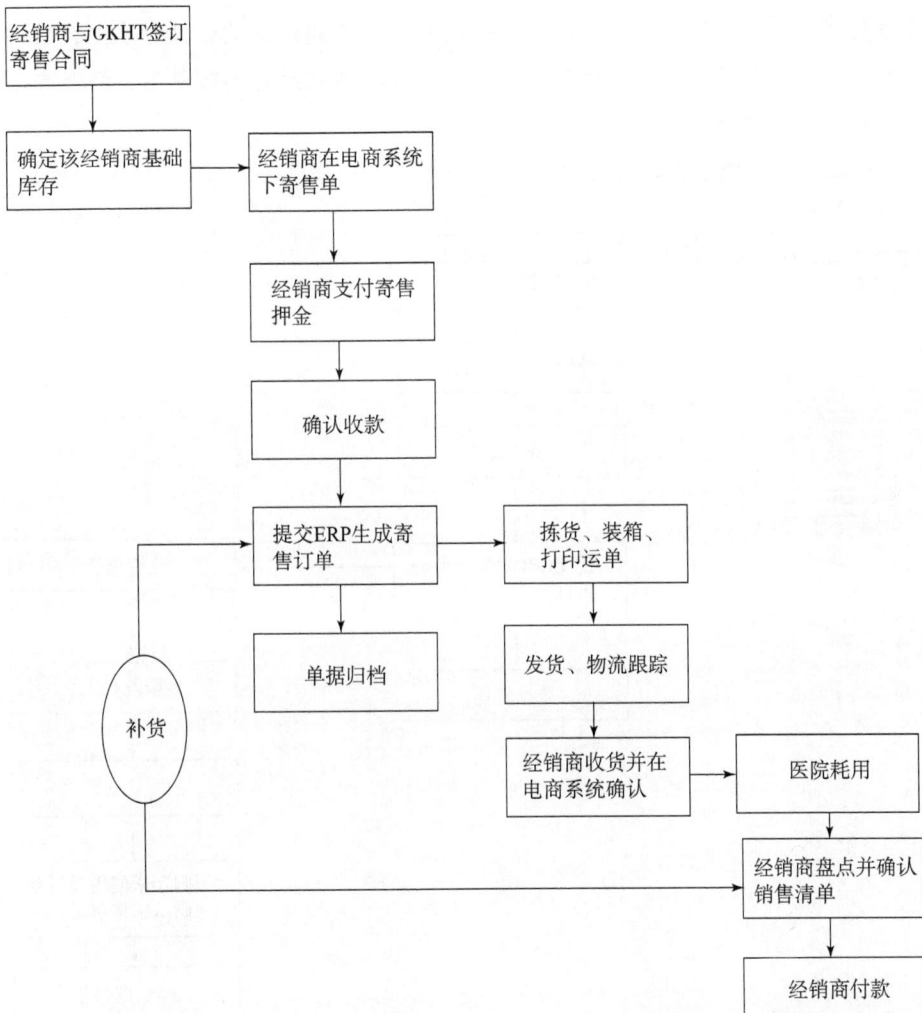

**图 7 - 2　公司长期寄售模式销售流程**

③短期寄售模式。

骨科植入手术具有备用植入产品规格型号较多、需搭配专用骨科工具等特点。因此，骨科植入类耗材及其配套工具体积较大，搭配专业性较强，术后需进行工具和备用品的回收。针对这部分产品，本公司采取短期寄售模式进行销售。

在短期寄售模式下，本公司将骨科植入材料及手术工具存放于各地分子公司仓库。当医院需要进行骨科植入手术时，向经销商发出配送指令。经销商经电商平台向本公司报备后，由本公司工作人员向医院配送相关产品及配套工具。手术完成后，本公司工作人员对手术中所实际耗用的耗材数量进行清点，整理配套工具及未使用的耗材，将其重新入库。经销商核对耗用数量后，经电商平台进行实际销售情况确认。

在短期寄售模式下，公司销售流程如图 7 - 3 所示。

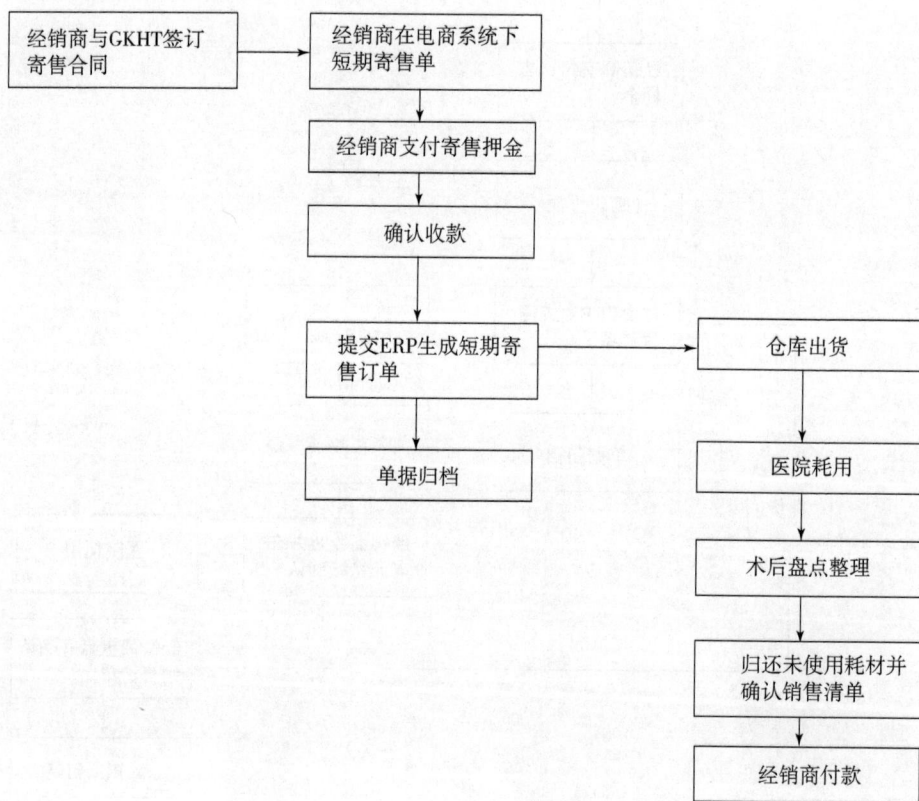

图 7 - 3　公司短期寄售模式销售流程

（2）各销售模式收入占比。

报告期内，公司各类型销售模式情况如表 7 – 9 所示。

表 7 – 9　　　　　　　　公司各类型销售模式情况　　　　　单位：万元

| 项目 | 2017 年 | | 2016 年 | | 2015 年 | |
|---|---|---|---|---|---|---|
| | 金额 | 占比 | 金额 | 占比 | 金额 | 占比 |
| 经销模式 | 216 085.42 | 98.77% | 153 094.22 | 98.12% | 94 544.76 | 97.41% |
| 其中：批发 | 153 455.56 | 70.14% | 100 107.22 | 64.16% | 57 904.16 | 59.66% |
| 长期寄售 | 16 396.93 | 7.50% | 15 272.98 | 9.79% | 13 995.72 | 14.42% |
| 短期寄售 | 46 232.93 | 21.13% | 37 714.02 | 24.17% | 22 644.88 | 23.33% |
| 直销模式 | 2 684.97 | 1.23% | 2 927.78 | 1.88% | 2 504.33 | 2.58% |
| 合计 | 218 770.39 | 100.00% | 156 022.00 | 100.00% | 97 049.09 | 100.00% |

**4. 针对问询问题 4**

发行人的市场竞争地位不高，也跟上游供应商有关系。发行人竞争优势是上游医药生产企业的分销授权，但这样的授权是寄人篱下的，而且授权不是独家授权也不是长期授权。

发审会主要关注的就是发行人是否对个别供应商存在重大依赖以及产品采购是否存在独立性的问题，也关注发行人分销模式是否能够长期持续。

招股书披露内容如下。

（1）采购内容。

报告期内，本公司主要采购的高值医用耗材情况如表 7 – 10 所示。

表 7 – 10　　　　　　　公司主要采购的高值医用耗材情况　　　　单位：万元

| 耗材类别 | 2017 年 | | 2016 年 | | 2015 年 | |
|---|---|---|---|---|---|---|
| | 金额 | 占当期采购额比例 | 金额 | 占当期采购额比例 | 金额 | 占当期采购额比例 |
| 心脏介入产品 | 54 135.86 | 22.11% | 49 356.68 | 28.55% | 39 827.28 | 30.06% |
| 骨科植入材料 | 120 639.74 | 49.26% | 77 519.27 | 44.84% | 49 075.22 | 37.03% |
| 消化介入产品 | 15 179.39 | 6.20% | 17 533.87 | 10.14% | 15 044.04 | 11.35% |
| 外周及肿瘤介入产品 | 14 214.86 | 5.80% | 10 556.52 | 6.11% | 9 140.31 | 6.90% |
| 口腔产品 | 13 181.86 | 5.38% | 4 436.88 | 2.57% | — | — |
| 其他 | 27 550.00 | 11.25% | 13 471.36 | 7.79% | 19 421.62 | 14.66% |
| 合计 | 244 901.71 | 100.00% | 172 874.58 | 100.00% | 132 508.47 | 100.00% |

（2）前五大供应商的采购情况。

报告期内，本公司对前五名供应商的采购情况如表 7 - 11 所示。

表 7 - 11　　　　　　　公司对前五名供应商的采购情况

| 排名 | 供应商名称 | 金额（万元） | 占当期采购总额比例 |
|---|---|---|---|
| 2017 年 | | | |
| 1 | BSD 科学 | 86 457.49 | 35.30% |
| 2 | MDL | 63 376.29 | 25.88% |
| 3 | JMBM | 17 424.77 | 7.12% |
| 4 | SSK | 16 202.51 | 6.62% |
| 5 | BLYL | 12 298.53 | 5.02% |
| 前五大供应商合计 | | 195 759.59 | 79.94% |
| 2016 年 | | | |
| 1 | BSD 科学 | 72 139.08 | 41.73% |
| 2 | MDL | 51 968.12 | 30.06% |
| 3 | JMBM | 7 797.46 | 4.51% |
| 4 | FLKM | 5 717.59 | 3.31% |
| 5 | SLH | 5 344.25 | 3.09% |
| 前五大供应商合计 | | 142 966.50 | 82.70% |
| 2015 年 | | | |
| 1 | BSD 科学 | 61 561.44 | 46.46% |
| 2 | MDL | 41 056.03 | 30.98% |
| 3 | SSK | 9 508.16 | 7.18% |
| 4 | 上海医药 ZXYY 有限公司 | 7 132.26 | 5.38% |
| 5 | WCYL | 2 722.81 | 2.05% |
| 前五大供应商合计 | | 121 980.70 | 92.05% |

## 7.2.4　法律规定分析

随着我国医药卫生体制改革的持续推进，医疗器械价格和质量管理政策陆续出台并日趋严格。同时，"两票制"政策的推行，也将对高值医用耗材流通领域带来深远影响。流通环节的减少使得行业集中度将进一步提高，能否取得终端医院资源将成为衡量流通环节参与者市场竞争力的重要因素。未来公司需要积极顺应政策导向，努力实现企业升级及经营模式创新，若未来公司不能采取有效举措应对行业政策变化所导致的市场环境变化，将可能出现市场份额降低和盈利能力下降等经营与财务风险。

公司公开发行新股，应当符合下列条件：（1）具备健全且运行良好的组织机构；（2）具有持续盈利能力，财务状况良好；（3）最近三年财务会计文件无虚假记载，无其他重大违法行为；（4）经国务院批准的国务院证券监督管理机构规定的其他条件。

公司招股书披露，高值医用耗材的有效期管理有严格要求，过期的耗材不仅要减值，而且必须予以销毁，这将是公司今后经营面临的首要风险。高存货运营模式使公司长期高负债运营，一旦出现存货相关风险，公司的业绩及募投项目收益都难以保证。

作为高值医用耗材流通企业，公司严格遵循《医疗器械监督管理条例》《医疗器械经营监督管理办法》《医疗器械经营质量管理规范》等法律法规要求，结合公司实际生产经营情况，制定了《质量方针和目标管理制度》《经营质量手册》《产品标示与可追溯性管理制度》《质量事故管理制度》等质量控制管理文件并严格执行。若公司在经营中无法满足监管部门对质量管理的要求，或者因仓储物流环节管理不当使得产品出现质量问题，则公司可能受到监管部门的处罚，从而对公司的声誉和经营产生不利影响。

公司制定了严格的合规制度以避免商业贿赂行为，公司亦在经销协议中对经销商约定了反腐败及合规条款，并定期举行合规培训，要求公司员工及经销商遵守相关反腐败及合规政策。但公司仍无法完全避免因员工个人或经销商原因导致的不正当商业行为的情况，进而可能会影响到公司的品牌形象，甚至受到监管部门的处罚，这将对公司的正常经营产生不利影响。

作为医用耗材的分销商，公司将上游供应商确认的返利结转至主营业务成本，将发放给下游经销商的返利计入主营业务收入，两者的差额构成公司的营业利润。公司的供应商返利分为季度返利和特殊返利两大类，给予经销商的返利分为季度或年度返利和特殊返利。公司采用的供应商返利政策、市场环境或公司经营情况发生变化，将导致公司无法获得供应商返利，对公司经营造成不利影响。

# 7.3　福建省 MH 电源公司案例分析

## 7.3.1　案例介绍

福建省 MH 电源股份有限公司（以下简称"MH 电源"）经营范围：生产蓄

电池极板及蓄电池系列产品（不含国家限制、禁止及配额许可证管理品种）；太阳能发电及电力销售；储能设备的设计、制造及安装（不含涉及前置许可项目）；塑胶制品加工、销售；自营和代理各类商品和技术的进出口，但国家限定公司经营或禁止进出口的商品和技术除外（依法须经批准的项目，须相关部门批准后方可开展经营活动）。

公司设立情况：2010 年 11 月 15 日，公司股东会决议将公司整体变更为福建省 MH 电源股份有限公司，以截至 2010 年 10 月 31 日经审计的净资产 254 377 410.60 元，按照 0.503 189 33：1 的比例折为股份公司股本 12 800.00 万元，剩余净资产 126 377 410.60 元计入股份公司的资本公积金。

公司主营业务为研发、生产和销售铅酸蓄电池核心部件极板及成品铅酸蓄电池。公司根据市场的需求，研发和生产出质量一致性水平较高的铅酸蓄电池极板和成品铅酸蓄电池。公司所生产的铅酸蓄电池极板和成品铅酸蓄电池基本覆盖了备用电源、储能和起动等各种用途领域和规格型号。

公司是中国电池工业协会副理事长单位，是铅酸蓄电池用极板、通用阀控式铅酸蓄电池、固定型阀控式铅酸蓄电池等国家标准的起草单位，列入符合工信部发布的《铅蓄电池行业规范条件（2015 年本）》企业名单（第二批），2014 年、2015 年连续被中国轻工业联合会和中国电池工业协会评为"中国轻工业铅酸蓄电池行业十强企业"，2014 年被福建省科技厅评为"福建省科技型企业"，2011 年被中国电池工业协会授予"清洁生产环境友好型企业"称号，在铅酸蓄电池行业内具有一定的知名度和影响力。

## 7.3.2 证监会公告

中国证券监督管理委员会第十七届发行审核委员会 2018 年第 80 次发审委会议于 2018 年 5 月 22 日召开，现将会议审核情况公告如下：

福建省 MH 电源股份有限公司（首发）未通过。

1. 报告期内发行人关联方众多，直接或间接持股 5% 以上股东、董事、监事、高级管理人员、核心技术人员或其关系密切的家庭成员控制、实施重大影响的其他企业达几十家，另外还有 30 家关联方被注销，2 家关联方处于吊销状态。请发行人代表说明：（1）报告期内前述关联方与发行人在人员、资产、技术、业务、财务上是否完全独立；（2）报告期内前述关联方与发行人主要客户、供应商等之间是否存在资金、业务往来，是否存在为发行人分担成本、费用或利益转移的情形。请保荐代表人说明核查方法、过程，并发表明确核查意见。

2. 发行人产品大量使用重金属铅，生产过程中存在铅污染的风险。请发行人代表说明：（1）生产经营中主要排放污染物的排放量是否达标，环保设施实际运行是否正常，有关环保投入、环保设施及日常治污费用是否与生产经营所产生的污染处理量相匹配；（2）是否发生过环保事故，是否存在环保违法违规行为，是否存在需要淘汰的落后产能，2017 年将铅酸蓄电池生产项目卫生防护距离确定为涉铅车间外 300 米范围的原因及合理性；（3）是否存在任何涉及环保的投诉、举报、争议及潜在争议、行政处罚，与周边居民是否存在纠纷及解决情况；（4）2015 年极板与电池的产量均高于 2017 年，但产生铅渣铅粉数量和含铅污泥数量均低于 2017 年，该等数据不匹配的原因及合理性以及相关信息披露的真实性和准确性。请保荐代表人说明核查方法、过程，并发表明确核查意见。

3. 报告期发行人主营业务收入持续增长，电池毛利率逐年上升且与同行业趋势不一致。请发行人代表说明：（1）电池业务毛利率变化趋势的合理性，综合毛利率逐年提高、2017 年综合毛利率变化趋势与同行业可比公司不一致的原因及合理性；（2）工艺改良从初始的决策、试验、实施到最终成熟后测试检验及量产等的过程；该项工艺改良具体技术突破点，是否独有技术，与相关知识产权是否存在对应的关系，改良前后蓄电池极板消耗对比；（3）工艺改良是否获得主要客户的认同，产品品质是否符合客户的相关要求；（4）2016 年、2017 年的单台备用电源电池极板耗用量高于 2015 年度的原因和合理性以及相关信息披露的真实性和准确性。请保荐代表人说明核查方法、过程，并发表明确核查意见。

4. 请发行人代表根据目前电池制造行业中铅酸蓄电池和锂离子电池等新材料电池的发展趋势，说明发行人行业地位及所处行业经营环境是否已经或者将发生重大变化，并对持续盈利能力构成重大不利影响。请保荐代表人说明核查方法、过程，并发表明确核查意见。

5. 报告期各期末，发行人存货账面价值分别为 15 702.88 万元、18 009.77 万元、15 836.90 万元。请发行人代表说明：（1）报告期末存货余额变化的原因及合理性，并结合生产周期等情况说明存货结构是否合理；（2）铅价波动与存货余额的波动是否存在必要联系，原材料存货波动与销售规模变动的匹配性，是否符合行业特点；（3）报告期存货盘点的情况，相关内控制度是否有效执行，存货跌价准备计提是否充分。请保荐代表人说明核查方法、过程，并发表明确核查意见。

### 7.3.3 监管逻辑分析

**1. 针对问询问题 1**

关于关联方多的问题,从公司的角度来考虑,可能出于以下原因:①公司管理者规范意识差;②粉饰业绩。

清理关联方,基本上采取注销方式。但是,在关联方注销之前,监管机构需要对关联方进行详细核查,确认关联方没有什么问题,与发行人也没有不合规交易,然后再注销。

**2. 针对问询问题 2**

发行人的生产经营确实存在铅污染的重大环保问题,其不仅要关注环保设备的运行以及环保投入的常规问题,还要关注生产场所是否要确定 300 米的防护距离等特殊要求。

**3. 针对问询问题 3**

发行人的电池毛利率持续走高,与同行业可比上市公司平均毛利率水平不一致,跟行业的发展趋势也不一致。对于这种差异,发行人做了很多解释,其中很重要的一点是发行人在工艺方面做了改良,从而使得产品品质提高、毛利率上升。基于这个解释,工艺的改良是否有效,是否能够得到客户认可,是否能真正改善毛利率,引起了发审会重点关注。在解释毛利率问题上,若单纯从发行人内部找原因,以技术改进、设备维修、工艺改良等为由,很难得到认可。一方面,这些因素对毛利率的影响应该不会很大;另一方面,这些内部因素通过外部手段很难核查。

另外,发行人的主营业务收入从 2014 年的 10.54 亿元上升到 2016 年的 11.56 亿元,增长近 10%,且 2017 年上半年同比上升近 27%,其综合毛利率和电池业务毛利率也保持持续上升。发行人解释是因为铅价波动,但理论上如果铅价波动,其毛利率应该波动变化,而不是持续上涨,因此解释不合理。发行人声称其工艺改良使得其业绩有了较大提升(影响产品性能和生产成本),但是并未将工艺改良提升业绩的具体逻辑讲清楚,且其 2017 年电池极板成本高于2015 年,不符合提升工艺省成本的逻辑。

发行人主要产品如表 7 - 12 所示。

表7-12 发行人主要产品

| 产品系列 | 产品类别 | 用途 | 产品主要特点 | 主要规格型号 |
|---|---|---|---|---|
| 极板 | 备用电源极板 | 通用型和固定型阀控密封蓄电池 | 1. 工艺性能稳定,一致性好<br>2. 高容量的铅膏配方和固化工艺<br>3. 质量比能量相对较高 | 0.25 ~ 100Ah/单片 |
| | 储能电池极板 | 储能蓄电池 | 1. 具有较好的充电接受能力<br>2. 耐腐蚀板栅设计<br>3. 高性能、长寿命铅膏配方与固化工艺 | 10 ~ 100Ah/单片 |
| | 起动电池极板 | 汽车、摩托车、燃油机起动 | 1. 具有较高的大电流放电能力<br>2. 具有较高的活性物质利用率<br>3. 采用高功率的铅膏配方工艺 | 1.3 ~ 20Ah/单片 |
| 铅酸蓄电池 | 备用电源电池 | 1. 电信系统<br>2. 不间断电源供电系统<br>3. 应急照明与信号系统 | 1. 质量比能量高<br>2. 浮充使用<br>3. 耐充电能力强 | 0.8 ~ 250Ah<br>50 ~ 3 000Ah |
| | 储能电池 | 1. 储存电能<br>2. 调节电压<br>3. 提供瞬间大电流放电 | 1. 耐过充过放<br>2. 深循环放电特性好<br>3. 充/放电效率高<br>4. 自放电低<br>5. 使用寿命长 | 38 ~ 250Ah |
| | 起动电池 | 汽车、摩托车、燃油机起动 | 1. 低温起动性能好<br>2. 大电流放电特性好<br>3. 充电接受能力好 | 3.0 ~ 200Ah |

**4. 针对问询问题4**

首先,铅酸蓄电池铅污染风险较大（用铅成本占比达70%以上）；其次,锂离子电池是铅酸蓄电池的替代品,且目前越来越多地应用于手机、新能源汽车等,因此存在市场风险；最后,铅酸蓄电池整体发展不明,近几年发展后力不足,因此可持续盈利能力存疑。

**5. 针对问询问题5**

发行人存货结构包括原材料、在产品、库存商品、发出商品等,其中在产品占存货余额比例最大（50%左右）,其次是库存商品（30%左右）,最后是原材料和发出商品。铅酸蓄电池的生产周期为35天,销售周期为1个月左右,则发行人的商品理论上应在1个月到1.5个月销售完毕。发行人的主营业务成本平均每月为 7 000 万元 ~ 8 000 万元，则其在产品和产成品成本也应该在这个范围之内，但是发行人在产品和产成品成本基本上在 1.5 亿元左右，因此其存货结构不合理。发行人原材料主要是铅锭和铅钙合金，对于铅价波动和存货余额波动的关系，发行人披露得也不充分。最后，对于存货跌价准备，发行人对原材料没有计提存货跌价准备，且发行人也并没有说明具体原因（即使合理也需要说明具体原因）。

综上所述，MH 电源所处的铅酸蓄电池行业不是先进行业，所以其持续盈利能力受到质疑；此外，MH 电源存在关联交易、高环保风险等问题，还因毛利率异常、存货异常等存在粉饰财务报表嫌疑，所以 IPO 被否决的概率比较大。

## 7.3.4　法律规定分析

### 1. 消费税政策变化的风险

根据财政部、国家税务总局于 2015 年 1 月 26 日联合颁布的《关于对电池涂料征收消费税的通知》（财税〔2015〕16 号），自 2016 年 1 月 1 日起，酸蓄电池按 4% 税率征收消费税。如果未来铅蓄电池消费税税收政策变化且公司未能将税收成本转嫁至下游客户，将对公司的净利润产生不利影响。

### 2. 所得税政策变化的风险

根据《高新技术企业认定管理办法》（国科发火〔2016〕32 号）、《高新技术企业认定管理工作指引》（国科发火〔2016〕195 号），公司于 2016 年被核准为高新技术企业，2016 年至 2018 年，享受 15% 的企业所得税税率优惠政策。如果未来国家税收政策变化或公司未通过高新技术企业认定而不能持续获得该项优惠，将对公司的净利润产生不利影响。

2014 年、2015 年和 2016 年，公司前五名供应商原材料采购额占原材料采购总额的比例分别为 85.92%、87.62% 和 86.37%，供应商集中程度较高，主要原因是：（1）公司主要原材料为铅锭和铅钙合金，相对单一，大规模向同一家供应商采购可以有效降低单位采购价格；（2）与主要供应商建立长期稳定的合作关系可以降低公司在铅价出现大幅波动时货源不足的风险。但是，若主要供应商因产量、价格、环保等原因不再与公司合作，公司存在无法按期向客户交货，甚至影响正常生产经营活动的风险。

# 7.4　河南 LX 科技公司案例分析

## 7.4.1　案例介绍

河南 LX 科技有限责任公司（以下简称"LX 科技"），作为中国铁路列控动态监测系统行业的民营品牌之一，始终致力于铁路列控监测系统及衍生产品的研发、集成、销售、安装及维护业务。LX 科技创立于 2006 年，是我国专业的铁路配套设备、数据服务、解决方案供应商。成立迄今，LX 科技始终以市场需求为导向，致力于为客户提供优质的产品及服务。

多年来，LX 科技以自主创新、服务客户为核心，建立了一流的系统开发、客户服务团队，先后推出了信号动态检测系统、列控设备动态监测系统、动车组司机操控信息分析系统等产品，部分产品已覆盖国家铁路集团有限公司及各局集团有限公司。LX 科技坚持以质量安全为根本，逐步构建起以 IRIS、CMMI、ISO9001 为基础，严格的检验制度为支撑的质量控制体系，将质量控制贯穿研发、采购、生产、检验、销售和服务等各个环节，以严谨的流程保证产品从开发到运用过程的安全可控。

LX 科技主营业务是动车组列控动态监测系统及衍生产品的研发、集成、销售、安装及维护，主要包括列控设备动态监测系统（DMS）、动车组司机操控信息分析系统（EOAS）、高速铁路列控数据信息化管理平台、信号动态检测系统等相关产品的研发、集成、销售与技术支持服务业务。同时，LX 科技也根据客户需求提供其他配套产品及服务。

## 7.4.2　证监会公告

中国证券监督管理委员会第十七届发行审核委员会 2018 年第 21 次发审委会议于 2018 年 1 月 24 日召开，现将会议审核情况公告如下：

河南 LX 科技股份有限公司（首发）未通过。

发审委会议提出询问的主要问题：

1. 赵某州作为 LX 有限第一大股东，自 LX 有限成立至今，一直是 LX 有限及发行人的实际控制人。同时，2013 年 12 月以前，发行人的股权曾存在若干次代持安排。请发行人代表：（1）结合赵某州、张某是铁道部、郑州铁路局工作人员的情况，说明赵某州、张某委托他人持有发行人股权的真实原因及其合理性；（2）说明赵某州及张某作为国有单位工作人员，其持有发行人股权是否符合有关法律、法规及政策的规定，铁道部是否知悉并同意赵某州的投资行为；（3）结合公司业务的发展演变情况，说明发行人业务与赵某州、张某曾任职单位的相关性，赵某州、张某是否利用职务便利给予发行人利益便利，是否存在损害所任职单位利益的情形；（4）说明发行人核心技术的形成、发展过程，发行人现有各项专利权、软件著作权等核心技术的研发人员；（5）结合发行人历史上曾经存在的若干次代持情形，说明认定赵某州自 LX 有限成立至今，一直是 LX 有限及发行人实际控制人的理由是否充分，是否符合相关法律法规的规定，是否存在法律纠纷和潜在纠纷；（6）说明赵某州、张某于 2013 年 10 月对吕某英、赵某奇、王某良提起诉讼，要求恢复实质持股关系的原因及合理性。请保荐代表人说明核查方法、依据，并发表明确核查意见。

2. NCHS 持有发行人 8.28% 的股份，ZC 集团为 NCHS 的第一大出资人。2016 年、2017 年 1—6 月 ZCTS 机车车辆有限公司为当期第一大供应商。请发行人代表说明：（1）NCHS 的内部治理、运营管理机制，以及 NCHS 对发行人的出资情况、决策机制及发行人的公司治理情况，ZC 集团对 LX 科技是否具有重要影响作用，ZC 集团是否为发行人的关联方；（2）未将 ZCTS 认定为关联方的依据和理由，是否符合相关规定的要求；（3）发行人关于关联方及关联交易的披露是否适当、完整。请保荐代表人说明核查方法、依据，并发表明确核查意见。

3. 发行人形成了列控设备动态监测系统、动车组司机操控信息分析系统、高速铁路列控数据信息化管理平台、信号动态检测系统等产品体系。请发行人代表：（1）结合发行人历史沿革、所处行业的基本情况和发展趋势说明发行人的竞争优势和核心竞争力，是否存在影响发行人持续盈利能力的不利因素；（2）由中国铁路总公司采用单一来源方式进行采购的可持续性，以及与同行业上市公司采用不同招投标方式的原因，是否存在可能影响发行人持续盈利能力的不利情形。请保荐代表人说明核查方法、依据，并发表明确核查意见。

4. 发行人存货余额较大，存货周转率呈下降趋势，应收账款余额较大。请发行人代表说明：（1）存货周转率较低且呈下降趋势的原因及合理性，是否符合行业特征；（2）发出商品占比很高、未计提跌价准备的原因及合理性，发出商品的保管责任、相关内部控制制度是否完善并得到有效执行；（3）在招投标或合同签署前先行发货的情形下，收入确认的政策，是否符合会计准则的相关规定和要求；（4）应收账款增幅与营业收入不一致且余额较高的原因，逾期应收账款的比例，期后回款情况，应收账款坏账准备计提是否充分，相关信用政策在报告期内是否发生变化，内部控制制度是否建立并有效执行。请保荐代表人说明核查方法、依据，并发表明确核查意见。

5. SFML 的总投资 1 886 万美元分为境内和境外两部分，其境外部分 800 万美元投入了 LX 开曼，而境内部分 1 086 万美元直接投入了 LX 有限，但 LX 开曼和 LX 有限系不同的主体，请发行人代表说明其将 SFML 对 LX 开曼的投资成本与 LX 有限的投资成本合并计算 SFML 持有的 LX 有限的股权比例的合理性。请保荐代表人说明核查方法、依据，并发表明确核查意见。

## 7.4.3　监管逻辑分析

### 1. 公司成立各股东出资情况

在控制人方面，赵某州为 LX 科技控股股东、实际控制人、创始人之一，2018 年 1 月 24 日持有公司 46.04% 股份，本次发行后赵某州仍为 LX 科技实际控制人。赵某州于 1991 年 4 月任郑州铁路局电务检测所试验员，2012 年 7 月从电务检测所辞职。

2006 年 2 月，赵某川、张某、王某良分别以现金出资 60 万元、20 万元、20 万元设立了 LX 有限，其中赵某川、王某良均为代持股份，实际控制人为赵某州。随后 2006—2013 年，仍存在多次代持及代持变动事项。虽然招股说明书中对代持的合理性做了详细说明，但这仍是被否决的核心原因。

赵某州于 2007 年 11 月指示吕某英（股权代持人）和张某分别从 LX 科技前身 LX 有限借款 240 万元和 80 万元，张某另从 LX 有限借款 80 万元，用以对 LX 科技增资。然而，截至 2010 年 8 月 25 日，相关股东才全部偿还上述增资所借款项。

### 2. 公司经营业务及营收情况

LX 科技在证监会网站披露招股说明书，公司拟在创业板公开发行不超过 2 173.9 万股股份，计划募集资金约 2.28 亿元，投向列控设备动态监测系统平台建设项目、动车组司机操控信息分析系统平台建设项目和列控信息化研发中心。

公开资料显示，LX 科技的主营业务是动车组列控动态监测系统及衍生产品的研发、集成、销售、安装及维护。2014—2016 年及 2017 年 1—6 月，LX 科技实现营业收入 1.29 亿元、2.03 亿元、2.64 亿元和 1.82 亿元，同期净利润为 3 900.29 万元、5 424.92 万元、9 153.76 万元和 5 969.97 万元，主营业务毛利率分别为 60.73%、66.25%、59.61% 和 54.01%。

LX 科技上述报告期内的经营活动现金流量净额分别为 1 337.13 万元、

5 487.61万元、6 540.84 万元和3765.45 万元。LX 科技表示，伴随着生产规模的扩大和销售收入的逐步提升，如未来公司的经营活动现金流量净额持续显著低于净利润，则公司可能需要筹集更多的资金来满足流动资金的需求。如果公司不能通过多渠道及时筹措资金或者应收账款不能及时收回，公司将面临资金短缺的风险。

LX 科技还在招股说明书中提示了应收账款发生坏账损失等一系列财务风险。报告期各期末，LX 科技应收账款账面价值分别为 9 801.18 万元、6 555.16 万元、8 088.52 万元和11 659.44 万元，在流动资产中的占比分别为 34.12%、19.09%、19.60%和26.36%；存货账面价值分别为 8 636.09 万元、10 918.53 万元、12 163.70 万元和11 546.73 万元，占流动资产的比例分别为 30.07%、31.80%、29.48%和26.10%。

**3. 公司交易方案与生产经营**

LX 科技交易方案与生产经营受关注。作为筹划已久的重大资产重组，本次交易的方案设计等内容也受到上交所的关注。LX 科技 49% 和 51% 两次股权转让整体估值的差异，亦是焦点之一。

问询函称，两次收购时间间隔极近，对 LX 科技的整体估值从首次收购 18 亿元，上升至本次交易的 30.06 亿元，差异较大。上交所要求 SWLK 补充披露，两次收购是否构成一揽子交易，以及判断依据，并结合控制权、股份锁定、业绩承诺和奖励等要素，量化说明两次估值差异较大的原因及合理性。

在重大资产重组预案中，SWLK 披露，预计未来 5 年，公司与 LX 科技战略合作产生的协同效益约为 10 亿元。对此，上交所问询函要求其补充披露相关业务研发进展、预计完成时间和市场推广计划。同时，还要求其披露 5 年内实现预测中的规模，以及协同效应的合理性，并进行针对性的提示风险等。除此之外，问询函还就此次重大资产重组预案中所涉及标的公司生产经营和财务信息等内容予以问询，内容包括禁业关键人员范围、存货管理、关联交易、以及委托加工等。上交所要求 SWLK 在 2018 年 6 月 20 日之前，针对上述问题书面回复，并对重大资产重组预案进行相应修改。

LX 科技第二大股东 SFML 目前持股 26.17%，拟在本次发行中公开发售 325 万股股份，故发行、发售成功后，SFML 所持份额将减少为 15.89%。

LX 科技的主营业务为动车组列控动态监测系统及衍生产品的研发、集成、销售、安装及维护，是动车组列控动态监测系统专项技术的持有者，也是多项行业技术条件、标准制定的重要参与者，多年来共取得专利 52 项，截至 2018

年为目前国内仅有的一家 DMS 系统供应商。

该公司为河南省科学技术厅、河南省财政厅等认定的高新技术企业,是河南省工业和信息化厅认定的"双软"企业。

公司净利率超 34%,融资渠道匮乏。根据财务报表数据,2017 年 6 月 30 日 LX 科技资产总计 5.54 亿元,负债为 0.64 亿元,资产负债率较低,仅为 11.55%。2016 年全年营业收入为 2.64 亿元、净利润为 9 153.76 万元,自 2014 年以来连续三年呈增长态势。而 2017 年上半年营业收入为 1.82 亿元、净利润为 5 969.97 万元,可以预期 2017 年仍保持上涨趋势。2014—2016 年,LX 科技的净利率分别为 30.15%、26.73%、34.72%,显示出较强的盈利能力。

根据现金流量表,该公司经营活动现金流量连续三年为正,但持续显著低于净利润,且投资、筹资活动现金流量均为负,显示出该公司股权、债权融资活动均较少;短期借款连续三年为零,无长期借款,而建设固定资产、分配股利等资金需求逐年上升,未来经营活动现金流量或无法满足需求。

招股说明书中指出,公司的竞争劣势之一为融资渠道匮乏,一定程度上限制了公司规模化发展。作为一家以研发创新为主导的高新技术企业,技术的不断创新和新产品的持续研发是公司不断发展的基础。相较于同行业的其他大型企业,公司在资产规模、融资渠道、产品研发投入、测试环境等方面都存在一定差距,一定程度上限制了公司产品的研发生产以及规模化发展。

除此之外,招股说明书显示,该公司 2017 年前五大客户为中国铁路总公司、TH 设计院、HLS 公司、GZTL(集团)公司、ZZ 铁路局,采用"订单式生产,按需采购"的采购方式和"以销定产"的生产模式,因此存货积压可能性较低,但账期的存在或许会降低应收账款周转率。

行业的特殊性使得产品安全性成为 LX 科技的立身之本,也是其经营风险的主要组成部分。一旦因为公司产品质量问题导致铁路行车发生安全责任事故,公司的生产经营、市场声誉、持续盈利能力将受到重大不利影响。此外,客户过于集中的风险、政策风险,也会给 LX 科技带来重大不利影响。

## 7.4.4　法律规定分析

### 1. 铁路管理体制改革的风险

为进一步加快我国铁路发展,国务院采取了一系列改革措施。根据 2013 年 3 月 10 日召开的第十二届全国人民代表大会第一次会议,铁道部改革方案公布,铁道部不再保留,其行政职责并入交通运输部;组建国家铁路局,由交通运输部管理，承担铁道部的其他行政职责；组建中国铁路总公司（现已改制为中国国家铁路集团有限公司），承担铁道部的企业职责。

随着改革的逐步深入，铁路管理体制在投融资体系、建设体系、运营体系、安全管理体系等方面的改革将对我国铁路行车安全监测系统行业产生深远的影响。若未来中国国家铁路集团有限公司、各路局改变现有的车载行车安全设备采购模式，或推迟新造车建设进度、推迟既有车车载行车安全监测设备更新采购安排，则公司经营业绩可能受到不利影响。

此外，如果公司未来不能快速调整经营策略并适应新的铁路管理体制，公司的生产经营将可能面临一定的风险。

**2. 税收优惠政策风险**

报告期内，公司及其子公司在企业所得税、研究开发费用加计扣除、增值税退还税款方面享受了国家的税收优惠政策。

（1）增值税税收优惠。

2012 年度、2013 年度、2014 年度和 2015 年 1—6 月，公司及其子公司享受增值税返还金额分别为 112.95 万元、0.00 万元、643.72 万元和 642.96 万元，占公司各期合并净利润的比例分别为 4.54%、0.00%、16.50% 和 23.87%。

若国家相关政策发生变化，致使公司不能继续享受上述优惠政策将会对公司的经营业绩产生不利影响。

（2）企业所得税税收优惠。

报告期内，公司为高新技术企业，所得税适用税率为 15%；公司之全资子公司河南 LX 软件有限公司为软件生产企业，自获利年度 2014 年开始，享受第一年至第二年免征企业所得税，第三年至第五年按照 25% 的法定税率减半征收企业所得税的政策。

2012 年度、2013 年度、2014 年度和 2015 年 1—6 月公司及其子公司享受的所得税税收优惠总额分别为 319.04 万元、319.80 万元、357.52 万元和 264.96 万元，占当期归属于母公司普通股股东净利润的比重分别为 12.82%、12.35%、9.17% 和 9.84%。

如果未来国家有关软件企业所得税优惠政策发生不利变动，或公司享受所得税优惠期间届满，不能继续享受相关优惠政策，公司的盈利水平将受到一定程度的影响。此外，如果公司在未来不能持续取得高新技术企业资格或国家对高新技术企业的税收优惠政策发生变化，公司经营业绩亦将受到一定程度的影响。

# 7.5　浙江 CH 智能控制公司案例分析

## 7.5.1　案例介绍

浙江 CH 智能控制股份有限公司（以下简称"CH 智控"）基本情况如表 7-13 所示。

表 7-13　　　　　　　　　　　CH 智控基本情况

| 项目 | 具体内容 |
|---|---|
| 名称 | 浙江 CH 智能控制股份有限公司 |
| 经营地址 | 浙江省绍兴市上虞区 CHGY 大道 288 号 |
| 成立日期 | 1993 年 5 月 8 日 |
| 法定代表人 | 杨某宇 |
| 注册资本 | 5 656 万元人民币 |
| 经营范围 | 许可经营项目：冷冻、空调控制设备及配件，流体自动控制系统，燃气调压器（箱）［低、中、高压燃气调压器（箱）］等机电一体化产品的开发、制造、销售、安装调试、检测及技术咨询服务，压力管道安装，压力容器的制造（详见中华人民共和国特种设备制造许可证）。一般经营项目：防爆电动执行机构电磁阀类的设计和制造，防爆电泵的设计和制造，经营进出口业务（详见进出口企业资格证书） |

发行人主营业务：流体控制阀和控制系统的研究、开发和制造，产品涉及油气控制产品、燃气控制产品、供热控制产品、空调控制产品、内燃机配件等。

公司控制阀产品是在控制系统中通过控制单元输出的控制信号或者通过传感器感应外部条件，对气体或者液体的流量、压力、温度、液位、成分浓度等实施智能控制。公司产品可以在各类复杂条件下对介质进行自动控制和精确流量调节。

公司产品涉及材料工程、机械设计与制造、流体力学、控制科学与工程、测量技术与仪表等相关交叉学科技术。截至 2017 年 6 月 30 日，公司拥有 112 项专利权。公司的多项研究成果被列入国家火炬计划、国家级重点新产品，公司因此被评为国家重点扶持的高新技术企业、浙江省专利示范企业。

公司产品面向的主要消费群体分为五类：第一类是加油机厂商，如 JEBK、ZX 科技等；第二类是燃气运营商，如 HR 燃气、XA 燃气等；第三类是燃气壁挂式采暖炉厂商，如 BS、德国 WN 等；第四类是空调厂商（家用空调和汽车空调），如 T、ZG 空调、SZ 股份等；第五类是柴油发动机厂商，如 SC 股份、YC

股份、中国 ZQ 等。

公司产品线情况如表 7 - 14 所示。

表 7 - 14　　　　　　　　　公司产品线情况

| 产品类别 | 产品举例 | 应用领域 |
|---|---|---|
| 油气控制产品线 | 双流量电磁阀、比例阀、电子气液比调节阀、拉断阀、切断阀、油气回收拉断阀、油气回收控制系统 | 汽油加油机、天然气加气机 |
| 燃气控制产品线 | 燃气调压器、调压箱/柜、高中压调压站、城市门站（由控制阀组、计量器件、管件构成） | 天然气输配管网 |
| 供热控制产品线 | 供热水路控制阀（俗称"水路模块"） | 燃气壁挂式采暖炉 |
| 空调控制产品线 | 四通阀、汽车膨胀阀、双向热力膨胀阀 | 家用空调、汽车空调、热泵热水器 |
| 内燃机配件产品线 | 凸轮轴、挺柱 | 发动机 |

## 7.5.2　证监会公告

中国证券监督管理委员会第十七届发行审核委员会 2018 年第 24 次发审委会议于 2018 年 1 月 26 日召开，现将会议审核情况公告如下：

浙江 CH 智能控制股份有限公司（首发）未通过。

发审委会议提出询问的主要问题：

1. 发行人 2017 年营业收入、净利润大幅增长。请发行人代表说明：（1）2015 年以后固定资产未大幅增加，供热控制产品产能、销量大幅增加的原因及合理性；（2）2017 年销售费用率、管理费用率下降的原因及合理性；（3）2017 年对老客户收入增长的原因及合理性；（4）2017 年对 JT 实业的收入比去年同期大幅增加的具体原因和真实性，及相关货款的回收情况；（5）报告期内应收账款、应收商业承兑汇票持续增加的原因，对主要客户的信用政策是否一致，是否存在放宽信用政策扩大收入规模的情形。请保荐代表人说明核查过程、依据，并发表明确核查意见。

2. 报告期发行人各期末的存货持续增长，且同时存在寄售销售和寄售采购模式，寄售收入、采购占比逐期提升。请发行人代表说明：（1）2017 年 9 月底库存商品和发出商品大幅增加的原因及合理性，是否对应相关的客户或合同订单，寄售商品存货跌价准备计提是否充分；（2）寄售模式收入逐期提升的原因；（3）如何实施对客户仓库或其指定物流仓库存货的管理，相关内部控制制度及执行情况，发生产品灭失或损毁如何处理。请保荐代表人说明核查过程、依据，并发表明确核查意见。

3. 发行人新三板申报材料和挂牌期间的公告与本次发行申请文件存在多项差异，多数事项发生在报告期内。请发行人代表说明，报告期内出现较多信息披露不一致情况的具体原因，会计基础是否规范，内部控制制度是否健全且被有效执行。请保荐代表人说明核查过程、依据，并发表明确核查意见。

4. 发行人实际控制人杨某宇兄弟杨某广曾持有浙江 CH 空调压缩机有限公司 47.14% 股份，后转让。请发行人代表说明：（1）杨某广转让该公司的原因，是否曾与发行人存在同业竞争或关联交易；（2）该转让是否具有商业实质，是否存在代持或其他利益安排。请保荐代表人说明核查过程、依据，并发表明确核查意见。

5. 发行人报告期内未缴纳住房公积金的人数占员工总数的 90% 以上。请发行人代表说明：（1）当地的住房公积金缴纳政策；（2）未缴纳住房公积金的情形是否存在被相关政府部门处罚的可能；（3）发行人测算得出报告期补缴住房公积金月缴基数仅为 126～159 元/月的合理性。请保荐代表人说明核查过程、依据，并发表明确核查意见。

## 7.5.3　监管逻辑分析

### 1. 报告期最后一年业绩大幅增长

CH 智控 2017 年营业收入和净利润均大幅增长，却可能成了这家公司 IPO 被否的主要原因。在过去三年，CH 智控的业绩表现一般。2014—2016 年，公司扣非后净利润分别为 1 620.92 万元、1 939.18 万元和 2 954.79 万元，尽管逐年增长，但连续三年未达到 3 000 万元。

可 CH 智控在报告期的最后一年，也就是 2017 年，业绩大幅增长。对于经营业绩的大幅增长，CH 智控在年报中给出了解释为两个主要原因：一是"宏观经济形势趋好，国家北方煤改气政策的实施，使相关产品销售额急剧上升"，二是"业务拓展，子公司 CH 内配实现销售收入 9 022.26 万元，同比上升 41.21%，净利润 773.2 万元，同比上升 177.58%"。但是，CH 智控给出的解释欠缺说服力，难免让人质疑其业绩的真实性。

### 2. 主要产品产能、销量无理由大幅增加

对比 CH 智控报告期内的收入结构，供热控制产品的销售额增长明显。2017 年，供热控制产品实现销售额 2.19 亿元，占全部营业收入比重达到 35.27%，而在 2015 年，这项产品的销售额仅有 5 021.92 万元，占比仅有 17.71%。

短短两年，一项产品的销售额增加了 3 倍多，即使市场环境变好，那么公司的产能如何与销售相匹配呢？

从招股书中披露的产能、产量情况来看（见表 7 - 15），供热控制产品在 2014 年全年的产能仅 32.5 万个，但 2017 年上半年的产能就达到了 70 万个，产能同样大幅增加。

表 7 - 15　　　　　　　　公司产能、产量情况

| 产品类别 | 产品 | 项目 | 2017 年 1—6 月 | 2016 年度 | 2015 年度 | 2014 年度 |
|---|---|---|---|---|---|---|
| 供热水路控制阀 | | 产能利用率 | 92.75% | 95.06% | 87.87% | 89.40% |
| | | 销售额（万元） | 5 486.02 | 4 786.05 | 3 500.34 | 2 976.79 |
| | | 产量（万个） | 68.31 | 60.91 | 35.35 | 31.36 |
| 供热控制产品 | | 单价（元/个） | 80.31 | 78.58 | 99.01 | 94.92 |
| | | 产量（万个） | 72.15 | 70.10 | 35.99 | 31.64 |
| | | 产能（万个） | 70.00 | 73.55 | 36.70 | 32.50 |
| | | 产销量 | 94.67% | 86.88% | 98.24% | 99.13% |
| | | 产能利用率 | 103.08% | 95.31% | 98.06% | 97.34% |

一条产品生产线的产能往往在建造之初就已确定，在小规模改造产品生产线的情况下，产能很难大幅增加。而 CH 智控在 2015 年末固定资产为 11 231.17 万元，2017 年末为 9 332.05 万元，这说明其并没有增加固定资产。

所以，在固定资产未大幅增加的情况下，供热控制产品产能、销量大幅增加，这是不合理的。

**3. 销售费用率、管理费用率 2017 年下降明显**

2017 年，CH 智控的净利率从 9.47% 提高到了 12.10%。在毛利率略有下滑的情况下（28.46% 下滑至 27.74%），净利率为什么会提高呢？

CH 智控的销售费用率和管理费用率在 2017 年均有明显下降。其中，销售费用率从 2016 年的 5.47% 下降至 4.34%，管理费用率从 2016 年的 10.93% 下降至 8.40%。

2017 年，在销售额几乎翻倍的情况下，销售费用中只有运杂费增加明显，差旅费、广告费、职工薪酬等几乎没有增加；而管理费用中，也只有技术开发费同比增长了 900 多万元。因此，销售费用率和管理费用率在 2017 年明显下降，也成了发审委委员们质疑的一方面。

**4. 单一客户收入激增**

2017 年，JT 实业成了 CH 智控的第四大客户，贡献了 3 383 万元的营业收

入，而在 2016 年，CH 智控对这家公司的销售额还不足百万元。单一客户的销售剧增原因为何？

JT 实业包含中山 JT 和河南 JT 两家公司，控股股东均为广东 JT 实业有限公司，主要产品为冷凝式燃气采暖热水炉，采用 YKS 壁挂炉和 ALS 壁挂炉双品牌运作。对于 JT 实业销售额的激增，CH 智控的解释是"JT 实业壁挂炉业务发展迅猛，订单增幅较大"。

**5．应收账款和应收商业承兑汇票持续增加**

2017 年末，CH 智控应收账款和应收票据账面金额分别为 15 504.86 万元和 7 909.39 万元，对比 2014 年末分别增加了 91.1% 和 107.5%，并在报告期内呈持续增加趋势。在应收账款中，尚有约 1 000 万元 1 年以上未收回款项，公司在 2017 年计提的坏账损失为 598.20 万元。

应收账款和应收商业承兑汇票的持续增加，让发审委委员们怀疑 CH 智控可能存在"放宽信用政策扩大收入规模"的情形。

**6．库存商品和发出商品等存货大幅增加**

与应收账款、应收票据一样，CH 智控的存货同样在报告期内持续增长。2017 年末，CH 智控存货余额为 10 114.68 万元，占总资产的比例为 15.12%，与 2014 年末相比，增长 99.1%。在 CH 智控的存货结构中，库存商品和发出商品分别有 2 196.94 万元和 4 750.28 万元，两者之和占比近七成。

发出商品，一般是指未满足收入确认条件但已发出的商品。由于这部分存货已经发出，不在公司仓库，可能在物流处，也可能在客户处，所以在实际盘点、核查过程中，存在一定的不确定性。因此，在 IPO 审核中，发出商品大幅增加也经常被质疑是虚增资产的行为。

**7．寄售模式占比逐期提升**

CH 智控采用了寄售模式。在寄售模式下，公司与客户签订协议，约定供货的产品和技术参数等条款，再将商品存放在客户仓库或第三方物流仓库；公司根据与客户签订的协议与客户近期下达的订单，安排生产计划，同时按照与客户签订的协议保持一定水平的安全库存，以便客户随时按需按量提货；客户每月按期将实际领用情况形成报告，通过信函或者电子邮件方式通知公司，公司确认后与客户结算。

2017 年，CH 智控寄售模式的销售占比为 34.30%，销售金额逐期提升。虽然寄售模式正在越来越广泛地被各类生产性企业运用，符合行业惯例，但寄售商品存货跌价准备计提是否充分、如何实施对客户仓库或其指定物流仓库存货的管理等问题，在 IPO 审核中会受关注。

### 8. 新三板信息披露不一致

CH 智控曾发布多条公告，对 2014—2017 年的年报、半年报中的内容进行了大量更正。更正的内容包括银行理财产品收益调整、现金流调整、关联方和关联交易调整、历史沿革、实际控制人简历等。

对于新三板申报材料和挂牌期间的公告与 IPO 发行申请文件存在额多项差异，发审委要求 CH 智控说明信息披露不一致的具体原因、会计基础是否规范、内部控制制度是否健全且被有效执行。

由此可见，对于志在"转板"的新三板公司而言，一定要重视在新三板挂牌期间的信息披露。

### 9. 潜在同业竞争和关联交易

CH 智控的原董事、实际控制人杨某宇的兄弟杨某广，曾持有一家名为浙江 CH 空调压缩机有限公司（以下简称"CH 空调压缩机"）47.14% 的股份。但是，杨某广将其持有的 CH 空调压缩机股份全部转让，并且该公司法定代表人由杨某广变更为了王某明。

CH 空调压缩机主要生产空调压缩机，生产过程中使用空压机，需要采购压力容器储罐做贮气罐，以起到稳定供气气压、节约能源的作用。CH 智控向其销售压力容器储罐，构成关联交易。除此之外，发审委还要求 CH 智控解释该股份转让是否具有商业实质，是否存在代持或其他利益安排。

### 10. 未缴纳住房公积金

从 CH 智控披露的 2017 年年报来看，全年缴纳的住房公积金金额为 174.87 万元，而 CH 智控 2017 年末的员工人数为 882 人，由此测算，人均缴纳的公积金仅有 1 982.65 元，每月为 165.22 元。

CH 智控招股书并未披露住房公积金的缴纳情况。但从发审委审核意见来看，报告期内 CH 智控未缴纳住房公积金的人数占员工总数的 90% 以上，这一情形仍有可能被相关政府部门处罚。

## 7.5.4 法律规定分析

CH 智控为高新技术企业，在有效期内企业所得税税率为 15%。若到期后 CH 智控不能重新被认定为高新技术企业，或者国家实行新的税收政策，或者高新技术企业的优惠税收政策发生变化，将会对 CH 智控净利润产生一定的影响。

2017 年 6 月末，CH 智控存货账面价值为 6 909.65 万元，占总资产的比例为 12.13%，占比较高。CH 智控需要储备一定的原材料和产成品以满足客户的需求，由于公司业务种类多，所以存货金额较大。若未来客户取消订单或者终止与 CH 智控的合作，同时 CH 智控无法及时拓展新客户，则存在存货减值或无法及时变现的风险。

# 7.6  杭州千岛湖 XL 科技公司案例分析

## 7.6.1  案例介绍

杭州千岛湖 XL 科技股份有限公司（以下简称"XL 科技"）是以中国水产科学研究院为技术依托，依靠科技优势，集合各方优势于 2003 年 4 月组建成立的科技型、先导型、国际型水产高新技术企业。公司致力于鲟鱼繁育、养殖、加工全产业链技术开发，生产的人工养殖鱼子酱产量占国内总量的 70% 以上，鱼子酱品质在国际同类产品中名列前茅，已实现对法国、德国、瑞士、卢森堡、西班牙、美国、日本等多个国家的出口。公司具备较强的科研创新能力，先后被评为国家重点扶持的高新技术企业、全国现代渔业种业示范场、浙江省省级骨干农业龙头企业、浙江省农业科技企业，建有浙江省农业企业科技研发中心和国家级浙江鲟鱼良种场。公司已获得专利 21 项，其中发明专利 5 项，获得 2009 年度国家科技进步二等奖、农业部 2008 年度中华农业科技奖二等奖、2009 年度浙江省科学技术奖二等奖。此外，公司还作为主要起草单位参与了《中国水产行业标准——鲟鱼籽酱》的制订。公司的主要产品"KLJ"牌鱼子酱于 2012 年获得中国农产品品牌博览会优质农产品金奖。公司不断提升产品品质，扩大销售规模，拓展销售网络，实现了业务规模与经济效益的快速发展，稳步实现"中国第一，世界前三"的发展目标，秉承创建可持续发展产业的理念，持续领跑我国鲟鱼事业。

## 7.6.2  证监会公告

中国证券监督管理委员会第十七届发行审核委员会 2018 年第 28 次发审委会议于 2018 年 1 月 30 日召开，现将会议审核情况公告如下：

一、审核结果

杭州千岛湖 XL 科技股份有限公司（首发）未通过。

二、发审委会议提出询问的主要问题

1. 报告期内，发行人营业收入中境外收入占比较高，且主要通过经销渠道实现销售。请发行人代表说明：（1）主要经销商的资金实力、销售区域，销售核算与经销商的核算是否存在重大不符；（2）分类及分地区说明发行人经销商布局的合理性，是否频繁发生经销商开业及退出的情况，经销商变化情况及原因，经销商终止合作后库存商品的解决方式；（3）报关数据与发行人自身数据是否匹配，出口退税情况是否与发行人境外销售规模相匹配。请保荐代表人说明核查过程、依据，并发表明确核查意见。

2. 发行人报告期销售收入分别为 1.2 亿元、1.39 亿元和 1.54 亿元，主要有四种产品，不同产品销售单价存在差异，且同一产品不同年度之间存在差异。请发行人代表说明：（1）各类产品的定价政策，以及与客户议价的能力；（2）达氏鳇鱼子酱、史氏鲟鱼子酱报告期内销售价格波动较大的原因及合理性；（3）杂交鲟鱼子酱销售价格逐年下降的原因及合理性；发行人毛利率基本为 70% 左右且增长的原因及合理性；（4）史氏鲟鱼子酱和西伯利亚鲟鱼子酱销售量逐年下滑的原因；（5）各类产品单位成本波动较大的原因。请保荐代表人说明核查过程、依据，并发表明确核查意见。

3. 报告期内，发行人存货余额较大，其中消耗性生物资产（鲟鱼）占各期末存货的比例较高。请发行人代表说明：（1）报告期内发行人存货大幅增加的原因；消耗性生物资产确认计量的依据，是否符合行业惯例；（2）报告期内消耗性生物资产后续价值的计量方法是否合理，是否符合行业惯例，相关饵料系数、预计平均增重是否准确，能否真实、准确计量相关消耗性生物资产价值；（3）存货盘点制度能否有效执行，盘点过程能否准确确定数量、重量及年龄等重要数据；（4）"人工智能图像识别"技术准确率达到 97.53% 的具体含义，是否采用该技术对 2017 年半年末盘点结果进行复核；（5）发行人现有的 ERP 系统如何消除实际平均增重与预计平均增重偏差对成本核算的不利影响。请保荐代表人说明核查过程、依据，并发表明确核查意见。

4. 招股说明书披露，发行人不存在控股股东和实际控制人，公司股权结构较为分散。请发行人代表：（1）结合发行人历史和实际管理等情况分析说明认定不存在控股股东和实际控制人的合理性；（2）说明是否形成一致行动，是否存在共同控制；（3）说明公司治理结构的稳定性及对持续经营的影响。请保荐代表人说明核查过程、依据，并发表明确核查意见。

### 7.6.3　监管逻辑分析

发行人的主营业务为鲟鱼全人工繁育、生态健康养殖、鱼子酱和鲟鱼肉制品的加工和销售，主要产品为鱼子酱、鲟鱼及鲟鱼肉制品，其中核心产品为鱼子酱。

报告期内，发行人营业收入按照产品种类分析具体情况如表 7 - 16 所示。

表 7 - 16　　　发行人营业收入按照产品种类分析具体情况　　　单位：万元

| 产品 | 2015 年度 | | 2014 年度 | | 2013 年度 | |
|---|---|---|---|---|---|---|
| | 金额 | 占比 | 金额 | 占比 | 金额 | 占比 |
| 鱼子酱 | 12 438.17 | 75.67% | 10 933.09 | 73.96% | 9 977.21 | 80.16% |
| 鲟鱼及鲟鱼肉制品 | 3 998.72 | 24.33% | 3 849.44 | 26.04% | 2 469.19 | 19.84% |
| 合计 | 16 436.89 | 100% | 14 782.53 | 100% | 12 446.40 | 100% |

报告期内，发行人实现的收入和净利润情况如表 7 - 17 所示。

表 7 - 17　　　　　发行人实现的收入和净利润情况　　　　单位：元

| 项目 | 2015 年度 | 2014 年度 | 2013 年度 |
|---|---|---|---|
| 营业收入 | 165 737 365.01 | 149 457 498.74 | 124 473 485.84 |
| 营业利润 | 40 093 006.14 | 30 183 623.60 | 40 429 951.66 |
| 利润总额 | 46 353 196.32 | 35 933 160.77 | 48 688 117.99 |
| 净利润 | 40 583 687.12 | 31 451 572.42 | 42 453 791.26 |
| 归属于母公司所有者的净利润 | 40 735 955.96 | 32 007 012.02 | 42 552 602.90 |
| 扣除非经常性损益后归属于母公司所有者的净利润 | 35 461 280.82 | 25 786 992.16 | 36 152 513.36 |

发行人主营业务属于典型的农业项目，一方面是开发池塘饲养鲟鱼；另一方面是生产和销售鱼子酱。从发行人业务结构来说，发行人销售鲟鱼肉的业务盈利水平低，鱼子酱业务盈利水平高。

针对发审会问询问题，下面逐一进行分析。

**1. 针对问询问题 1**

在 IPO 财务核查方面，一直存在几个棘手的问题。如果从模式的角度来讲，主要是经销模式、境外销售、网上销售等；如果从具体财务问题方面来讲，主要是现金和个人卡结算、第三方回款、客户极度分散等。而发行人不仅是农业企业，而且存在境外销售，同时主要以经销模式为主，所以要得到监管机构的认可并不容易。

发审会主要关注经销商的采购是否真实合理，以及经销商是否能够实现最终销售。但是，需要特别注意的是，发行人境外经销模式主要使用经销商的品牌进行销售，占比高达 95% 以上，那么这种模式与贴牌生产模式是否有本质区别？尽管发行人做了很多解释，但是并未说清楚。

报告期内，发行人共有国外鱼子酱经销商客户 61 家，来自 24 个国家和地区。

（1）发行人国外销售终端市场的品牌使用。

①发行人与国外经销商合作的品牌使用。

目前，发行人与国外经销商合作的两种品牌使用方式如下。

A. 终端市场以经销商品牌销售。

发行人将自有品牌的鱼子酱产品以大规格包装出口给经销商，若经销商对发行人产品进行分装，则经销商以其自有品牌向其下一级经销商分销或投入终端市场；若经销商不分装，则直接以发行人品牌向下一级经销商分销，最终经销商将以其自有品牌将鱼子酱投入终端市场。

该种合作方式为发行人与国外经销商合作的主要方式。在国外主要鱼子酱消费市场的经销商最终销售的产品包装上未含有发行人品牌。但德国经销商 ICG 最终销售的产品包装上标有发行人品牌。

B. 终端市场以发行人自有品牌销售。

发行人将自有品牌的鱼子酱产品出口给经销商，由经销商以发行人品牌向下一级经销商分销或进入终端市场。

②发行人国外直销的品牌使用。

目前，发行人的境外直销客户仅有 HSTC，产品直供德国 HS 航空公司。在直销模式下，发行人的鱼子酱产品以自有品牌直达终端客户。

③发行人国外销售终端市场的品牌结构。

发行人报告期内的国外销售，除对 HSTC（德国）、RP（瑞士）和 IP（新加坡）以自有品牌向终端市场销售外，其他均以经销商品牌向终端市场销售。

报告期内，发行人鱼子酱产品在境外终端市场销售的品牌结构如表 7 - 18 所示。

表 7 - 18　　　　　发行人鱼子酱产品在境外终端
市场销售的品牌结构　　　　单位：万元

| 项目 | 2015 年度 | | 2014 年度 | | 2013 年度 | |
|---|---|---|---|---|---|---|
| | 金额 | 占比 | 金额 | 占比 | 金额 | 占比 |
| 经销商品牌销售 | 11 156.25 | 96.79% | 9 476.75 | 95.24% | 8 688.06 | 95.49% |
| 自有品牌销售 | 370.22 | 3.21% | 473.60 | 4.76% | 409.96 | 4.51% |
| 合计 | 11 526.47 | 100.00% | 9 950.35 | 100.00% | 9 098.02 | 100.00% |

（2）发行人的经销模式与贴牌生产的区别。

①发行人自主掌握产品技术并制定质量标准。

贴牌生产一般由品牌持有者提供产品的设计参数、技术设备，以满足对产品质量、规格和型号的要求。发行人完全自主掌握鲟鱼的繁育、养殖和鱼子酱加工技术和设备，并完全自主控制产品的技术标准和产品质量。发行人的技术、设备等对境外经销商不存在依赖关系。

②发行人具备独立的市场开拓能力。

贴牌生产商一般按该品牌持有者的要求生产特定的产品，该等产品不标明生产商的品牌，出厂后直接销售给品牌持有者，贴牌生产商无须进行市场营销。而发行人自主进行营销网络建设，产品在销售给发行人客户时明确标明自有品牌，针对不同市场和客户提供满足需求的产品。

③发行人的毛利率水平显著高于贴牌生产商。

贴牌生产的供方由于不掌握产品的设计、质量和标准，仅靠生产加工过程获取利润，一般毛利率较低。2013 年度至 2015 年度，发行人综合毛利率分别为 61.60%、50.00% 和 49.93%，远高于贴牌生产商的毛利率水平。

综上所述，发行人所采用的经销模式完全不同于贴牌生产模式。

（3）发行人国外鱼子酱营销的未来规划。

未来，发行人国外鱼子酱业务的营销重点将在扩大规模的基础上致力于建立自有的国外销售渠道。在多年合作的基础上，选取国外优质经销商作为合作伙伴，建立由发行人控股的销售中心，并配套建设产品分装室，将发行人的产品优势与合作经销商的本土化优势相结合，进一步拓展经销商已有的营销网络，以占据更大的市场份额，实现合作各方的双赢。同时，成立控股销售中心也将使发行人的国外销售渠道下沉，可以更加快捷地获得终端市场信息反馈，有利于发行人进一步提高产品品质、销售利润率和销售效率，助力公司品牌在终端市场的建设。发行人还计划在巩固已有 HSTC 直销渠道的基础上实现进一步的拓展，加大对国际各大航空公司的营销力度，争取与更多的航空公司建立直接供销关系，并在机会合适的情况下进军豪华游轮市场。

（4）发行人鲟鱼及鲟鱼肉制品销售的区域结构。

按销售区域划分，报告期内发行人的鲟鱼及鲟鱼肉制品的销售收入分类如表 7 – 19 所示。

**表 7 – 19　　　　　发行人的鲟鱼及鲟鱼肉制品的销售收入分类**　　　单位：万元

| 项目 | 2015 年度 | | 2014 年度 | | 2013 年度 | |
|---|---|---|---|---|---|---|
| | 金额 | 占比 | 金额 | 占比 | 金额 | 占比 |
| 国外销售 | 1 307.76 | 32.70% | 1 946.90 | 50.58% | 1 231.98 | 49.89% |
| 国内销售 | 2 690.96 | 67.30% | 1 902.54 | 49.42% | 1 237.21 | 50.11% |
| 合计 | 3 998.72 | 100.00% | 3 849.44 | 100.00% | 2 469.19 | 100.00% |

**2. 针对问询问题 2**

发行人报告期销售收入分别为 1.2 亿元、1.39 亿元和 1.54 亿元，主要有四种产品，不同产品销售单价存在差异，且同一产品不同年度之间存在差异。请发行人代表说明：（1）各类产品的定价政策，以及与客户议价的能力；（2）达氏鳇鱼子酱、史氏鲟鱼子酱报告期内销售价格波动较大的原因及合理性；（3）杂交鲟鱼子酱销售价格逐年下降的原因及合理性；发行人毛利率基本为 70% 左右且增长的原因及合理性；（4）史氏鲟鱼子酱和西伯利亚鲟鱼子酱销售量逐年下滑的原因；（5）各类产品单位成本波动较大的原因。请保荐代表人说明核查过程、依据，并发表明确核查意见。

在竞争充分的市场中，企业很难取得超过行业平均毛利率水平的毛利率，这也是 IPO 审核过程中如此看重对拟上市企业与同行业毛利率进行差异分析的关键原因。发行人鱼子酱毛利率在 70% 以上，而行业平均毛利率约为 20%。发行人不能给出合理的解释，则难免引起质疑。

（1）发行人综合毛利率情况如表 7 – 20 所示。

**表 7 – 20　　　　　　　　　发行人综合毛利率情况**

| 项目 | 2015 年度 | 2014 年度 | 2013 年度 |
|---|---|---|---|
| 主营业务毛利率 | 50.34% | 50.53% | 61.61% |
| 综合毛利率 | 49.93% | 50.00% | 61.60% |

（2）发行人不同产品毛利率具体情况如表 7 – 21 所示。

表 7 - 21　　　　　　　发行人不同产品毛利率具体情况　　　　　单位：万元

| 年度 | 鱼子酱品类 | 主营业务收入 | 主营业务收入占比 | 主营业务成本 | 主营业务毛利 | 主营业务毛利率 |
|---|---|---|---|---|---|---|
| 2015年度 | 杂交鲟 | 7 851.26 | 63.12% | 2 352.49 | 5 498.77 | 70.04% |
| | 俄罗斯鲟 | 1 962.27 | 15.78% | 393.69 | 1 568.59 | 79.94% |
| | 西伯利亚鲟 | 1 366.02 | 10.98% | 458.65 | 907.37 | 66.42% |
| | 史氏鲟 | 550.84 | 4.43% | 249.62 | 301.23 | 54.69% |
| | 达氏鲟 | 707.77 | 5.69% | 89.58 | 618.19 | 87.34% |
| | 合计 | 12 438.16 | 100.00% | 3 544.03 | 8 894.15 | 71.51% |
| 2014年度 | 杂交鲟 | 7 687.47 | 70.31% | 1 998.52 | 5 688.95 | 74.00% |
| | 俄罗斯鲟 | 1 450.67 | 13.27% | 270.83 | 1 179.84 | 81.33% |
| | 西伯利亚鲟 | 547.41 | 5.00% | 156.12 | 391.29 | 71.48% |
| | 史氏鲟 | 481.22 | 4.40% | 58.19 | 423.03 | 87.91% |
| | 达氏鲟 | 766.33 | 7.01% | 115.09 | 651.24 | 84.98% |
| | 合计 | 10 933.10 | 100.00% | 2 598.75 | 8 334.35 | 76.23% |
| 2013年度 | 杂交鲟 | 5 149.37 | 51.61% | 1 149.00 | 4 000.37 | 77.69% |
| | 俄罗斯鲟 | 1 383.68 | 13.87% | 220.28 | 1 163.40 | 84.08% |
| | 西伯利亚鲟 | 1 620.08 | 16.24% | 571.57 | 1 048.51 | 64.72% |
| | 史氏鲟 | 1 266.13 | 12.69% | 406.03 | 860.10 | 67.93% |
| | 达氏鲟 | 557.95 | 5.59% | 35.64 | 522.31 | 93.61% |
| | 合计 | 9 977.21 | 100.00% | 2 382.52 | 7 594.69 | 76.12% |

（3）发行人毛利率跟同行业相比情况如表 7 - 22 所示。

表 7 - 22　　　　　　发行人毛利率跟同行业相比情况

| 公司名称 | 2014 年度 | 2013 年度 | 2012 年度 |
|---|---|---|---|
| HDJ | 17.22% | 20.49% | 29.99% |
| DFHY | 23.81% | 25.59% | 29.69% |
| ZZD | 13.90% | 22.10% | 24.62% |
| YQHS | 64.42% | 46.42% | 56.42% |
| BYGF | 11.44% | 11.71% | 13.93% |
| GLSC | 12.17% | 13.06% | 3.46% |
| 以上平均 | 23.83% | 23.23% | 26.35% |
| 本公司 | 50.00% | 61.60% | 60.05% |

**3. 针对问询问题 3**

报告期内，发行人存货余额较大，其中消耗性生物资产（鲟鱼）占各期末存货的比例较高。请发行人代表说明：（1）报告期内发行人存货大幅增加的原因；消耗性生物资产确认计量的依据，是否符合行业惯例；（2）报告期内消耗性生物资产后续价值的计量方法是否合理，是否符合行业惯例，相关饵料系数、预计平均增重是否准确，能否真实、准确计量相关消耗性生物资产价值；（3）存货盘点制度能否有效执行，盘点过程能否准确确定数量、重量及年龄等重要数据；（4）"人工智能图像识别"技术准确率达到 97.53% 的具体含义，是否采用该技术对 2017 年半年末盘点结果进行复核；（5）发行人现有的 ERP 系统如何消除实际平均增重与预计平均增重偏差对成本核算的不利影响。请保荐代表人说明核查过程、依据，并发表明确核查意见。

2015 年和 2016 年发行人成立了 9 个盘点小组对存货进行全面盘点，每小组 5～10 人，包含操作人员、计数人员和监盘人员，对发行人 6 个养殖基地的全部在养鲟鱼进行逐尾盘点，每个盘点小组平均每天盘点 5～12 个鱼池（网箱）。监盘人员除了发行人内审部、财务部人员外，还包括中介机构人员和外聘专家。本次盘点一共耗时 57 天。

（1）存货的基本情况。

报告期内，发行人的存货主要为消耗性生物资产、库存商品、饵料、发出商品和低值易耗品，其中消耗性生物资产指后备原料鲟鱼梯队。报告期内发行人存货构成及变动情况如表 7-23 所示。

表 7-23　　　　　发行人存货构成及变动情况　　　　　单位：万元

| 项目 | 2015 年 12 月 31 日 | | 2014 年 12 月 31 日 | | 2013 年 12 月 31 日 | |
|---|---|---|---|---|---|---|
| | 金额 | 占比 | 金额 | 占比 | 金额 | 占比 |
| 消耗性生物资产 | 33 764.55 | 88.50% | 26 747.06 | 90.42% | 21 252.32 | 92.60% |
| 库存商品 | 3 771.36 | 9.89% | 2 343.16 | 7.92% | 1 249.40 | 5.44% |
| 饵料 | 412.10 | 1.08% | 284.39 | 0.96% | 160.36 | 0.70% |
| 发出商品 | 0.28 | 0.00% | — | | — | |
| 低值易耗品 | 203.85 | 0.53% | 207.88 | 0.70% | 289.78 | 1.26% |
| 合计 | 38 152.14 | 100.00% | 29 582.49 | 100.00% | 22 951.86 | 100.00% |

（2）消耗性生物资产的基本情况。

报告期内，发行人消耗性生物资产占比较大的主要原因是原料雌鱼须养殖 7～15 年才能用于加工鱼子酱。随着业务规模的扩大，为保证鱼子酱生产的可持续性，近年来，发行人通过自行养殖和外购方式不断扩充后备原料鲟鱼梯队。报告期内，消耗性生物资产账面价值稳步增长，主要系发行人后备原料鲟梯队规模逐年扩大和发行人养殖投入逐年增加所致。

①消耗性生物资产的库存品种。

报告期内，发行人消耗性生物资产的库存品种及变动情况如表 7 - 24 所示。

表 7 - 24　　　发行人消耗性生物资产的库存品种及变动情况　　单位：万元

| 品种 | 2015 年 12 月 31 日 | | 2014 年 12 月 31 日 | | 2013 年 12 月 31 日 | |
|---|---|---|---|---|---|---|
| | 金额 | 占比 | 金额 | 占比 | 金额 | 占比 |
| 杂交鲟 | 10 191.33 | 30.18% | 9 200.63 | 34.40% | 7 444.62 | 35.03% |
| 俄罗斯鲟 | 18 018.44 | 53.36% | 12 656.00 | 47.32% | 10 128.13 | 47.66% |
| 西伯利亚鲟 | 858.10 | 2.54% | 1 106.37 | 4.14% | 1 430.72 | 6.73% |
| 史氏鲟 | 241.19 | 0.71% | 312.87 | 1.17% | 424.53 | 2.00% |
| 达氏鳇 | 2 381.87 | 7.05% | 1 773.48 | 6.63% | 981.17 | 4.62% |
| 欧杂鲟 | 6.75 | 0.02% | 2.22 | 0.00% | 2.43 | 0.00% |
| 欧洲鳇 | 1 940.78 | 5.75% | 1 664.74 | 6.22% | 824.19 | 3.88% |
| 闪光鲟 | 130.31 | 0.39% | 30.76 | 0.12% | 16.53 | 0.08% |
| 合计 | 33 764.55 | 100% | 26 747.07 | 100% | 21 252.32 | 100% |

②消耗性生物资产的会计核算。

A. 初始确认。

发行人消耗性生物资产初始来源分为自行繁殖鱼苗和外购鲟鱼。自行繁殖的鱼苗从放养当月开始分摊饵料、人工及其他间接费用。外购鲟鱼以购买价款、运费等取得成本作为初始成本，外购鲟鱼验收入库后按品种、鱼龄核算。

外购鲟鱼的会计分录如下。

借：消耗性生物资产——××鱼——××龄鱼

　　贷：银行存款、应付账款、应付票据

B. 后续计量。

在鲟鱼养殖过程中，发行人根据各品种、各鱼龄鲟鱼的饵料系数、平均增重和分配尾数三项乘积占全部鲟鱼的饵料系数、平均增重和分配尾数乘积之和的比重分配当月的直接材料、直接人工和间接费用。

a. 直接材料和直接人工的会计分录。

借：消耗性生物资产——××鱼——××龄鱼

　　贷：原材料

借：消耗性生物资产——××鱼——××龄鱼

　　贷：应付职工薪酬

b. 间接费用的会计分录。

归集间接费用的会计分录如下。

借：制造费用——折旧、水电费等

　　贷：累计折旧、银行存款等

月末分配时的会计分录如下。

借：消耗性生物资产——××鱼——××龄鱼

　　贷：制造费用

c. 鲟鱼销售成本核算。

鲟鱼出售时，分鱼种、鱼龄分别结转相对应的成本，会计分录如下。

借：主营业务成本

　　贷：消耗性生物资产——××鱼——××龄鱼

③消耗性生物资产的识别。

发行人采用圈养的模式，在生态网箱和陆地流水池养殖鲟鱼。

鲟鱼库龄、鱼种的识别对于发行人的养殖管理和会计核算至关重要。从理论上讲，精确区分不同鱼龄的鲟鱼需要将脊椎、鳃盖、耳石等作为观察的对象，观察其截面的"年轮"，利用鲟鱼不同生长时期形成的"年轮"来确定鲟鱼鱼龄的大小。但是，理论上确定鲟鱼鱼龄的方法会对鱼体造成伤害，在生产实践中一般不予采用。生产中主要采用生产报表管理法和体长体重测定法来确定养殖鲟鱼的鱼龄。

2013 年 6 月以前，发行人的生产报表通过手工编制；2013 年 6 月发行人引入用友 ERP－U8 供应链管理的库存管理模块，实现了生产报表的自动化、实时化，并取得了库存管理和财务核算的良好协同。

发行人在生产中主要采用生产报表管理法来区分鲟鱼库龄，包括生态网箱养殖时期和陆地流水养殖时期的库龄。在发生分箱或转池合并过程中需要混养时，则还需要结合体长体重测定法来区分。

④消耗性生物资产的维护成本。

发行人消耗性生物资产的维护成本是指发行人某一品种、某一鱼龄的消耗性生物资产在一个会计期间内消耗的直接材料、直接人工及分担的间接费用。发行人按照各品种、各鱼龄的饵料系数、平均增重和分配尾数三项乘积占全部鲟鱼的饵料系数、平均增重和分配尾数乘积之和的比重分配上述成本费用。因不同品种、不同鱼龄鲟鱼养殖成本核算受品种、鱼龄、分配尾数、饵料系数、价格等因素的影响，因此，发行人同品种、同鱼龄的维护成本在不同年度有所不同。

报告期内，发行人消耗性生物资产的维护成本如表 7 - 25 所示。

表 7 - 25 　　　　　发行人消耗性生物资产的维护成本 　　　单位：元/尾

| 品种 | 养殖年份 | 2015 年度 | 2014 年度 | 2013 年度 |
|---|---|---|---|---|
| 杂交鲟 | 1999 | 162.46 | 158.06 | 159.82 |
| | 2001 | — | 107.41 | 159.82 |
| | 2002 | 162.46 | 158.06 | 159.82 |
| | 2004 | — | 158.06 | 159.82 |
| | 2005 | 162.46 | 158.06 | 159.82 |
| | 2006 | 162.46 | 158.06 | 159.82 |
| | 2007 | 162.46 | 158.06 | 159.82 |
| | 2008 | 162.46 | 158.06 | 239.73 |
| | 2009 | 162.46 | 237.09 | 228.32 |
| | 2011 | 193.00 | — | — |
| 俄罗斯鲟 | 1999 | — | 61.36 | 91.33 |
| | 2002 | 34.17 | 90.32 | 91.33 |
| | 2003 | — | — | 91.33 |
| | 2005 | 92.83 | 90.32 | 273.98 |
| | 2006 | 92.83 | 270.97 | 273.98 |
| | 2007 | 278.50 | 270.97 | 273.98 |
| | 2008 | 278.50 | 270.97 | 273.98 |
| | 2009 | 278.50 | 270.97 | 150.69 |
| | 2010 | 278.50 | 149.03 | 100.46 |
| | 2011 | 153.18 | 99.35 | 50.23 |
| | 2012 | 102.12 | 49.68 | 50.23 |
| | 2013 | 51.06 | 49.68 | 3.55 |
| | 2014 | 51.06 | — | |
| 西伯利亚鲟 | 1999 | 92.92 | 118.55 | 33.71 |
| | 2003 | 121.84 | 118.55 | 119.87 |
| | 2005 | 121.84 | 118.55 | 119.87 |
| | 2006 | 121.84 | 118.55 | 119.87 |
| | 2007 | 121.84 | 118.55 | 119.87 |
| | 2008 | 121.84 | 118.55 | 119.87 |
| | 2009 | 121.84 | 92.97 | — |

| 品种 | 养殖年份 | 2015 年度 | 2014 年度 | 2013 年度 |
|---|---|---|---|---|
| 史氏鲟 | 1999 | 81.23 | 79.03 | 79.91 |
| | 2002 | 81.23 | 79.03 | 79.91 |
| | 2004 | 81.23 | 79.03 | 79.91 |
| | 2006 | 81.23 | 237.09 | 239.73 |
| | 2007 | 243.69 | 237.09 | 239.73 |
| | 2008 | 243.69 | 205.87 | — |
| | 2012 | 81.89 | — | — |
| 达氏鳇 | 1999 | 162.46 | 158.06 | 159.82 |
| | 2006 | 812.30 | 790.32 | 799.11 |
| | 2007 | 812.30 | 660.05 | 456.63 |
| | 2008 | 812.30 | 451.61 | 319.64 |
| | 2009 | 464.17 | 316.13 | 273.98 |
| | 2011 | 231.60 | — | — |
| | 2013 | 278.50 | 45.16 | 1.58 |
| | 2014 | 11.02 | — | — |
| 杂交鲟（俄杂） | 2003 | — | — | 159.82 |
| 欧杂鲟 | 1999 | 162.46 | 158.06 | 159.82 |
| 欧洲鳇 | 2002 | 406.15 | 540.32 | — |
| | 2004 | 812.3 | 790.32 | 799.11 |
| | 2012 | 278.5 | 270.97 | 45.66 |
| 闪光鲟 | 2012 | 92.83 | 45.16 | 36.53 |

注：某一品种、某一鱼龄的消耗性生物资产在某一月分配的直接材料、直接人工或分担的间接费用 = 某一月归集的直接材料成本、直接人工成本或间接费用 × 分配系数。

分配系数 = 某一品种、某一鱼龄的消耗性生物资产的分配数 ÷ 分配总数。

分配总数 = 全部品种、全部鱼龄的消耗性生物资产的分配数之和。

某一品种、某一鱼龄的消耗性生物资产的分配数 = （某一品种、某一鱼龄的消耗性生物资产的期初数 + 本期增加的某一品种、某一鱼龄的消耗性生物资产数量） × 饵料系数 × 某一品种、某一鱼龄的消耗性生物资产的年平均增重。

饵料系数 = 总投饵量 ÷ 鲟鱼总增重量，即某一品种、某一鱼龄的消耗性生物资产的饵料用量与该品种、该鱼龄鲟鱼增重量的比值，系经验值。

⑤消耗性生物资产的盘点。

发行人消耗性生物资产的盘点实行永续盘存制。

发行人采用圈养的模式，在生态网箱和陆地流水池养殖鲟鱼。

发行人对鲟鱼苗的盘点方法如下：每批鲟鱼苗在生长期间每隔 15 ~ 20 天进行一次分池。分池时确定苗种的大小及生长状况，根据苗种的规格进行分苗，规格相似的集中在同一玻璃缸中。盘点时，在每个玻璃缸中用量杯量出 10 毫升左右的鲟鱼苗，利用天平称出抽样鱼苗的净重，然后将抽样的鱼苗放入盆内进行仔细清点，确定其数量（尾），计算出每个玻璃缸中的鲟鱼苗的平均重量（克），然后对每个玻璃缸的鲟鱼苗全部利用天平称重，用总重量除以每尾鲟鱼苗的重量，计算出每个玻璃缸的鲟鱼苗在养数量（尾），从而推算出全部育苗室中鲟鱼苗的数量和重量。

除了对鲟鱼苗的盘点外，发行人对在养鲟鱼的盘点方法和盘点制度说明如下。发行人在生态网箱养殖基地建有多种规格的网箱，规格主要有 6 米×6 米×6 米、5 米×8 米×6 米和 12 米×12 米×6 米三种。为便于生产基地的管理，每一排生态网箱基本只放养同一品种、同一鱼龄的鲟鱼。除达氏鳇和欧洲鳇外，圈养的其他鲟鱼鱼龄为 1 ~ 6 龄。根据鲟鱼规格的不同，1 龄鲟鱼（0.15 ~ 1 千克/尾）放养在 2.5 米×2.5 米×3 米的网箱，放养数量约为 300 尾/箱；2 ~ 4 龄鲟鱼（1 ~ 15 千克/尾）放养在 6 米×6 米×6 米或 5 米×8 米×6 米的网箱，放养数量为 70 ~ 1 000 尾/箱；5 龄及以上鲟鱼（15 千克/尾以上）放养在 12 米×12 米×6 米的网箱，放养数量为 100 ~ 300 尾/箱，从而保持合理的养殖密度。

发行人在陆地养殖基地建有直径分别为 10 米、15 米和 20 米等规格的圆形水泥流水池，鱼池深度分别为 1.6 米或 1.8 米，根据鲟鱼的规格，在鱼池中放养不同数量的鲟鱼。直径为 10 米的鱼池一般放养成熟规格较小的 6 龄以上的品种，如西伯利亚鲟、俄罗斯鲟、史氏鲟等，放养数量为 130 ~ 250 尾/池；直径为 15 米或 20 米的鱼池放养成熟规格偏大的 6 龄以上的杂交鲟和达氏鳇，放养数量为 40 ~ 120 尾/池。

发行人每个鱼池（网箱）中养殖的鲟鱼的数量均可以精确统计和记录。因此，发行人对消耗性生物资产进行盘点具备可操作性。发行人的盘点有阶段盘点和年终盘点之分，盘点工作基本覆盖全年的每个季度。

2013 年末、2014 年末和 2015 年末，发行人对在养鲟鱼进行了年终盘点，盘点金额分别占发行人消耗性生物资产总价值的 74.48%、98.19% 和 100%。报告期内，发行人逐年提高了年终盘点的比例，2015 年末已做到全面盘点。

⑥2015 年年终盘点开展的具体情况。

2015 年末至 2016 年初，发行人对在养鲟鱼进行了全面盘点。

A. 发行人组织年终盘点的情况。

2015 年 12 月 1 日至 2016 年 1 月 26 日，发行人组织了 2015 年年终盘点，对在养鲟鱼进行了全面盘点，盘点金额占盘点日发行人消耗性生物资产总价值的 100%。本次盘点合计盘点了各种品种、鱼龄的鲟鱼 53.72 万尾，涉及 480 个鱼池和 2 621 个网箱。

发行人成立了 9 个盘点小组，每小组 5 ~ 10 人，包含操作人员、计数人员和监盘人员，对发行人 6 个养殖基地的全部在养鲟鱼进行逐尾盘点，每个盘点小组平均每天盘点 5 ~ 12 个鱼池（网箱）。监盘人员除了公司内审部、财务部人员外，还包括中介机构人员和外聘专家。本次盘点一共耗时 57 天。

B. 中介机构参与盘点的情况。

保荐机构 GTJA 证券先后派出 4 名人员，参与了 41 天盘点。会计师事务所 RH 先后派出 7 名人员，参与了 28 天盘点。律师事务所 JY 先后派出 2 名人员，参与了 18 天盘点。三家中介机构联合全程参与了发行人的 2015 年年终盘点。

C. 外聘专家参与盘点的情况。

为了提高年终生物资产盘点的准确性，并配合中介机构对发行人在养鲟鱼的品种、性别和鱼龄的核查要求，会计师事务所 RH 和保荐机构 GTJA 证券委托了中国水产学会的相关专家全程参与了发行人的年终盘点。

中国水产学会的专家主要就盘点涉及的鲟鱼品种、性别和鱼龄的准确性发表意见。中国水产学会一共派出了 9 名专家组成了技术工作组，采取全程现场监测和抽样检测的方式，对发行人所有养殖基地的鲟鱼进行了鉴别，现场工作结束后，中国水产学会组织专家召开了现场验收会，对技术工作组的工作内容进行了评估，并出具了专业的鉴定意见。2016 年 2 月 16 日，中国水产学会向 RH 出具了鉴定意见函，具体内容如下：

a. XL 科技在养殖过程中对鲟鱼的品种、性别及鱼龄记录准确、连续和完整，建立了完善的养殖记录，符合鉴定的基本工作要求；

b. 在现场盘点过程中，技术工作组确认 XL 科技各养殖基地在每个鱼池（网箱）中均按照同一品种、同一鱼龄的方式进行养殖，每个鱼池（网箱）中养殖鲟鱼的品种、性别及鱼龄与 XL 科技的盘点表相一致；

c. 经过技术工作组独立、严谨、公正的抽样检测和全程监测，得出专业性意见：确认 XL 科技各养殖基地中养殖鲟鱼的品种、性别及鱼龄与 XL 科技的养殖报表记录的品种、性别和鱼龄一致。

D. 盘点差异处理。

盘点结束后，财务人员对盘点结果进行汇总，并与生产报表数据和用友 ERP － U8 库存管理模块中的数据进行核对。若价值误差在 1% ~ 3%，则扩大抽取剩余网箱（鱼池）数量的 10% 进行盘点，若价值误差超过 3%，则扩大抽取剩余网箱（鱼池）数量的 20% 进行盘点，直至价值误差在 1% 以内或全面盘点。对年终盘点出来的生物资产差异数，各基地统计员根据实盘数在 ERP 系统账套内做差异调整，并将盘点差异金额计入管理费用。

2013 年度至 2015 年度，发行人的年终盘点均未发生价值误差超过 1% 的情形。

（3）消耗性生物资产的变动情况。

截至 2015 年 12 月 31 日、2014 年 12 月 31 日和 2013 年 12 月 31 日，发行人消耗性生物资产的价值分别为 33 764.55 万元、26 747.06 万元和 21 252.32 万元，重量分别为 7 313.30 吨、5 954.87 吨和 4 679.52 吨。消耗性生物资产的变动情况如下。

①按养殖基地划分。

报告期内，发行人消耗性生物资产主要分布在杭州 QDH 基地、衢州 HY 基地、衢州 XLL 1 号基地、山东 DHG 基地、湖北 QJ 基地和江西 ZLH 基地等 6 个养殖基地，整体构成如表 7 – 26 所示。

报告期内，发行人的养殖规模不断扩大，养殖基地的数量也在不断增多。杭州 QDH 基地采取生态网箱养殖模式，主要养殖 3～6 龄的后备鲟鱼，是发行人建立的第一个养殖基地，历经 12 年的发展，已经成为发行人养殖规模最大的基地；衢州 HY 基地和衢州 XLL 1 号基地养殖的鲟鱼均是 6 龄以上的成熟原料雌鱼，价值比较高。山东 DHG 基地、湖北 QJ 基地和江西 ZLH 基地主要养殖 3～6 龄的后备鲟鱼，系发行人自养基地的重要补充。

②按品种划分。

发行人消耗性生物资产的品种有杂交鲟、俄罗斯鲟、西伯利亚鲟、史氏鲟、达氏鳇、俄杂鲟、欧杂鲟、欧洲鳇和闪光鲟，其中杂交鲟、俄罗斯鲟、西伯利亚鲟、史氏鲟和达氏鳇 5 个品种为发行人的主要养殖品种。报告期内，发行人消耗性生物资产按品种划分的整体构成如表 7 – 27 所示。

（4）存货跌价准备的计提

因发行人的鱼子酱业务毛利率水平较高，消耗性生物资产和鱼子酱成品均未计提存货跌价准备。按谨慎性原则，截至 2015 年 12 月底，发行人鲟鱼及鲟鱼肉制品存货跌价准备余额为 170.35 万元。

表 7-26

发行人消耗性生物资产主要分布

| 养殖基地 | 2015 年 12 月 31 日 | | | | 2014 年 12 月 31 日 | | | | 2013 年 12 月 31 日 | | | |
|---|---|---|---|---|---|---|---|---|---|---|---|---|
| | 重量（吨） | 重量比例 | 金额（万元） | 金额比例 | 重量（吨） | 重量比例 | 金额（万元） | 金额比例 | 重量（吨） | 重量比例 | 金额（万元） | 金额比例 |
| 杭州 QDH 基地 | 3 770.58 | 51.56% | 15 245.56 | 46.53% | 3 445.98 | 57.87% | 13 585.80 | 50.79% | 3 319.79 | 70.94% | 12 897.12 | 60.69% |
| 衢州 HY 基地 | 1 063.14 | 14.54% | 7 124.89 | 21.75% | 741.60 | 12.45% | 5 229.09 | 19.55% | 602.62 | 12.88% | 4 143.74 | 19.50% |
| 衢州 XLL 1 号基地 | 589.86 | 8.07% | 2 448.87 | 7.47% | 577.28 | 9.69% | 3 347.08 | 12.51% | 631.61 | 13.50% | 3 859.40 | 18.16% |
| 山东 DHC 基地 | 132.89 | 1.82% | 422.28 | 1.29% | 182.36 | 3.06% | 527.23 | 1.97% | 125.50 | 2.68% | 352.07 | 1.65% |
| 湖北 QJ 基地 | 1 071.43 | 14.65% | 4 386.41 | 13.39% | 1 007.65 | 16.93% | 4 057.88 | 15.18% | — | — | — | — |
| 江西 ZLH 基地 | 685.39 | 9.36% | 3 136.54 | 9.57% | — | — | — | — | — | — | — | — |
| 合计 | 7 313.29 | 100.00% | 32 764.55 | 100.00% | 5 954.87 | 100.00% | 26 747.08 | 100.00% | 4 679.52 | 100.00% | 21 252.33 | 100.00% |

注：杭州 QDH 基地、衢州 HY 基地、衢州 XLL 1 号基地、江西 ZLH 基地为母公司的养殖基地，山东 DHC 基地为子公司山东 XL 的养殖基地，湖北 QJ 基地为子公司湖北 XL 的养殖基地，江西 ZLH 基地为子公司江西 SX 的养殖基地；山东 XL 2011 年纳入合并报表，湖北 XL 2014 年纳入合并报表，江西 SX 2015 年纳入合并报表。

246

表 7-27　　　　　发行人消耗性生物资产按品种划分的整体构成

| 品种 | 2015 年 12 月 31 日 | | | | 2014 年 12 月 31 日 | | | | 2013 年 12 月 31 日 | | | |
|---|---|---|---|---|---|---|---|---|---|---|---|---|
| | 重量（吨） | 重量比例 | 金额（万元） | 金额比例 | 重量（吨） | 重量比例 | 金额（万元） | 金额比例 | 重量（吨） | 重量比例 | 金额（万元） | 金额比例 |
| 杂交鲟 | 1 992.66 | 27.25% | 10 191.33 | 30.18% | 1 760.75 | 29.57% | 9 200.63 | 34.40% | 1 209.76 | 25.85% | 7 444.62 | 35.03% |
| 俄罗斯鲟 | 4 269.95 | 58.39% | 18 018.44 | 53.36% | 3 321.51 | 55.78% | 12 656.00 | 47.32% | 2 789.91 | 59.62% | 10 128.13 | 47.66% |
| 西伯利亚鲟 | 200.45 | 2.74% | 858.10 | 2.54% | 239.83 | 4.03% | 1 106.37 | 4.14% | 294.10 | 6.28% | 1 430.72 | 6.73% |
| 史氏鲟 | 20.80 | 0.28% | 241.19 | 0.71% | 18.97 | 0.32% | 312.87 | 1.17% | 26.22 | 0.56% | 424.53 | 2.00% |
| 达氏鳇 | 540.69 | 7.39% | 2 381.87 | 7.05% | 413.70 | 6.95% | 1 773.48 | 6.63% | 224.20 | 4.79% | 981.17 | 4.62% |
| 欧杂鲟 | 0.25 | 0.00% | 2.53 | 0.01% | 0.22 | 0.00% | 2.22 | 0.01% | 0.31 | 0.01% | 2.43 | 0.01% |
| 欧洲鲤 | 260.47 | 3.56% | 1 940.78 | 5.75% | 193.70 | 3.25% | 1 664.74 | 6.22% | 132.93 | 2.84% | 824.19 | 3.88% |
| 闪光鲟 | 28.05 | 0.39% | 130.31 | 0.40% | 6.18 | 0.10% | 30.76 | 0.12% | 2.10 | 0.04% | 16.53 | 0.08% |
| 合计 | 7 313.32 | 100.00% | 33 764.55 | 100.00% | 5 954.86 | 100.00% | 26 747.07 | 100.01% | 4 679.53 | 99.99% | 21 252.32 | 100.01% |

### 7.6.4　法律规定分析

　　针对发行人 IPO，证监会曾提出以下问题：招股说明书披露，发行人不存在控股股东和实际控制人，发行人股权结构较为分散。请发行人代表：（1）结合发行人历史和实际管理等情况分析说明认定不存在控股股东和实际控制人的合理性；（2）说明是否形成一致行动，是否存在共同控制；（3）说明公司治理结构的稳定性及对持续经营的影响。请保荐代表人说明核查过程、依据，并发表明确核查意见。

　　发行人无实际控制人，股权结构相对分散。本次发行前，发行人前四大股东 W、HPG 投资、王某和 QF 集团的持股比例分别为 23.80%、11.60%、9.64% 和 8.47%，合计持股比例为 53.51%。本次发行完成后，发行人股东的持股比例将进一步被稀释。

　　尽管发行人采取了股份锁定等一系列措施保证发行人上市后股权结构及经营决策的稳定性，但相对分散的股权结构使发行人上市后仍有可能成为被收购对象。如果发行人被收购，将会导致发行人控制权发生变化，可能会给发行人业务或经营管理等带来一定影响。

# 第 8 章
# 毛利率问题

## 8.1 毛利率审核概述

### 8.1.1 毛利率定义与内涵

毛利率是毛利与营业收入的百分比，其中毛利是营业收入和相对应的营业成本之间的差额。毛利率公式如下。

毛利率 = 毛利÷营业收入×100% =（主营业务收入－主营业务成本)/主营业务收入×100%

毛利率代表着公司的盈利能力、行业地位、竞争能力。因此，毛利率是分析公司盈利能力的重要标准之一。

分析毛利率既要结合具体行业的供求关系、竞争情况，还要结合公司自身的变动趋势、销售模式以及产品结构等。

### 8.1.2 毛利率审核主要关注点

毛利率及其波动是 IPO 审核中重点关注的问题，几乎每家 IPO 公司的毛利率状况都会被发审委关注并询问。统计显示，2017 年 IPO 申请被否决的 16 家公司中，10 家公司被发审委问及毛利率相关问题，占比为 62.5%。经分析，发审委对 16 家被否决公司的毛利率关注点主要体现在以下三个方面。

**1. 报告期毛利率高于同行业上市公司**

2017 年 IPO 申请被否决的 16 家公司中，ZYKJ、GJHJ、WJYL 及 SFZC 等 4 家公司存在毛利率高于同行业上市公司的现象。对此，发审委通常要求申报公司说明毛利率较高的原因及维持较高毛利率的可行性等。

ZYKJ 的案例具有一定借鉴意义。ZYKJ 报告期内综合毛利率显著高于同行业上市公司水平，自采购阶段至销售阶段，发审委对其毛利率均给予了关注，且涉及产品创新性、核心竞争力、技术能力等。

一是产品价格及变化的合理性。ZYKJ 需比较同期主要客户从其他供应商处采购同类产品的价格情况并进行说明；需说明部分主要产品平均售价上涨的原因，产品的核心竞争力，维持高毛利率的可行性等。

二是材料采购价格及变化的合理性。ZYKJ 被要求比较同期主要供应商向其他客户供应同类产品的价格情况并进行说明。

三是研发事项对毛利率的影响等。ZYKJ 被要求结合自制 PTFE 膜的研发过程，说明对毛利率的影响及合理性。

需要提及的是，发审委对毛利率的关注最终直指企业核心竞争力。ZYKJ 被要求进一步说明发行人核心产品的研发投入、研发人员的配备、销售收入构成变化情况，同时说明产品的创新性、核心竞争力、技术能力等。

### 2. 报告期毛利率与同行业公司变动不一致

申报公司报告期内毛利率与同行业公司变动是否一致，也是发审委审核的重要关注点。对此，发审委通常要求申报公司说明原因及合理性等。

IPO 申请被否决的 JZKJ 报告期内毛利率逐年增长，且与同行业公司的毛利率变动不一致。发审委要求其说明报告期内毛利率变动趋势与同行业公司不一致的原因，并说明 2016 年和 2017 年 1—6 月汽车雨刮器系统零部件产品的毛利率明显高于同行业可比上市公司同类产品毛利率的原因等。

IPO 申请同样被否决的 WEM 也存在类似情况。报告期内，WEM 主要产品销售毛利率高于同行业上市公司平均水平且变动趋势不一致。发审委要求其结合核心产品的价格、成本、应用范围、客户、技术等情况，说明主要产品销售毛利率高于同行业上市公司平均水平且变动趋势不一致的主要原因及其合理性。

### 3. 报告期毛利率下降

申报公司报告期内毛利率下降同样会被发审委关注。IPO 申请被否决的 JQGD 报告期利润逐年下滑，综合毛利率也呈下降趋势。

2017 年 1—6 月，该公司计量芯片业务收入下降较快，销售单价及毛利率持续下降，而载波芯片业务收入持续上升，销售单价却持续下降。发审委要求其说明载波芯片毛利率高于计量芯片的原因以及高毛利率的可持续性等。

## 8.2　天津 LZ 集团公司案例分析

### 8.2.1　案例介绍

天津 LZ 集团（以下简称"LZ 集团"）成立于 1984 年，是一家专业研发、制造铸造铝合金、变形铝合金、微纳米级功能母合金、智能金属模具、汽车铝合金车轮和自动化冶金装备的跨国集团公司，产品主要应用于汽车、高铁、电力电子、航天航空、船舶、军工等领域。2005 年，LZ 集团旗下的 LZ 车轮公司在新加坡交易所主板上市。

LZ 集团拥有 21 家成员企业，拥有员工 8 000 多人，总资产为 60 亿元人民币，2013 年实现销售收入 105 亿元。LZ 集团拥有功能合金、铸造合金、变形合金产能 70 万吨，是国内最大的铸造铝合金和功能母合金企业；还拥有车轮产能 1 500 万只，模具产能 1 000 套，是国内最大的汽车铝合金车轮制造企业之一。

LZ 集团是我国首家成功研制出高纯 A356 铝硅镁钛合金、高效节能自动熔炼炉组、半径 60 千米铝液输送技术、150 微米级功能材料、双边浇减重成型技术、一机双模低压铸造技术、液态模锻技术的国家高科技企业。LZ 集团还建立了有色金属合金材料院士工作站、航天航空金属材料院士工作站、铝合金和车轮模具技术院士工作站、4 个省级工程技术研究中心和 1 个国家认可实验室等科研机构，同时拥有 230 多项专利技术。

本次 IPO 申报保荐机构为 XY 证券；律所为 BJZL；会计师事务所为 PHTJ。首次申报在 2017 年 5 月 25 日，更新申报在 2017 年 12 月 22 日。拟上市地为上交所。

臧氏家族通过 TJQG 和 XGZS 合计持有 LZ 集团 24 426.944 9 万股股份，占公司总股本的比例为 95.48%，为公司实际控制人。臧氏家族（包含三兄弟在内）共 12 个人为一致行动人，其关系如图 8-1 所示。

上述臧氏家族成员已签署《一致行动协议》，公司实际控制人最近三年未发生变化。

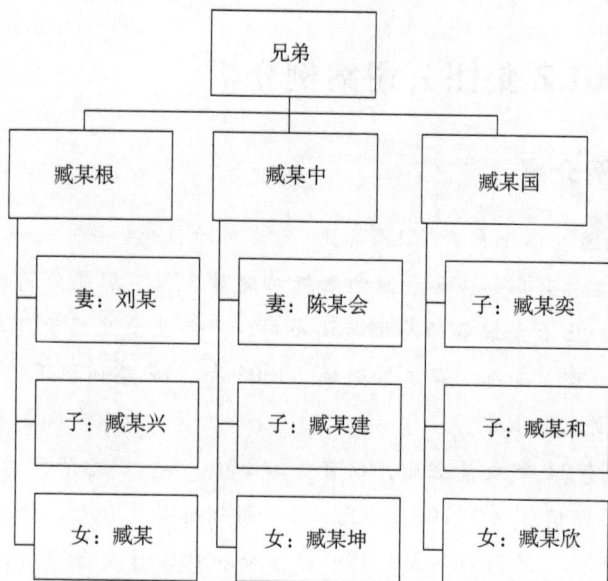

图 8 - 1    臧氏家族一致行动人关系

## 8.2.2    证监会公告

1. 新加坡 LZ 2005 年 10 月在境外上市、2015 年 11 月在境外退市，新加坡 LZ 将其持有的 BDCL 25% 股权等转让给 LZ 有限，以零对价将 LZ 有限 75% 股权转让给 TJQG、25% 股权转让给 XGZS。请发行人代表说明，上述行为是否符合境外投资、返程投资、外汇管理等方面的有关规定，是否取得有关主管部门的核准或备案，是否履行了各项法律程序，所涉各方主体相关资金的来源是否合法，所涉各方主体是否履行了缴纳所得税的义务。请保荐代表人说明核查方法、过程、依据，并发表明确核查意见。

2. 2016 年，STXC 拟发行股份购买 TJQG 的股权，TJQG 是发行人的控股股东，被臧氏家族实际控制。请发行人代表：

（1）说明 TJQG 重组时控制的主要资产与发行人现有资产的异同，主要财务数据的差异原因；

（2）STXC 2016 年 1 月停牌拟重组，11 月终止重组，说明重组前一个月 LZ 有限注册资本由 3.9 亿元增加至 10.1 亿元、重组终止后一个月整体变更减资至 2.4 亿元的原因及合理性；

（3）说明终止该重组事项的原因。请保荐代表人说明核查方法、过程、依据，并发表明确核查意见。

3. 报告期内，发行人原始财务报表和申报财务报表存在差异。请发行人代表说明，发行人的相关内部控制制度是否健全且被有效执行，发行人会计基础工作是否规范，财务报表的编制是否符合企业会计准则的规定。请保荐代表人说明核查方法、过程、依据，并发表明确核查意见。

4. 发行人实际控制人控制的主体众多，与发行人之间存在上下游关系，为同一产业链上不同环节。请发行人代表说明：

（1）发行人与上述关联方在采购、销售渠道上的关联性，是否存在共同的供应商、客户，上述关联方与发行人主要供应商、客户在资金、业务上的往来情况，发行人与上述关联方之间是否存在成本、费用分担或混同的情形，发行人在业务、资产、技术、人员等方面是否与关联方完全独立；

（2）实际控制人控制的众多主体之间是否存在同业竞争，不存在同业竞争的依据。请保荐代表人说明核查方法、过程、依据，并发表明确核查意见。

5. 请发行人代表：

（1）结合发行人业务模式，说明库存商品余额较大且 2016 年、2017 年上半年大幅增加的原因及合理性，存货减值准备是否充分计提；

（2）说明 2016 年末应收账款大幅增加及报告期内应收账款周转率下降的原因及合理性，报告期内与主要客户的信用期是否发生变化，相关交易的收入确认是否符合企业会计准则的要求；

（3）说明 2016 年、2017 年经营活动现金流量净额远低于当期净利润的原因及其合理性，对发行人的持续盈利能力是否会产生重大不利影响；

（4）说明发行人毛利率高于同行业可比上市公司平均水平的具体原因、合理性和可持续性，成本费用是否真实、准确、完整；

（5）说明报告期内发行人资产负债率远高于同行业可比上市公司均值的合理性。请保荐代表人说明核查方法、过程、依据，并发表明确核查意见。

## 8.2.3　监管逻辑分析

### 1. 核心因素分析

发行人属于典型的汽车零部件行业企业，其产品技术含量高、有市场竞争力和话语权。因为汽车车轮直接影响行驶安全，所以没有一定的竞争力和优势很难成为汽车厂商的上游供应商。从发行人经营业绩的角度看，报告期内收入和净利润都呈高速增长，2016 年净利润已经接近 3 亿元，2017 年 1—6 月也有1.2 亿元的净利润。从发审会问询角度看，其并未质疑发行人财务数据真实性，也没有关注发行人未来持续盈利能力。不过，发行人存在一些由境外退市引起的敏感问题，具体如下。

（1）发行人的实际控制人也是已经上市公司 STXC 的实际控制人，而 STXC 的业务处于发行人的业务上游。因此，发行人与 STXC 是否存在业务竞争情形值得关注。

（2）STXC 曾在 2016 年 1 月发布公告，拟收购发行人控股股东天津 LZ 企业管理公司控制的相关资产。2016 年 11 月，STXC 终止了重组计划，而发行人 IPO 申请在 2017 年 6 月提交。从这个角度看，臧氏家族控制的公司在新加坡退市的目的可能并非为了后续的 IPO，更可能是重组。

（3）发行人是原新加坡上市公司的重要下属子公司，后续进行了一系列的股权调整。股权调整是否涉及资金流转、是否涉及个人所得税、是否涉及外汇管理等问题，值得重点关注。

（4）发行人的具体经营情况。

①报告期内，发行人主营业务收入中海外销售收入占同期主营业务收入的比例分别为 45.41%、47.10%、40.52% 和 48.31%。发行人前五大客户（按品牌合并）的销售收入占同期主营业务收入的比例分别为 65.94%、66.51%、66.39% 和 68.68%。

②报告期内，发行人电解铝及 A356 铝合金成本占自产成本的平均比重约为 60%，电解铝的平均采购价格分别为 11.10 元/千克、10.09 元/千克、10.62 元/千克和 11.60 元/千克，A356 铝合金的平均采购价格分别为 12.89 元/千克、12.02 元/千克、12.16 元/千克和 14.31 元/千克。

③报告期内，发行人应收账款账面净额分别为 67 747.53 万元、69 199.37 万元、108 400.21 万元和 103 668.81 万元。应收账款规模增长较快，发行人已购买了相应的短期贸易信用保险，且发行人应收账款对象主要为国内外大型汽车制造商，回款相对有保障。

**2. 针对问询问题的具体分析**

（1）针对问询问题 1。

发行人原本是新加坡上市公司新加坡 LZ 的境内重要的经营实体，是新加坡 LZ 的全资子公司。为了满足发行人境内 IPO 的基本要求，新加坡 LZ 将 75% 发行人的股权转让给了境内的一家控股型公司 TJQG（没有任何业务），另外 25% 股权转让给了 XGZS。

这样的股权转让是外商独资企业红筹（不论是已经上市还是没有上市）架

构拆除回归境内上市的常见处理方式。

（2）针对问询问题 2。

同业竞争方面，发行人不仅已经控制了一家已经上市的创业板公司，同时还有很多的控制主体，共五十家左右。监管部门并不是仅仅关注发行人是否存在同业竞争的问题，而是更多地从采购和销售渠道、成本和费用分摊、人员和业务独立性等方面关注实际控制人控制企业与发行人之间是否存在业务竞争的情形，进而关注发行人是否存在业绩调整的情形。

（3）针对问询问题 3。

综合毛利率方面，发行人在招股说明书中没有将产品的毛利率与同行业可比公司可比产品进行比较，而仅仅将主营业务综合毛利率与同行业可比公司的综合毛利率进行了比较。同行业可比公司 2014 年、2015 年综合毛利率分别为 32.22%，31.15%，发行人招股说明书披露，报告期内毛利率高于同行业可比上市公司平均水平的主要原因如下。

①各公司主要产品所处市场的竞争状况不同。汽车零部件产品种类较多，不同种类零部件差异较大。产品结构、产品种类的不同使得同行业可比上市公司之间、发行人与同行业可比上市公司之间毛利率均有所差异。考虑到汽车零部件产品结构复杂程度、生产难易程度、产品技术含量和面临的市场竞争情况不同等因素，即使同一家公司生产的不同种类的产品毛利率也存在较大差异，如报告期内发行人汽车雨刮系统零部件产品毛利率高于汽车门窗系统零部件。

②发行人在汽车雨刮系统零部件行业具有较强的先发优势。汽车雨刮系统零部件和汽车门窗系统零部件均属于精密汽车零部件产品，发行人具有多年汽车雨刮系统零部件批量制造经验，具有行业先发优势的汽车零部件产品往往具有较高的毛利率。

③发行人产品具有较强的技术领先优势。发行人掌握了一批具有行业竞争力的核心技术，其技术先进性和成熟度居国内领先地位。较强的技术领先优势是发行人产品具有较高毛利率水平的关键因素之一。

④发行人产品具有较强的成本优势。发行人一直致力于成本的精细化管理，建立了全面的成本核算体系，从采购、库存、生产等多环节严格进行成本管理，有效地降低了产品的生产成本。此外，发行人地处绍兴南部山区，生产工人主要来自周边村镇，人力成本较低。上述因素使得发行人产品具有较强的成本优势。发行人对毛利率高于同行业可比公司的解释，没有具体到生产模式、客户结构、产品功能和复杂结构的比较、采购模式、销售模式等方面，也没有将两

种产品与最具可比性的可比公司产品进行比较，因此未取得发审委的认可。

发行人综合毛利率与同行业可比公司存在明显差异的，一般不把比较综合毛利率作为重点，而应将发行人的具体产品毛利率与可比公司同类产品毛利率进行比较，这样最具有说服力。发行人应从价格、成本、生产等环节进行分析。

①分析比较的产品是否完全相同，是否完全可比。

发行人的产品可能无同类上市公司生产，因此，只能选择与生产相类似的产品上市公司进行比较。这种情况下，就应当说明发行人与同行业可比公司具体产品类型不同。同时对发行人产品与可比公司产品在原材料、生产工艺、定制、研发能力、技术要求、精密度、产品性能等方面是否存在差异，是否导致毛利率存在差异进行分析。

若发行人产品与可比公司产品属于同种产品，则需要对两者的性能、应用领域、技术等进行分析，说明是否因此导致毛利率存在差异。

②分析销售模式是否不同。

一般来说，直销模式下，产品毛利率较高；若采用经销模式，因让利于经销商，产品毛利率相对较低。

因此，要分析销售模式是否导致毛利率存在差异。

③分析客户结构是否不同。

若发行人的客户为政府、大型运营商等大型国企、国际知名企业，这类客户对产品性能要求较高，产品毛利率一般较高。若客户为中小型企业，市场竞争激烈，则产品毛利率相对较低。

④生产模式是否不同。

发行人是否自己拥有全部生产线，是否采用委外生产的方式。若采用委外生产，材料采购是自己采购还是外协厂代理采购等。由于委外生产的环节越多，越需要让渡利润，生产成本相对越高，所以产品毛利率也相对越低。而自己生产的模式下，原材料自己采购，相应地节约了部分生产成本，产品毛利率相对较高。

⑤是否存在产业链的优势。

若发行人覆盖产业链上下游，原料自给能力越强，则相应地能够获得更多的利益，产品的成本优势越强，毛利率相对越高；如果发行人产业链单一，则需要对外采购高价的原材料或生产部件，生产成本一般较高，毛利率相对较低。

⑥产品的性能和定位是否不同。

产品的技术含量高、创新性强、性能高、成品率高，市场定位高端，则毛利率一般就高。若产品性能一般，应用于竞争激烈的市场，则产品的毛利率一般较低。

从上述 6 个方面解释产品毛利率与同行业可比公司存在差异的原因，基本可以获得发审委的认同。

当然，也存在毛利率异常不能获得发审委的认同的解释情况。

然而，有的企业毛利率与同行可比公司存在重大异常，其解释没有获得发审委的认可，主要原因如下：

①选择不恰当的同行业可比公司；

②仅比较分析综合毛利率，没有对具体产品差异进行细致分析；

③分析差异时过于笼统，并未将过程解释清楚；

④未对生产模式、客户结构等具体内容进行比较。

## 8.2.4　法律规定分析

根据英属维尔京群岛律师事务所 W 于 2017 年 9 月 21 日出具的《LZ 投资法律意见书》，LZ 投资系合法设立并有效存续的主体，不存在诉讼或者潜在纠纷。根据臧氏家族和 LZ 投资出具的书面声明，LZ 投资不存在违法违规情形。根据臧氏家族和伯克利出具的书面声明，伯克利不存在违法违规情形。根据新加坡律师事务所 D R 于 2017 年 9 月 11 日出具的《新加坡 LZ 法律意见书》，新加坡 LZ 在境外上市及退市期间符合新加坡证券及期货法、上市规则、条例、公司法以及其他新加坡适用法律的规定，不存在被政府有关部门处罚以及其他争议情形。根据臧氏家族和新加坡 LZ 出具的书面声明，新加坡 LZ 不存在违法违规情形。

新加坡 LZ 于新加坡交易所退市后已没有实质经营业务和经营活动，2017 年 11 月 28 日，新加坡 LZ 股东决定启动公司注销程序，尽快完成公司注销。伯克利要约收购完成后已没有实质经营业务和经营活动，2017 年 12 月 1 日，伯克利股东会决议启动公司注销程序。LZ 投资收购完成后已没有实质经营业务和经营活动，2017 年 12 月 7 日，LZ 投资股东会决议启动公司注销程序。

针对境外投资机构注销事项，臧氏家族出具承诺将督促上述境外公司尽快办理注销手续，上述境外公司自设立起合法经营，不存在违反中国及注册地法律、法规、规范性文件或相关政策的情形，不存在受到任何中国监管机关或任何注册地监管机关调查或处罚的情形，不存在任何纠纷或潜在纠纷。如因上述境外公司违反中国或注册地相关规定或存在任何纠纷、潜在纠纷对 LZ 股份造成任何损失，由臧氏家族对 LZ 股份进行全额补偿。

综上所述，LZ 集团原境外投资主体不存在违法违规情形；相关主体已启动注销程序，将尽快办理注销手续，上述情形不会损害 LZ 集团的利益。

## 8.3  AY 生物科技集团公司案例分析

### 8.3.1  案例介绍

AY 生物科技集团股份有限公司（以下简称"AY 生物"）主要从事饲料的研发、生产和销售，其中猪饲料是主要产品。报告期内，AY 生物的猪饲料销售占到各期的 71%～92%，但生猪养殖业务销售占比逐渐提升，最新一个报告期占比超过 20%。

1992 年，洪某创立了 AY 生物，此后不断发展壮大。到 2016 年，AY 生物营收已达到了 46.05 亿元，当期饲料销售额达 39.88 亿元，占其营收的 86.77%。

AY 生物是一家典型的家族企业，其实际控制人为洪某家族，五名家族成员共持股 64.06%。

为了上市，AY 生物从 2012 年起开启了资本运作，第一步就是进行重大资产重组。这一年，AY 生物涉及重组的公司达 19 家，主要是同一控制下公司重组。2013 年、2014 年又分别重组了 15 家和 6 家公司；2015 年至 2017 年又重组了 6 家公司。2015 年 6 月，DH 投资入股 AY 生物，持股 6.62%。一系列的重组过后，AY 生物饲料业务板块 46 家子公司大部分为直接持股 100%，养殖板块绝大部分为间接持股 100%。

近年来，AY 生物从一个专业化饲料企业迅速扩张，在养猪、物联网、金融、食品等领域多有布局，从而形成了上中下游的产业链。

AY 生物主营生产饲料的核心原材料。饲料业务板块相关的子公司，隶属于上市主体，统一向上市主体采购原材料，加工后对外销售；养殖板块子公司则向生产饲料的子公司采购饲料。AY 生物的业务主要包含饲料业务和养猪业务，其中饲料可卖给体系内的公司也可以卖给其他公司，而养猪业务则从自己公司买饲料养猪再对外销售。

### 8.3.2  证监会公告

1. 报告期内发行人子公司因环保违规被处以 8 项行政处罚，因安全生产问题被处以 3 项行政处罚，并有规划、消防、税务、农业、畜牧等部门多项处罚，且在报告期后期仍持续发生。发行人的部分养猪场尚未办理完毕动物防疫条件合格证，部分养猪场的动物防疫条件合格证在出租方名下，部分养猪场已取得环评批复但未取得环评验收，部分养猪场未取得环评批复和环评验收，部分养猪场待办理排污许可证。发行人 2012 年至今收购了 47 家公司，但报告期内行政管理人员人数逐年减少。请发行人代表：

（1）说明报告期内频繁受到处罚的原因，相关养猪场未来持续经营是否存在重大不确定性，相关处罚、证照瑕疵是否构成重大违法违规；

（2）结合相关养猪场对应的经营与财务情况，说明对发行人经营业绩及生猪养殖业务的影响；

（3）说明发行人管理子公司数量逐年增加但行政管理人员逐年减少的原因及合理性；

（4）说明报告期内发行人是否已建立全面有效的内控制度，相关内控制度是否已有效执行。请保荐代表人说明核查过程和方法，并发表明确核查意见。

2. 发行人拥有的部分房产及土地尚未取得权属证书，还存在部分无法办理权属证明的情形、未签订土地出让合同的情形、未取得建筑工程施工许可证即开工建设的情形。发行人租赁的国有划拨地存在法律瑕疵，租赁的多处农村集体土地存在集体土地使用权流转程序瑕疵。请发行人代表说明：

（1）未来持续使用前述房产及土地是否存在重大不确定性，是否存在被处罚的风险和其他法律风险，该等情况是否构成重大违法违规；

（2）前述瑕疵房产及土地对发行人经营与财务情况的影响；

（3）金坛猪场相关租赁资产作为融资租入固定资产和无形资产入账的依据，是否符合企业会计准则相关规定，出租方破产进展及对发行人该猪场生产经营的影响，相关资产减值准备是否充分。请保荐代表人说明核查过程和方法，并发表明确核查意见。

3. 报告期内，发行人主营业务毛利率存在波动。请发行人代表说明：

（1）配合饲料中教保料毛利率显著高于一般饲料的原因及其合理性，配合饲料毛利率明显高于同行业可比上市公司的原因及合理性；

（2）养殖业务毛利率波动较大、与同行业可比上市公司存在差异的原因及其合理性，是否存在影响公司持续盈利能力的情形；

（3）各年外购猪苗采购与销售之间的勾稽关系，2017 年药品采购下降与收入之间的勾稽关系。请保荐代表人说明核查过程和方法，并发表明确核查意见。

4. 发行人销售模式以经销为主，饲料业务经销商收入和数量较为稳定，生猪业务经销收入和猪贩子数量增长较大。请发行人代表说明：

（1）生猪经销商 2014—2016 年增长较快，但 2017 年大幅下滑的原因；

（2）发行人与经销商是否存在关联关系，是否存在交易价格不公允的情形；

（3）报告期各期经销商库存情况及后续销售情况；

（4）饲料板块经由第三方回款金额逐年增长的原因及合理性，相关内控制度是否健全并有效执行。请保荐代表人说明核查过程和方法，并发表明确核查意见。

5. 请发行人代表：

（1）结合报告期各期养殖场数量、存栏数、人均管理商品猪数量等情况，说明报告期内存货中的消耗性生物资产和生产性生物资产余额逐年快速增长的原因；

（2）说明报告期末部分养殖场密度高达 2 头/平方米的原因及合理性；

（3）说明发行人划分生产性生物资产和消耗性生物资产非成熟和成熟的标准是否符合行业惯例，是否和同行业可比上市公司一致；

（4）说明报告期各期对自有猪场和契养猪场的生物性资产盘点情况，盘点结果是否存在异常；

（5）结合报告期各期生猪市场价格的波动变化情况、生猪存活率等因素，说明报告期内 2014 年末和 2017 年 6 月末存货跌价准备计提比例显著高于同行业可比上市公司，而 2015 年末和 2016 年末未予计提存货跌价准备的原因和合理性。请保荐代表人说明核查过程和方法，并发表明确核查意见。

## 8.3.3　监管逻辑分析

### 1. 行业分析

影响农业企业成功上市的问题如下：

（1）持续经营能力容易受自然环境和市场环境波动的影响；

（2）主要客户和供应商以个体户或农户为主，交易对象分散，交易的真实性核查难度较大；

（3）财务核算不规范，尤其以现金交易、个人卡结算和特殊存货的盘点问题较为突出。

因为农业造假成本低，现金交易多，收入确认不规范，存货无法精细盘查等，所以农业企业 IPO 之路困难重重。

**2. 财务审核**

从 AY 生物的业绩来看，2014—2016 年及 2017 年上半年，营业收入分别为 40.96 亿元、38.82 亿元、46.05 亿元、25.41 亿元，扣非归母净利润分别为 1.89 亿元、1.32 亿元、2.84 亿元、0.89 亿元，经营活动产生的现金流净额分别为 1.87 亿元、2.04 亿元、2.97 亿元、 – 0.19 亿元。

从数据来看，AY 生物业绩体量大且质量佳，然而最终未能通过证监会的审核。发审委关注的问题如下：

（1）经营的合法合规性，如多次受到行政处罚；

（2）产权是否存在重大瑕疵，如土地使用瑕疵；

（3）毛利率和会计处理的合理性与规范性；

（4）内部控制的有效性，如饲料板块经由第三方回款；

（5）经营数据的合理性，如部分养殖场密度高达 2 头/平方米的原因及合理性等。

农业企业规范难、核查难，所以农业企业 IPO 申请难以通过审核。此前，以生猪养殖、销售为主营业务的云南 SN 农业股份有限公司便未能过会。

对于 AY 生物的会计核查而言，争议点主要在于"生产性生物资产"和"如何折旧"。招股书显示，2014—2016 年，AY 生物的消耗性生物资产中，分别有 4.9 万头、9.4 万头、28.62 万头猪；生产性生物资产中，分别有 3 831 头、1.24 万头、3.23 万头猪。

猪是消耗性生物资产还是生产性生物资产，最终该如何入账？AY 生物对生产性生物资产的划分标准与同行有所不同，具有一定的合理性，争议不大。那么重点来看争议较大的部分——如何折旧。

同行业的 MY 股份采取的是年限平均法计提折旧。AY 生物的方法有所不同，其先将生产性生物资产分为公猪和母猪。其对公猪的折旧法与同行业其他公司一致；对于母猪，其采用工作量法，预计工作量为 6 胎，每生一胎折旧一次。

AY 生物对达到预定生产经营目的生产性生物资产计提折旧，并根据其性质、使用情况和有关经济利益的预期实现方式，合理确定其使用寿命、预计净残值和折旧方法。

生产性生物资产类别、预计使用寿命、预计净残值率和折旧方法如表 8 – 1 所示。

表 8-1　　生产性生物资产类别、预计使用寿命、预计净残值率和折旧方法

| 类别 | 预计使用寿命 | 预计净残值 | 折旧方法 |
|------|------------|-----------|---------|
| 种公猪 | 2 年 | 1 500 元/头 | 年限平均法 |
| 生产母猪 | 6 胎 | 1 200 元/头 | 工作量法 |

A. 种公猪：年限平均法。依据（生产性生物资产原值 – 预计净残值 1 500 元/头）÷24 月，按月计提分摊及计提折旧，新转入或购置的种公猪次月计提折旧。

B. 生产母猪：工作量法。依据（生产性生物资产原值 – 预计净残值 1 200 元/头）÷6 胎次，按实际分娩的时间计提折旧。如新转入或购置的生产母猪在 4 个月后分娩，则在第 4 个月计提该胎次折旧，按年产 2.2 胎次计算预计使用年限为 2.7 年。

预计净残值的认定：种公猪 1 500 元/头（根据平均淘汰时体重 250 千克，平均淘汰价格 6.00 元/千克测算）、生产母猪 1 200 元/头（根据平均淘汰时体重 200 千克，平均淘汰价格 6.00 元/千克测算）

实际上，按照 AY 生物招股书披露的折旧方法计算，每年折旧的比例与同行业差异不明显。但这样的折旧方式引起了证监会重点关注。

折旧问题是养殖类农业企业会计处理上非常重要的一个问题，尤其对养猪企业而言。一般情况下，企业会将种猪认定为生产性生物资产然后进行逐年摊销，而将一般的生猪认定为消耗性生物资产计入当期损益。那么在实践中就可能存在通过两种不同的生物资产认定标准来调节业绩的情形，比如将更多的生猪界定为生产性生物资产，从而进行摊销调节利润。发审委之所以问询这个问题，是因为关注两种生物资产的划分标准、盘点情况、会计处理是否真实合理。

此外，发审委还对第三方回款提问："饲料板块经由第三方回款金额逐年增长的原因及合理性，相关内控制度是否健全并有效执行。请保荐代表人说明核查过程，并明确核查意见。"

对于逐年增长的第三方回款问题，AY 生物应当给出合理的解释。从过往过会案例来看，未披露第三方回款的拟上市企业，其 IPO 申请很可能被否决。

例如，厦门 XLJ 股份有限公司第三方回款比例逐年上升，各期回款金额占总回款金额比分别为 16.84%、20.93%、25.16% 和 31.01%，占比逐年提高。证监会询问：报告期内客户委托第三方回款占比逐年上升的原因；客户委托第三方回款是否具有真实交易背景，是否存在资金体外循环情形，是否制定了相应的内部控制制度；是否存在潜在纠纷，是否违反相关法律法规的规定。

此外，重庆 BY 卫生用品股份有限公司也存在第三方回款比例逐年提升的问题。最终，这两家公司的 IPO 申请均被否决。

## 8.3.4　法律规定分析

### 1. 环保处罚和安全生产问题处罚

发行人因为环保、安全生产等问题多次受到行政处罚。对于发行人来说，环保问题和安全生产问题是比较敏感的，因为这可以直接反映发行人内部控制水平。

部分养猪场没有环评手续、排污许可证，或者没有防疫许可证，这是发行人转行养猪最大的问题。

发行人收购了很多子公司（47 家），但是管理人员减少了。这是因为管理水平提高还是其他原因，发行人需要给出合理解释。

（1）产品质量纠纷及处罚情况。

报告期内，发行人及其子公司受到质量监督主管机关行政处罚的情况如下。

①高州 AY。

2016 年 5 月 23 日，广东省高州市质量技术监督局出具《行政处罚决定书》，因生产销售的饲料净含量的计量偏差不符合国家标准，该局决定给予高州 AY 22 000 元罚款的行政处罚。

本次行政处罚依据为《广东省实施〈中华人民共和国计量法〉办法》第五十六条。"违反本办法第三十条规定，未标注定量包装商品净含量或者商品净含量的计量偏差不符合国家和省的有关规定的，由计量行政主管部门可以处违法商品货值金额一倍以上三倍以下罚款。"

高州 AY 违法商品总货值为 10 856 元，该次罚款为自由裁量权范围内较低额度处罚，且罚款金额较小。2016 年 9 月 14 日，广东省高州市质量技术监督局出具《证明》，根据该证明，广东省高州市质量技术监督局认为该公司上述行为不构成重大违法违规行为。

②陕西 AY。

2016 年 1 月 15 日，杨凌示范区质量技术监督局杨凌区分局出具《行政处罚决定书》，因未按规定及时办理叉车使用登记证，给予陕西 AY 15 000 元罚款的行政处罚。

本次行政处罚依据为《中华人民共和国特种设备安全法》第八十三条。"违反本法规定，特种设备使用单位有下列行为之一的，责令限期改正；逾期未改正的，责令停止使用有关特种设备，处一万元以上十万元以下罚款。"该次罚款为自由裁量权范围内较低额度处罚，且罚款金额较小。2017 年 11 月 2 日，杨凌示范区质量技术监督局杨凌区分局出具《证明》，确认陕西 AY 已缴纳罚款、并完成整改，上述行为不构成重大违法违规行为。

（2）安全生产情况。

①山东 AY。

2016 年 7 月 6 日，高密市安全生产监督管理局出具《行政处罚决定书》，因落实安全生产主体责任不到位、对员工安全生产教育和培训不到位、现场管理不到位，导致员工发生高空坠落事故，给予山东 AY 200 000 元罚款的行政处罚。

本次行政处罚依据为《中华人民共和国安全生产法》第一百一十四条规定。"发生生产安全事故，对负有责任的生产经营单位除要求其依法承担相应的赔偿等责任外，由安全生产监督管理部门依照下列规定处以罚款：（一）发生一般事故的，处二十万元以上五十万元以下的罚款；（二）发生较大事故的，处五十万元以上一百万元以下的罚款；（三）发生重大事故的，处一百万元以上五百万元以下的罚款；（四）发生特别重大事故的，处五百万元以上一千万元以下的罚款；情节特别严重的，处一千万元以上二千万元以下的罚款。"依据本规定，该次罚款为自由裁量权范围内较低额度处罚，且事故性质属于一般事故。2016 年6 月 12 日，高密市安全生产监督管理局出具《关于山东 AY 生物科技有限公司"2·23"事故情况的说明》，根据该说明，高密市安全生产监督管理局认为此事故属于一般生产安全事故，不构成重大违法违规行为。

②山西 AY。

2016 年 8 月 25 日，祁县安全生产监督管理局出具《行政处罚决定书》，因正式投产前安全设施未经竣工验收合格并形成书面报告，决定给予山西 AY5 000元罚款的行政处罚。

本次行政处罚依据为《建设项目安全设施"三同时"监督管理办法》第三十条规定。"本办法第七条第一项、第二项、第三项和第四项规定以外的建设项目有下列情形之一的，对有关生产经营单位责令限期改正，可以并处 5 000 元以上 3 万元以下的罚款：（一）没有安全设施设计的；（二）安全设施设计未组织审查，并形成书面审查报告的；（三）施工单位未按照安全设施设计施工的；（四）投入生产或者使用前，安全设施未经竣工验收合格，并形成书面报告的。"该次行政处罚属于本规定情形（四），该次罚款为自由裁量权范围内最低额度处罚，且罚款金额较小。2016 年 12 月 23 日，祁县安全生产监督管理局出具《证明》，根据该证明，祁县安全生产监督管理局认为该行政处罚不属于重大行政处罚。

③辽宁 HY。

2017 年 7 月 20 日，营口市老边区安全生产监督管理局出具《行政处罚告知书》，因 5 号产房触电事故，造成 1 人死亡，拟对辽宁 HY 给予 200 000 元罚款的行政处罚。

本次行政处罚依据为《中华人民共和国安全生产法》第一百一十四条规定。"发生生产安全事故，对负有责任的生产经营单位除要求其依法承担相应的赔偿等责任外，由安全生产监督管理部门依照下列规定处以罚款：（一）发生一般事故的，处二十万元以上五十万元以下的罚款；（二）发生较大事故的，处五十万元以上一百万元以下的罚款；（三）发生重大事故的，处一百万元以上五百万元以下的罚款；（四）发生特别重大事故的，处五百万元以上一千万元以下的罚款；情节特别严重的，处一千万元以上二千万元以下的罚款。"依据本规定，该次罚款为自由裁量权范围内较低额度处罚，且事故性质属于一般事故。2017 年 8 月 21 日，营口市老边区安全生产监督管理局出具《证明》，根据该证明，营口市老边区安全生产监督管理局认为这是一起因公司员工严重违反公司生产安全操作规程，违规操作导致的触电事故，是一起农业生产安全责任事故，公司员工对这起事故负有直接责任，该事故不构成重大事故，不属于重大违法违规行为。

（3）环保处罚情况。

①福建 AY。

2015 年 7 月 20 日，福州市环境保护局出具《行政处罚决定书》。福州市环境保护局认定福建 AY 违反法律、行政法规和国务院环境保护主管部门的规定设置排污口；根据《中华人民共和国水污染防治法》第八十四条第二款之规定，决定对福建 AY 处以人民币五万元整罚款，并要求福建 AY 限期改正上述违法行为。

福建 AY 已缴纳罚款及滞纳金，并配合相关部门进行整改工作。根据 2016 年 11 月 11 日福州市仓山区环境保护局出具的备案意见，福建 AY 年产 2.5 万吨饲料项目无生产废水，生活废水经厂房配套的污水处理设施治理后排入所在园区配套的污水管网。2017 年 12 月 22 日，福州市台办取得福州市环境保护局出具的复函，确认该次处罚未造成环境污染事故，福建 AY 已认真整改，未发现福建 AY 存在其他环境违法违规行为。截至本招股说明书签署日，福建 AY 已不再从事生产经营活动。

根据《中华人民共和国水污染防治法》（2018）第八十四条第二款规定，"……违反法律、行政法规和国务院环境保护主管部门的规定设置排污口的，由县级以上地方人民政府环境保护主管部门责令限期拆除，处二万元以上十万元以下的罚款；逾期不拆除的，强制拆除，所需费用由违法者承担，处十万元以上五十万元以下的罚款；情节严重的，可以责令停产整治"。福州市环境保护局本次处罚在自由裁量权范围内做出较低额度处罚，且该处罚金额较小。经检索福州市行政处罚服务大厅网站，违反规定设置排污口，处 5 万元罚款的违法程度为一般。综上，保荐机构及发行人律师认为，上述处罚应不属于重大违法违规。

②武汉 SC。

2016 年 12 月 26 日，武汉东湖新技术开发区环境保护局出具《行政处罚决定书》，武汉 SC 于 2016 年 12 月 4 日抽样监测数据显示废水总排口氨氮浓度超过《污水排入城市下水道水质标准》限值，依据《中华人民共和国水污染防治法》（2008）第七十四条规定对武汉 SC 处以 2 453 元人民币罚款。

《中华人民共和国水污染防治法》第七十四条规定："违反本法规定，排放水污染物超过国家或者地方规定的水污染物排放标准，或者超过重点水污染物排放总量控制指标的，由县级以上人民政府环境保护主管部门按照权限责令限期治理，处应缴纳排污费数额二倍以上五倍以下的罚款。"

武汉东湖新技术开发区环境保护局本次处罚金额较小，且事件发生后，武汉 SC 高度重视，召开专题会议研究整改工作，积极整改。根据 2017 年 3 月 13 日武汉东湖新技术开发区环境保护局出具的《关于 SC 生物集团环保有关问题的回函》，武汉 SC 整改完成后，武汉东湖新技术开发区环境保护局组织对其进行监督性监测，数据显示厂界废水总排口各项指标已达标排放。

2017 年 1 月 18 日，武汉东湖新技术开发区环境保护局出具《行政处罚决定书》，武汉 SC 于 2016 年 12 月 4 日抽样监测数据显示厂界无组织排放臭气浓度最大值超过《恶臭污染物排放标准》（GB14554—1993）中二级新改扩标准限值，依据《中华人民共和国大气污染防治法》九十九条规定对武汉 SC 处以 10 万元罚款。

事件发生后，武汉 SC 高度重视，并召开专题会议研究整改工作，积极整改。根据 2017 年 3 月 13 日武汉东湖新技术开发区环境保护局出具的《关于 SC

生物集团环保有关问题的回函》，武汉 SC 整改完成后，武汉东湖新技术开发区环境保护局组织对其进行监督性监测，数据显示厂界臭气浓度已达标排放。根据《中华人民共和国大气污染防治法》第九十九条第二款规定，超过大气污染物排放标准或者超过重点大气污染物排放总量控制指标排放大气污染物的，由县级以上人民政府生态环境主管部门责令改正或者限制生产、停产整治，并处十万元以上一百万元以下的罚款；情节严重的，报经有批准权的人民政府批准，责令停业、关闭。

武汉东湖新技术开发区环境保护局本次处罚在裁量阶次上系一般，且其在处罚裁量标准范围内做出最低额度处罚，不属于情节严重情形。

2017 年 10 月 13 日，保荐机构及发行人律师就上述行政处罚的情况对武汉东湖新技术开发区环境保护局进行了电话访谈，该局负责人确认上述两次处罚不属于重大违法违规。

③雅安 AY。

2016 年 1 月 18 日，雅安市名山区环境保护局出具《环境行政处罚决定书》，因雅安 AY（雅安名山猪场）于 2015 年 12 月 9 日对粪便干湿分离处的粪便未及时妥善进行处理，造成粪液四处溢流，粪液经厂区围墙外溢进入名山河，对雅安 AY 处以 4.9 万元人民币罚款，并责令改正违法行为。

雅安市名山区环境保护局本次行政处罚依据为《四川省环境保护行政处罚自由裁量权细化标准（修订稿）》§3.11.2.4。"从事畜禽养殖，常年存栏量在 1 500 头以上猪、90 000 羽以上鸡或 300 头以上牛或其他同规模的畜禽养殖场，在收集、贮存、处置畜禽粪便时，未按照国家规定采取有效措施，致使畜禽废渣渗漏、散落、溢流、雨水淋湿、散发恶臭气味等对周围环境造成污染和危害，或有其他情节严重情形的，责令限期改正，可以处 4 万元以上 5 万元以下罚款。"雅安市名山区环境保护局本次行政处罚金额较小，且在《环境行政处罚决定书》中认可雅安 AY 积极整改态度并对其酌情减轻处罚。

2017 年 7 月 21 日，雅安市名山区环境保护局出具了《环境行政处罚决定书》，因雅安名山猪场投入使用时应当建设的污染防治设施中的厌氧生物处理系统和沼气收集利用系统未建成，已建成的粪便贮存设施和粪便干湿分离设施已建成但未验收，对雅安 AY 处以 6 万元人民币罚款，并责令于 2017 年 8 月 31 日前完全停止位于雅安市名山区建山乡 JY 村二组养殖场的养殖活动。

雅安市名山区环境保护局行政处罚依据为《四川省环境保护行政处罚自由裁量权细化标准（修订稿）》§3.9.2.3。"建设项目需要配套建设的固体废物污染环境防治设施没有建成，主体工程即投入生产或者使用的，责令停止生产或使用，可以并处 6 万元以上 8 万元以下罚款。"雅安市名山区环境保护局对雅安 AY 做出罚款 6 万元的处罚决定系在自由裁量权范围内做出的最低额度处罚，且该行政处罚金额较小。

上述环境违法情况发生后，雅安 AY 高度重视，制定并落实了相应整改措施，纠正违法行为，雅安 AY 的整改行为已经主管环保部门认可。雅安 AY 已经缴纳罚款，违法事实情形已经消除。

鉴于雅安 AY（雅安名山猪场）所处地段已划为禁养区的问题需要得到彻底解决，发行人 2017 年 5 月 5 日召开了第一届董事会第十六次会议，审议通过对雅安 AY（雅安名山猪场）予以关停。经确认，雅安名山猪场已于 2017 年 8 月 31 日前完全停止了生猪养殖活动，并对猪场的资产、人员等做了妥善的处理。

2017 年 9 月 21 日，保荐机构及发行人律师对雅安市名山区环境保护局进行了访谈，该局负责人确认"因没有造成重大环境污染，上述行政处罚不属于重大违法违规"。

2018 年 1 月 11 日，雅安市名山区环境保护局出具《关于雅安 AY 农业开发有限公司环境违法行为情况的说明》，"上述两次违法行为均未造成重大环境影响，行政处罚决定书出具后，该公司主动执行行政处罚决定并完成各项整改工作。2017 年 8 月底，该公司已停止生猪饲养"。

（4）其他主管机关行政处罚情况。

①山西 AY。

2017 年 6 月 12 日，祁县规划局出具《祁县规划局行政执法行政处罚决定书》，因未取得建设工程规划许可证进行卸粮坑、高压配电室、卫生间建设，对山西 AY 处以罚款 11 534.9 元的行政处罚。

2017 年 6 月 27 日，祁县规划局出具《证明》，确认上述行为不构成重大违法违规行为。

②驻马店 AY。

2014 年 7 月 11 日，汝南县畜牧局出具《行政处罚决定书》，因生产、销售标签不符合规定，对驻马店 AY 处以立即停止违法生产、销售活动，罚款 3 000 元的行政处罚。

2015 年 9 月 30 日，汝南县畜牧局出具《证明》，确认上述行为不构成重大违法违规行为。

③南通 AY。

2016 年 9 月 9 日，如皋市公安消防大队出具《如皋市公安消防大队行政处罚决定书》，因违法要求降低消防技术标准施工，对南通 AY 处以责令改正，并罚款 25 000 元的行政处罚。

2017 年 4 月 26 日，如皋市公安消防大队出具《证明》，确认上述行为不构成重大违法违规行为。

综上，根据子公司当地主管行政部门的确认文件，截至招股说明书签署日，发行人下属主要生产企业上述处罚不属于重大违法违规，且相关企业最近年度收入、净利润占发行人最近一期整体收入、净利润的比例较小，对发行人业务经营的影响也较小，不构成本次发行上市的实质性障碍。

除上述情况外，报告期内，发行人严格按照有关法律法规及公司内部规章制度运行，不存在因违反工商、税收、土地、环保、海关以及其他法律、行政法规受到行政处罚且情节严重的情形。

**2. 土地和房产产权法律问题分析**

农业类企业在实践中一般会存在土地和房产产权瑕疵的问题，若有瑕疵的资产的规模很大，会对发行人的生产经营造成不利影响。农业类企业，尤其是养殖类企业，一般会涉及集体农业类用地，关于这类问题相关法规有明确的规定，涉及耕地和基本农田的问题时要尤其注意。

本案例发行人有很多土地和房产瑕疵的问题。虽然发行人从生产和业绩的角度解释了具体的影响，但是将租赁的相关房产界定为固定资产和无形资产，这在会计处理上是存在争议的。

发行人 46 项房屋或在建工程尚未取得所有权证书。

① 15 项房屋或在建工程已取得建设用地规划许可证、建设工程规划许可证和建筑工程施工许可证等。保荐机构及发行人律师认为，竣工验收后相关权利人办理该等房屋或在建工程的所有权证书不存在实质性法律障碍。

② 27 项房屋或在建工程未全部取得建设用地规划许可证、建设工程规划许可证和建筑工程施工许可证，存在无法办理所有权证书的风险。

上述无证房屋或在建工程存在被有权部门处罚或依法终止使用人使用的可能。根据相关使用人确认，相关子公司暂未因此遭受主管机构的行政处罚，如上述房屋或在建工程因所有权瑕疵导致相关使用人无法继续使用而必须搬迁时，相关使用人可以在相关区域内找到替代性的合法经营场所，该等搬迁不会对相关使用人的经营和财务状况造成重大不利影响，亦不会对本次发行产生实质性影响。此外，发行人实际控制人承诺若发行人因上述情形而被有权部门给予行政处罚或被要求承担其他法律责任，其将在相关情形发生后的 10 个工作日内全额承担该部分补缴、被处罚或被追索的支出及费用，且在承担后不向发行人追偿，保证发行人不会因此遭受任何损失。

③广西 AY 位于宾阳县黎塘镇工业园区石鼓岭区 FHL 西段南面的 34.44m² 门面建设时即未能取得房屋产权证书。

广西 AY 该处瑕疵房产存在被相关主管机关处罚的风险，但该瑕疵房产面积小，对发行人生产经营影响小，且发行人实际控制人已出具承诺函，承诺："公司及其子公司的房产和土地存在相关权属瑕疵（包括但不限于未取得土地证和房产证等情形），如上述情况致使公司相关资产发生任何损失（包括但不限于寻找替代性房产或土地的成本费用、相关搬迁的费用、因搬迁而暂停经营所造成的损失）、无法使用或因此导致公司承担任何行政处罚或民事赔偿，本人将承担前述全部损失，确保公司不因此遭受任何的损失。"

④湖北 JJ 2 项房屋或在建工程属于未在规划内的附属建筑，权利状况存在瑕疵。

根据湖北 JJ 的确认，其暂未因上述瑕疵房屋遭受主管机构的行政处罚，如上述房屋因所有权瑕疵导致其无法继续使用而必须搬迁时，湖北 JJ 可以在相关区域内找到替代性的合法经营场所，该等搬迁不会对湖北 JJ 的经营和财务状况产生重大不利影响，亦不会对本次发行产生实质性影响。此外，发行人实际控制人承诺若发行人因上述情形而被有权部门给予行政处罚或被要求承担其他法律责任，其将在相关情形发生后的 10 个工作日内全额承担该部分补缴、被处罚或被追索的支出及费用，且在承担后不向发行人追偿，保证发行人不会因此遭受任何损失。

⑤2010 年河南 AY 取得土地使用权证。2015 年 3 月当地政府因对辖区土地进行重新规划，对河南 AY 土地证宗地图重新测绘，依据修改后的宗地图，河南 AY 原正在办理房产证的办公楼因土地区划调整现位于规划红线上。

2015 年 8 月 10 日，河南 AY 与中牟县官渡镇人民政府签署《征收土地补偿款协议》，协议约定同意河南 AY 继续使用规划廊道地上办公楼，直至新规划实施需要拆除为止；新规划实施时，中牟县官渡镇人民政府需要对乙方规划廊道上办公楼进行拆除时，由中牟县官渡镇人民政府协调相关部门按照建设成本价对河南 AY 据实补偿。

2017 年 12 月 4 日，河南 AY 取得不动产登记中心出具的《证明》，确认河南 AY 位于中牟县白沙园区 YZ 路西 HHSL 南的房产，因规划调整原因，无法办理相应的权属证明。不动产登记中心同意河南 AY 继续使用该房产，直至新规划实施为止。在此期间，不对其进行行政处罚。

截至招股说明书签署日，发行人下属 25 家猪场因政策性原因不强制要求办理排污许可证，待政策明确后逐步办理；10 家猪场明确无须办理排污许可证；1 家猪场排污许可证正在办理中。环保局明确不会对此情况进行处罚。

# 8.4　上海 LRLZ 化妆品公司案例分析

## 8.4.1　案例介绍

上海 LRLZ 化妆品股份有限公司（以下简称"LRLZ"）成立于 2010 年 5 月 27 日，公司前身为上海 LRLZ 化妆品有限公司（以下简称"LR 有限"）。LRLZ 注册地位于上海市松江区 LDXL 825 弄 89、90 号 6 层 618 室，法定代表人为黄某。上海 LRLZ 化妆品股份有限公司对外投资 11 家公司，具有 2 处分支机构。

LRLZ 依托淘宝起家。2008 年，淘宝商城正式上线，后更名为天猫，LRLZ 也拿到了首个化妆品品牌（XYBC）的授权，同年 4 月，XYBC 旗舰店正式上线天猫。三个月后，这家店登上天猫化妆品品类销售排行第一名，LRLZ 也随之首战告捷。

此后，LRLZ 一路拿下了 LK、YY、MBL、LZ、SHK、DLY 等 51 个国际、国内化妆品品牌的授权，生意逐渐做大。当然，LRLZ 也有自己的天猫店。

LRLZ 从事的是化妆品的电商零售业务，以买断经销模式为主。LRLZ 通过拿到品牌方授权，以进货价向品牌方采购化妆品，在天猫旗舰店销售，赚取其中差价。

LRLZ 经营范围包括香水、化妆品、日用品、机械设备、五金交电、计算机软硬件（除计算机信息系统安全专用产品）、电子产品、美容工具、服装鞋帽、玩具、针纺织品、母婴产品、文具用品、体育用品、工艺礼品、建筑装潢材料（除危险品）、化工原料及产品（除危险化学品、监控化学品、烟花爆竹、民用爆炸物品、易制毒化学品）、鲜花、皮革制品、包装材料、钟表、眼镜及配件（除隐形眼镜及护理液）、照相器材、家具、家用电器、汽摩配件、宠物用品、珠宝（毛钻、裸钻除外）的批发、食品销售、进出口业务、佣金代理（拍卖除外）及相关配套服务和售后服务；网上销售；提供计算机系统技术服务、技术咨询、技术开发和技术转让；计算机图文设计制作（除网页），设计、制作、代理、发布各类广告，电子商务（不得从事增值电信、金融业务），市场营销策划，商务信息咨询，投资咨询；仓储服务（除食品、危险化学品）；国内货运代理；网上代理销售各类单用途预付卡。

2016 年 2 月 5 日，LR 有限全体股东共同签署《关于上海 LRLZ 化妆品有限公司整体变更为上海 LRLZ 化妆品股份有限公司之发起人协议》，以截至 2015 年 12 月 31 日经审计的净资产 700 097 978.71 元为基础折合为 360 000 000 股股份，其余 340 097 978.71 元计入资本公积，LR 有限整体变更为股份公司。2016 年 5 月 22 日，PHYD 对上述出资进行了审验并出具了《验资报告》。

上海市商务委员会于 2016 年 3 月 4 日下发了《市商务委关于同意上海 LRLZ 化妆品有限公司整体改制为中外合资股份有限公司的批复》，批准了此次改制，并于同日换发了新的中华人民共和国外商投资企业批准证书。

## 8.4.2　证监会公告

1. 发行人所有业务均通过阿里巴巴集团控制的天猫/淘宝平台开展；发行人根据销售额支付相关的平台佣金、积分扣费、聚划算佣金等平台运营费用。请发行人代表：

（1）说明发行人与阿里巴巴在平台运营服务、广告推广费用、推广活动安排、搜索排序及其他交易条件方面是否与同行业可比公司一致；发行人是否因阿里巴巴入股而存在降低获客成本、增加获客渠道等特殊利益安排，是否存在利益输送；

（2）说明发行人核心竞争优势，报告期经营业绩是否对天猫/淘宝平台构成重大依赖；

（3）结合发行人业务流量高度依赖天猫/淘宝平台、产品依赖品牌方供货等情况，从竞争对手、市场份额等方面说明发行人业务的稳定性以及未来业务的增长空间，发行人经营模式和盈利模式的可持续性。请保荐代表人发表核查意见。

2. 发行人报告期品牌方返利金额较大，品牌方执行的返利政策对发行人经营业绩构成重要影响。请发行人代表说明：

（1）不同品牌方的返利政策是否存在重大差异，同一品牌方的返利政策报告期是否发生重大变化；

（2）报告期主要品牌方的返利计提情况及实际返利情况，两者是否存在重大差异；

（3）发行人计提返利的依据、确认时点及会计处理方式，是否符合企业会计准则，是否与同行业可比公司一致；

（4）品牌方返利款支付相关政策，部分返利款长期挂账的原因，是否存在跨期确认的情形；

（5）返利主要以红票、票折或货返形式兑现的情况下，报告期有无因停止采购而导致原已计提返利无法兑现的情况及具体财务影响，返利计提是否谨慎、合理，是否存在报告期内调节采购量进而调节利润的情形。请保荐代表人发表核查意见。

3. 发行人于 2015 年以现金和股权为对价收购 SHLE 49% 股权。2016 年 5 月，发行人与 SHLE 及其股东等签订协议，发行人拟使用募集资金 1.8 亿元收购 SHLE 51% 的股权。请发行人代表说明：

（1）SHLE 股权评估增值较大的原因及合理性；

（2）两次定价方法不一致的原因及商业合理性；

（3）发行人分两次购买 SHLE 股权的原因及合理性；交易是否构成一揽子交易；

（4）SHLE 51% 股权收购对发行人财务状况和经营成果的影响。请保荐代表人发表核查意见。

4. 根据招股说明书，截至 2017 年 6 月 30 日，发行人已与 LK、YY、BOQ、XHX、LZ、MBL、NWY 等 55 个化妆品品牌达成合作关系，是天猫美妆平台中获得品牌授权数量最多的网络零售服务商之一。请发行人代表说明：

（1）天猫美妆平台其他网络零售服务商的品牌授权、销售金额、排名及变动趋势等相关情况；

（2）主要授权品牌在除发行人经营的旗舰店以外的天猫/淘宝零售服务商以及其他主要零售市场的销售情况；

（3）主要授权品牌中发行人销售金额的占比及其变动趋势。请保荐代表人发表核查意见。

5. 请发行人代表说明：

（1）报告期营业收入大幅增加、营业收入与净利润增幅不匹配、净利率逐期大幅增加的主要原因，是否存在利润调节行为；

（2）发行人 B2C 平台的核心运营数据与可比公司比较是否合理，是否存在刷单、虚构交易和快递等不真实的情况；月度 ARUP（客单价）是否存在异常，是否已完整披露相关信息。请保荐代表人发表核查意见。

### 8.4.3 监管逻辑分析

发审委提出，"请发行人代表说明发行人与阿里巴巴在平台运营服务、广告推广费用、推广活动安排、搜索排序及其他交易条件方面是否与同行业可比公司一致"等问题。

监管层质疑的是，LRLZ 对阿里巴巴存在重大依赖。

**1. 与阿里巴巴的交易是否公平可比**

招股书披露，LRLZ 成立于 2010 年 5 月，2012 年阿里创投 A 轮投资 LRLZ，之后将股份转让给了阿里网络，2020 年阿里网络持股比例为 19.55%，居创始人黄某之后，属于第二大股东。

LRLZ 的主营业务包括化妆品电商零售、品牌营销服务和化妆品分销，其中，化妆品电商零售业务贡献超九成销售收入。而这九成的收入，主要是通过品牌授权，在天猫平台开设品牌官方旗舰店的模式销售产品获取。

也就是说，LRLZ 电商零售业务以买断销售模式为主，公司利润来源是销售价格与采购成本及期间费用的差额。

LRLZ 起步的时候，正值"阿里系"平台流量剧增、国内化妆品电商起步阶段。招股书显示，2014—2016 年度和 2017 年 1—6 月，LRLZ 分别实现营业收入 7.2 亿元、12.2 亿元、20.2 亿元和 12.1 亿元。

也许正是非常依赖阿里，LRLZ 才产生了运营平台单一的重大风险。

LRLZ 与 SFL、QCS 这类经销商相比，后者在线下有实体店，线上与京东、天猫都有合作，渠道健康，但 LRLZ 渠道单一。与阿里投资的另一家已经上市的电商代运营公司 BZ 电商相比，后者的主营业务为电商运营和电商服务，利润空间大。因此，LRLZ 可持续增长能力值得怀疑。

**2. 净利润空间狭窄**

LRLZ 利润率极低、销售费用高昂，并承受着买断销售模式带来的资金压力。

招股书显示，2014—2016 年及 2017 年上半年，LRLZ 向阿里支付的广告推广费用分别为 0.73 亿元、1.15 亿元、1.71 亿元及 0.61 亿元，支付平台运营费用分别为 0.34 亿元、0.61 亿元、0.88 亿元、0.66 亿元，二者在公司的支出中占比很高。

招股书中合并利润表显示，LRLZ 在 2014 年、2015 年和 2016 年实现的销售额分别为 7.16 亿元、12.17 亿元和 20.16 亿元，但净利润分别只有 568 万元、

3 271 万元和 8 070 万元。而经计算得出，LRLZ 在这 3 年的净利润率分别只有 0.8％、2.7％以及 4.0％。

由于渠道和货源都依赖阿里平台，LRLZ 2016 年收入达 20 多亿元，但净利润仅 8 000 多万元。其此前的招股书中也表示，由于买断销售模式要求 LRLZ 承担店铺运营、营销推广和人力成本，公司有着较大的资金压力。

同时，LRLZ 还面临着返利风险。发审委提出，"发行人报告期品牌方返利金额较大，品牌方执行的返利政策对发行人经营业绩构成重要影响。请发行人代表说明不同品牌方的返利政策是否存在重大差异，同一品牌方的返利政策报告期是否发生重大变化"等问题。

返利是化妆品品牌方为稳定零售价格体系、促进产品销售的一种商业惯例。招股书显示，2014—2016 年及 2017 年上半年，LRLZ 收到的品牌方返利分别为约为 1 亿元、1.33 亿元、1.75 亿元及 1 742 万元，占主营业务毛利的比例分别为 36.71％、30.50％、24.56％及 4.03％。返利占公司毛利的比例较高。

也就是说，品牌方执行的返利政策对 LRLZ 的经营业绩构成一定的影响。如果品牌方返利政策或其他因素变化导致公司获得的返利出现下降甚至无法收取返利，LRLZ 的盈利能力将受到较大影响。

总的来说，LRLZ 净利润极低，加之其销售收入中电商零售占比超过九成，所以发审委对其在资本市场中的成长空间表示质疑。

## 8.4.4　法律规定分析

LRLZ 涉及多起诉讼事项，但更新后的招股书申报稿中仅披露了一起。更新后的招股书申报稿显示，LRLZ 涉及一起未决诉讼。2017 年 7 月，上海市普陀区人民法院就原告周某创诉 AML 太平洋贸易有限公司、LRLZ 未经许可使用原告 ALXW 商标字样侵犯原告商标权一案向发行人发出通知。

而在此前一版招股书申报稿中，LRLZ 则涉及两起诉讼事项。其中，2016 年 2 月 29 日，广州 ASD 化妆品有限公司向上海市徐汇区人民法院起诉称，LRLZ 未经许可在其经营的天猫商城 LK 官方旗舰店使用原告注册的商标"GYNL"，侵犯了原告的注册商标专利权。

2016 年 4 月 8 日，苏州 YBS 复合材料有限公司向苏州市中级人民法院起诉称，其拥有名为"具有密封体闭气锁气装置缓冲体及其制作方法"的发明专利，LRLZ 在淘宝、天猫网站上销售化妆品所使用的气泡袋产品侵犯了其专利权。

LRLZ 第一版招股书申报稿的报送时间为 2016 年 8 月 15 日，而第二版招股书申报稿的报送时间则为 2017 年 9 月 18 日。相隔仅仅一年多,LRLZ 不再提及第一版中的诉讼事项行为值得怀疑。

LRLZ 涉及 9 起法律诉讼。其中,关于网络购物合同纠纷的有 2 起,涉及消费者权益保障纠纷的有 1 起,涉及产品责任纠纷的有 4 起,涉及著作权权属纠纷和侵权责任纠纷的各 1 起。

LRLZ 还披露了其他违法违规情况。招股书申报稿显示,LRLZ 2013 年度因应补缴印花税、增值税和城市维护建设税被处罚款 10.944 147 万元;聘用外国员工未及时将其外国人就业证变更至公司被罚款 1 万元;违反广告法被罚款 10 万元;违法有奖销售被罚款 1 万元;销售标识问题化妆品被警告;违反《中华人民共和国反不正当竞争法》被罚款 1 万元。

# 8.5　南通 GS 智能科技公司案例分析

## 8.5.1　案例介绍

南通 GS 智能科技集团股份有限公司(以下简称"南通 GS")成立于 1999 年 8 月 31 日,注册地位于南通市港闸经济开发区 YTL 2 号,法定代表人为潘某国。

南通 GS 经营范围包括数控加工中心、数控机床及关键零部件、五轴联动数控机床、数控卧式镗铣加工中心、车铣复合加工中心、自动化成套生产线、工业机器人、智能专用设备、智能控制系统的研发、生产、销售、安装及技术服务;经营本企业自产产品及技术的出口业务和本企业所需的机械设备、零配件、原辅材料及技术的进口业务,但国家限定公司经营或禁止进出口的商品及技术除外。

南通 GS 对外投资 8 家公司,旗下拥有 GS 智科、GS 精密机械、GS 机床部件、DW 精工、YWD、QEX 等多家子公司。

南通 GS 作为我国机床工具行业协会 30 强企业,沿着机床产业链形成了装备部件、数控机床、智能自动化生产线三大系列产品,产品应用于精密模具、工程机械、汽车零部件、新能源等领域。南通 GS 致力于提供不同应用场景下的金属切削一体化解决方案。

南通 GS 依靠智能制造一体化解决方案和"高精、高速、高效、高稳定性"产品,为全球领先智能制造装备企业配套供应精密钣焊件或铸件,并持续为国内优秀制造企业提供智能生产装备和服务。

南通 GS 在巩固金属切削机床业务的基础上，加快布局以激光、多轴微孔放电加工为代表产品的金属成型装备产业，努力由金属切削向金属加工一体化解决方案提供商和智慧车间构筑商升级。

## 8.5.2　证监会公告

1. 请发行人代表说明：

（1）数控机床综合毛利率显著高于同行业公司平均水平，尤其是高于 HTJG 的原因及合理性；

（2）可比公司 2015 年毛利率均显著下降，发行人 2015 年毛利率大幅提升的原因及合理性；

（3）立式加工中心整机业务 2015 年直销毛利率低于经销毛利率的原因及合理性。请保荐代表人发表核查意见。

2. 报告期内，发行人经销规模增幅较大。请发行人代表说明：

（1）经营模式变化的背景及原因，经销规模大幅提升的合理性；

（2）经销商是否与发行人、控股股东及董事、监事、高管存在关联关系，是否为发行人前员工；

（3）以经销为主的数控机床报告期平均单价持续提升，与同行业公司产品单价变动趋势不一致的原因及合理性；

（4）向经销商支付服务费和顾问费的相关政策，与经销商在数控机床维护、运输等配套服务方面的具体约定及会计核算情况；

（5）不同类型经销商实现最终销售的模式，终端销售是否真实。请保荐代表人发表核查意见。

3. 请发行人代表说明：

（1）报告期内，NDK 大量购买发行人光机的用途、与发行人上下游关系及报告期出现大幅波动的原因；

（2）2017 年台州市 HYBM 精密机械有限公司成为直销第三大客户的原因；

（3）东莞市 MT 数控机械有限公司的股东曾为 ZG 科技的员工，该公司成立后即成为发行人前十大客户的原因及合理性；

（4）台州市 HYBM 精密机械有限公司、宁波 SS 机械有限公司均为 2015 年11 月成立，2016 年即成为发行人重要客户的原因及合理性；

（5）上述客户是否存在为发行人分摊成本、承担费用或利益转移的情形。

请保荐代表人发表核查意见。

4. 发行人披露"发行人销售服务费率低于同行业上市公司平均值，主要系销售服务费主要在经销模式下产生"。请发行人代表说明：

（1）销售费用变化与销售的匹配情况；

（2）销售人员工资占销售费用比例下降的原因；

（3）销售费用显著低于同行业上市公司的原因及合理性。请保荐代表人发表核查意见。

### 8.5.3　监管逻辑分析

南通 GS 及其子公司与国际知名机械设备制造商保持长期稳定的合作关系。截至本招股说明书签署日，发行人及其子公司已拥有专利权 164 项，其中发明专利 27 项，实用新型专利 89 项，外观设计专利 48 项。

南通 GS 目前的主要业务是制作数控机床整机产品，以及一些配件产品。

报告期内，南通 GS 数控机床产品的毛利额及毛利率情况如表 8－2 所示。

表 8－2　　　　　　南通 GS 数控机床产品的毛利额及
毛利率情况　　　　　单位：万元

| 项目 | 2017 年 1—6 月 | | 2016 年度 | | 2015 年度 | | 2014 年度 | |
|---|---|---|---|---|---|---|---|---|
| | 毛利额 | 毛利率 | 毛利额 | 毛利率 | 毛利额 | 毛利率 | 毛利额 | 毛利率 |
| 数控立式加工中心（光机） | 722.80 | 28.44% | 2 004.99 | 28.23% | 1 952.98 | 28.52% | 1 806.64 | 20.80% |
| 数控立式加工中心（整机） | 1 870.43 | 25.91% | 1 810.22 | 27.23% | 1 415.79 | 29.32% | 1 200.69 | 24.94% |
| 数控龙门加工中心（光机） | 1 476.70 | 39.51% | 2 616.45 | 40.95% | 1 941.18 | 39.80% | 2 055.76 | 36.55% |
| 数控龙门加工中心（整机） | 1 952.98 | 35.10% | 2 495.53 | 41.18% | 1 317.06 | 40.37% | 1 570.85 | 41.50% |
| 其他机床 | 443.48 | 18.42% | 649.85 | 17.32% | 300.41 | 24.69% | 50.83 | 10.81% |
| 合计 | 6 466.39 | 30.12% | 9 577.04 | 31.97% | 6 927.42 | 32.93% | 6 684.77 | 28.59% |

南通 GS 与同行业可比公司毛利率对比情况如表 8－3 所示。

表 8－3　　南通 GS 与同行业可比公司毛利率对比情况

| 项目 | 2017 年 1—6 月 | 2016 年度 | 2015 年度 | 2014 年度 |
|---|---|---|---|---|
| HTJG | 24.88% | 26.09% | 27.73% | 28.88% |
| RFJJ | 35.34% | 37.60% | 36.58% | 37.83% |

续表

| 项目 | 2017 年 1—6 月 | 2016 年度 | 2015 年度 | 2014 年度 |
|------|----------------|-----------|-----------|-----------|
| SYJC | 26.75% | 23.03% | 26.54% | 26.76% |
| QCJC | 16.28% | 14.12% | 10.60% | 14.44% |
| 行业平均值 | 25.81% | 25.21% | 25.36% | 26.98% |
| 南通 GS（数控机床业务） | 30.12% | 31.97% | 32.93% | 28.59% |

南通 GS 数控机床业务毛利率高于行业平均水平，主要受益于公司相对完整的产业链布局。南通 GS 数控机床所需钣金件及铸件均由公司自主加工，结合公司多年的钣焊产品加工和数控机床制造经验，加之公司具备良好的生产管控能力，借助初具影响力的"GS"品牌，使得公司的毛利率高于数控机床类的上市公司。

监管层质疑的是南通 GS 业绩的真实性（是否有虚增收入/少列费用情况）。

质疑一：毛利率水平高于行业平均值，可比同行业公司毛利率下降，公司毛利率不降反升，合理性存疑。

（1）行业毛利率现状呈下行趋势。从招股说明书可以看到，南通 GS 所处的数控机床行业是一个集中度低、竞争充分的行业。

①全球市场：全球机床产值和机床消费额自 2011 年至 2015 年整体呈下行趋势，其中 2014 年有小幅增长。

②国内市场：2011 年以来我国机床工具行业增速不断下降，但除了毛利率以外，发行人经销模式也存在一定的疑点。

（2）南通 GS 主营业务之一的数控机床的毛利率显著高于同行业上市公司 HTJG，且毛利率变动趋势与 HTJG 相差甚大，如表 8-4 所示。

表 8-4　　　　　　　　　南通 GS 与 HTJG 毛利率比较

| 项目 | 2017 年 1—6 月 | 2016 年 | 2015 年 | 2014 年 |
|------|----------------|---------|---------|---------|
| 南通 GS 毛利率 | 30.12% | 31.97% | 32.93% | 28.59% |
| HTJG 毛利率 | 24.88% | 26.09% | 27.73% | 28.88 |
| 差异 | 5.24 个百分点 | 5.88 个百分点 | 5.20 个百分点 | -0.29 个百分点 |

①毛利率水平异常分析。南通 GS 和 HTJG 的数控机床毛利率在 2014 年相差不大，南通 GS 比 HTJG 的数控机床毛利率低 0.29 个百分点，但 2015 年、2016 年、2017 年 1—6 月，两家公司的数控机床产品毛利率变化趋势相反，且毛利率差异较大。在此期间，南通 GS 在毛利率水平上反超 HTJG，2015 年、2016 年、2017 年 1—6 月分别高了 5.2 个、5.88 个和 5.24 个百分点。

②毛利率变动异常分析。报告期内，HTJG 的毛利率呈下降趋势，而南通 GS 不仅呈现上升趋势，且上升幅度较大。这不符合可比公司毛利率变化趋势，也不符合行业竞争激烈且机床市场近几年呈下行趋势的现状。

质疑二：收入存在虚增嫌疑。一是质疑是否通过经销商压货提升业绩；二是质疑直销客户是否与公司存在关联关系，如刚设立就成为公司重要客户。

南通 GS 在报告期内，直销收入比重大幅下滑，且直销收入金额也呈现出大幅下滑的趋势。

南通 GS 直销收入大幅下滑，符合行业不景气的现状，但为什么经销收入呈大幅上升趋势呢？南通 GS 的产品大多是定制化的非标产品，经销收入占比过大不符合经营模式。

同时，南通 GS 客户方面出现以下异常现象。

一是前员工设立公司成为重要客户。

二是台州市 HYBM 精密机械有限公司、宁波 SS 机械有限公司均是 2015 年 11 月设立的公司，2016 年即成为公司重要客户，且台州市 HYBM 精密机械有限公司在 2017 年成为南通 GS 第三大客户。

监管部门对存在经销商模式的企业十分关注。在具体的审核过程中，部分采用经销模式的拟上市企业还需提供三年报告期内每一家经销商的终端客户明细。监管部门会核查经销商与发行人的关联关系以及交易的真实性、交易价格的公允性。

下面介绍与经销商、加盟商相关问题的核查方法案例。

（1）发行人与经销商之间是否存在关联关系的核查方法。

长春 DR 医疗科技 IPO：①核查发行人 2011 年度国内前 50 大经销商、国内一级经销商的工商材料；②采用实地走访、电话访谈、书面函证等方式抽查发行人部分经销商；③询证发行人 2011 年度国外前 30 大经销商；④访谈发行人销售总监、各产品线销售经理、各区域销售代表。

（2）经销商的销售和库存情况的核查方法。

北京 AC 科技 IPO：①对发行人渠道分销模式建立的背景进行核查；②核查经销商背景（参加公司渠道大会并访谈）；③就发行人对经销商销售的真实性、完整性和公允性进行全面核查；④对经销商的库存情况进行充分函证核查；⑤对经销商最终销售情况进行充分函证核查。

深圳市 MJ 微电子 IPO：①查阅注册会计师关于发行人营业收入审计工作底稿，取得询证函，走访并取得发货单；②独立到海关打印发行人出口统计表，到税务部门打印发行人纳税证明，到银行取得银行存款询证函，独立询证应收账款发生额和余额。

江苏 ND 光电材料 IPO：核查海外经销模式的销售真实性。

质疑三：是否存在第三方帮助分摊成本、承担费用情况，销售费用率显著低于同行业上市公司的原因及合理性。

南通 GS 报告期内销售费用率显著低于同行业上市公司，如表 8 - 5 所示。

表 8 - 5　　　　　　南通 GS 销售费用率与同行业上市公司比较

| 项目 | 2017 年 1—6 月 | 2016 年度 | 2015 年度 | 2014 年度 |
|---|---|---|---|---|
| HTJG | 7.45% | 7.24% | 8.00% | 7.80% |
| RFJJ | 11.51% | 13.03% | 13.51% | 10.36% |
| SYJC | 12.01% | 12.19% | 10.90% | 7.57% |
| QCJC | 5.44% | 5.74% | 6.10% | 4.30% |
| 行业平均值 | 9.10% | 9.55% | 9.63% | 7.51% |
| 南通 GS | 4.08% | 4.06% | 3.44% | 3.23% |

招股书解释，发行人销售费用率显著低于同行业上市公司，主要系以下因素造成：（1）报告期内，机床光机客户数量较为稳定，开拓和维护费用较低；（2）报告期内，机床整机的经销模式占比上升较快，通过与经销商的合作可以有效降低整机客户开拓的费用；（3）精密钣焊业务客户以国际知名机械设备厂商为主，客户构成较为稳定，维护成本较低。

过低的销售费用率其实进一步验证了上述质疑发行人经销收入金额及比重大幅度上升的异常，发行人存在经销商代其承担费用的嫌疑。

发行人经销规模增大，主要是因为发行人数控机床整机销售规模以及占比逐年增加。

发行人存在向经销商支付服务费和顾问费的情形，这个费用主要用于保证经销商帮助发行人开发客户以及运输和维护设备等。这一解释不合理。一般而言，发行人数控机床整机因为要维护、要进行技术讲解，因而从后续维护的角度来讲，采用直销模式会更加方便和合理，那么为什么要采用经销模式呢？如果用经销模式，那么为什么还要向经销商提供额外的费用呢？关于这个问题，发行人没有给出合理的解释。

## 8.5.4　法律规定分析

经销商在发行人销售中的角色和定位，与行业惯例有两个显著的不同。一方面，经销商存在向发行人介绍客户资源的情况，发行人与客户直接签署合同。另一方面，发行人与经销商签署经销合同，但发行人直接将产品运送至最终客户处，也就是说，只有一次产品流转。对于后面这种经销模式，监管层在实践中会重点关注。

2017—2019 年，发行人存在第三方回款，回款金额总计分别为 1 049.25 万元、393.26 万元以及 602.57 万元。南通 GS 解释，公司第三方回款中，经销商代终端客户付款，原因系经销商介绍的直销客户，其机床质保金到期尚未支付，经销商出于其经销业绩的考虑代为支付款项，该类情形所涉金额较小。终端客户代经销商付款，原因为经销商经销模式下实现的销售，为简化资金交易流程，三方签订资金代付协议，由终端客户直接向公司付款。其他第三方间抵款，主要系根据商业习惯、资金周转需求、互相抵债等需求，由相关企业代为支付。发行人表示上述三方代付交易均已签订三方代付协议，具有合理背景，相关支付行为不存在纠纷或潜在纠纷。

除了以上风险，数据显示，发行人历史上存在 1 条因未验先投被要求整顿规范的违法违规建设记录。

# 第 9 章
# 大额异常收支合理性问题

## 9.1  大额异常收支审核概述

零售业企业、农业企业等由于行业特点或经营模式等原因，其销售或采购环节存在一定比例的现金交易。那么，拟上市企业该如何处理及应对大额异常收支呢？

自 2016 年 12 月以来，发审委问询问题中，关于现金交易问题的关注点主要包括以下几点：

（1）现金交易的原因及合理性；

（2）现金交易的真实性和必要性，以及相关金额和比例波动的原因分析；

（3）发行人现金交易内部控制制度是否健全且有效执行；

（4）对收入成本的影响，以及销售和采购相关内控；现金交易对发行人成本控制及核算的影响，发行人的内部控制制度能否保证成本控制和核算的真实性、准确性和完整性；现金销售或个人卡收款认定为发行人销售收款的真实性，是否存在调节企业收入的情况，发行人与销售收款循环相关内控制度是否健全并有效运行；

（5）以个人账户收款是否符合相关法律法规的规定；

（6）是否存在资金体外循环以及第三方向发行人输送利益的情形；

（7）未来拟降低现金交易的相关措施；

（8）医药行业特殊问题：报告期内发行人市场推广活动中存在部分现金交易的具体原因，是否存在现金商业贿赂行为。

对应的解决思路如下。

**1. 充分披露**

若发行人现金交易金额和比重较大，应就该事项进行风险提示；同时，发行人应就现金交易的原因和合理性、真实性和必要性、相关金额占比及其波动进行充分的披露和分析。

### 2. 制定合理措施

除非报告期内发行人现金交易占比极小，否则发行人应当逐年降低相关比例。

发行人应制定合理措施降低相关比例，并在报告期内取得一定成效。相关措施包括但不限于：与客户、供应商进行沟通，变更资金收付方式；健全供应商管理制度，尽量与正规大型厂商合作，降低现金支付比例；针对个人卡收款问题，尽可能逐步取缔，或在健全个人卡管理制度的同时，与银行签订协议，设置资金自动归集功能，并限制其对外支付功能；推广 POS 机使用，参考零售企业做法，建立企业 BOH 等内部收银系统，将营业款直接划入公司账户等。

### 3. 内部控制要严谨

要解决现金交易问题，不仅要对公司现金管理、资金收付相关的内部控制进行进一步规范，对于销售和采购循环、收入确认、成本结转环节的内部控制也要求设计、执行和运行有效；保证货币资金完整性的同时，杜绝不当利益输送，降低财务报表错报风险，保证业绩真实性。

另外，在相关内部控制的设计上，也需要对各个主要业务风险点进行有效识别、预防和控制。

### 4. 实际控制人承诺

关于现金交易，实际控制人的承诺主要涉及两方面：一是不存在因现金交易而产生的与客户或供应商不当利益输送的情形，二是逐步降低相关比例，或控制金额或比例不超过既定上限。

## 9.2 南通 CD 装备公司案例分析

### 9.2.1 案例介绍

南通 CD 装备股份有限公司是国内领先的汽车内外饰模具供应商，主要从事汽车内外饰模具、汽车检具和汽车内饰自动化工装设备的研发、生产与销售。公司主营业务以汽车内外饰模具为核心，以汽车检具和汽车内饰自动化工装设备为延伸，并兼营包装材料模具及其他模具产品。公司主要产品包括：①汽车内外饰模具；②汽车检具；③汽车内饰自动化工装设备；④包装材料模具及其他模具。报告期内，公司主要产品未发生变化。公司主要产品及用途如表 9 - 1 所示。

表 9 - 1　　　　　　　　　　　公司主要产品及用途

| 产品分类 | 主要产品及用途 |
| --- | --- |
| 汽车内外饰模具 | ①汽车软饰件模具：主要用于生产以汽车软饰件为主的内饰件，包括顶棚、地毯、左右侧围、门板嵌饰板、备胎盖板、行李箱内装件、发动机舱内装件、汽车仪表板以及各类隔音隔热件中的软饰件零部件<br>②汽车座椅发泡模具：主要用于生产汽车座椅系统中的坐垫、靠背、枕头、扶手等 PU 发泡件<br>③汽车外饰件模具：主要用于生产以 LFT（长纤维增强热塑性材料）、GMT（玻纤毡增强热塑性塑料）等为材料的汽车保险杠、保险杠加强板以及底护板等 |
| 汽车检具 | 主要用于监测和评价对应汽车零部件或整车质量 |
| 汽车内饰自动化工装设备 | 各类汽车内饰的自动化生产设备或生产线，主要用于生产对应内饰产品 |
| 包装材料模具及其他模具 | 主要用于生产包装材料用泡沫、建筑材料用泡沫、冷藏箱和工具盒中的保温缓冲泡沫以及汽车保险杠芯材、防撞块、车门填充物、头枕芯材、遮阳板等 |

报告期内，发行人实现的收入和净利润情况如表 9 - 2 所示。

表 9 - 2　　　　　　　　发行人实现的收入和净利润　　　　单位：万元

| 项目 | 2018 年 1—6 月 | 2017 年度 | 2016 年度 | 2015 年度 |
| --- | --- | --- | --- | --- |
| 营业收入 | 23 873.39 | 42 719.79 | 34 618.51 | 24 221.39 |
| 营业利润 | 5 182.28 | 9 358.52 | 7 397.48 | 3 220.64 |
| 利润总额 | 5 197.01 | 9 392.77 | 7 555.55 | 3 363.49 |
| 净利润 | 4 545.39 | 8 197.89 | 6 578.96 | 2 720.97 |
| 归属于母公司股东的净利润 | 4 474.13 | 8 178.11 | 6 544.03 | 2 730.28 |
| 扣除非经常性损益后归属于母公司股东的净利润 | 4 459.97 | 7 910.91 | 6 411.63 | 4 586.73 |
| 基本每股收益（元/股） | 0.82 | 1.50 | 1.20 | 0.53 |
| 扣除非经常性损益后基本每股收益（元/股） | 0.82 | 1.45 | 1.18 | 0.88 |

## 9.2.2　证监会公告

中国证券监督管理委员会第十七届发行审核委员会 2019 年第 17 次发审委会议于 2019 年 1 月 29 日召开，现将会议审核情况公告如下：

一、审核结果

南通 CD 装备股份有限公司（首发）未通过。

二、发审委会议提出询问的主要问题

1. 发行人报告期存在大额取现用于支付加工费及其他零星采购款、支付员工工资和报销款的情形，成本归集和分配、产成品流转、委外加工方面内控制度存在薄弱环节。请发行人代表说明：

（1）大额现金收支的原因，实际控制人及其控制的账户大额现金取现的用途；现金支付加工费用和其他现金交易的原因，现金管理内控制度整改及整改后运行时间、运行效果；

（2）成本归集和分配、产成品流转、委外加工方面成本核算相关内控制度存在薄弱环节的原因及整改情况。请保荐代表人说明核查依据、过程并发表明确核查意见。

2. 报告期发行人外销收入占比约 50%，其中对美国销售收入占营业收入的比例持续上升，报告期函证回函收入比例偏低。请发行人代表说明：

（1）海外主要客户的获取方式、交易背景，有关大额合同订单的签订依据、执行过程；

（2）境内外销售毛利率差异的原因及合理性；

（3）出口报关单载明的运保费和实际结算的运保费存在较大差异的原因及合理性；

（4）2018 年 9 月 24 日美国加征关税后新接美国地区订单较去年同期下滑，是否会对持续盈利能力造成重大不利影响，应对措施情况；

（5）回函确认收入占外销收入比例偏低的原因及合理性，执行相关替代核查程序是否充分。请保荐代表人说明核查依据、过程并发表明确核查意见。

3. 报告期发行人应收账款、存货账面价值较高且逐期增长。请发行人代表说明：

（1）报告期延长部分订单付款周期对应的客户情况，延长付款期的原因及合理性，上述延长付款期应收账款是否应单独计提坏账准备；

（2）发出商品余额较高，且存在账龄较长发出商品的原因及合理性，发出商品的盘点情况，存货跌价准备计提是否充分。请保荐代表人说明核查依据、过程并发表明确核查意见。

4. 报告期内，发行人实际控制人冯某军近亲属冯某国、冯某亮控股的苏州HYY 模具、WZT 机械经营范围与发行人相同或相似，且存在重合客户。请发行人代表说明：

（1）上述两家公司与发行人是否存在同业竞争或利益输送的情形；

（2）在冯某国、冯某亮拒绝提供任何资料的情况下，关于"HYY 模具、WZT 机械人员、资产、产能、出口规模等远小于 CD 装备"的结论是否准确、依据是否充分。请保荐代表人说明核查依据、过程并发表明确核查意见。

5. 冯某丽系实际控制人冯某军之妹，其直接并通过 ZD 投资持有发行人的股份，2016 年 12 月，TJQC 模具股份有限公司公告关于发行股份购买公司资产并募集配套资金暨关联交易报告书（草案）中将冯某丽认定为冯某军与冯某的一致行动人。请发行人代表说明冯某丽及 ZD 投资是否应认定为实际控制人的一致行动人，相关信息披露是否准确。请保荐代表人说明核查依据、过程并发表明确核查意见。

### 9.2.3　监管逻辑分析

**1. 行业分析**

汽车零部件行业可以简单分为安全相关和舒适相关两个范畴。前者如制动系统，相对技术含量高，市场地位也高；后者如内饰系统，辅助性的功能明显，市场话语权较弱。

发行人处于汽车零部件行业的上游，也就是说，发行人不是生产销售汽车零部件的，而是销售制造零部件的设备的。之所以把发行人认定为汽车零部件企业，是因为发行人的产品有非常强的对应性，即其产品为与内饰相关的零部件。从这个角度来说，发行人的产品在行业的竞争力一般，是否具有很强的市场话语权是存在疑问的。

**2. 业绩分析**

从业绩的角度来说，发行人报告期内经营业绩呈高速增长趋势。但是，发行人在 2017 年、2018 年上半年净利润分别为 7 000 多万元、4 000 多万元，在行业里面属于中下游水平。

**3. 财务分析**

（1）应收账款坏账损失的风险。

报告期内，随着经营规模的扩大和业务的增长，发行人应收账款余额呈增长趋势。报告期各期末，发行人应收账款余额分别为 5 018.66 万元、6 837.42 万元、11 060.73 万元及 12 551.95 万元，占同期主营业务收入的比例分别为 20.80%、19.80%、26.97% 及 54.74%。发行人应收账款的账龄普遍较短，截至 2018 年 6 月 30 日，账龄在 1 年以内的应收账款占比为 95.90%。

发行人主要客户为国内外知名汽车零部件企业，资金实力较为雄厚，回款情况良好，发行人应收账款发生坏账的风险较小。发行人已按照企业会计准则的要求制定了稳健的坏账准备计提政策，并建立了相应的制度加强合同管理和销售货款的回收管理。但是，如果未来汽车行业景气度下降或主要客户生产经营发生不利变化，则应收账款发生坏账的可能性增大，从而对发行人经营成果造成不利影响。

（2）存货跌价的风险。

模具行业具有制造和验收周期长的特点。发行人产品为单件定制化产品，存货主要为在产品和发出商品。报告期各期末，发行人存货余额分别为 11 877.10 万元、14 938.09 万元、17 078.10 万元及 17 621.77 万元，占流动资产的比例分别为 44.10%、44.37%、45.52% 及 45.01%。

发行人存货规模处于正常生产经营所需的合理水平，若在未来经营中，出现因原材料价格上涨、人工成本增加、客户设计变更、履约期限延长等因素导致模具制造成本提高，车型推出计划延后或取消，市场环境巨变，客户预付款项减少，客户放弃生产中的产品等，从而导致订单无法按约履行等情况，存货将存在跌价的可能性，并将对发行人盈利能力造成不利影响。

**4. 综合分析**

从行业和业绩的规模角度来说，发行人 IPO 审核成功与失败的概率各自参半。如果发行人审核有一个审核环境和节奏，或者发行人自身其他方面非常干净扎实，业绩问题也经得起核查，那么通过审核是没有问题的。反之，发行人在审核条件边缘试探，又存在一些比较明显且严重的实质性问题，那必然会直接影响到发行人的审核结果。从现有情况看，发行人显然属于后面一种情况。

## 9.2.4 法律规定分析

**1. 一致行动人认定**

招股说明书披露，ZD 投资系发行人主要股东，持有发行人 5.53% 股份。冯某丽系 ZD 投资的有限合伙人，持有 ZD 投资 16.26% 出资额，通过 ZD 投资持有发行人的股份。尽管 ZD 投资的全部合伙人出具《承诺函》确定股东之间不存在一致行动安排，将来也不会寻求与其他股东形成或在事实上形成一致行动安排；但在 2016 年 12 月，TJQC 模具股份有限公司公告关于发行股份购买公司资产并募集配套资金暨关联交易报告书（草案）中将冯某丽认定为冯某军与冯某的一致行动人。对此，发审委要求发行人代表说明冯某丽及 ZD 投资是否应认定为实际控制人的一致行动人，相关信息披露是否准确。

**2. 同业竞争**

招股说明书披露，发行人控股股东冯某军的侄子冯某亮、哥哥冯某国原是发行人职员。因经营理念存在较大差异，关系恶化，冯某国与冯某亮于 2011 年 2 月同时离开发行人，分别设立 HYY 模具、WZT 机械。冯某国在离职前担任发行人销售顾问，协助总经理开展汽车内饰模具业务的市场营销及客户开拓；冯某亮在离职前担任发行人内饰模具工程部经理，主要负责汽车内饰模具的生产管理工作。尽管发行人解释称自 HYY 模具、WZT 机械设立以来，发行人从未与其发生任何形式的资金或业务往来，不存在上下游业务关系，但仍不排除存在同业竞争或利益输送可能性。对此，发审委要求发行人代表说明上述两家公司与发行人是否存在同业竞争或利益输送的情形。

**3. 现金支付问题**

招股说明书披露，发行人与主要供应商不存在现金交易，但在支付零星辅料、办公用品及加工费方面存在现金交易的情形。报告期内，发行人以现金方式支付上述采购款项金额占同期营业成本的比例分别为 4.67%、3.50%、2.37% 及 1.04%。对此，发行人解释称主要系该类供应商的经营规模小，通常不开立对公银行账户，且供货零散、单笔金额较小，要求以现金方式即时结清，发行人以现金方式支付加工费符合实际业务情况。而且发行人委托外部加工团队在厂区内加工系产能瓶颈期的阶段性安排，随着业务规模扩大和产能扩充，发行人已逐步扩大人员规模，并自行完成上述工序，2017 年起该类人员逐步减少，自 2018 年起，加工团队负责人陆续按照发行人要求办理银行卡，发行人通过银行转账方式向其支付加工费，现金结算金额已显著降低；2018 年 7 月至今，发行人已不存在以现金方式支付加工费的情形。但对此，发审委仍要求发行人代表说明现金支付加工费用和其他现金交易的原因。

# 9.3　XH 股份公司案例分析

## 9.3.1　案例介绍

XH 股份有限公司（以下简称"XH 公司"）主营业务为中、高端女装的设计、生产和销售，拥有完整的产业链条和显著的品牌优势，是国内品牌女装的领军企业之一。目前，发行人自主研发经营七大品牌——J、J weekend、EML、JSGJ、KLL、A 和 QDA。其中 J、J weekend 品牌为发行人的核心品牌，而 QDA 品牌是发行人于 2011 年创立的流行时尚精品品牌，并于 2012 年 12 月 7 日进入市场，目前尚处于起步和培养阶段。2013 年，发行人开始经销国际知名品牌——WBL。

报告期内，发行人实现的收入和净利润情况如表 9-3 所示。

表 9-3　　　　　　发行人实现的收入和净利润情况　　　　　　单位：万元

| 项目 | 2015 年度 | 2014 年度 | 2013 年度 |
|---|---|---|---|
| 营业收入 | 181 301.24 | 221 840.18 | 209 556.72 |
| 营业利润 | 47 765.64 | 70 374.93 | 47 046.36 |
| 利润总额 | 48 748.31 | 71 276.47 | 48 757.66 |
| 净利润 | 36 024.11 | 53 152.40 | 36 295.67 |
| 归属于母公司所有者的净利润 | 36 024.11 | 53 152.40 | 36 295.67 |
| 扣除非经常性损益后归属于母公司所有者的净利润 | 33 090.79 | 51 146.12 | 34 745.99 |

## 9.3.2　证监会公告

中国证券监督管理委员会第十七届发行审核委员会 2018 年第 5 次发审委会议于 2018 年 1 月 5 日召开，现将会议审核情况公告如下：

一、审核结果

XH 股份有限公司（首发）未通过。

二、发审委会议提出询问的主要问题

1. 报告期内发行人营业收入和净利润持续大幅下降，门店数量持续减少，门店平效持续下滑。请发行人代表：

（1）分析上述指标变化情况和原因，与同行业可比上市公司是否一致，进一步说明发行人经营模式、产品结构、经营环境是否已经发生重大变化，对发行人的持续经营盈利能力是否构成重大不利影响；

（2）结合行业现状、可比上市公司数据及在手订单情况进一步说明 2017 年 1 至 6 月业绩止跌回升的原因及可持续性；

（3）说明报告期发行人改善经营情况和措施，结合商品库龄变化情况进一步说明是否取得相关成效。请保荐代表人说明核查依据、方法和过程并明确发表核查意见。

2. 发行人报告期内累计开店 331 家、关店 509 家，其中经销商实现的销售收入分别为 87 183.88 万元、65 403.33 万元、43 994.67 万元和 14 791.77 万元。请发行人代表说明：

（1）报告期发行人店铺大幅减少且存在经销门店转为自营门店的原因和合理性，是否对公司持续盈利能力产生重大影响；

（2）发行人采用买断式经销模式，给予经销商 10%～20% 换货政策，分析说明对经销商的销售收入确认政策是否符合企业会计准则的规定；

（3）报告期经销商、管理商、联营商场等客户是否与发行人存在关联关系，分析主要经销商进销存情况以及大量备货合理性，最终销售是否真实，相关收入是否真实；2018 年春夏两季经销商订货数量大幅增加的合理性；

（4）经销商实际控制人和自营模式下管理商实际控制人存在重合的原因和商业合理性，相关会计处理是否符合企业会计准则的要求。请保荐代表人说明核查依据、方法和过程并明确发表核查意见。

3. 发行人报告期内存货和存货跌价准备余额较大，主要为产成品，计提和转销的存货跌价准备均较大。报告期过季商品销售分别为 5.21 亿元、5.21 亿元、5.13 亿元、3.54 亿元，且过季商品毛利率明显高于正常商品毛利率。请发行人代表进一步说明：

（1）各期产成品销售转销跌价金额均超过或接近于当期计提的存货跌价准备原因及合理性，是否存在通过调节库存商品的库龄而调节存货跌价准备的情形，跌价准备计提政策是否过于谨慎，是否符合企业会计准则的规定；

（2）过季商品处理方式、相关管理和内控制度以及执行情况，是否存在对计提存货跌价准备的商品销售时点人为控制操纵利润的情况；

（3）报告期发行人将部分过季存货特价销售给泉州 LL 百货有限公司，最终销售客户情况，销售是否真实。请保荐代表人说明核查依据、方法和过程并明确发表核查意见。

4. 请发行人代表进一步说明：

（1）发行人报告期综合毛利率高于同行业可比公司，请结合销售模式、定价政策、产品差异、人均工资水平等方面说明毛利率高于同行业可比公司的原因及其合理性，是否具有可持续性；

（2）发行人主要面料供应商及外协加工供应商集中度较低，且存在变动的原因和合理性；

（3）发行人前三年销售费用逐年减少，2017 年 1—6 月其止跌回升，但销售费用率逐年提升的原因及合理性，是否存在人为调节费用的情形。请保荐代表人说明核查依据、方法和过程并明确发表核查意见。

5. 报告期发行人现金较多，货币资金余额分别为 11.45 亿元、10.22 亿元、9.17 亿元，发行人派发现金股利数额较大，分别为 3.2 亿元、3.2 亿元、1.6 亿元；计划利用募集资金 15.72 亿元建设品牌营销网络建设项目。请发行人代表说明：

（1）报告期持续进行大额现金分红的考虑，未利用公司自有资金开展募投项目建设的原因；

（2）报告期发行人店铺数量大幅减少，门店平效逐期下降，整体销售数量和产销率下降，同期行业互联网营销规模大幅上升，分析发行人自营门店和经销商门店的销售贡献率，此次募投项目的必要性和可行性。请保荐代表人说明核查依据、方法和过程并明确发表核查意见。

### 9.3.3 监管逻辑分析

#### 1. 行业分析

随着互联网销售的兴起，女装目前可以分为两类，一类是线下销售（主要通过直营门店、经销商等方式销售），另一类是线上销售。

发行人的主营业务为中、高端女装的设计、生产和销售，销售模式基本上是线下模式，也采用了行业里面多品牌覆盖不同消费群体的模式。

#### 2. 业绩分析

从 2013 年至 2015 年的财务数据以及发审会问询问题的关注点来看，发行人营业收入和净利润水平持续呈下降趋势应该是确定的。发行人品牌女装的销售模式，有几个核心的指标体现着发行人的竞争地位和未来发展前景，主要包括：门店数量、平效、存货数量、销售单价等，尤其是前两个指标是最核心的指标。从现有的资料来看，发行人的门店数量和平效都是呈持续下降的趋势的，这也反映出发行人未来持续盈利能力存在重大不确定性。

此外，发行人金额较大的存货以及可能要计提的金额较大的存货跌价准备也会进一步加大发行人生产经营的风险：2013 年末、2014 年末、2015 年末发行人存货账面价值分别为 39 435.87 万元、36 676.19 万元和 37 132.01 万元，占同期资产总额的比重分别为 21.71%、17.14% 和 17.41%。发行人已制订较为谨慎的存货跌价计提政策，截至 2015 年 12 月 31 日，已计提存货跌价准备 35 240.84 万元，占库存账面余额 48.69%。

## 9.3.4　法律规定分析

**1．发行人受到消防部门的行政处罚**

2013 年 1 月 15 日，厦门市湖里区公安消防大队对发行人位于湖里大道 95 号 HZ 大厦的办公场所进行监督抽查，发现发行人存在以下情形：（1）堵塞疏散通道；（2）疏散指示标志设置不符合标准。2013 年 2 月 16 日，厦门市湖里区公安消防大队向发行人出具《公安行政处罚决定书》，决定对发行人罚款 10 000 元。2014 年 1 月 20 日，厦门市湖里区公安消防大队出具《证明》，确认"XH 公司被处罚的上述违法行为尚不构成重大火灾隐患，不属于重大违法行为且及时整改完毕，并按时缴清了全部罚款。该行政处罚，不会对 XH 公司的正常生产、经营构成障碍。除前述事项外，XH 公司 2011 年 1 月 1 日至本证明出具之日在本大队不存在其他行政处罚记录"。

**2．XH 澳门受到澳门特别行政区政府劳工事务局处罚**

2015 年 2 月 27 日，XH 澳门收到《澳门特别行政区政府劳工事务局通知书（缴付罚款)》，因 XH 澳门安排一名外地雇员从事非属于获许从事的职业活动构成一项行政违法行为，故被处澳门币 5 000 元的罚款。XH 澳门于 2015 年 3 月 16 日缴付了上述罚款。

根据澳门 LT 律师事务所于 2015 年 8 月 20 日出具的法律意见书，该等处罚属于较轻处罚，该等罚金对 XH 澳门的经营和收入等各方面并不构成影响。故 XH 澳门受到澳门特别行政区政府劳工事务局处罚不构成情节严重的重大违法行为。

**3．发行人受到上海市杨浦区市场监督管理局处罚**

2016 年 1 月 27 日，上海市杨浦区市场监督管理局向发行人下发了《行政处罚决定书》，由于 J 型号为"G128010l/400MM"的背提包经上海市皮革质量监督检验站出具的编号为"153ZJ08027"的检验报告显示为不合格，对发行人没收 3 199 元违法所得并处以 48 990 元的罚款。

2016 年 3 月 1 日，上海市杨浦区市场监督管理局出具《证明》，证明针对上述产品质量问题，发行人已进行了整改，包括将产品下架、对已销售产品做退货处理且销毁全部不合格产品，承诺该款不合格产品不再流入市场，并缴纳了相应罚款。上海市杨浦区市场监督管理局认为发行人被处罚的上述产品质量问题不属于重大违法违规行为，且已及时整改完毕并按时缴清了全部罚款。

# 第 10 章
# 内部控制问题

## 10.1　内部控制审核概述

### 10.1.1　内部控制规范体系的要求

2010 年 4 月 26 日，五部委联合发布了《企业内部控制配套指引》（以下简称《配套指引》），包括 18 项应用指引、《企业内部控制评价指引》、《企业内部控制审计指引》，并制定了国内上市公司执行时间表，鼓励非上市大中型企业提前执行。执行内部控制规范体系的企业必须对本企业内部控制的有效性进行自我评价，披露年度自我评价报告，同时聘请具有证券期货业务资格的会计师事务所对其财务报告内部控制的有效性进行审计，出具审计报告。

### 10.1.2　IPO 相关规定对企业内部控制的要求

《首发办法》（2020 年 7 月修订）、《创业板首发办法》（2018 年 6 月修订）中"第二章　发行条件"部分提出了发行人申请首次公开发行股票在内部控制方面应当满足的要求。其中，《首发办法》第十七条规定，发行人的内部控制制度健全且被有效执行，能够合理保证财务报告的可靠性、生产经营的合法性、营运的效率与效果；第二十二条规定，发行人的内部控制在所有重大方面是有效的，并由注册会计师出具了无保留结论的内部控制鉴证报告。《创业板首发办法》第十八条也有与《首发办法》第十七条、二十二条几乎相同的规定。

除上述明确针对发行人内部控制的规定之外，《首发办法》在发行人主体资格、规范运行、财务与会计等发行条件中还提出了以下与内部控制密切相关的要求：

（1）生产经营符合法律、行政法规和公司章程的规定；

（2）发行人不得有"最近 36 个月内违反工商、税收、土地、环保、海关以及其他法律、行政法规，受到行政处罚，且情节严重"等情形；

（3）不存在为控股股东、实际控制人及其控制的其他企业进行违规担保的情形；

（4）有严格的资金管理制度，不得有资金被控股股东、实际控制人及其控制的其他企业以借款、代偿债务、代垫款项或者其他方式占用的情形；

（5）会计基础工作规范；

（6）依法纳税。

从以上规定可以看出，IPO 审核对发行人内部控制的要求更侧重于能够合理保证企业财务报告的可靠性、生产经营的合法性。同时，合理保证财务报告及相关信息真实完整、企业经营管理合法合规是内部控制的五大目标之二。《首发办法》和《创业板首发办法》中要求注册会计师为发行人出具无保留结论的内部控制鉴证报告。虽然内部控制审计和内部控制鉴证同为鉴证业务，但二者并不等同。二者区别主要有以下几点。

（1）执业依据不同。内部控制审计的执业依据为《企业内部控制审计指引》，而内部控制鉴证的执业依据为《中国注册会计师其他鉴证业务准则第 3101 号——历史财务信息审计或审阅以外的鉴证业务》和《内部控制审核指导意见》。

（2）鉴证对象不同。内部控制审计是一种直接报告业务，而内部控制鉴证为基于责任方认定的业务。

（3）保证程度不同。内部控制审计执行的是审计程序，提供的是合理保证；而内部控制鉴证执行的是审核程序，提供的保证程度介于合理保证和有限保证之间。

（4）报告意见类型不同。内部控制鉴证报告可以有保留意见，而内部控制审计报告无此意见类型。

对于发行人而言，尽管《首发办法》《创业板首发办法》和内部控制规范体系在内部控制鉴证、内部控制审计方面的规定存在差异，但是对发行人内部控制在合理保证实现控制目标上的要求是一致的。此外，《企业内部控制评价指引》也是发行人管理层进行内部控制自我评价的重要依据和指南；18 项应用指引还提供了发行人完善内部控制的标准和参考。因此，在内部控制制度建设上，发行人除了要遵守 IPO 相关规定之外，同时也要遵守内部控制规范体系的要求。

### 10.1.3 2017 年 IPO 被否企业的主要内部控制缺陷类型

2017 年，一共有 436 家企业在 A 股市场完成 IPO 上市，超过了此前每年最高数 347 家。发审委全年一共审结 466 个 IPO 项目，其中审核通过 380 家，否决 86 家。根据证监会网站公布的发审委会议审核结果，86 家被否决企业中，有 48 家在发审会上被发审委委员问到了内部控制问题，涉及内部控制问题的被否企业数量占全部被否决企业数量的比例为 55.81%。此外，发审委委员一共对所有被否企业提问了 298 个问题，其中内部控制相关问题有 63 个，占比 21.14%。

五部委发布的 18 项内部控制应用指引可以分为内部环境类、控制活动类、控制手段类三类。按照内部控制应用指引涵盖的业务和事项为分类标准，对 2017 年 IPO 被否企业被发审委委员所提问到的内部控制相关问题进行梳理，总的来说，在 IPO 审核中，发审委委员关注的企业内部控制缺陷主要集中在资金活动、销售业务、采购业务、资产管理、业务外包、财务报告、社会责任等领域。

## 10.2 江西××医用制品集团公司案例分析

### 10.2.1 案例介绍

2011 年 4 月 19 日，江西××医用制品有限公司（以下简称"××有限"）全体股东签署《发起人协议》，协商一致以 2011 年 3 月 31 日经 ZL 会计师事务所审计的净资产 104 846 261.68 元为基础，按 1∶0.715 333 的比例折为 75 000 000 股股份，其余 29 846 261.68 元计入资本公积，将××有限整体变更为股份公司。

上述出资事宜经 ZL 会计师事务所出具的《验资报告》审验。2011 年 5 月 10 日，江西省商务厅出具《关于同意江西××医用制品集团有限公司变更为外商投资股份有限公司的批复》，批准××有限整体变更事宜。2011 年 5 月 25 日，江西××医用制品集团股份有限公司（以下简称"××股份"）取得整体变更后的企业法人营业执照，注册资本为 7 500 万元。××有限及公司股东已履行了整体变更为股份有限公司时涉及的税收缴纳及代扣代缴等相关义务。

××股份的发起人为 4 名境内法人、1 名境外法人和 1 名境外自然人，设立时的股权结构如表 10-1 所示。

表 10 - 1　　　　　　　　　　　公司股权结构

| 序号 | 发起人名称 | 持股数（股） | 持股比例 |
|---|---|---|---|
| 1 | SAE 投资 | 35 249 950 | 47.00% |
| 2 | 香港 AE | 18 502 585 | 24.67% |
| 3 | CJ 投资 | 11 084 958 | 14.78% |
| 4 | CF 投资 | 4 155 022 | 5.54% |
| 5 | 李某虹 | 3 757 540 | 5.01% |
| 6 | CY 投资 | 2 249 945 | 3.00% |
| | 合计 | 75 000 000 | 100.00% |

## 10.2.2　证监会公告

江西××医用制品集团股份有限公司：

中国证券监督管理委员会（以下简称"中国证监会"）依法受理了你公司提交的首次公开发行股票申请文件。

中国证监会创业板发行审核委员会（以下简称"发审委"）于 2015 年 5 月 22 日举行创业板 2015 年第 47 次发审委会议，依法对你公司首次公开发行股票的申请进行了审核。

发审委在审核中关注到，你公司存在以下情形：

由于报告期内发行人的内部控制存在缺陷，你公司未能有效控制销售人员私刻客户印章的事项及费用报销中的假发票事项。你公司《招股说明书》披露，你公司被举报后自查发现报告期有 16 名销售人员私刻 19 家客户印章用于销售订单、框架性协议、收入及应收账款询证函，你公司与 19 家印章不一致客户进行沟通后，截至招股说明书签署日，其中 7 家客户以单位公章形式出具了谅解函、5 家客户以科室章形式出具了谅解函、7 家客户未出具谅解函。另外发现你公司在实际发生的费用报销中存在部分虚假发票，该等发票合计总金额 604.82 万元，你公司针对该等虚假发票补缴税款及滞纳金合计 105.90 万元。这些情况说明，你公司没有健全且被有效执行的内部控制制度以合理保证公司运行效率、合法合规和财务报告的可靠性。

鉴于上述情形，发审委认为你公司不符合《首次公开发行股票并在创业板上市管理办法》（证监会令第 99 号）第十九条的规定。

发审委会议以投票方式对你公司首次公开发行股票的申请进行了表决，同意票数未达到 5 票，申请未获通过。根据《证券法》《首次公开发行股票并在创业板上市管理办法》和《中国证券监督管理委员会发行审核委员会办法》（证监会令第 62 号）等有关规定，现依法对你公司首次公开发行股票的申请做出不予核准的决定。

你公司如再次申请发行证券，可在本决定做出之日起 6 个月后，向中国证监会提交申请文件。

你公司如不服本决定，可在收到本决定之日起 60 日内，向中国证监会申请行政复议，也可在收到本决定之日起 6 个月内，向有管辖权的人民法院提起行政诉讼。

## 10.2.3 监管逻辑分析

### 1. 应收账款规模较大

发行人主要产品的客户大多为各级公立医院。各级医院采购发行人产品普遍存在批次多、单次量小的特点，且公立医院主要为国家行政事业单位，拨付资金审批环节较多，资金到位周期较长，致使发行人报告期内的应收账款余额相对较高、账龄相对较长。2014 年末、2015 年末、2016 年末和 2017 年 9 月末，发行人应收账款余额分别为 23 598.78 万元、26 823.19 万元、29 053.42 万元和 31 045.43 万元，占营业收入的比例分别为 64.51%、70.45%、71.76% 和 106.15%。随着发行人经营规模的扩大和客户数量的上升，应收账款余额可能会进一步扩大，若应收账款不能按期收回，将会对发行人的现金流和盈利能力产生不利影响。

### 2. 存在商业贿赂风险

发行人所在行业存在商业贿赂的风险。报告期内，发行人主要产品存在单位销售价格相对较低、单个客户销售额相对较少、客户数量较多且合作时间均相对较长的特点，发行人的商业贿赂风险相对较低。发行人制定了成本费用授权批准制度、销售授权审批制度和现金管理控制制度等一系列相关制度，严格审查并控制销售人员的费用报销；同时要求销售人员签署《××股份营销人员行销规则的约定》，明确禁止商业贿赂行为，禁止销售人员在销售过程中给予贿赂以销售产品。发行人报告期内不存在因商业贿赂被公安、工商或检察院查处的情况。尽管如此，发行人仍不能排除未来因销售人员的商业贿赂行为而被相关部门查处的风险。

### 3. 业务资质存疑

我国对医疗器械产品的生产及销售制定了严格的持续监督管理制度。发行人作为医疗器械生产及销售企业，需获得医疗器械生产企业许可证、医疗器械经营企业许可证、医疗器械注册证、消毒产品生产企业卫生许可证、安全生产许可证等业务资质方可生产和经营。上述资质证书有效期届满前，发行人需向相关主管机构申请重新审查及注册。若发行人不能持续满足相关主管机构的有关规定，发行人上述生产经营必备的业务资质可能会被暂停或取消，从而对发行人未来的生产经营造成不利影响。

**4．新产品注册时间较长**

根据规定，医疗器械产品投入生产前必须获得医疗器械注册证。我国对医疗器械行业实行分类监督管理，Ⅰ类、Ⅱ类、Ⅲ类医疗器械分别由不同级别的管理部门按照相应的标准审查批准并授予医疗器械产品注册证，不同类别医疗器械产品注册所需时间存在差异。发行人目前的主要产品涵盖上述Ⅰ类、Ⅱ类、Ⅲ类医疗器械，其中主要为Ⅱ类医疗器械。若未来监管趋严，将增加发行人新产品注册的时间和不确定性，从而影响新产品的生产和销售，对发行人盈利能力产生不利影响。

**5．原材料价格波动**

报告期内，发行人直接材料占生产成本的比例为 70% 左右，主要的原材料为纸张类、薄膜类、布类和化工原料等，其主要原料主要来自石油。发行人原材料采购价格受石油等上游行业相关产品价格的直接影响，进而影响发行人的生产成本和营业成本。若未来原材料价格大幅波动，且发行人未能合理安排采购或及时转嫁产品成本，将对发行人盈利能力产生不利影响。

**6．产品定价风险**

近年来，国家发展改革委等部门加大对药品零售指导价的管理。根据《国家发展改革委办公厅关于贯彻落实推进医疗服务价格改革意见的通知》（发改办价格〔2016〕1864 号），"在取消药品加成的基础上，逐步降低大型医用设备检查治疗和检验价格，规范诊疗行为，降低药品、耗材等费用，为进一步调整医疗服务价格腾出空间"。若耗材指导价格有所下降，相应的中标价也将随之下降。

报告期内，发行人主营业务毛利率分别为 55.91%、53.15%、53.23% 和53.24%。发行人将进一步采取扩大生产规模、降低生产成本、控制期间费用、开发新产品、优化产品结构等措施提升发行人整体盈利能力，但若发行人主要产品价格大幅下调，发行人毛利率和盈利能力将受到不利影响。

**7．行业市场竞争**

发行人所处的一次性无菌医用高分子制品行业为完全竞争市场，行业中企业众多，行业产品种类较多，企业产品水平参差不齐。随着行业的发展，未来市场竞争将进一步扩大，发行人可能面临市场竞争不断加剧的风险。该行业巨大的市场空间将吸引更多具备市场经验和实力的新企业进入市场，行业内现有企业可能通过不断并购整合等方式发展壮大，快速占据市场份额，可能对发行人造成一定威胁；跨国大型一次性医疗器械企业凭借技术、资本和品牌等优势，可通过在国内新建、收购企业或国内企业定点生产的方式降低生产成本，增加市场竞争的激烈程度。

**8. 净资产收益率下降**

本次发行后，发行人净资产将大幅度增加。由于募集资金投资项目存在一定的建设周期，达到预期收益需要一定的期限，发行人净利润的增长速度在短期内将低于净资产的增长速度，发行人存在发行后净资产收益率下降的风险。

**9. 规模快速扩张**

本次发行后，随着募集资金投资项目的实施，发行人的资产规模和业务规模将扩大，人员规模也将大幅增长，发行人需要引进和培养更多的管理人才、技术人才和市场营销人才，有效地进行资源整合、部门间协同，进一步完善内部控制和经营管理体系。尽管发行人在多年的发展过程中，已积累了一批人才，形成了较稳定的经营管理体系，但是若发行人在人员素质、组织结构及管理水平等方面不能够适应快速发展的需要，则存在资产和业务规模快速扩张带来的管理风险。

## 10.2.4 法律规定分析

（1）2015 年 7 月 7 日，宜春食药监局出具"宜市食药监稽函〔2015〕53号"函，由于发行人高安分公司违规生产一次性使用无菌导尿包，依据《医疗器械注册管理办法》和《医疗器械监督管理条例》的相关规定，参照省局行政处罚自由裁量权细化标准，责令高安分公司停止生产该产品、处罚 4.9 万元。

2016 年 9 月 27 日，宜春市食品药品监督管理局出具证明：

①发行人高安分公司已严格按照有关行政处罚决定缴纳了全部罚款，并对违规行为进行了纠正；

②鉴于该等违规行为的情节轻微，且发行人高安分公司已及时采取有效措施予以整改，宜春市食品药品监督管理局确认发行人高安分公司的该等违规行为不属于重大违规行为，所受行政处罚不构成重大行政处罚；

③除上述处罚之外，发行人高安分公司不存在其他因违反相关法律、法规

及规范性文件的规定而受到或可能受到宜春市食品药品监督管理局行政处罚或可能被调查的情形。经核查，发行人高安分公司在获得该等产品注册证后已恢复生产该产品，该等行政处罚所涉罚款已缴清。本次处罚未构成重大违法违规行为，对发行人生产和财务状况无重大影响。

（2）2014 年 9 月 25 日，武汉市食品药品监督管理局出具行政处罚决定书，由于发行人武汉分公司销售无产品说明书的手术粘贴巾，依据《医疗器械监督管理条例》第六十七条及《行政处罚法》第二十七条的规定，罚款 2 万元。该等行政处罚所涉罚款已缴清。《医疗器械监督管理条例》第六十七条规定，"有下列情形之一的，由县级以上人民政府食品药品监督管理部门责令改正，处 1 万元以上 3 万元以下罚款；情节严重，责令停产停业，直至由原发证部门吊销医疗器械生产许可证、医疗器械经营许可"。经核查，保荐机构和发行人律师认为，发行人武汉分公司受到的行政处罚为罚款 2 万元，未构成重大违法违规行为，对发行人生产和财务状况无重大影响。

（3）2015 年 11 月 2 日，江西省食品药品监督管理局因发行人的产品（医用外科口罩）气体交换压力差不合格，在江西省食品药品监督管理局官网发布公告给予发行人责令改正，罚款 3 万元的行政处罚。

2016 年 6 月 1 日，江西省食品药品监督管理局对发行人在 2016 年 3 月 23 日至 24 日的生产监督检查中，因发行人生产质量管理体系有 12 个不符合项，其中一项是关键项——发行人未与医用棉球的供应商安徽 JX 医疗用品有限公司签订质量保证协议，在江西省食品药品监督管理局官网上发布情况通报，给予发行人停产整改的处理意见。2016 年 6 月 6 日，江西省食品药品监督管理局委托宜春市食品药品监督管理局对发行人进行复查，整改符合要求，2016 年 6 月 8 日江西省食品药品监督管理局发布通报恢复发行人生产。

2016 年 6 月 14 日，江西省食品药品监督管理局对发行人的产品（医用外科口罩）气体交换压力差不合格，发布监督抽验公告，给予发行人责令改正，罚款 2 万元的行政处罚。2016 年 7 月 4 日，江西省食品药品监督管理局对发行人在 2016 年 5 月 11 日至 12 日的生产监督检查中，因发行人有 12 项一般项目不符合要求，在江西省食品药品监督管理局官网发布情况通报，给予发行人限期整改的处理意见。2016 年 6 月 21 日，江西省食品药品监督管理局委托南昌市食品药品监督管理局现场复查，整改符合要求。

江西省食品药品监督管理局已出具非重大行政处罚证明，截至 2016 年 11 月 29 日，发行人除上述行政处罚外不存在其他因违反相关的法律、法规及规范性文件的规定而受到或可能受到江西省食品药品监督管理局行政处罚或可能被江西省食品药品监督管理局调查的情形。江西省食品药品监督管理局认为发行人的上述行为不属于重大违法违规行为，该等行政处罚不属于重大行政处罚。经核查，保荐机构和发行人律师认为，发行人受到的行政处罚未构成重大违法违规行为，对发行人生产和财务状况无重大影响。

（4）2016 年 11 月 22 日，高安市市场和质量监督管理局出具行政处罚决定书，由于发行人高安分公司于 2016 年 3 月生产的型号规格为 17cm×17cm 绑带式医用外科口罩不符合产品标准和技术要求，被高安市市场和质量监督管理局处以改正违法行为并处罚款 2 万元。

2016 年 3 月 24 日，高安市市场和质量监督管理局出具行政处罚决定书，由于发行人高安分公司在医用外科口罩车间生产条件发生了一定变化，不再符合医疗器械质量管理体系的要求的情况下组织生产，被高安市市场和质量监督管理局责令改正违法行为，并处以人民币 1 万元罚款的处罚。

2016 年 3 月 24 日，高安市市场和质量监督管理局出具行政处罚决定书，由于发行人高安分公司生产的一次性使用透析护理包不符合经注册的产品技术要求，被高安市市场和质量监督管理局责令改正违法行为，并处以人民币 1.9 万元罚款的处罚。高安市市场和质量监督管理局已出具非重大行政处罚证明，认为发行人高安分公司的上述行为不属于重大违法违规行为，上述行政处罚不属于重大行政处罚。经核查，保荐机构和发行人律师认为，发行人高安分公司受到的行政处罚未构成重大违法违规行为，对发行人生产和财务状况无重大影响。

（5）2017 年 1 月 4 日，宜春市食品药品监督管理局出具行政处罚决定书，由于发行人高安分公司于 2016 年 4 月生产的医用防护口罩不符合 YZB/赣 2401-2013《医用防护口罩》标准及监督抽验方案的要求，被宜春市食品药品监督管理局处以：责令改正、没收不合格的医用防护口罩 254 片，并处罚款 2 万元。

宜春市食品药品监督管理局已出具非重大行政处罚证明，截至 2017 年 3 月 10 日，发行人除上述行政处罚外不存在其他因违反相关的法律、法规及规范性文件的规定而受到或可能受到宜春市食品药品监督管理局行政处罚或可能被宜春市食品药品监督管理局调查的情形。宜春市食品药品监督管理局认为发行人的上述行为不属于重大违法违规行为，该等行政处罚不属于重大行政处罚。经核查，保荐机构和发行人律师认为，发行人受到的行政处罚未构成重大违法违规行为，对发行人生产和财务状况无重大影响。

# 第 11 章
# 信息披露问题

## 11.1 信息披露审核概述

### 11.1.1 IPO 公司信息披露审核的含义

IPO 公司信息披露审核就是对首次公开发行股票公司所披露的各项信息进行审核。IPO 公司信息披露审核有以下特点：时间长，程序烦琐、工作量大，内容复杂、要求高，责任重大、需要遵循的法律、法规众多，要求反复沟通协调。

### 11.1.2 IPO 公司信息披露审核的标准

IPO 公司信息披露审核的标准是信息使用者用于评价 IPO 信息质量高低的标准，包括信息是否真实、是否可靠、是否相关、是否有用、是否合规等。换句话说，具有真实性、可靠性、相关性、有用性、合规性等特征的 IPO 信息符合信息披露审核要求，否则就不符合信息披露要求。

### 11.1.3 IPO 公司信息披露审核的目标

IPO 公司信息披露审核的主要目标是通过对首次公开发行股票公司所披露的信息在反映客观事实的基础之上进行审核，并表明 IPO 公司披露的信息符合市场规范、会计规范以及相关法律规范，质量合格。

### 11.1.4 IPO 公司信息披露审核的内容

IPO 公司信息披露审核的主要阶段及内容如下。第一，进行规划，做好前期尽职调查。第二，审核资产置入或置出等重组业务、股权结构调整以及利润分配（按照独立性要求及其他目的）。第三，确定净资产值：对股份制改革进行审核，然后进行验资，成立股份有限公司；针对有股权转让或引进战略投资者的情况，还要对股权结构调整进行审核及验资；如发现材料过期应该进行补充审核。最后发行验资完才能进行股票上市。

# 11.2 杭州 TYCW 用品公司案例分析

## 11.2.1 案例介绍

2020 年 8 月 14 日，杭州 TYCW 用品股份有限公司（以下简称"TYCW"）创业板发行上市文件获得受理，本次拟公开发行 2 250 万股股份，拟募资 5.9 亿元。

WBK 研究院资料显示，TYCW 是一家主要从事宠物用品的设计、开发、生产和销售业务的公司，产品包括宠物窝垫、猫爬架、宠物玩具、宠物服饰、电子智能宠物用品以及宠物食品等多系列、全品类宠物产品。

招股书显示，TYCW 报告期的营收分别为 7.67 亿元、8.87 亿元、10.49 亿元，利润分别为 0.59 亿元、0.88 亿元、0.85 亿元。

2017 年至 2019 年，TYCW 研发费用投入分别为 938.50 万元、1 008.36 万元和 1 483.47 万元，占同期营业收入的比重分别为 1.22%、1.14% 和 1.41%。

## 11.2.2 证监会公告

中国证券监督管理委员会第十八届发行审核委员会 2019 年第 10 次发审委会议于 2019 年 3 月 26 日召开，现将会议审核情况公告如下：

一、审核结果

杭州 TYCW 用品股份有限公司（首发）未通过。

二、发审委会议提出询问的主要问题

1. 发行人产品主要以 ODM/OEM 贴牌方式在境外销售，报告期 ODM/OEM 销售模式下产品收入占比呈逐年上升趋势。请发行人代表说明：

（1）发行人与外协厂商在产品生产各个环节的具体作用及地位、合同中关于权利义务的约定及实际履行情况，外协加工产品规模显著高于自主生产产品的原因及合理性，是否可持续；

（2）外协厂商的选取标准及管理制度，部分主要外协厂商成立后不久即成为发行人外协生产厂商的合理性，外协厂商的规模、生产能力和发行人外协生产的匹配性；

（3）外协定价依据及公允性，是否存在外协厂商、供应商为发行人分摊成本、承担费用的情形；

（4）报告期主要外协厂商、供应商是否存在差异，是否与发行人、实际控制人、董事、监事、高管及其他关联方存在关联关系；

（5）猫爬架生产线调整的具体情况，对发行人产能的影响，未充分利用自有产能的原因及合理性；

（6）自主品牌毛利率高于 ODM/OEM 模式的原因及合理性，在自产产品毛利率显著高于外协产品毛利率的背景下，外协产品销售金额占比逐年大幅上升的原因及合理性；境内境外销售毛利率、自产产品和外协产品毛利率是否存在差异及其合理性，报告期综合毛利率与可比公司差异的原因及合理性，成本、销售价格、产品品种等各方面的敏感性影响。请保荐代表人说明核查依据、过程并发表明确核查意见。

2. 发行人称"设计研发"为其核心竞争优势之一。请发行人代表说明：

（1）设计研发为发行人核心竞争优势具体表现，发行人整体设计的主要内容，设计研发模式、设计研发团队、报告期设计研发支出、设计成果及在产品中的具体体现，对比分析可比公司及发行人委托设计、自主设计等情况，是否与其披露的"设计研发"核心竞争力相匹配；

（2）部分局部性和节点性的设计内容委托设计公司或外部设计师完成，具体包括哪些内容，该部分设计内容委托设计和自行设计各自所占比例，是否属于行业惯例；

（3）发行人获取的 113 项专利的性质、内容，获取方式；

（4）招股说明书相关信息披露内容是否真实、准确，是否有可验证的证据支持。请保荐代表人说明核查依据、过程并发表明确核查意见。

3. 发行人在新三板挂牌期间相关的信息披露与本次招股书披露内容在前五名客户销售和前五名供应商采购情况方面存在差异，且 2015 年自产和外协前五名供应商及采购金额均存在一定差异。请发行人代表说明：

（1）新三板挂牌期间信息披露遗漏关联交易等事项的具体内容及原因，相应的整改情况和整改效果；

（2）自产和外协前五名供应商及采购金额存在较大差异的原因，期末暂估金额的主要内容，每家供应商的具体情况，差异金额和比例的计算依据；

（3）关联方及关联交易的披露是否真实、准确、完整，是否存在应披露而未披露的其他事项；

（4）发行人是否建立健全相关内部控制制度保证会计信息和关联方认定、披露的真实、准确、完整。请保荐代表人说明核查依据、过程并发表明确核查意见。

4. 2017 年、2018 年发行人境内收入大幅增长，主营业务毛利率呈下滑趋势。请发行人代表说明：

（1）境内销售收入的具体构成，并定量分析对比 2017 年、2018 年境内收入大幅增长的原因，是否与同行业可比公司变化趋势基本一致；

（2）对宠物窝垫下调价格的原因及合理性，与同行业可比公司是否一致；

（3）毛利率下滑的原因及合理性，导致毛利率下滑的因素是否持续存在，对经营业绩和持续盈利能力是否构成重大不利影响，相关风险是否充分披露；

（4）国际经济形势变化对未来经营业绩的影响，是否对发行人产生重大不利影响。请保荐代表人说明核查依据、过程并发表明确核查意见。

5. 2012 年发行人先后购买了王某喜、郝某所控制的北京 KD、北京 PF、上海 CA 三家子公司，2014 年发行人又将上述三家子公司出售给王某喜、郝某。请发行人代表说明：

（1）购买北京 KD 等前述三家子公司后又由原出售人购回的原因及商业合理性，采用不同定价政策的原因及对发行人的影响；

（2）王某喜、郝某与发行人及其股东、高管人员、客户及供应商等是否存在关联关系。请保荐代表人说明核查依据、过程并发表明确核查意见。

## 11.2.3　监管逻辑分析

### 1. 自产率低被质疑

TYCW 的主要产品是猫爬架、宠物窝垫、宠物玩具以及宠物服饰等除宠物粮食外的宠物用品。2017—2019 年，TYCW 的营业收入分别为 7.67 亿元、8.87 亿元、10.49 亿元；猫爬架、宠物窝垫、宠物玩具以及其他产品在 TYCW 收入结构中的占比基本相同。

虽然 TYCW 的产品销量巨大，但其自产率较低。TYCW 自主生产的产品在当期总产量中的占比长期处于 30% 以下，不仅 TYCW 销售的宠物玩具与其他产品全由外部厂商代工，即使是 TYCW 拥有自建产能的猫爬架与宠物窝垫，自产率也不高。资料显示，2019 年 TYCW 共生产 220.67 万套宠物窝垫与 204.50 万套猫爬架，其产能利用率高达 110.34% 和 113.61%；当期，TYCW 宠物窝垫与猫爬架的销量分别为 855.26 万套与 280.46 万套。这意味着 TYCW 的宠物窝垫与猫爬架产品的自产率也仅有 25.80% 与 72.92%。

其实,2019 年 TYCW 首次申请 IPO 时,就因自产率低而被发审委质疑。发审委要求 TYCW 说明"外协加工产品规模显著高于自主生产产品的原因及合理性,是否可持续"。为了提高自产产能,此次申报创业板,TYCW 除了继续募资建设杭州 HW 生产基地外,还增加了湖州 TY 技术改造升级项目建设的募资;此外,TYCW 还计划募资建设 TY 物流仓储中心,拟进一步扩大自身仓储能力,以提高公司销售规模。

**2.行业分析**

《2019 年中国宠物行业白皮书》显示,2019 年全国城镇宠物(犬猫)消费市场规模达 2 024 亿元人民币,同比增长 18.5%。天眼查专业版数据显示,2020 年上半年,我国新增近 11.5 万家宠物相关企业,同比增长 50.09%。美国宠物产品协会数据显示,2019 年美国宠物消费支出金额达到 957 亿美元,同比增长 5.70%,欧洲的宠物消费市场同样巨大。A 股市场也不缺乏与宠物相关的标的,PD 股份、ZC 股份于 2017 年先后上市。

与生产宠物咀嚼食品的 PD 股份和生产宠物粮食的 ZC 股份类似,TYCW 的收入也主要来自欧美市场,而 TYCW 的境外收入的比例远高于 PD 股份和 ZC 股份。资料显示,2019 年 TYCW 90.94% 的收入来自境外,PD 股份境外收入在总收入中的占比为 85%,ZC 股份的这一占比则低于 80%。

除了收入结构与 PD 股份类似,TYCW 在销售模式上也与前述两家上市公司相同。此类公司一方面为下游的商超客户贴牌生产产品,另一方面也生产一些自主品牌产品进行销售。不过,TYCW 的自有产能较低,其产品大量依靠外协生产。

单从生产模式来看,TYCW 更像一家宠物用品的贸易商,在海外商超端获得订单后再分包给委托加工商,自身则通过订单差价来获利。这样的贸易商模式并非 TYCW 独创,在纺织服装行业很常见。不过与纺织服装行业不同,TYCW 销售的宠物用品刚性需求较低,技术含量也不高。

2019 年 TYCW 上会被否,很大一部分原因是 TYCW 缺乏核心竞争力,其经营模式很容易被模仿。换言之,TYCW 的产品很容易被替代。

**3.神秘的新进股东**

从 TYCW 2019 年 3 月底首次上会被否,到 2020 年 7 月 TYCW 再次申报 IPO,TYCW 进行了一次增资。2019 年 9 月 16 日,TYCW 将公司注册资本变更为 6 750 万元,新增的注册资本由管某、丁某华以及钱某出资,增资价格为 15 元/股,增资完成后 TYCW 获得 4 050 万元资金,此次增资 TYCW 的整体估值为

10 亿元左右。按照 TYCW 2018 年的净利润来算，此次增资的市盈率为 11.36 倍。

不过，早在 2016 年 11 月 TYCW 增资时，价格就已经是 15 元/股；当时公司的整体估值为 9.72 亿元，以 2015 年的净利润来算，增资时的市盈率为 30.38 倍。仅以市盈率来看，2019 年管某、丁某华以及钱某参与 TYCW 增资的估值水平明显比三年前增资引入新股东的时候要低很多。

此外，TYCW 此次 IPO 拟通过发行不超过 25% 的股份募集 5.90 亿元的资金。按照募资额来算，发行后 TYCW 的市值为 23.60 亿元。以 2019 年的净利润来算，其市盈率为 27.44 倍，若算上 TYCW 的业绩增长，TYCW 顺利上市后，其市值或将超过 23 亿元。这意味着 TYCW 上市后，2019 年参与增资的管某、丁某华以及钱某三人的投资浮盈将超过 2.36 倍。

## 11.2.4 法律规定分析

### 1. 海关处罚

2014 年 7 月，TYCW 因申报不实被洋山海关处罚 0.60 万元，处罚原因系 TYCW 委托的报关代理公司填错产品名字，导致报关品名与实际出口货物不一致。

2017 年 4 月 27 日，洋山海关出具《中华人民共和国洋山海关关于杭州 TYCW 用品股份有限公司申报不实行政处罚决定书》。根据该处罚决定书，TYCW 委托上海 YYBG 有限公司于 2016 年 7 月 28 日申报出口一般贸易项下宠物用品时，因申报集装箱号与实际集装箱号不符而被罚款 0.20 万元。

根据《中华人民共和国海关行政处罚实施条例》第十五条、第四十九条、第五十条的规定及《中华人民共和国海关办理行政处罚案件程序规定》第六十条、六十七条的规定，因进出口货物的品名申报不实系违反海关监管秩序的行为；对公民处 1 万元以上罚款、对法人或者其他组织处 10 万元以上罚款的行政处罚决定之前，应当告知当事人有要求举行听证的权利；对情节复杂或者重大违法行为给予较重的行政处罚，应当由海关案件审理委员会集体讨论决定。TYCW 的处罚未收到听证或海关案件审理委员会集体讨论决定的书面材料。

根据《中华人民共和国海关办理行政处罚案件程序规定》第三条，适用《中华人民共和国海关行政处罚实施条例》第十五条第一、二项规定进行处理的，适用简单案件程序。

综上所述，TYCW 受到海关行政处罚主要系报关代理公司的过失所致，TYCW 所受处罚金额较小，且已经缴纳罚款，违法行为已经纠正，上述处罚不属于重大行政处罚。

**2．全国中小企业股份转让系统自律监管措施**

2017 年 3 月 3 日，TYCW 收到全国中小企业股份转让系统《关于对杭州 TYCW 用品股份有限公司及相关责任主体采取自律监管措施的决定》，涉及以下违规事项：2016 年 3 月 29 日至 2016 年 4 月 25 日期间，TYCW 及其子公司湖州 TY 将 310 万元资金划转给与 TYCW 同受薛某潮控制的关联方杭州 LW、杭州 AW，将 490 万元资金划转给 TYCW 其他关联方 ZH 投资、TY 旺旺、TW 投资、杭州 LW。截至 2016 年 4 月 25 日（申报前），前述划出的资金全部偿还给 TYCW 及其子公司。挂牌时 TYCW 未在公开转让说明书等申报材料中披露前述资金往来事项。

2015 年 8 月 12 日，TYCW 与 CBZN 签署《委托开发设计合同书》；TYCW 根据合作约定于 2015 年 8 月 26 日全额支付设计费用 190 万元；2015 年 12 月 31 日，由于 CBZN 未能按进度完成产品设计，导致 TYCW 智能喂食器项目于 2015 年 10 月暂停，故 CBZN 暂行退回设计款 145 万元；2016 年该项目重启之后，双方按照前述协议约定，由 TYCW 根据设计开发进度分别于 2016 年 1 月、4 月、7 月向 CBZN 分批支付了设计开发费。2015 年 10 月，TYCW 参股 CB 科技 10% 股份及薛某潮担任 CB 科技董事的时间，双方形成关联方关系。挂牌时 TYCW 未在公开转让说明书、审计报告等申报材料中披露前述关联交易事项。

TYCW 的上述行为违反了《全国中小企业股份转让系统业务规则（试行）》第 1.5 条以及《全国中小企业股份转让系统公开转让说明书内容与格式指引（试行）》第三十四条的规定，构成信息披露违规。鉴于上述违规事实和情节，根据《全国中小企业股份转让系统业务规则（试行）》第 6.1 条的规定，对 TYCW 及其董事长、信息披露负责人采取要求提交书面承诺的自律监管措施。

TYCW 在收到上述决定书之日起二个转让日内，在全国中小企业股份转让系统指定信息披露平台公布了上述相关情况，亦公告了公司说明及整改措施，具体情况如下："针对上述违规行为，公司向全体投资者致以最诚挚的歉意。公司及相关责任人将以此为戒，进一步提高规范意识，提升治理水平，加强内部管理。公司及董事长薛某潮、信息披露负责人张某平将严格按照股转系统的要求提交书面承诺。公司也将进一步健全内控制度，认真学习有关法律法规，提高合规意识和风险意识，强化信息披露管理，以更加积极的态度做好各方面的工作，切实维护公司和股东的利益。"

除上述情况外，TYCW 及其控股股东、实际控制人报告期内不存在违法违规及受处罚的情况。

# 11.3 北京 WJK 信息科技公司案例分析

## 11.3.1 案例介绍

北京 WJK 信息科技股份有限公司（以下简称"WJK"）是一家移动互联网应用技术和信息服务提供商，主要为各行业大型企业提供增值电信服务、移动信息化服务和移动营销服务，具体包括：（1）为电信运营商开展增值电信业务提供集技术支持、运营服务和营销推广于一体的增值电信服务；（2）为各行业大型企业客户提供移动信息化解决方案及运营服务等移动信息化服务；（3）与媒体平台合作并提供媒体代理、流量引入等方面的移动营销服务。

公司在海量数据交互、机器智能运算等方面的技术水平不断提高，并积累了丰富的运营经验和渠道资源，形成了对大型企业客户的综合服务能力，从而建立了与电信、互联网、传媒、电力等各行业大型企业长期稳定的合作关系。WJK 基本情况如表 11-1 所示。

表 11-1 WJK 基本情况

| 项目 | 内容 |
|---|---|
| 中文名称 | 北京 WJK 信息科技股份有限公司 |
| 注册资本 | 人民币 5 100 万元 |
| 法定代表人 | 李某 |
| 统一社会信用代码 | 91110 × × × × × × × ×5721M |
| 成立日期 | 2011 年 2 月 24 日（2015 年 7 月 3 日整体变更为股份有限公司） |
| 住所 | 北京市海淀区 ZCL 51 号 1 幢 408 |
| 公司类型 | 股份有限公司（非上市、自然人投资或控股） |
| 设立方式 | 有限责任公司整体变更 |
| 经营范围 | 技术推广；计算机动画设计；经济贸易咨询（不含中介服务）；组织文化艺术交流（不含经营性演出）；企业策划；承办展览展示活动；打字；摄影；销售五金交电、日用品、建筑材料、家具、电子产品、机械设备、汽车零配件、厨房用品、工艺品、日用杂货、文化用品、体育用品、针纺织品、医疗器械（限Ⅰ类）、化工产品（不含危险化学品及一类易制毒化学品）、计算机、软件及辅助设备；软件开发；设计、制作、代理、发布广告；第二类增值电信业务中的信息服务业务（不含固定网电话信息服务和互联网信息服务）；从事互联网文化活动（企业依法自主选择经营项目，开展经营活动；从事互联网文化活动以及依法须经批准的项目，经相关部门批准后依批准的内容开展经营活动，不得从事本市产业政策禁止和限制类项目的经营活动） |

## 11.3.2　证监会公告

中国证券监督管理委员会第十七届发行审核委员会 2018 年第 19 次发审委会议于 2018 年 1 月 23 日召开，现将会议审核情况公告如下：

一、审核结果

北京 WJK 信息科技股份有限公司（首发）未通过。

二、发审委会议提出询问的主要问题

1. 报告期内，发行人直接和间接来自中国 YD 的收入逐年增长，目前占营业收入比例已接近 80%。请发行人代表说明：

（1）中国 YD 对业务合作伙伴的选择政策（包括选择标准、选择程序、考核要求等）；

（2）与中国 YD 的合作过程及主要内容，是否存在被其他公司替代的风险，来自中国 YD 的收入是否可持续；

（3）是否对中国 YD 存在重大依赖。请保荐代表人说明核查过程和方法，并发表明确核查意见。

2. 报告期内，语音杂志业务一直是发行人内容整合发行业务收入的主要来源。2017 年 1—6 月公司产品支付计费收入大幅增长，首次超过当期营业收入的 50%，发行人披露，目前手机话费小额支付在移动支付领域中相比支付宝、微信支付等支付手段更为便利。此外，2016 年发行人开始从事企业融合通信业务，收入规模增长也较快，2017 年 1—6 月收入占当期营业收入的 15.73%。请发行人代表：

（1）对标互联网语音内容服务市场的主要企业，说明公司在提供语音内容服务方面是否具有可持续的核心竞争力；

（2）说明关于手机话费支付方式的披露是否客观准确，手机话费支付方式今后是否存在被支付宝和微信支付等替代的风险；

（3）说明公司融合通信业务的经营前景，与电信运营商其他融合通信的合作伙伴相比，是否具有可持续的竞争力。请保荐代表人说明核查过程和方法，并发表明确核查意见。

3. 请发行人代表根据业务种类说明：

（1）各报告期具体产品的终端用户消费时间、消费时长、消费频率及各产品终端用户的特征、个人用户消费金额占其整体话费的比例、单位用户占其该类消费金额的比例；

（2）各产品设计的应用对象及实际使用对象，收入形成是否符合正常的商业逻辑，信息披露是否真实、准确、完整。请保荐代表人说明核查过程和方法，并发表明确核查意见。

4. 报告期内，发行人在职员工总数持续减少，分别为 72、62、60、59 人，与发行人业务规模及其增长态势不尽匹配。请发行人代表说明在职员工人数持续减少的原因，并结合业务类别及不同岗位设置，说明具体员工与相关业务的匹配性。请保荐代表人说明核查过程和方法，并发表明确核查意见。

5. 报告期内，发行人主要客户北京 HXHT 科技有限公司和北京 HCXT 科技有限公司系同一实际控制人控制的企业；喀什 LP 信息技术有限公司系发行人主要供应商。请发行人代表说明：

（1）招股说明书未合并披露同一实际控制人控制的企业间交易的原因及合理性；

（2）前述公司是否与发行人存在关联关系；

（3）相关信息披露是否真实、准确和完整。请保荐代表人说明核查过程和方法，并发表明确核查意见。

### 11.3.3　监管逻辑分析

#### 1. 客户过于集中

公司是一家移动互联网应用技术和信息服务提供商，主要为各行业大型企业提供移动互联网增值电信服务、移动信息化服务和移动营销服务。2017 年至 2019 年，公司对前五大客户的销售占比分别为 95.77%、96.65% 和 80.76%，公司存在客户集中的风险。其中，公司增值电信服务的客户主要是中国 YD，2017 年至 2019 年，公司对中国 YD 的销售收入分别为 16 130.90 万元、18 242.21 万元和 16 280.60 万元，占公司营业收入比例分别为 76.81%、86.81% 和 63.00%。

公司自成立起持续为电信运营商或其合作伙伴的增值电信业务提供服务。公司自 2014 年与中国 YD 建立合作关系以来，双方合作十分紧密，公司持续满足中国 YD 技术支持、运营服务和营销推广等方面的业务需求，服务规模、业务规范等指标均获得了中国 YD 的认可，报告期内，公司在中国 YD 的评级持续保持较高水平。电信运营商凭借其基础网络、用户资源、收费系统等优势，在增值电信行业产业链中占据主导地位，增值电信服务商的经营对电信运营商普遍存在一定程度的依赖。因此，报告期内公司对中国 YD 的销售收入占比较高。

公司的移动信息化服务和移动营销服务主要客户包括 ZW 信息（中国 YD 控股公司）、TXY、XC、GJDW、BDSD 等大型企业客户。报告期内，公司移动信息化服务和移动营销服务两项业务收入合计分别为 4 738.02 万元、2 708.38 万元和 12 350.40 万元，这两项业务的较快发展促使 2019 年公司对中国 YD 的销售收入占比降至 63.00%。

报告期内，公司客户集中度较高，主要客户对公司的业绩具有重要影响。如果未来公司主要客户由于宏观环境变化、市场竞争或其他原因大幅减少对公司服务的采购规模，公司的销售规模将存在大幅减小的风险，从而对公司的财务状况和盈利能力产生不利影响。

**2．市场需求发生变化**

近年来，随着移动互联网相关产业的发展，新的业务模式和产品类型不断涌现，客户对技术和信息服务的需求随之变化。例如，随着移动互联网和电子商务的发展，企业短信的应用场景不断增加，移动信息业务规模持续扩大，我国企业短信业务总量从 2010 年的 2 826 亿条增长至 2017 年的 5 322 亿条，增幅达 88.32%，给移动信息化服务商带来了发展机遇。公司作为移动互联网应用技术和信息服务提供商，需要不断根据市场变化调整经营策略，准确把握客户需求，保证为各行业大型企业持续提供符合市场发展方向的优质服务。

目前，公司与主要客户建立了良好的合作关系，且始终坚持以客户需求为发展导向，具备较强的先发优势。如果未来公司不能有效预测并及时快速响应市场需求的变化，可能对公司的经营业绩造成不利影响。

**3．商誉减值风险**

2015 年，公司收购了 LNDA 100% 股权，构成非同一控制下企业合并；2019 年，公司通过增持股份对 JJXT 的持股比例达到 51%，构成非同一控制下企业合并。上述合并成本大于合并中取得的被购买方可辨认净资产公允价值份额的差额确认为商誉。截至报告期末，公司商誉账面价值为 9 859.42 万元，其中因收购 JJXT 形成的商誉为 9 379.17 万元，因收购 LNDA 形成的商誉为 480.25 万元。公司商誉主要为收购 JJXT 形成，JJXT 主要从事移动信息化服务，2019 年实现净利润 2 144.72 万元，经营情况良好，不存在减值迹象；LNDA 主要从事增值电信服务和移动营销服务，经营情况亦正常，不存在减值迹象。如果未来宏观经济、市场条件以及产业政策等外部因素发生重大不利变化，导致上述两家公司经营情况不及预期，则公司存在商誉减值的风险，进而对经营业绩产生不利影响。

**4. 管理风险**

报告期内，公司业务规模及资产规模保持了稳定增长。本次募集资金到位后，公司经营规模将快速扩大。业务及资产规模的快速增长对公司的管理水平、决策能力和风险控制水平提出了更高的要求。如果公司不能根据上述变化进一步建立健全完善的管理制度，不能对业务及资产实施有效的管理，将给公司持续发展带来风险。

**5. 实际控制人不当控制风险**

截至本招股说明书签署日，公司控股股东、实际控制人李某、陈某通过直接和间接持股合计控制公司77.25%股份。本次发行完成后，李某及陈某仍将控制公司57.94%的股权，对公司具有实际控制能力。同时，李某担任公司董事长和总经理、陈某担任公司董事和副总经理，可对公司董事会决策和日常经营管理施加重大影响。

公司内部控制制度的健全、完善和良好运行需要公司实际控制人的配合和支持。如果公司实际控制人以后不能够很好地约束自身行为，不排除其以后通过控制的股份行使表决权对公司的经营决策实施不当控制，做出损害公司及其他中小股东利益的决策或安排，从而导致公司内部控制制度执行不力甚至失效，使得公司可能会面临实际控制人损害公司和中小股东利益的风险。

## 11.3.4　法律规定分析

**1. 关联交易**

报告期内，同一实际控制人控制的北京 HXHT 科技有限公司和北京 HCXT 科技有限公司是 WJK 的主要客户。证监会要求 WJK 说明，招股说明书未合并披露同一实控人控制的企业间交易的原因及合理性等。

**2. 知识产权问题**

WJK 招股说明书披露，2015 年 2 月 27 日，WJK 与 WLSD 签署商标转让协议，前者受让后者的注册商标，而 2015 年 4 月 22 日，商标局才受理该注册商标的转让申请，在该注册商标转让核准之前，WLSD 授予 WJK 无偿使用该注册商标。

值得关注的是，WLSD 与美国 ZIH 公司存在商标纠纷，相关行政诉讼正在审理过程中。

对此，证监会要求 WJK 说明无偿使用该等商标的原因及合理性；报告期内该商标相关产品的销量、收入和毛利，该商标对 WJK 的重要程度；并说明如果

WLSD 败诉，对 WJK 生产经营的影响。

此外，WJK 报告期内在职员工持续减少、员工与 WJK 相关业务的匹配性、产品的用户等方面受到关注。

**3．经营合规性风险**

WJK 所从事的移动互联网应用技术和信息服务业务受到工信部、文化和旅游部、国家市场监督管理总局等政府部门的监管。随着产业的快速发展，主管部门不断加强行业相关的法规建设、市场监管和业务管理，行业规范程度不断提高。WJK 始终遵守行业监管部门关于市场规范的各项规定，报告期内 WJK 不存在重大违法违规的行为。如果未来 WJK 未严格执行国家相关监管部门管理规定，导致业务运营出现严重违规，并受到行业监管部门处罚，则可能导致 WJK 部分业务暂停或终止，从而对 WJK 业绩及持续发展产生不利影响。

# 第 12 章
# 税款补缴问题

## 12.1 税款补缴审核概述

### 12.1.1 IPO公司税款补缴问题

申报财务报表对原始报表进行的差错更正中，如果涉及收入和利润的调整，往往会产生流转税和企业所得税的补缴问题。当期补缴前期税款，属于自查补税行为，除收取滞纳金外，税务主管部门一般不会进行处罚。

报告期内补税的性质和金额，决定补税行为是否构成审核中的实质障碍；补税的性质和金额，是由相关会计差错的性质和金额所决定的。

（1）补税的性质。会计差错的性质，可以分为错误引起的差错和舞弊引起的差错两类。错误引起的差错，主要包括会计方法使用不当、会计未及时处理业务引起的跨期确认等形成的差错；舞弊引起的差错，主要指前期由于避税，隐匿收入或虚构成本，因此少计收入和利润所形成的差错。错误引起的补税可以理解，但如果涉嫌逃税，那么补税的性质是比较恶劣的。

（2）补税的金额。如果补税金额超过相关期间应交税金的一半，那么说明性质和金额是重大的。从差错性质来看，有时候不太容易界定错误和舞弊，但错误引起的补税金额一般不会太大；补税金额过大，则可能存在舞弊嫌疑。

（3）综合补税的性质和金额。金额过大或明显源于舞弊的补税，一方面，不符合《首发办法》关于依法纳税的规定，另一方面，重大的补税源于重大的会计差错，而重大会计差错往往源于内部控制存在重大缺陷。

重大的补税实质上违反了《首发办法》的相关规定，往往会形成审核中的实质障碍，所以报告期内应尽量杜绝或减少差错更正和补税事项。

## 12.1.2　会计账簿导致的税款补缴

企业所得税的核定征收，是指由于纳税人应当设置但未设置账簿，或者虽设置账簿，但账目混乱或者成本资料、收入凭证、费用凭证残缺不全，难以通过查账准确确定纳税人应纳税额时，由税务机关采用合理的方法依法核定纳税人应纳税款的一种征收方式。与核定征收相对应的是一般企业所采取的企业所得税查账征收方式。

对于 IPO 公司本身或其重要的子公司，如果报告期内存在核定征收企业所得税情况，其是否符合税法规定，IPO 公司很难给出合理解释。

（1）如果 IPO 公司自认为符合核定征收的条件，即承认存在账目混乱、无法准确核实收入费用等问题，那么公司的会计基础并不规范，其提供的财务报表的真实性也无法保证。

（2）如果 IPO 公司自认为内控有效，可以准确核实收入成本，那么就不符合核定征收的条件，公司存在不依法纳税的嫌疑。

实务中，采用核定征收方式缴纳企业所得税的公司，由于成本费用对其纳税意义不大，所以一般很难主动地建立有效的核算体系。

因此，报告期内，IPO 公司本身或其重要的子公司不能存在核定征收企业所得税情况，如果存在，则应在报告期第一年开始采用查账征收方式缴纳企业所得税。此外，由于 IPO 公司往往自认为报告期外的财务处理具有规范性，但可能并不实质符合核定征收的条件，所以实务中往往需要对 IPO 公司以前年度的核定征收情况按照查账征收的标准测算税收差额。对于税收差额，根据具体情况及税务机关要求确定是否补缴。

## 12.1.3　IPO 公司需强化依法纳税意识

在企业 IPO 纳税工作的开展中，为促使纳税工作的有序进行，要将强化依法纳税意识作为工作重点与关键。在这一过程中，企业人员需要具备较强的依法纳税意识，认识到依法纳税对企业发展以及企业上市的重要作用，从而积极主动参与相应的工作，为税收工作的开展，以及企业的更好发展提供保障。在强化工作人员的依法纳税意识过程中，可以从以下几点展开。

（1）企业管理人员要充分发挥自身作用与价值，定期组织员工开展相应的法制教育活动，不断提升员工的纳税意识，正确认识税务问题；促使企业内部税务工作更加透明化与公开化。

（2）对于企业中的各项问题，如历史遗留税务问题、股东个税问题、企业所得税问题等，工作人员需要重视；涉及的相关方以及内容，都要严格按照相应标准与规定进行处理，从而最大限度避免违法行为或者违规行为出现，不断提升企业工作人员的法律意识、纳税意识。

（3）对于法制教育活动的开展，企业需要安排专业工作人员组织计划。企业应结合企业员工实际发展情况，确保法制教育活动开展的科学性与合理性，符合企业员工发展特点，为税务工作的开展打下良好基础。

# 12.2　北京 ZSDC 传媒广告股份有限公司案例分析

## 12.2.1　案例介绍

北京 ZSDC 传媒广告股份有限公司（以下简称"ZSDC"）成立于 1997 年，是一家集媒体代理、创意、广告制作、企业策划及发布为一体的服务型企业，也是一家专门从事媒体广告经营的综合型广告运营商，其主营业务包括媒介代理和客户代理业务。

此次 ZSDC 拟登陆上交所，本次公开发行不超过 2 146 万股股份，占发行后总股本的比例不低于 25.01%。此次发行承销及保荐商为 GY 证券，律所为北京市 WSTQ 律师事务所，会计单位为 RH 会计师事务所。

ZSDC 于 2017 年 6 月 20 日向证监会提交 IPO 申请资料，证监会官方网站 2018 年 3 月 26 日更新了预披露资料，2018 年 5 月 29 日申请被否。

根据招股说明书，ZSDC 2015 年、2016 年及 2017 年营业收入分别为 10.97 亿元、15.62 亿元、25.84 亿元，净利润分别为 0.84 亿元、0.67 亿元、1.33 亿元。

本次募集资金 ZSDC 拟用于补充广告业务营运资金项目、智能化广告运营管理及营销服务平台项目，项目总投资为 60 450 万元，拟全部使用募集资金。

## 12.2.2　证监会公告

中国证券监督管理委员会第十七届发行审核委员会 2018 年第 82 次发审委会议于 2018 年 5 月 29 日召开，现将会议审核情况公告如下：

一、审核结果

北京 ZSDC 传媒广告股份有限公司（首发）未通过。

二、发审委会议提出询问的主要问题

1. 报告期内，发行人主要供应商为 YS 和 YY，向二者采购占比合计分别为 89.40%、90.85% 和 97.46%。发行人与 YS 和 YY 签署的采购合同均为一年期合同。请发行人代表说明：（1）发行人与 YS、YY 等合作关系的稳定性，是否存在被其他广告代理商替代的风险；（2）发行人业务对 YS 和 YY 是否存在重大依赖，发行人是否具备对外独立开展业务的能力；（3）获取广告资源的方式是否合法合规，是否符合行业惯例，是否存在商业贿赂或不正当竞争情形；（4）互联网等新媒体广告对发行人业务及持续盈利能力的影响，发行人的应对措施。请保荐代表人说明核查过程、方法，并发表核查意见。

2. 报告期内，发行人主营业务毛利率逐年下降，低于同行业可比上市公司；销售费用率和管理费用率显著低于同行业可比上市公司。请发行人代表说明：（1）报告期毛利率变动较大的原因；媒介代理业务及客户代理业务毛利率差异较大的原因；（2）毛利率与同行业可比上市公司存在差异的原因及合理性；（3）报告期销售费用、管理费用等项目的变动趋势与业务收入增长、实际业务情况是否匹配，是否存在少计费用的情况；（4）期间费用率显著低于同行业可比上市公司的原因及合理性。请保荐代表人说明核查过程、方法，并发表核查意见。

3. 发行人报告期返利金额较大，返利政策的执行对发行人经营业绩构成重要影响。请发行人代表说明：（1）相关合同（协议）中返利条款的主要内容，不同客户（供应商）的返利政策是否存在重大差异，同一客户（供应商）的返利政策报告期是否发生重大变化；（2）报告期主要客户（供应商）返利政策的执行情况；（3）发行人返利会计核算是否符合企业会计准则规定，是否与同行业可比公司一致；（4）是否存在返利长期挂账的情况。请保荐代表人说明核查过程、方法，并发表核查意见。

4. 发行人认定实际控制人为李某慧，直接及间接持有发行人 58.56% 的股份，李某慧及其家族成员合计控制 82.64% 的股份；发行人历史上存在股权代持情形。请发行人代表说明：（1）未将其他家族成员认定为共同实际控制人的依据及合理性，发行人实际控制人的认定是否符合相关法律法规和监管规则的要求；（2）股权代持原因，是否已清理完毕，是否存在权属争议或纠纷。请保荐代表人说明核查过程、方法，并发表核查意见。

5. 发行人 2016 年支付了 299.02 万元的税收滞纳金。请发行人代表说明：（1）补缴税款的金额及原因，是否因此受到税务机关的行政处罚，是否构成重大违法行为；（2）追溯调整 2016 年补缴所得税额至 2014 年的会计处理是否符合企业会计准则的要求。请保荐代表人说明核查过程、方法，并发表核查意见。

### 12.2.3　监管逻辑分析

由于发行人 2016 年支付了 299.02 万元的税收滞纳金，所以发审委问询补缴税款相关问题，以及该项补缴行为追溯调整是否符合企业会计准则的要求。

**1. 前五大供应商采购集中程度高**

报告期内，发行人向前五大供应商采购金额合计分别为 9.03 亿元、13.31 亿元和 23.09 亿元，占公司营业成本的比例分别为 96.26%、94.52% 和 98.20%。发行人向供应商采购的集中度较高，且呈显著上升趋势。

值得注意的是，发行人媒体广告资源采购主要集中于 YS 和 YY，发行人从 YS 和 YY 采购的媒体广告资源成本占公司同期营业成本的比例分别为 97.47%、90.85% 和 89.40%。由此可见，发行人对 YS、YY 的依赖性很强，如果不能保证能够稳定获得 YS、YY 的广告资源，发行人的业绩将受到严重的影响。

YS、YY 的频道广告市场竞争非常激烈，某些频道的独家广告代理权被替代的可能性不小。发行人报告期内是以自然年为周期取得 YS、YY 的频道相关广告资源的全国独家代理权的，不能保证能一直获得代理权。如果未来代理权有大的变动，将极大影响发行人经营业绩。

**2. 前五大客户集中度较高**

2015 年、2016 年和 2017 年，发行人对前五大客户的合计营业收入分别为 58 624.21 万元、88 286.18 万元和 119 310.41 万元，占同期营业收入比例分别为 53.43%、56.52% 和 46.16%。

报告期内，前五大客户合计营收占比在五成左右，客户集中度较高。销售客户主要包括 DEEJ、NAS 集团、HX 集团、中国 YD、电通 AJS 等。

2017 年度，DEEJ 是第一大客户，销售金额为 31 100.15 万元，占营业收入比例为 12.03%。DEEJ 披露的 2017 年年度报告显示，该公司 2017 年度广告费用为 5.14 亿元，将其与在发行人的广告投放金额相对比发现，发行人获得的 DEEJ 的广告投放收入占该公司广告费总额的 60.51%。

**3. 前五名客户销售收入占比超五成，变动较大**

招股说明书披露，报告期内，公司前五名客户销售收入占同期营业收入比例为 53.43%、56.52% 及 46.16%，且变动较大。

发审委质疑：按广告公司、广告主列表披露主要客户的基本情况及获取方式，发行人与主要客户的交易背景、销售内容、定价政策及销售占比发生变化的原因，前十名客户及其关联方与发行人是否存在关联关系、同业竞争关系或其他利益安排，主要客户的变动原因。

**4. 毛利率持续下降**

发行人的毛利率变动趋势与同行业变动趋势相反。报告期内，发行人毛利率分别为 14.47%、9.87% 和 9.01%，增长率为 −31.79% 和 −8.71%，持续下降；而同行业可比上市公司毛利率平均值分别为 11.73%、11.89% 和 12.24%，趋势为持续上涨。

发行人电视媒体客户代理业务的毛利率下降得更加明显，该业务毛利率在报告期内分别为 10.55%，3.13%、5.47%，从而导致客户代理业务的毛利率在 2015 年到 2017 年，从 15.54% 下降到 13.1%，再降到 9.08%，也是降幅明显。发行人称 2016 年度公司 CCTV − 8 频道广告代理业务经营亏损，当年该业务亏损达到 4 894 万元，导致在收入增长情况下，公司 2016 年度营业利润、利润总额、净利润出现下滑。

**5. 发行人在报告期内先后注销了 12 家关联方**

发行人在报告期内先后注销了 12 家关联方。

发审委质疑：说明已注销或正在注销中的关联方等具体业务情况、报告期内各年度的经营状况和财务数据、是否存在因违反法律法规而受到行政处罚或其他重大违法违规行为。

**6. 净利润和经营活动产生的现金流量净额的差异较大**

招股说明书披露，报告期内发行人净利润和经营活动产生的现金流量净额的差异较大。

发审委质疑：请发行人补充说明报告期各类现金流量的主要构成和变动是否与实际业务的发生一致，是否与相关会计科目的核算相互勾稽；请进一步对比分析并披露各报告期经营活动产生的现金流量净额与净利润产生较大差异的具体原因及合理性。

## 12.2.4 法律规定分析

《首发办法》第十八条规定："发行人不得有下列情形：（一）最近 36 个月内未经法定机关核准，擅自公开或者变相公开发行过证券；或者有关违法行为虽然发生在 36 个月前，但目前仍处于持续状态；（二）最近 36 个月内违反工商、税收、土地、环保、海关以及其他法律、行政法规，受到行政处罚，且情节严重……"同时《中华人民共和国税收征收管理法》第三十二条规定："纳税人未按照规定期限缴纳税款的，扣缴义务人未按照规定期限解缴税款的，税务机关除责令限期缴纳外，从滞纳税款之日起，按日加收滞纳税款万分之五的滞纳金。"税收滞纳金的性质是否构成行政处罚将会影响到拟上市企业是否有重大违法行为，从而影响上市。发审委对发行人的税收滞纳金提出问询也是基于可能存在重大违法风险的考虑。

《首发办法》第二十一条规定："发行人资产质量良好，资产负债结构合理，盈利能力较强，现金流量正常。"第三十条规定，发行人不得有下列影响持续盈利能力的情形：发行人在用的商标、专利、专有技术以及特许经营权等重要资产或技术的取得或者使用存在重大不利变化的风险。据发行人招股说明书，报告期内发行人净利润和经营活动产生的现金流量净额的差异较大。同时，发行人对 YS、YY 的依赖性太强，如果未来代理权有大的变动，将极大影响发行人经营业绩。

《首发办法》第二十五条规定："发行人应完整披露关联方关系并按重要性原则恰当披露关联交易。关联交易价格公允，不存在通过关联交易操纵利润的情形。"发审委问询了关联交易内容：报告期内发行人的主要客户之间、主要供应商之间以及主要客户与供应商之间是否存在关联关系；发行人是否对主要供应商尤其是 YS、YY 存在重大依赖；前五大供应商及其控股股东、实际控制人、董事、监事、高级管理人员、其他核心人员与发行人及其关联方是否存在关联关系，有无交易、资金往来。从此次 IPO 申请结果来看，发行人的回应并未获得证监会认可。

《上市公司证券发行管理办法》第九条规定，上市公司最近三十六个月内财务会计文件无虚假记载，且不存在下列重大违法行为：违反工商、税收、土地、环保、海关法律、行政法规或规章，受到行政处罚且情节严重，或者受到刑事处罚。而发行人 2016 年支付了 299.02 万元的税收滞纳金且未详述补缴税款的金额及原因、是否因此受到税务机关的行政处罚以及是否构成重大违法行为。

# 第 13 章
# 税收优惠依赖问题

## 13.1 税收优惠依赖审核概述

### 13.1.1 税收优惠的概念

税收优惠，是指国家运用税收政策在税收法律、行政法规中规定对某一部分特定企业和课税对象给予减轻或免除税收负担的一种措施。税法规定的企业所得税的税收优惠方式包括免税、减税、加计扣除、加速折旧、减计收入、税额抵免等。

### 13.1.2 常见的税收优惠类型

按优惠方式分类，税收优惠可分为直接优惠和间接优惠。

**1. 直接优惠**

直接优惠方式是一种事后的利益让渡，主要针对企业的经营结果减免税，简便易行，具有确定性，它的作用主要体现在政策性倾斜、补偿企业损失上。从长期来看，直接优惠容易导致政府税收收入的减少。

直接优惠方式包括税收减免、优惠税率、再投资退税等。

**2. 间接优惠**

间接优惠方式以较健全的企业会计制度为基础，它侧重于税前优惠，主要通过对纳税人征税税基的调整来激励纳税人调整生产、经营活动以符合政府的政策目标。间接优惠方式中，加速折旧、再投资的税收抵免这两种方式具有更为显著的优点，即这两种优惠方式可以更有效地引导企业的投资或经营行为符合政府的政策目标，鼓励企业从长远角度制订投资或经营计划。间接优惠是前置条件的优惠方式，管理操作比较复杂。

间接优惠方式主要包括税收扣除、加速折旧、准备金制度、税收抵免、盈亏相抵和延期纳税等。

### 13.1.3　税收优惠依赖问题的审核重点

IPO 公司对税收优惠的依赖，主要是流转税中的增值税退税以及企业所得税的优惠税率。流转税中的增值税退税，包括销售软件产品退税、销售农产品退税，以及销售废旧物资退税等；企业所得税优惠税率，包括高新技术企业优惠税率、软件企业优惠税率、农业企业优惠税率、西部大开发企业优惠税率等。

《首发办法》规定，发行人各项税收优惠符合相关法律法规的规定，经营成果对税收优惠不能存在严重依赖。实务中，针对税收优惠依赖问题的审核重点包括下述几个方面。

**1. 税收优惠的合法性**

合法的税收优惠都有国家税务机关的文件依据，地方性的一些税收优惠政策实质上属于地方财政的返还或奖励。

**2. 税收优惠的持续性**

税收优惠在可预见期间内可以持续享受。比如，持续满足高新技术企业资格而享受 15% 的企业所得税税率；国家长期扶持自主软件研发，故企业符合条件的公司能够持续享受增值税返还政策，保证持续盈利能力。如果税收优惠不具有持续性，则可能对公司的持续盈利能力在短期内造成不利影响。

**3. 税收优惠占净利润的比例**

对税收优惠的依赖，主要体现于其占净利润的比例。如果税收优惠占净利润的比例超过 50%，或者高于同行业水平，且在假定公司未享受税收优惠的条件下，报告期内盈利能力较差甚至亏损，则税收优惠依赖很可能会成为审核过程中的实质性障碍。

# 13.2　北京 SDLY 科技股份有限公司案例分析

## 13.2.1　案例介绍

北京 SDLY 科技股份有限公司（以下简称"SDLY"）将登陆创业板，公开发行不超过 3 889.6 万股股份，占发行后总股本的比例不低于 25%。此次保荐及承销商为 MS 证券，会计单位为 TJ 会计师事务所，律所为北京市 HR 律师事务所。SDLY 于 2015 年 6 月在新三板挂牌，于 2016 年 12 月申报创业板 IPO。2018 年 5 月 8 日首发上会被否。

公开资料显示，SDLY 主营业务为在城市运行和安全管理、智能建筑等领域提供前期咨询、方案设计、设备供货、软件开发、工程施工、集成调试及运行维护等智慧城市解决方案综合服务。

2014—2016 年及 2017 年 1—6 月，公司实现营业收入分别为 2.08 亿元、3.14 亿元、3.89 亿元和 1.65 亿元；同期净利润分别为 1 905 万元、2 607 万元、2 481 万元和 780 万元；扣非后净利润分别为 658.4 万元、2 117.03 万元、2 575.98 万元、375.14 万元。

报告期内，公司存货余额较大，分别为 19 977.31 万元、21 499.12 万元、12 070.99 万元和 13 235.21 万元，分别占各期末流动资产比例为 36.42%、35.57%、24.79% 和 26.68%，主要系公司施工项目累计发生的成本所致。公司承接智慧城市解决方案项目金额一般较大、周期较长，导致各期末公司存货余额较大。存货可能面临的跌价损失会对公司未来的利润产生一定的影响。

招股书显示，作为一家科技型企业，公司享受增值税税收优惠和高新技术企业所得税税收优惠。同时，公司还享受各种政府补贴。

公司享受的主要税收优惠如下：

（1）自行研发软件销售业务增值税即征即退；

（2）提供技术转让、技术开发和与之相关的技术咨询、技术服务免征增值税；

（3）高新技术企业 15% 企业所得税税率优惠；

（4）子公司符合小型微利企业所得税税率优惠。

发行人及其子公司享受的增值税税收优惠对当期利润总额的占比分别为 5.57%、3.02%、4.87% 和 0.99%，企业所得税税收优惠对当期利润总额的占比分别为 1.11%、10.66%、11.77% 和 10.00%。若国家对技术转让、技术开发及高新技术企业等的税收优惠政策发生变化，将会对公司经营业绩产生一定影响。

## 13.2.2　证监会公告

中国证券监督管理委员会第十七届发行审核委员会 2018 年第 76 次发审委会议于 2018 年 5 月 8 日召开，现将会议审核情况公告如下。

一、审核结果

北京 SDLY 科技股份有限公司（首发）未通过。

二、发审委会议提出询问的主要问题

1．请发行人代表说明：

（1）BN 电气是否属于根据"实质重于形式"原则认定的关联方，发行人是否存在对 BN 电气的重大依赖，是否与 BN 电气存在知识产权等方面的纠纷；

（2）魏某平、乔某夫等 4 人加入发行人后继续持有 BN 电气股权的原因及合理性；

（3）发行人与 BN 电气采用联合体投标的原因、必要性及 BN 电气未实际承担项目工作的原因。请保荐代表人说明核查过程和依据，并明确发表核查意见。

2．请发行人代表说明：

（1）发行人招投标竞标获取项目的程序是否合法合规，有无法律纠纷，直接协商方式获取的项目是否存在需通过招投标竞标方式获取的情形，项目获取是否合法合规；

（2）发行人收入确认是否符合企业会计准则相关规定，仅以初验报告确认收入是否存在潜在风险；

（3）平谷公安分局雪亮工程（一期）项目单项金额大但工程期最短的原因及合理性，在 2017 年底确认收入时是否已符合收入确认必备条件，是否存在提前确认收入的情形。请保荐代表人说明核查过程和依据，并明确发表核查意见。

3．请发行人代表说明：

（1）报告期内客户委托第三方回款占比较高的原因，第三方回款 2017 年大幅增长的原因，平谷项目资金由北京 LD 基础设施投资有限公司支付给发行人的原因及合理性；

（2）客户委托第三方回款是否具有真实交易背景，是否存在潜在纠纷，是否存在资金体外循环情形，是否制定了相应的内部控制制度并有效执行。请保荐代表人说明核查过程和依据，并明确发表核查意见。

4．请发行人代表说明：

（1）2017 年营业收入和净利润大幅增长的原因；

（2）报告期内公司净利润同比增幅与营业收入增幅不相匹配的原因及合理性；

（3）报告期内公司主营业务毛利率波动的原因及合理性，是否与同行业可比公司变化趋势一致。请保荐代表人说明核查过程和依据，并发表明确核查意见。

5. 请发行人代表：

（1）说明发行人 IPO 申请文件与股权系统披露的相关文件存在差异的原因及合理性；

（2）说明招股说明书披露的主要业务分类及成本支出是否符合业务实质，主要业务类型是否发生重大变化，发行人核心技术如何体现；

（3）结合市场竞争格局、客户结构等说明发行人是否对政府工程存在较大依赖，是否对税收优惠、政府补贴存在重大依赖，是否对持续盈利能力造成重大不确定性。请保荐代表人说明核查过程和依据，并明确发表核查意见。

## 13.2.3　监管逻辑分析

发审委提出了关于发行人是否对政府工程存在较大依赖，是否对税收优惠、政府补贴存在重大依赖，是否对持续盈利能力造成重大不确定性的问题。发审委之所以提出这个问题，是因为注意到 SDLY 目前享受的税收优惠政策与国家政策密切相关，尤其是所得税方面享受的税收优惠对当期利润总额的影响连续三年超过 10%，在当前税收政策频繁变动的大背景下，SDLY 的盈利能力让人质疑。

从 IPO 核查角度来看，发行人行业特点如下。

（1）获取客户的渠道相对不稳定，客户主要是政府，而政府可能会因为各种因素导致合同具体内容变更、合同执行暂停或者终止，以及收入确认之后，后期回款非常困难甚至造成无法回款的情形。

（2）收入确认和收入核查方面有时候很难做到位，如可能在满足会计处理所需资料方面需要根据政府的要求做出一些调整，从而对 IPO 带来障碍。

（3）项目都是非标业务，一般情况下没有可直接对比的其他参照物，甚至不同的项目不论是规模还是价格都存在非常大的差异，而这种差异无法用基本的市场因素进行解释。

（4）产品的具体效果没有明确的测评标准。

此外，发行人还对报告期奖金的计提政策进行了全面的调整，主要是对奖金进行了计提。

针对发审委提出的各项问题，分析如下：

（1）针对第二个问询问题，主要关注以下几个方面。

①发行人是否存在应该招投标而没有招投标的情形。

②发行人通过直接协商的方式取得订单是否规避了招投标的规定和程序。

③发行人以初验报告作为收入确认的标准是否审慎。

④某些订单为什么工期最短但金额很大。

发行人通过直访、他人推荐等多种形式获得项目信息，项目信息立项后由项目部门经理负责决策是否跟踪项目，重大项目上报副总裁或总裁决策；确定跟踪项目后，项目负责人获取客户需求，组织相关人员编制方案，编制方案经内部评审后，与客户进行谈判，在与客户达成一致后，与客户签订合同。

发行人通过直接协商方式获取的项目不存在须通过招投标竞标方式获取的情形，项目获取合法合规，项目签订的合同真实、有效、合法，不存在合同被撤销风险，不存在法律纠纷，亦不存在应履行公开招投标程序而未履行的情形。

（2）第三方回款的问题一直是 IPO 审核中的重点关注问题。所谓第三方回款就是签订销售合同的主体与支付资金的主体不一致。目前 IPO 审核政策要求第三方回款必须有合理的理由，并且占营业收入的比例呈下降趋势且最后一期不得超过 5%。

从发行人具体的情况来看，发行人第三方回款在报告期初的占比非常高，达到了 70%，不过在报告期最后一期已经下降至 16%。

报告期内，发行人存在销售收入结算回款来自非签订合同的销售客户相关账户的情况，具体情况如表 13 - 1 所示。

**表 13 - 1　　　　　发行人销售收入结算回款情况　　　　单位：万元**

| 回款方式 | 2017 年 1—6 月 | | 2016 年 | | 2015 年 | | 2014 年 | |
| --- | --- | --- | --- | --- | --- | --- | --- | --- |
| | 金额 | 占收入比例 | 金额 | 占收入比例 | 金额 | 占收入比例 | 金额 | 占收入比例 |
| 政府体系内代付款 | 1 904.62 | 11.50% | 5 580.81 | 14.36% | 11 250.81 | 35.84% | 12 694.75 | 60.90% |
| 母子、总分公司付款 | 708.97 | 4.28% | 424.34 | 1.09% | 954.36% | 3.04% | 1 737.94 | 8.34% |
| 第三方支付 | 3.53 | 0.02% | 79.20 | 0.20% | 9.76 | 0.03% | 16.15 | 0.08% |
| 合计 | 2 617.12 | 15.81% | 6 084.35 | 15.65% | 12 214.93 | 38.91% | 14 448.84 | 69.32% |
| 营业收入 | 16 555.33 | 100.00% | 38 875.05 | 100.00% | 31 392.58 | 100.00% | 20 844.09 | 100.00% |

发行人存在前述第三方代为付款的情形，主要是发行人存在政府项目通过体系内的不同部门付款、同一集团内部母子公司或总分公司代为付款、由第三方机构或个人代为支付的情形。

政府机构执行财政资金归口管理，发行人与某一部门签订合同，实施后合同回款均从归口的财政资金支付中心或财政局（厅）回款，造成付款方与合同签订方不一致；政府机构中存在少数政府单位下属部门拥有直接支付能力，发行人与政府部门签订合同后，政府机构通过下属部门进行回款，使得回款方与合同签订方存在不一致情形。

发行人部分客户采用集团式管理，根据内部资金规划通过同一集团内部母子公司或总分公司进行付款，造成回款方与合同签订方存在不一致的情形。

报告期内，第三方机构或个人代为付款的金额分别为 16.15 万元、9.76 万元、79.20 万元和 3.53 万元，分别占当期营业收入的比例为 0.08%、0.03%、0.20% 和 0.02%，相关金额占比较小。发行人客户回款由第三方机构或个人付款主要是由于相关客户与第三方机构或个人之间存在商务往来、一些尚未成立的公司股东付款，以及员工代付房租，上述第三方机构付款均签订了三方协议，相关客户对应的应收账款和收入真实。

（3）关于第四个问询问题，主要是关注营业收入和净利润的变动趋势，毛利率变动情况、业绩波动趋势与同行业是否一致等。发审委关注这个问题，主要是因为对发行人行业发展前景的质疑和经营业绩的担心。

## 13.2.4　法律规定分析

持续盈利能力问题，作为发审委关注重点之一，在发审委的公告中频频出现。《创业板首发办法》第三十三条规定："发行人应当在招股说明书中分析并完整披露对其持续盈利能力产生重大不利影响的所有因素，充分揭示相关风险，并披露保荐人对发行人是否具备持续盈利能力的核查结论意见。"

《创业板首发办法》第五十六条规定："发行人披露盈利预测，利润实现数如未达到盈利预测的百分之八十的，除因不可抗力外，其法定代表人、财务负责人应当在股东大会及中国证监会指定网站、报刊上公开做出解释并道歉；情节严重的，中国证监会给予警告等行政处罚。利润实现数未达到盈利预测的百分之五十的，除因不可抗力外，中国证监会还可以自确认之日起三十六个月内不受理该公司的公开发行证券申请。"从发行人的招股说明书来看，其奖金计提方式引起了发审委的注意，并且发行人的利润受税收政策的影响较大，因此一旦政策变动，将对发行人的持续盈利能力产生影响，这是不得忽视的风险因素。

## 13.3　杭州 SHKJ 股份有限公司案例分析

### 13.3.1　案例介绍

杭州 SHKJ 股份有限公司（以下简称"SHKJ"）本次计划发行不超过 2 040.70 万股股份，募集资金 27 171 万元，拟登陆上交所。此次保荐及承销商为 CT 证券，会计单位为 TJ 会计师事务所，律所为北京 GF 律师事务所。

SHKJ 于 2015 年 8 月 13 日挂牌新三板，于 2017 年 6 月 6 日首次报送招股说明书，2018 年 2 月 22 日更新招股说明书，同年 7 月 17 日首发上会被否。

SHKJ 成立于 2002 年，自 2007 年开始介入智能电网领域，从事输变电监测设备、配电及自动化控制设备的研发、生产及销售。

2015—2017 年，SHKJ 的营业收入分别为 1.4 亿元、1.94 亿元、2.83 亿元。同期，净利润分别为 2 208 万元、4 659 万元和 6 549 万元。2016 到 2017 年营业收入同比增长 45.88%，净利润同比增长 40.57%。

本次发行募集资金将"投资于研发中心建设及变电站智能巡检机器人生产项目"和"补充营运资金"，预计项目总投资 27 171 万元。

募集资金的合理运用，将帮助公司克服现有的产能瓶颈，并进一步巩固和加强公司在行业的竞争优势地位，有利于持续提高公司的技术研发实力，吸引高水平的技术开发人才和管理人才，提升公司整体经营管理水平，从而确保公司中长期发展战略的实施。

2014—2017 年报告期内，SHKJ 的前五大客户销售比例分别为 94.59%、97.85%、98.02% 和 91.33%。而前五大客户中，GW 浙江占据重要位置，但 SHKJ 重点销售客户随销售收入发生了转移，GW 浙江的比例大幅降低，而 HY 信息、XJ 集团等比例上升。2015 年，GW 浙江是公司的第一大客户，销售额占全年营业收入的 74.69%。到 2016 年，GW 浙江虽然维持了第一大客户的地位，但其销售额占比下滑至 45.78%。而 2017 年，GW 浙江退而成为第三大客户，销售额占比进一步下降到 15.6%。值得关注的是，2016 年，XJ 集团的销售额突然增加至 8 445.42 万元，而 2015 年销售额为 1 630.18 万元。对此公司解释称，因 XJ 集团承接实施 ZJSB 经营性租赁项目，向公司采购智能巡检机器人、油色谱等设备；而 HY 信息在 2017 年成为公司第一大客户，公司解释为因 HY 信息中标 GWGJ 融资租赁项目而向公司采购智能巡检机器人、故障在线监测装置等。虽然前五大客户内部排序发生变动，但仍然掩盖不了公司对前五大客户存在重大依赖的事实。

SHKJ 此次 IPO 被否的原因可能是多方面的。

## 13.3.2　证监会公告

中国证券监督管理委员会第十七届发行审核委员会 2018 年第 103 次发审委会议于 2018 年 7 月 17 日召开，现将会议审核情况公告如下。

一、审核结果

杭州 SHKJ 股份有限公司（首发）未通过。

二、发审委会议提出询问的主要问题

1. 发行人报告期内直接及间接来自 GW 浙江的收入金额及占比较高。请发行人代表：

（1）说明与 GW 浙江的合作背景、历史；

（2）说明报告期各期直接及间接来源于 GW 浙江的收入金额和占比，对 GW 浙江是否存在重大依赖，相关的风险提示是否充分；

（3）结合同行业上市公司的情况说明发行人客户较集中以及来源于 GW 浙江收入较高是否符合行业特点，发行人与 GW 浙江是否存在关联关系和其他利益安排，交易价格是否公允，并结合 GW 浙江的经营采购方式以及与发行人的合同签署情况、发行人获取其业务的方式说明与其的合作是否具有稳定性和可持续性；

（4）提供充分的证据说明发行人能否采取公平、公开的手段独立获取 GW 浙江的业务。请保荐代表人说明核查方法、过程，并发表核查意见。

2. 2017 年，发行人来自智能巡检机器人的收入占比上升至 55%，且该产品毛利率较高。GW 浙江逐步开展以租赁方式获取电力设备，相关设备由 HY 信息、XJ 集团等企业采购后租赁给 GW 浙江。请发行人代表说明：

（1）2017 年主要订单未采用招投标方式而采用竞争性谈判的具体原因及合理性，是否存在商业贿赂或其他利益输送行为，是否符合相关法律法规；

（2）主要客户获取电力设备的方式发生重大变化的原因及普遍性，发行人所处行业的经营环境是否已经或将发生重大变化。请保荐代表人说明核查方法、过程，并发表核查意见。

3. 报告期内，发行人税收优惠和政府补助合计占当期利润总额的比例较高。请发行人代表说明报告期各期各项税收优惠及政府补助的具体内容以及对净利润的具体影响金额，发行人利润的可持续性，是否严重依赖税收优惠和政府补助。请保荐代表人说明核查方法、过程，并发表核查意见。

4. 报告期内，发行人销售收入增长较快且主要来源于智能巡检机器人，但主要产品智能巡检机器人销售价格逐年下降。请发行人代表说明：

（1）主要产品智能巡检机器人降价原因，产品毛利率未来是否会出现大幅下降的风险；

（2）发行人销售价格下降，原材料采购价格上涨的情况下，毛利率持续上涨及净利润增长幅度高于收入增长幅度的原因及合理性。请保荐代表人说明核查方法、过程，并发表核查意见。

5. 发行人招股说明书披露，公司主要的生产经营场所以租赁方式取得。请发行人代表：

（1）结合租赁房屋的期限说明是否存在法律纠纷或潜在纠纷，是否存在影响公司持续盈利能力的重大不利情形；

（2）说明发行人购买生产用地的进程，是否存在重大不确定性，是否需要做出风险提示。请保荐代表人说明核查方法、过程，并发表核查意见。

### 13.3.3　监管逻辑分析

**1. 对税收优惠依赖严重**

税收优惠占利润总额比例较高的问题较为常见，很多 IPO 企业都会享受高新技术企业税收优惠。但是，发行人的退税金额从 200 多万元一直增加至 1 000 多万元，2016 年高达 1 900 万元。金额变化之大，需要注意其是否存在骗取软件退税，流程是否清晰完整、合法合规等问题。

**2. 大客户依赖**

发行人来自 GW 浙江的收入金额及占比较高，发审委由此提出了一些质疑。2015 年发行人对 GW 浙江的销售占比为 74.69%，2016 年下降至 45.78%。一般情况下，对一个客户销售占比超过 50%，就可以认为是重大客户依赖，特殊行业除外。按发行人的情况来看，其不属于特殊行业，所以对重大客户依赖会被质疑独立性，对 IPO 造成障碍。

另外，2014—2017 年报告期内，发行人的前五大客户销售比例分别为 94.59%、97.85%、98.02% 和 91.33%，客户集中度很高。

**3. 盈利能力的可持续性**

报告期内，发行人来自智能巡检机器人的业务占比从最初的 3% 提高至

55%，产品结构变化巨大。该产品毛利率较高，暂时看来是有利的，长远来说有何影响还不能确定。发审委询问了招投标相关问题，"订单未采用招投标方式而采用竞争性谈判，是否存在商业贿赂"。如果符合行业惯例，那么不会对发行人经营状况造成影响。最后提到，发行人所处行业的经营环境是否已经或将发生重大变化，这可能会对发行人经营状况造成重大影响。

此外，发行人招股说明书披露，公司主要的生产经营场所以租赁方式取得。于是，发审委问到生产经营场所以租赁方式取得，是否存在法律纠纷，是否存在影响公司持续盈利能力的重大不利情形。通常发行人签订了合同、说明了持续性等，就不会对 IPO 造成障碍。

## 13.3.4　法律规定分析

《首发办法》第二十七条规定："发行人依法纳税，各项税收优惠符合相关法律法规的规定。发行人的经营成果对税收优惠不存在严重依赖。"报告期内，发行人税收优惠和政府补助合计占当期利润总额的比例较高。证监会对此提出疑问，请发行人代表说明报告期各期各项税收优惠及政府补助的具体内容以及对净利润的具体影响金额，发行人利润的可持续性，是否严重依赖税收优惠和政府补助。

《首发办法》第三十条规定，发行人不得有下列影响持续盈利能力的情形：发行人的行业地位或发行人所处行业的经营环境已经或者将发生重大变化，并对发行人的持续盈利能力构成重大不利影响；发行人最近 1 个会计年度的营业收入或净利润对关联方或者存在重大不确定性的客户存在重大依赖。从招股说明书来看，虽然前五大客户内部排序发生变动，但仍然掩盖不了发行人对重大客户存在依赖的事实。此外，发行人所处行业的经营环境是否已经或将发生重大变化，这可能会对发行人经营状况造成重大影响。

《首发办法》第二十一条规定："发行人资产质量良好，资产负债结构合理，盈利能力较强，现金流量正常。"报告期内各期，发行人主营业务输变电监测设备的综合毛利率略高于同行业可比公司平均值。在成本不断上升、产品价格不断下降的情况下，综合毛利率却能逐年增加，不得不让人怀疑其中存在问题。

## 13.4　龙岩 ZY 新能源股份有限公司案例分析

## 13.4.1　案例介绍

2001 年 11 月 1 日，龙岩 ZY 新能源股份有限公司（以下简称"ZY 新能源")前身龙岩 ZY 新能源发展有限公司成立。其是一家专业利用废油脂(地沟油、酸化油等)从事生物柴油、衍生产品工业甘油、生物酯增塑剂、水性醇酸树脂等的研发、生产与销售的资源高效循环利用企业,产品用于清洁动力能源和生物基绿色化学品等领域,从而实现废油脂的无害化处置和资源化利用。

2014 年 6 月 27 日 ZY 新能源预先披露招股说明书,拟在创业板公开发行不超过 3 000 万股股份,发行后总股本不超过 1.2 亿股。保荐机构是 YD 证券,律所为北京 HD 律师事务所,会计单位为 ZT 会计师事务所。2018 年 1 月 3 日预先披露更新,2018 年 1 月 10 日首发上会被否。

本次募集资金扣除发行费用之后将用于以下项目:年产 6 万吨生物柴油(非粮)及 0.5 万吨甘油生产线建设项目、年产 1 万吨生物酯增塑剂技改项目、技术研发中心项目。

表 13-2 至表 13-4 所示为公司申请上市时的主要财务数据。

表 13-2 资产负债表主要数据 单位:万元

| 项目 | 2017 年 1—9 月 | 2016 年 | 2015 年 | 2014 年 |
|---|---|---|---|---|
| 资产合计 | 64 817.89 | 60 326.90 | 47 450.40 | 52 463.54 |
| 负债合计 | 14 351.50 | 13 052.94 | 5 221.46 | 11 076.73 |
| 股东权益合计 | 50 466.39 | 47 273.96 | 42 228.94 | 41 386.81 |
| 归属于母公司股东权益合计 | 50 466.39 | 47 273.96 | 42 228.94 | 41 386.81 |

表 13-3 利润表主要数据 单位:万元

| 项目 | 2017 年 1—9 月 | 2016 年 | 2015 年 | 2014 年 |
|---|---|---|---|---|
| 营业收入 | 60 214.69 | 46 582.00 | 44 662.55 | 67 998.41 |
| 营业利润 | 2 760.97 | 817.24 | -4 422.60 | -4 232.78 |
| 利润总额 | 2 771.32 | 5 176.29 | 281.38 | 4 817.51 |
| 净利润 | 3 192.43 | 5 045.02 | 842.14 | 5 049.20 |
| 归属于母公司股东的净利润 | 3 192.43 | 5 045.02 | 842.14 | 5 049.20 |
| 扣除非经常性损益后归属母公司股东的净利润 | 2 817.12 | 4 776.15 | 684.74 | 4 652.40 |

表 13-4 合并现金流量表主要数据 单位:万元

| 项目 | 2017 年 1—9 月 | 2016 年 | 2015 年 | 2014 年 |
|---|---|---|---|---|
| 经营活动产生的现金流量净额 | -3 711.87 | 4 194.00 | 4 308.81 | 7 944.60 |
| 投资活动产生的现金流量净额 | -2 479.82 | -5 710.62 | -3 482.01 | -4 110.23 |
| 筹资活动产生的现金流量净额 | 2 404.90 | 5 662.80 | -5 601.35 | -1 869.04 |
| 现金及现金等价物净增加额 | -3 943.07 | 4 208.77 | -4 765.58 | 1 964.30 |

2014—2016 年及 2017 年 1—9 月，ZY 新能源实现营业收入约 6.8 亿元、4.47 亿元、4.66 亿元和 6.02 亿元，同期净利润为 5 049.2 万元、842.14 万元、5 045.02 万元和 3 192.43 万元。也就是说，2015 年收入同比下滑了34.32%，净利润同比下滑了 83.32%，但到了 2016 年，ZY 新能源的收入同比增长 4.3%，净利润增长了 499.07%。对于 2015 年净利润大幅下跌，ZY 新能源表示，主要是国际原油价格持续大幅下跌，导致 ZY 新能源生物柴油等主要产品价格相应大幅下跌。

## 13.4.2　证监会公告

1. 报告期发行人获得的政府补助和税收优惠占净利润的比例高，分别为436.36%、2 519.85%、433.61% 和 769.10%。发行人招股说明书中披露了增值税和消费税优惠政策调整的风险。请发行人代表：

（1）分析政府补助和税收优惠的持续性；

（2）说明是否对政府补助及税收优惠存在重大依赖。请保荐代表人说明核查方法、过程，并发表明确核查意见。

2. 发行人报告期主营业务毛利率、期间费用、扣非后净利润变动幅度较大。请发行人代表说明：

（1）2016 年毛利率大幅提高的原因及合理性；

（2）2015 年销售费用、管理费用大幅减少，及 2014 年末对原材料计提大额存货跌价准备的原因及合理性；

（3）持续经营能力是否存在重大不确定性，是否充分揭示并披露了上述业绩波动的风险。请保荐代表人说明核查方法、过程，并发表明确核查意见。

3. 发行人自 2016 年起外销收入占比大幅提升，贸易商销售占比逐年大幅提升，客户结构变动较大。请发行人代表说明：

（1）与直销模式毛利率对比，贸易商销售毛利率高于直销毛利率，且波动较大的原因和合理性，及境外销售的真实性；

（2）公司直销客户同时又是公司贸易商产品最终销售客户的原因及合理性；

（3）欧美市场需求、市场拓展空间、出口国家对进口生物柴油的贸易政策等因素对发行人的影响，今后是否可能面临反倾销、反补贴等贸易制裁措施。请保荐代表人说明核查方法、过程，并发表明确核查意见。

4. 报告期发行人国内废油脂供应商以个体为主，且废油脂采购地范围较广。根据《关于加强地沟油整治和餐厨废弃物管理的意见》（国办发〔2010〕36

号），餐厨废弃物收运单位应当具备相应资格并获得相关许可或备案。请发行人代表说明：

（1）国内供应商中不具备餐厨废弃物收运相应资格未获得相关许可备案的家数，发行人对其采购数量和金额占比；

（2）建立并有效执行废油脂采购、质量检测、技术指导、服务管理、结算付款等方面内控制度的情况；

（3）业务规模是否受主要原材料供应的限制，是否影响持续发展。请保荐代表人说明核查方法、过程，并发表明确核查意见。

5. 发行人披露公司是目前行业内产能、创新能力方面长期保持稳定生产经营并持续发展的领先企业。请发行人代表：

（1）引用行业协会等权威统计数据，通过多维度指标说明发行人的行业排名情况；

（2）与国内外同行业公司相比，结合发行人的工艺技术情况，说明是否具有竞争优势。请保荐代表人说明核查方法、过程，并发表明确核查意见。

## 13.4.3 监管逻辑分析

早在 2014 年，ZY 新能源就已递交过创业板 IPO 招股说明书。本次申请中，持续经营和盈利能力、企业成长中的不确定性问题成为 ZY 新能源被否决的主要因素。

**1. 业绩增速脚步放缓**

招股书说明显示，ZY 新能源报告期内营业收入总额、净利润增速放缓，2014—2016 年，实现营业收入 6.8 亿元、4.47 亿元和 6.02 亿元，同期净利润为 5 049.2 万元、842.14 万元、5 045.02 万元，2015 年收入同比下滑 34.32%，净利润同比下滑 83.32%。

作为主导产品，生物柴油的销售收入占其营收总额的 84.98% 以上，生物酯增塑剂和工业甘油营收占比持续提高。此外，内销收入占其营收总额比重达到 99% 以上，主要来源于广东、福建、江苏和浙江等地区。2013 年生物柴油单价下降，导致其生物柴油收入比上年略有下降。

招股说明书提示，如果未来我国宏观经济增速放缓，生物柴油行业出现波动、市场需求疲软，或者原材料供给不足导致产能利用率降低等，进而导致公司经营业绩不能持续增长甚至下滑，公司面临成长性风险。

ZY 新能源自 2016 年起外销收入和贸易商销售的占比逐年大幅提升，客户结构变动较大。对于这一点，发审委关注销售模式变化所带来的毛利率波动较大的原因和合理性，以及境外销售的真实性；直销和贸易商销售客户重合的原因和合理性；境外市场今后可能采取的贸易政策对公司的影响。

**2．原材料供应情况不稳定**

公司产品的主要原材料为地沟油、潲水油、酸化油、棕榈酸油等废油脂，原料供应是否充足是决定公司能否组织正常生产的重要因素之一。由于环保意识不强及利益驱动，绝大部分废油脂被直接丢弃，或者通过非法渠道回流食用和动物饲料领域，只有少量进入生物柴油生产领域，进而导致整个生物柴油行业原料供应相对紧张。随着近年来国家一系列促进废油脂资源化利用政策的出台，废油脂供应不足的问题逐步得到了一定的缓解。但是不排除未来发生废油脂的供求情况不利于公司的重大变化的情形，因而公司仍将面临原材料供应不足的风险。

废油脂采购价格是影响公司主营业务成本的重要因素。废油脂多数参考大豆油、棕榈油等相关大宗商品的价格水平定价，价格随着大豆油、棕榈油价格变动而变动，因而大豆油、棕榈油价格上涨时，公司原料成本相应增加；同时，由于废油脂收购涉及原料收集、加工、运输等多个环节，且原料供应地域分散，影响原料价格的因素较多，因此公司面临原材料价格波动风险。

**3．过度依赖补助和税收优惠**

虽然国内生物柴油行业的市场空间很大，但面临着原材料供应市场相对不规范、生物柴油大规模进入交通燃料领域仍需时日、消费者的认知程度较低等问题。ZY 新能源来自政府的补助数额较大，占利润总额比重非常高。

对此，ZY 新能源解释称，公司利用废油脂生产销售生物柴油，属于资源循环再利用行业，符合增值税先征后退的政府补助政策，上述政府补助主要由增值税先征后退款项构成，占政府补助的 94% 以上。

ZY 新能源报告期内获得的政府补助和税收优惠合计分别达到 9 618.44 万元、1.02 亿元、1.03 亿元，占当期利润总额的比例分别为 144.25%、110.90%、96.68%。如国家调整税收政策，或公司不符合《高新技术企业认定管理办法》《国家鼓励的资源综合利用认定管理办法》的要求，或公司不能在可弥补亏损的有效期限内取得相应的应纳税利润来进行抵扣，公司将面临因无法享受相应的所得税优惠政策导致的风险。

ZY 新能源报告期内所获的政府补助分别为 9 093.91 万元、4 712.39 万元、4 369.28 万元和 6 266.13 万元，占当期净利润的比例为 180.11%、559.57%、

86.61% 和 196.28%；企业所得税优惠占当期净利润的比例为 227.71%、1 883.54%、305.47% 和 510.28%。根据相关政府印发文件的要求，生物柴油企业应满足废弃的动物油和植物油用量占生产原料的比重不低于 70%，才能享受增值税退税政策。如果无法享受增值税退税政策，企业生产生物柴油将很难获得盈利。

### 13.4.4 法律规定分析

ZY 新能源本次申请上市被否决的主要问题在于获得的政府补助和税收优惠占净利润的比例高。因此，政府补助和税收优惠的持续性以及公司对此是否存在重大依赖是发审委关注的焦点。《上市公司证券发行管理办法》对于盈利能力具有可持续性有规定：业务和盈利来源相对稳定，不存在严重依赖于控股股东、实际控制人的情形。而 ZY 新能源的盈利主要依靠政府给予的税收优惠来实现，在扣除税收优惠部分相关的业务收入和盈利后，其盈利能力难以满足上述办法的要求。由于税收政策变动可能性的存在，ZY 新能源未来的持续经营和盈利面临极大的不确定性。

此外，ZY 新能源的毛利率、期间费用、扣非后净利润变动较大。针对这一点，发审委则希望其说明这些大幅变动的合理性以及持续经营能力是否存在重大不确定性。

此外，发审委在资料记载的完整性、真实性和准确性方面提出了以下问题：

（1）持续经营能力是否存在重大不确定性，是否充分揭示并披露了上述业绩波动的风险仍然存疑；

（2）与直销模式毛利率对比，贸易商销售毛利率高于直销毛利率，且波动较大的原因和合理性，及境外销售的真实性；

（3）欧美市场需求、市场拓展空间、出口国家对进口生物柴油的贸易政策等因素对发行人的影响，今后是否可能面临反倾销、反补贴等贸易制裁措施未能准确在招股说明书中得到反映；

（4）还需详细说明业务规模是否受主要原材料供应的限制，是否影响持续发展等。

# 第 14 章
# IPO 涉税风险问题补充

## 14.1 涉税风险审核概述

### 14.1.1 股权转让涉税风险

股改自然人股东未缴税。一些企业在有限责任公司整体变更为股份有限公司的过程中，净资产折股后未缴纳个人所得税，IPO 申请因此被否。

净资产是企业所有并可以自由支配的资产，即所有者权益。根据《企业会计准则——基本准则》的规定，所有者权益，指企业资产扣除负债后由所有者享有的剩余权益，又称股东权益。根据相关税收法规规定，股份制企业用资本公积金转增股本不属于股息、红利性质的分配，对个人取得的转增股本数额，不作为个人所得，不征收个人所得税。这里的资本公积金，指股份制企业股票溢价发行收入所形成的资本公积金。而对以未分配利润、盈余公积和除股票溢价发行收入外的其他资本公积转增注册资本和股本的，要按照"利息、股息、红利所得"项目，依据现行政策规定计征个人所得税。

A 有限公司主营冰箱塑料部件的研发、生产和销售，其 IPO 申请于 2018 年 6 月被否。A 公司在申请上市前，即 2016 年 6 月 6 日，经临时股东会审议通过，由公司原股东作为发起人，以截至 2016 年 4 月 30 日的公司账面净资产按比例折股，其余净资产计入资本公积，依法整体变更为股份有限公司。证监会发审委对其提出的主要涉税问题是：发行人自然人股东，未就 2016 年发行人股改中资本公积金转增股本缴纳个人所得税。

根据《财政部 国家税务总局关于将国家自主创新示范区有关税收试点政策推广到全国范围实施的通知》（财税〔2015〕116 号）及《国家税务总局关于股权奖励和转增股本个人所得税征管问题的公告》（国家税务总局公告 2015

年第 80 号），非上市及未在全国中小企业股份转让系统挂牌的其他企业转增股本，应及时代扣代缴个人所得税。即除上市公司及新三板挂牌公司外，其他企业（包括所有的有限责任公司）资本公积（包括资本溢价）转增股本均需要缴纳个人所得税。因此，企业针对资本公积转增股本时应缴纳的个人所得税，需提前跟相关部门沟通，按时缴纳，以免对 IPO 进程造成阻碍。

## 14.1.2  利用个人卡收款涉税风险

2016 年 6 月，证监会发布《2016 年 1—5 月终止审查首发企业及审核中关注的主要问题》，列出了 9 家终止审查的主板、中小板拟 IPO 企业，其中 JSH 种业股份有限公司、HXF 锯业股份有限公司 2 家存在个人卡收款问题。而根据证监会 2017 年的审核信息，在 5 月和 6 月分别有一家被否的拟 IPO 企业存在个人卡收款问题。

公司通过个人账户代收货款的原因主要包括：银行对公业务受营业时间限制，影响收款的及时性；部分客户没有开通网上银行支付功能；客户地处偏僻，无法使用银行汇款；公司利用个人账户，账外建账，隐瞒部分收入降低税负或利用个人账户在采购环节套取公司资金以挪作他用。

个人代收公司货款的行为对公司上市的影响包括：其一，营业收入的真实性，相应的收入是否能够确认为公司的收入；其二，公司存在利用个人账户隐瞒收入，偷逃税款的风险；其三，公司资金的安全存在重大风险，公司的内部控制无法得到有效保证。因此个人卡收款问题是证监会审核关注的重点。

## 14.1.3  关联交易涉税风险

关联交易处理不合规。企业若与其关联企业发生交易，其关联交易的必要性、公允性、规范性等方面需符合相关要求，否则将面临税务风险，进而导致 IPO 被否。

现行的税收法规对关联交易有明确的规定。《中华人民共和国企业所得税法》规定，企业与其关联方之间的业务往来，不符合独立交易原则而减少企业或者其关联方应纳税收入或者所得额的，税务机关有权按照合理方法调整。《税收征收管理法》规定，企业与其关联企业之间的业务往来，应当按照独立企业之间的业务往来收取或者支付价款、费用；不按照独立企业之间的业务往来收取或者支付价款、费用，而减少其应纳税的收入或者所得额的，税务机关有权进行合理调整。同时，《国家税务总局关于发布〈特别纳税调查调整及相互协商程序管理办法〉的公告》（国家税务总局公告 2017 年第 6 号）还规定了税务机关对关联交易进行特别纳税调查和调整的具体流程。对于关联交易的审查，不论是必要性、公允性还是规范性，其根本要求就是符合独立交易原则。因此，企业与关联方之间的交易，不能以转移利润或者其他不正当原因为目的，其关联交易的定价需要参照与非关联方交易的定价确定。必要时可以考虑检索可比企业，就可比企业的相关数据进行基准测试，以证明本企业定价或利润水平的合理性。利用关联交易进行避税安排的企业，应重新审视自身的业务模式和税务架构，以规避或降低潜在的税务风险。

## 14.1.4　其他风险

除以上涉税风险外，还存在以下两种风险。一是延迟纳税风险。部分企业通过拖延纳税时间来提高资金利用效率，常见做法是不按时申报增值税和企业所得税，或者利用预收账款推迟确认销售收入。一旦税务部门发现，企业会受到处罚，阻碍正常上市。二是纳税申报风险，主要分为两种类型：（1）逾期申报，没有在规定时限内办理纳税申报工作，如纳税资料报送不及时；（2）不申报或申报不实，易诱发偷税行为，不仅要补缴税款和滞纳金，还要被追究刑事责任。

## 14.1.5　IPO 涉税风险成因分析

### 1．主观原因

企业 IPO 中的涉税风险形成的主观原因如下。

（1）缺乏纳税意识。企业自觉纳税意识薄弱，没有认识到税收的权威性；或者存在侥幸心理，认为少缴税款或违法递延缴纳税款不会被发现；还有部分企业对自身的权益和义务掌握不全面，只遵从对自身有利的税收法律法规。

（2）风险意识薄弱。企业管理层只重视对企业有直接利益的决策，忽视了涉税风险管理体系的建设，既没有设置税务岗位，也没有专职人员。

（3）风险管理不完善，主要体现在内控不到位。企业虽然建立了涉税风险管控机制和内审机构，但没有发挥出监督管理的作用，工作受到领导层的干扰，缺少独立性和权威性。

（4）专业人才缺失。企业在涉税风险管理人员方面，职责定位不明确；在大量财务、税务工作中，财务人员没有时间学习和税务相关的法律法规，因此管理机构形同虚设。

### 2. 客观原因

企业 IPO 中的涉税风险形成的客观原因如下。

（1）税收政策变化。税收具有固定性、强制性、无偿性三个特点，企业纳税既是责任也是义务。但是，随着经济社会的变化，税收政策也会变化，企业没有及时调整涉税业务，纳税行为就可能从合法变为不合法，产生涉税风险。

（2）涉税信息不对称。企业和税务机关之间、税务机关和税务机关之间，由于涉税信息不对称，会产生涉税风险。

（3）税收征管效率低。

# 14.2　北京 YBDL 技术股份有限公司案例分析

## 14.2.1　案例介绍

北京 YBDL 技术股份有限公司（以下简称"YBDL"）拟在创业板上市，发行不超过 4 192 万股股份，发行后总股本不超过 16 767.02 万股，占发行后总股本的 25%。此次保荐及承销商为 ZXJT 证券，会计单位为 XYZH 会计师事务所，律所为北京 SHMD 律师事务所。

2017 年 5 月 22 日首次提交申报稿，2018 年 1 月 19 日更新招股书，2018 年 6 月 12 日首发上会未获通过。

YBDL 的前身是中国 HBDL 集团公司 HB 电力科学研究院下设的北京 YBDL 技术中心，成立于 1996 年。2001 年改制设立北京 YB 技术有限公司，2015 年完成股改，更名为北京 YBDL 技术股份有限公司。

YBDL 主营业务为智能用电领域产品的研发、生产和销售，并向客户提供电能信息采集与管理整体解决方案和电网信息化技术开发与服务。

报告期内，公司主要客户为 GJDW、NFDW 及其下属省网公司及大型发电企业，主要产品包括单相智能电能表、三相智能电能表、集中器、采集器、专变终端、配电网自动化终端及故障指示器、采集装置、主站系统及相关软件的技术开发与服务等。

2015—2017 年，公司营业收入分别为 5.43 亿元、5.83 亿元、6.19 亿元，同期净利润分别为 3 044.36 万元、3 649.29 万元、5 651.08 万元。营业收入和净利润逐年上涨，但上涨幅度不大。

YBDL 计划募集资金 2.47 亿元左右，其中过半数资金用于智能电表及用电信息采集终端自动化生产线建设项目，达 14 776.7 万元，占比 59.82%。此外，4 500 万元用于补充营运资金，2 984.99 万元用于智能配电网自动化设备生产线建设项目，2 411.06 万元用于 YBDL 研发中心建设项目。

## 14.2.2　证监会公告

中国证券监督管理委员会第十七届发行审核委员会 2018 年第 87 次发审委会议于 2018 年 6 月 12 日召开，现将会议审核情况公告如下。

一、审核结果

北京 YBDL 技术股份有限公司（首发）未通过。

二、发审委会议提出询问的主要问题

1. 报告期各期，发行人智能用电产品毛利率偏低，整体解决方案和技术开发与服务业务各期毛利率较高。请发行人代表说明：

（1）整体解决方案和技术开发与服务业务毛利率较高的原因及合理性；

（2）整体解决方案和技术开发与服务业务的市场容量及可持续性。请保荐代表人发表核查意见。

2. 报告期内，发行人应收账款和存货账面余额较大。请发行人代表说明：

（1）是否存在放宽信用政策确认收入的情形，坏账准备计提的依据标准是否谨慎充分，与同行业可比上市公司相比是否存在重大差异；

（2）存货账面余额较大的原因，发出商品期后收入确认情况，存货跌价准备计提是否充分。请保荐代表人发表核查意见。

3. 发行人主要通过参加 GJDW、NFDW 及其下属省网公司、其他电力行业企业公开招标进行销售。请发行人代表说明：

（1）报告期内发行人获取客户的相关招投标等程序是否合法合规，是否涉及商业贿赂等违法违规情形，是否存在应履行招投标程序而未履行的情形；

（2）HBDL 物资总公司工贸公司为持有发行人 7.47% 股份股东 SDX 的主管单位及 100% 控股股东，报告期内发行人向 DLWZ 支付投标服务费的背景、原因、必要性、合理性，投标服务费定价的公允性，是否涉及商业贿赂。请保荐代表人发表核查意见。

4. 发行人历史上存在 18 次股权转让，其中 2004 年 12 月 XD 机械将其持有 YB 有限 10% 的股权转让给林某，以及 2013 年 1 月 BD 计量、唐山 HD 分别将其持有 YB 有限的 3.24% 股权转让给 GJ 宏泰。请发行人代表说明：

（1）上述历次股权转让是否真实有效，有无法律纠纷；

（2）XD 机械、BD 计量、唐山 HD 分别将其持有的 YB 有限股权进行转让，是否涉及集体资产，有无履行合法程序；

（3）与股权转让相关的税务缴纳情况，是否存在税收风险及其对发行人的影响。请保荐代表人发表核查意见。

5. 发行人主要生产经营场所为租赁取得，租赁房屋建筑面积合计约 27 000 平方米，部分租赁房屋合同存在无效风险。请发行人代表说明瑕疵租赁房屋是否用于主营业务，租赁房屋对发行人生产经营的影响及应对措施。请保荐代表人发表核查意见。

### 14.2.3 监管逻辑分析

#### 1. 股权转让涉税风险

发行人历史上存在 18 次股权转让，其中 2004 年 12 月 XD 机械将其持有 YB 有限 10% 的股权转让给林某，以及 2013 年 1 月 BD 计量、唐山 HD 分别将其持有 YB 有限的 3.24% 股权转让给 GJ 宏泰。股权转让问题在 IPO 中较常见，发行人在招股书中也进行了详细披露。发审委主要质询历次股权转让是否真实有效，有无法律纠纷；是否涉及集体资产，有无履行合法程序；是否存在税收风险。

#### 2. 毛利率远低于同行上市公司

报告期内，YBDL 主营业务毛利率分别为 28.15%、28.26% 和 26.61%，低于同行业上市公司平均水平，公司面临较大的市场竞争压力。据了解，YBDL 同行业上市公司毛利率同期平均水平为 31.77%、31.82% 和 30.98%。

YBDL 的不同业务之间的毛利率差异也较大。2017 年，占收入 80% 的智能电表类产品毛利率仅为 20.44%，而占收入 20% 的整体解决方案业务毛利率为 54.84%。就智能电表类业务来看，同行业上市公司毛利率基本稳定在 30% 以上，而 YBDL 智能电表毛利率则稳定在 20%，远低于同行业上市公司水平。对此，公司在招股书中解释，与上市公司相比，YBDL 不具备规模优势、原材料议价能力。YBDL 毛利率远低于同行业上市公司，体现了 YBDL 的生产成本控制能力不足。

#### 3. 应收账款增多

2015 年末到 2017 年末，YBDL 应收账款账面价值分别为 35 329.95 万元、40 806.36 万元和 32 964.27 万元，占营业收入比例分别为 65.10%、69.94% 和 53.29%。YBDL 解释称，由于公司所处电力设备行业的特点，应收账款结算期较长，应收账款余额较大。

2017 年公司应收账款余额大幅度降低，主要原因系一方面公司 2015 年签订的付款方式为 1∶3∶3∶3 的合同较多，大部分质保期于 2017 年期满，2017 年质保金回款较多，另一方面，公司 2017 年确认的收入中 NFDW 占比增加，其回款周期较 GJDW 短，应收账款增加。应收账款余额居高不下，若客户经营情况发生不利变化不能按期回款，则公司可能存在因大额应收账款不能收回导致经营业绩下滑的风险。

**4. 曾有资金占用情况，内控制度存疑**

实际控制人及关联方资金占用是证监会主要关注点之一。YBDL 在报告期内存在大额资金占用情况，容易被发审委质疑内部控制存在问题。GJ 宏泰直接持有 YBDL 36.68% 的股份，周某勤持有 GJ 宏泰 55% 的股权，其配偶霍某萍女士持有 GJ 宏泰 15% 的股权，周某勤夫妇间接控制 YBDL 25.68% 的股份。周某勤现任 YBDL 董事长、总经理，为 YBDL 的实际控制人。2014—2016 年，周某勤累计从 YBDL 拆出资金 1 697 万元，实际控制人关联方 GJ 宏泰 2014—2015 年累计从 YBDL 拆出资金 3 260 万元。同期，周某勤与 GJ 宏泰对公司拆入资金累计 1 200 万元。虽然上述资金拆借行为已经于 2016 年底前清理完毕，但是资金占用行为已经存在，且在 YBDL 上市前才整改，说明了企业内部控制的瑕疵。

**5. 存在尚未了结的重大诉讼**

招股书披露，YBDL 存在一宗尚未了结的重大诉讼：发行人起诉北京 TRSH 物业管理有限公司多收取电费 89.38 万元，并擅自停电造成损失 26.74 万元。北京市昌平区人民法院于 2017 年 9 月 1 日受理了该项物业服务合同纠纷案件。重大诉讼通常会对公司上市造成一定影响，但审理结果还未出，YBDL 如果能给出合理解释，可能不会造成 IPO 的实际障碍。

## 14.2.4　法律规定分析

《首发办法》第十七条规定："发行人的内部控制制度健全且被有效执行，能够合理保证财务报告的可靠性、生产经营的合法性、营运的效率与效果。"实际控制人及关联方资金占用是证监会主要关注点之一。YBDL 曾有资金占用情况，内部控制制度存疑。

《首发办法》第十一条规定："发行人的生产经营符合法律、行政法规和公司章程的规定，符合国家产业政策。"YBDL 此次涉及的招投标问题，IPO 审核中也较常出现，发审委较关注招投标的合法合规性。发审委一般会询问，发行人获取客户的相关招投标等程序是否合法合规，是否涉及商业贿赂等违法违规情形，是否存在应履行招投标程序而未履行的情形；某招投标的原因、必要性、合理性；是否涉及商业贿赂等。发行人主要通过参加公开招投标获取订单，其参与的投标项目主要为电网公司统一招标项目。GJDW、NFDW 针对电力设备采购建立了严格的合格供应商资质能力核实标准，对供应商的资质情况、设计研发、生产制造、试验检测、既有业绩等方面进行核实和评价，明确了合格供应商应具备的必要条件，只有通过其核实评价，才能参与电网公司采购的招投标，合规方面有一定保证。

《首发办法》第十三条规定："发行人的股权清晰，控股股东和受控股股东、实际控制人支配的股东持有的发行人股份不存在重大权属纠纷。"股权转让问题在 IPO 中也常见，发审委主要质询历次股权转让是否真实有效，有无法律纠纷；是否涉及集体资产，有无履行合法程序；是否存在税收风险。

# 14.3 安徽 JCWFB 股份有限公司案例分析

## 14.3.1 案例介绍

安徽 JCWFB 股份有限公司（以下简称"JCGF"）本次拟登陆创业板，预计融资规模约为 3.15 亿元。此次保荐及承销商为 ZXJT 证券，会计单位为 PHTJ 会计师事务所，律所为安徽 CY 律师事务所。2015 年 12 月 25 日挂牌新三板，2017 年 6 月 22 日提交申报稿，2018 年 7 月 24 日首发上会被否。

JCGF 是一家非织造布生产商，主要从事水刺非织造布的研发、生产和销售。2017 年，JCGF 新投产两条热风非织造布生产线，开始拓展热风非织造布产品领域。据了解，JCGF 拥有 1 家全资子公司滁州 JJ 和 1 家控股子公司泸州 JC。

2015—2017 年，JCGF 分别实现营业收入 2.98 亿元、3.53 亿元和 6.05 亿元，同期净利润分别为 1 834.65 万元、3 729.92 万元和 6 065.43 万元，也就是说，JCGF 2017 年营业收入和净利润分别比上年同期增长了 71.39% 和 62.62%。招股说明书披露，JCGF 计划通过本次 IPO 募集资金约 3.15 亿元，其中 2 000 万元用来偿还银行贷款，12 238.8 万元投向年产 1 万吨医用符合水刺非织造布项目，14 202.8 万元用于年产 1.5 万吨新型卫生用品热风非织造布项目，3 041.9 万元用于研发中心建设项目。本次募投项目实施后，JCGF 预计新增水刺及热风非织造布产能共计 2.5 万吨，较 2016 年产能提高 71.43%。

2017 年，热风非织造布的毛利率为 5.18%，远低于对比公司水刺非织造布的毛利率 22.71% 。JCGF 解释称，热风非织造布的毛利率较低的主要原因：一是，2017 年 7、9 月公司热风生产线投产，投产初期设备及人员处于磨合期，生产效率较低，单位产品分担的固定成本较高；二是，公司为了开拓热风非织造布市场、提高产品的市场占有率，采用低价让利的方式，导致平均单价较低。

JCGF 此次 IPO 被否或与关联交易、会计差错、持续盈利能力等有关。

## 14.3.2　证监会公告

中国证券监督管理委员会第十七届发行审核委员会 2018 年第 108 次发审委会议于 2018 年 7 月 24 日召开，现将会议审核情况公告如下。

一、审核结果

安徽 JCWFB 股份有限公司（首发）未通过。

二、发审委会议提出询问的主要问题

1. XJRZ 系控股股东 JR 集团及其下属公司内的核心员工投资发行人的持股平台。请发行人代表说明：

（1）XJRZ 用以向 JC 有限增资款来源，是否存在代为出资、股份代持或其他利益安排，是否存在发行人、JH 实业及其关联方向该等合伙人提供资金的情形；

（2）XJRZ 的合伙人主要为 JH 实业的员工而发行人员工较少的原因及合理性，股份支付的处理是否符合企业会计准则的规定；

（3）以发行人作为 JR 集团员工持股平台投资标的的原因及合理性，是否存在该等合伙人对发行人提供相关服务或利益安排的情形，是否影响发行人的独立性。请保荐代表人发表核查意见。

2. 发行人在股转系统挂牌期间，2017 年未按期披露 2016 年年度报告，存在年报更正及前期会计差错更正等情形。请发行人代表说明：

（1）未按期披露 2016 年年报、会计差错更正的原因，是否存在违法或被处罚的风险；

（2）本次申报财务数据与新三板披露信息存在差异的原因；

（3）2014 年至 2016 年期间利用员工个人卡收款的原因及必要性，是否存在规避税务监管情形和法律风险，个人银行卡收款对应的销售真实性及合理性；

（4）会计基础工作是否规范，相关内部控制制度是否健全有效。请保荐代表人发表核查意见。

3. 报告期，发行人扣非后净利润持续增长，经营活动现金净流量持续下降。

请发行人代表说明：

（1）净利润增幅较大、经营活动现金净流量与净利润不匹配的原因及合理性，是否存在放宽信用期刺激销售的情形；

（2）单位成本的变动原因，主要产品毛利率变化情况是否与同行业可比上市公司的变化趋势一致；

（3）各新建生产线产品实际生产时间是否与生产线转固时间一致，是否存在利用延迟转固等调节利润的情形；

（4）主要产品的毛利率及净利润持续增长的趋势，是否与下游企业同期毛利率及盈利水平的变化趋势一致，是否具有可持续性。请保荐代表人发表核查意见。

4. 请发行人代表说明：

（1）部分经销商成立不久即成为发行人前十大经销商客户的原因及合理性，该等经销商与发行人及其关联方是否存在关联关系，该等经销商最终销售的情况及相关交易的真实性；

（2）报告期各期新增、退出、存续的经销商数量情况，经销商变更频繁的原因及对发行人的影响；

（3）与重要经销客户 BH 科技（北京）开展业务的背景及方式，该经销客户的终端销售情况。请保荐代表人发表核查意见。

5. 请发行人代表结合行业发展趋势、竞争格局及市场份额情况，说明发行人主要产品的核心竞争力、技术水平及持续盈利能力。请保荐代表人发表核查意见。

### 14.3.3 监管逻辑分析

#### 1. 涉税风险

2014 年至 2016 年期间利用员工个人卡收款的原因及必要性，是否存在规避税务监管情形和法律风险，个人银行卡收款对应的销售真实性及合理性。个人卡收款是指通过个人银行账户收取客户款项。从 IPO 审核角度来看，个人卡收款问题是审核关注重点。

#### 2. 发行人独立性问题

首先，关于股份和员工持股平台的问题在 IPO 审核中较为常见。发审委一般会询问：是否存在代为出资、股份代持等情况，控股股东以及关联方的员工能否通过员工持股平台直接持有发行人的股份。一般情况下，员工持股平台都是自家员工持股，但没有明确规定控股股东以及关联方的员工不能持股。但是发审委可能会质疑有利益安排、影响发行人的独立性。

其次，在 IPO 审核中经销商的问题也很常见。本案例中，部分经销商成立不久即成为发行人前十大经销商，发审委怀疑存在关联交易。另外，如果是关联方或者来往密切，也可能存在经销商突击采购、压货等配合财务造假的可能。所以证监会对经销模式的核查和披露尤为重视，也询问了经销商最终销售的情况及相关交易的真实性。

### 3．信息披露与会计处理

对于一家新三板转 IPO 企业，发审委很容易关注到在股转系统挂牌期间存在的问题，如未按期披露年度报告等。IPO 审计标准严格，且不同审计机构的数据可能有差异，很多新三板企业的 IPO 申报数据与新三板披露信息存在差异。虽然数据存在差异很常见，但要注意差异超过 20% 会影响发行。另外，若 IPO 企业存在用员工个人卡收款的问题，那么发审委会质疑其财务数据真实性和会计处理。

### 4．财务数据问题

发行人扣非后净利润持续增长，经营活动现金净流量持续下降，经营活动现金净流量与净利润变动趋势不匹配等，很容易让发审委怀疑发行人利用放宽信用期刺激销售、调节转固时间等手段来调节业绩。另外，发行人热风非织造布毛利率水平较低，但影响毛利率的因素太多了，有合理解释即可。

## 14.3.4　法律规定分析

从法律角度来看，个人卡收款违反了下列规定。

《中华人民共和国商业银行法》第四十八条规定，"企业事业单位可以自主选择一家商业银行的营业场所开立一个办理日常转账结算和现金收付的基本账户，不得开立两个以上基本账户。任何单位和个人不得将单位的资金以个人名义开立账户存储。"

《首发办法》第二十三条规定，"发行人会计基础工作规范，财务报表的编制符合企业会计准则和相关会计制度的规定"，第二十二条规定，"发行人的内部控制在所有重大方面是有效的，并由注册会计师出具了无保留结论的内部控制鉴证报告"。

《首发办法》第二十五条规定，"发行人应当完整披露关联方关系并按重要性原则恰当披露关联交易。关联交易价格公允，不存在通过关联交易操纵利润的情形。"

# 14.4　常州 YHSJ 微电子股份有限公司案例分析

## 14.4.1　案例介绍

常州 YHSJ 微电子股份有限公司（以下简称"YHWD"）拟在深交所创业板公开发行不超过 3 193.34 万股股份，不低于本次发行后总股本的 25%。2018年 12 月 4 日首发上会被否。

此次 IPO 保荐机构为 ZXJT 证券，会计单位为 LX 会计师事务所，律所为 GH 律师事务所。

YHWD 是国内半导体分离器件细分行业的专业供应商，及电子器件封测行业的制造商，其主营业务覆盖各类二极管、三极管、桥式整流器等半导体分立器件的研发设计、芯片制造、封装测试、销售及技术服务。

2015—2017 年，YHWD 实现营业收入分别为 5.25 亿元、5.46 亿元和 6.12亿元，同期净利润分别为 4 186 万元、4 609.67 万元和 5 462.50 亿元。报告期内，营业收入和净利润持续增长，YHWD 的业绩情况较好。

YHWD 本次募集资金约 3.16 亿元，除 5 000 万元用于补充流动资金外，拟将其余资金投资于"桥式整流器、功率二极管升级技改项目""贴片二极管、三极管升级技改项目""技术研发中心建设项目"。项目达产后，桥式整流器、功率二极管产能将增加 13.60 亿只/年，贴片二极管、三极管产能将增加 15 亿只/年。

报告期内，YHWD 资产负债率分别为 37.76%、32.81% 和 33.53%，而同行业平均值为 29.38%、25.93% 和 30.37%。YHWD 的资产负债率高于同行业，主要系融资渠道所限，靠自身积累用于扩大生产经营规模的资金有限，期末经营性应收项目、存货的规模较可比公司而言较小。

子公司 YH 电器曾于 2015 年 1 月 4 日受到常州市新北区环境保护局的行政处罚，处罚事由为"危险废物委托无经营许可证，单位处置"及"未按照国家规定申报登记危险废物"，以上两项行为合计罚款 30 万元。

**第十七届发审委 2018 年第 182 次会议审核结果公告**

中国证券监督管理委员会第十七届发行审核委员会 2018 年第 182 次发审委会议于 2018 年 12 月 4 日召开，现将会议审核情况公告如下。

一、审核结果

常州 YHSJ 微电子股份有限公司（首发）未通过。

二、发审委会议提出询问的主要问题

1. 请发行人代表说明：

（1）在银河控股收购富力集团重大资产重组中，发行人实际控制人杨某茂因未及时办理外汇变更登记手续被主管部门处罚，是否构成重大违法行为；

（2）2013 年 CHHL 收购 Sun Light 股权再将其主要经营资产全部出售给发行人的商业理由，剩余未出售资产的用途及处置情况，CHHL 是否与发行人控股股东及实际控制人存在关联关系。请保荐代表人说明核查依据、过程并发表明确核查意见。

2. 报告期发行人收入增幅与扣非净利润增幅不匹配，发行人主营业务毛利率低于同行业平均水平。请发行人代表说明：

（1）报告期收入增幅与扣非净利润增幅不匹配的原因；

（2）对主要客户和其他客户采用不同的收入确认方法是否符合企业会计准则；

（3）毛利率持续低于行业平均水平，且增幅远小于同行业平均水平的原因，并结合该原因说明发行人产品的技术水平、应用领域、行业地位和未来发展趋势；

（4）管理费用率和销售费用率低于同行业平均水平的原因及合理性；

（5）轴向二极管和贴片桥收入逐年下降的原因，是否影响发行人持续盈利能力；

（6）直销和经销模式下销售单价差异较大的原因。请保荐代表人说明核查依据、过程并发表明确核查意见。

3. 招股说明书披露，发行人系国内半导体分立器件细分行业的专业供应商，而芯片是半导体分立器件的核心部件。发行人出于成本控制的考虑，主要通过对外采购的方式满足对 GPP 芯片等台面芯片的需求。对于市场供应充足的肖特基、MOS 芯片等标准产品，依然采用外购的方式满足客户需求。请发行人代表说明上述表述的逻辑性和商业合理性，是否存在对外购核心技术或产品、部件依赖的情形，是否存在影响公司持续盈利能力的重大不利情形或风险。请保荐代表人说明核查依据、过程并发表明确核查意见。

4. 招股说明书披露，发行人存在无真实交易背景的银行借款受托支付情形，同时，发行人存在向子公司开具银行承兑汇票的情形。请发行人代表说明：

（1）上述无真实交易背景的贷款背景及原因，发行人上述行为是否存在违法违规情形，是否存在被处罚的风险，是否对此次发行造成重大影响；

（2）开具银行承兑汇票是否存在真实交易背景，是否属于变相资金融通，是否违反《票据法》相关规定，是否存在被行政处罚风险；

（3）相关内控制度是否完善并有效执行。请保荐代表人说明核查依据、过程并发表明确核查意见。

5. 报告期各期发行人向关联方华海诚科采购金额占当期同类材料采购总额的比例均超过 40%。请发行人代表说明：

（1）与华海诚科进行关联交易的原因及必要性，是否履行相关程序；

（2）2016 年向其采购单价明显高于无关联方关系第三方的原因及合理性；

（3）本次募投投产后，是否会进一步增大与其关联交易金额和占比；

（4）报告期内是否存在关联方为发行人支付成本、费用或采用不公允的交易价格的情形。请保荐代表人说明核查依据、过程并发表明确核查意见。

## 14.4.2 监管逻辑分析

### 1. 是否存在税务风险

发行人企业性质变更时，是否存在被税务主管部门追缴于中外合资企业阶段享有的税收优惠、被追加行政处罚的可能。请保荐代表人说明核查依据、过程并发表明确核查意见。

现行外资企业所得税的优惠政策主要包括地区投资优惠、生产性投资优惠、再投资退税的优惠，以及预提税方面的优惠。发行人企业性质变更后，要注意原有的税收优惠是否可以延续，否则可能违法享有税收优惠。

### 2. 资产重组中违法违规行为

关联交易的问题。发行人关联方采购占同类采购的比例是 40%，总体来说，关联交易占比较高。于是，发审委要求解释关联交易的必要性和公允性，是否存在关联方为发行人支付成本费用等，通过关联交易调节业绩的情形。

### 3. 财务问题

YHWD 招股书"主要客户"中显示，第一大客户 LS 科技的期末应收账款余额分别为 1 100.70 万元、2 074.58 万元和 2 946.43 万元；但招股书披露的"应收账款余额前十大客户情况"中，LS 科技的各期末应收账款余额分别为 1 096.53 万元、2 071.52 万元和 2 941.80 万元。

发行人收入增幅与扣非后净利润增幅不匹配，这一问题在上会企业中是很常见的。发行人主营业务毛利率低于同行业。毛利率是一个综合性指标，可以一定程度上反映企业的生产经营和市场竞争地位，因此，发审委询问毛利率以及费用问题，实际上是在质疑发行人可持续盈利能力。

## 14.4.3　法律规定分析

《首发办法》第二十七条规定："发行人依法纳税，各项税收优惠符合相关法律法规的规定。发行人的经营成果对税收优惠不存在严重依赖。"发行人可能存在违规扩大税后优惠范围的风险。但发行人如果可以解释清楚，给出明确证据，则不会对 IPO 造成阻碍。

《首发办法》第十七条规定："发行人的内部控制制度健全且被有效执行，能够合理保证财务报告的可靠性、生产经营的合法性、营运的效率与效果。"第二十三条规定："发行人会计基础工作规范，财务报表的编制符合企业会计准则和相关会计制度的规定，在所有重大方面公允地反映了发行人的财务状况、经营成果和现金流量，并由注册会计师出具了无保留意见的审计报告。"在同一招股书中，相同财务科目的金额却不同，虽然差别不大，但也说明了发行人财务数据的真实性、准确性存疑。